D1723905

Klaus-Jürgen Gern, Torsten Schmidt und Michael Schröder

Mittelfristige gesamtwirtschaftliche Prognosen

Dr. Klaus-Jürgen Gern studierte Volkswirtschaftslehre an der Christian-Albrechts-Universität zu Kiel und promovierte dort zum Thema »Auswirkungen verschiedener Varianten einer negativen Einkommensteuer in Deutschland – eine Simulationsstudie«. Von 1999–2005 war er Leiter der Forschungsgruppe »Internationale Konjunktur«. Seither ist er für diesen Bereich am neu gebildeten Prognosezentrum des Instituts für Weltwirtschaft (IfW) Kiel zuständig.

Dr. Torsten Schmidt studierte Volkswirtschaftslehre an der Universität Göttingen und promovierte an der Universität Zürich. Seit 2005 ist er stellvertretender Leiter des Kompetenzbereiches Wachstum und Konjunktur des Rheinisch-Westfälischen Instituts für Wirtschaftsforschung (RWI) Essen.

Dr. Michael Schröder studierte Volks- und Betriebswirtschaftslehre an der Universität Mannheim und promovierte dort 1990 zum Dr. rer. pol. Danach arbeitete er im Bereich Investment Research einer internationalen Investmentbank in Frankfurt am Main. Seit Mitte 1995 ist Dr. Schröder im Zentrum für Europäische Wirtschaftsforschung (ZEW) Leiter des Forschungsbereichs »Internationale Finanzmärkte und Finanzmanagement«.

Klaus-Jürgen Gern, Torsten Schmidt
und Michael Schröder

Mittelfristige gesamtwirtschaftliche Prognosen

Ein internationaler Vergleich der Modelle
und Prognosegüte

WILEY-VCH Verlag GmbH & Co. KGaA

1. Auflage 2008

**Bibliografische Information
der Deutschen Nationalbibliothek**
Die Deutsche Nationalbibliothek
verzeichnet diese Publikation in der
Deutschen Nationalbibliografie;
detaillierte bibliografische Daten sind
im Internet über http://dnb.d-nb.de
abrufbar.

Printed in the Federal Republic of
Germany

Gedruckt auf säurefreiem Papier.

Druck Strauss Offsetdruck GmbH,
Mörlenbach

Bindung Litges & Dopf Buchbinderei
GmbH, Heppenheim

ISBN: 978-3-527-50294-3

Inhalt

Einleitung

In Deutschland werden Mittelfristprojektionen der gesamtwirtschaftlichen Entwicklung von der Bundesregierung im Rahmen der mittelfristigen Finanzplanung seit den sechziger Jahren durchgeführt. Sie liefern die makroökonomischen Rahmendaten für die Haushalts- und Finanzplanungen der Gebietkörperschaften und der Sozialversicherungen und sind ein wichtiges Instrument der finanzpolitischen Planung. Ihre Relevanz hat noch zugenommen durch den europäischen Stabilitäts- und Wachstumspakt, der für die Mitgliedsländer der Eurozone über die mittlere Frist annähernd ausgeglichene öffentliche Haushalte vorschreibt. Um die Einhaltung des Paktes sicher zu stellen, müssen alle Mitgliedsländer jedes Jahr nationale Stabilitätsprogramme vorlegen, in denen sie die mittelfristig erwartete gesamtwirtschaftliche Entwicklung darlegen und die Projektion der öffentlichen Haushalte begründen. Darüber hinaus werden Mittelfristprojektionen auch von internationalen und supranationalen Institutionen, wie dem Internationalen Währungsfonds (IMF), der Organisation für wirtschaftliche Zusammenarbeit und Entwicklung (OECD) und der EU-Kommission, durchgeführt, um die sich abzeichnenden gesamtwirtschaftlichen Perspektiven auszuleuchten. Aufgrund der gestiegenen wirtschaftspolitischen Bedeutung der Mittelfristprojektionen verwundert es daher nicht, dass die verwendeten Methoden ständig überprüft werden und neue theoretische Erkenntnisse und verbesserte statistische Methoden auch zu Neuerungen bei den eingesetzten Verfahren geführt haben.

Da über die Schwankungen des Auslastungsgrades der Produktionskapazitäten über einen längeren Zeitraum keine aussagefähigen Prognosen möglich sind, steht in den gesamtwirtschaftlichen Mittelfristprojektionen die Entwicklung des Produktionspotentials im Mittelpunkt. In der Regel wird davon ausgegangen, dass das reale Bruttoinlandsprodukt mittelfristig entsprechend dem Produktionspotential expandiert. Zudem muss, da entwickelte Volkswirtschaften zyklische Schwankungen aufweisen, im Rahmen der Mittelfristprojektionen modellendogen oder aufgrund einer expliziten und theoretisch begründeten Annahme bestimmt werden, wie eine Volkswirtschaft vom jeweiligen Auslastungsgrad zum Produktionspotential zurückkehrt. Die Anpassungspfade werden in der Regel mit Hilfe von iterativ-analytischen Verfahren oder gesamtwirtschaftlichen Modellen hergeleitet.

Die Mittelfristprojektionen werden vielfach an den spezifischen Anforderungen der finanzpolitischen Planungen ausgerichtet, die auf der Entstehungs- und der Verwendungsseite des Bruttoinlandsprodukts hinreichend disaggregierte gesamtwirtschaftliche Projektionen voraussetzen und die auch eine Beachtung der institutionellen Besonderheiten eines Landes, wie z.B. der Regelungen des Steuer- und des Transfersystems, erfordern. Daher unterscheiden sich die von den einzelnen Staaten und den internationalen Organisationen vorgelegten Mittelfristprojektionen auch voneinander; neben den unterschiedlichen finanzpolitische Anforderungen an die Projektionen spiegeln sich darin auch die Unterschiede in der Datenverfügbarkeit und beim Ressourceneinsatz wider.

Ungeachtet dieser Unterschiede stellt sich allgemein die Frage, welche spezifischen Vor- und Nachteile die jeweiligen Prognoseverfahren aufweisen und wie die Prognosegüte der Mittelfristprognosen zu beurteilen ist. Darüber hinaus unterscheidet sich die organisatorische Ausgestaltung der Mittelfristprojektionen in den verschiedenen Ländern aber auch bei internationalen Organisationen deutlich voneinander. Darin spiegeln sich unterschiedliche Anforderungen an die Projektionen aber auch im Ressourceneinsatz wider. Von Interesse ist aber vor allem, ob und gegebenenfalls wie die in Deutschland zu erstellenden gesamtwirtschaftlichen Mittelfristprojektionen verbessert werden könnten. Um diesen Fragen nachzugehen und einen Überblick über die von nationalen wie internationalen Institutionen verwendeten Prognoseverfahren zu erhalten, hat das Bundeswirtschaftsministerium an das RWI Essen, das IfW und ZEW drei Gutachten in Auftrag gegeben.

Grundsätzlich sollten in jedem dieser Gutachten die verschiedenen Methoden und Prognoseverfahren dargestellt werden, es wurden aber – um Überschneidungen zu begrenzen – unterschiedliche Schwerpunkte gesetzt. Das RWI Essen konzentrierte seine Ausführungen auftragsgemäß auf die Modellierung der gesamtwirtschaftlichen Nachfrageseite, die im Wesentlichen im Rahmen gesamtwirtschaftlicher Modelle erfolgt. Das IfW hatte die Aufgabe, die Zusammenhänge der gesamtwirtschaftlichen Angebotsseite zu untersuchen. Das ZEW hatte den Auftrag, die Verwendung von Zeitreihenmethoden und die Prognosegüte der eingesetzten Verfahren zu analysieren. Die drei Studien sind im vorliegenden Sammelband widergegeben.

Das Gutachten des RWI Essen stellt zehn makroökonometrische Modelle, in denen die Modellierung der gesamtwirtschaftlichen Nachfrageaggregate erfolgt, in den Vordergrund seiner Ausführungen. Diese von nationalen und internationalen Institutionen eingesetzten Modelle weisen eine Reihe von Gemeinsamkeiten auf. So ist ihre theoretische Basis die neoklassische Synthese, d.h. die gesamtwirtschaftliche Angebots- und die Nachfrageseite werden gemeinsam abgebildet. Unterschiede zwischen den untersuchten Modellen sind vor allem dadurch begründet, dass die einzelnen Sektoren der Volkswirtschaft unterschiedlich detailliert abgebildet werden. Zu den Vorteilen einer modellgestützten Projektion zählt, dass eine konsistente Prognose der zentralen Größen der Volkswirtschaftlichen Gesamtrechnung erzielt und auch die gesamtwirtschaftlichen Rückwirkungen einer geänderten wirtschafts- und finanzpolitischen Planungen erfasst werden. Zudem sind je nach Modellierungsansatz die Projektionen ökonomisch fundiert oder empirisch gestützt. Vor allem aber sind diese Modelle geeignet, die Mittelfristprojektionen mit den Kurzfristprognosen zu verbinden, da jeweils wichtige Elemente der Volkswirtschaftlichen Gesamtrechnung berücksichtigt werden. Ein makroökonometrisches Modell, das für Mittelfristprojektionen in Deutschland eingesetzt werden könnte, wird in seinen Grundzügen dargestellt.

In der Studie des Instituts für Weltwirtschaft steht die Angebotsseite der Volkswirtschaft im Vordergrund. Nach einigen grundsätzlichen Überlegungen zur Methodik mittelfristiger Projektionen wird die zentrale Bedeutung des Produktionspotentials bei der Erstellung mittelfristiger Projektionen herausgearbeitet. Vor diesem Hintergrund wird ausführlich auf die Problematik des Potentialbegriffs und der Trennung von Trend und Zyklus eingegangen, und es werden Methoden der Potentialschätzung vorgestellt. Im Folgenden werden – unter Beachtung des Real-Time-Problems – retrospektiv drei verschiedene Potentialschätzungen für ausgewählte Industrieländer entwickelt, die als Referenz bei der Bewertung der tatsächlichen Mittelfristprognosen dienen, die für die Vereinigten Staaten, das Vereinigte Königreich, Frankreich, Italien, die Niederlande und Irland vorliegen. Diese von offizieller Stelle oder von renommierten Forschungsinstituten erarbeiteten Mittelfristprognosen werden im Einzelnen vorgestellt, und ihre Prognosequalität wird untersucht. Die Ergebnisse für die Mittelfristprognosen im Ländervergleich zeigen, dass der Prognosefehler in der Regel groß ist, Veränderungen des

Trendwachstums werden nach allen Methoden kaum antizipiert und auch nur unvollständig nachvollzogen. Der Prognosefehler hängt wesentlich davon ab, ob die zu prognostizierende wirtschaftliche Dynamik mittelfristig stabil ist oder starken Veränderungen unterliegt. Der Vergleich der vorliegenden Mittelfristprognosen und der retrospektiv generierten Referenzprognosen lässt darauf schließen, dass sich die Vorhersage längerfristiger Wachstumsschwankungen wohl nur bedingt verbessern lässt. Es zeigt sich aber, dass es zweckmäßig ist, die Erstellung der Mittelfristprojektion dem direkten Einfluss der Regierung zu entziehen, wenn ein systematischer optimistischer Bias vermieden werden soll.

Die Studie des ZEW konzentriert sich auf die Bewertung der Prognosegüte. Dabei werden die mittelfristigen Prognosen von sechs Ländern (Deutschland, Frankreich, Großbritannien, Italien, Niederlande, USA) sowie von drei internationalen und supranationalen Organisationen (EU-Kommission, IWF, OECD) detailliert analysiert und bewertet. Zum besseren Verständnis erfolgt im ersten Abschnitt der Studie eine kurze Darstellung der Projektionsmethoden der ausgewählten Länder und Institutionen. Der zweite Abschnitt widmet ausführlich sich der empirischen Analyse und der Bewertung der Prognosegüte, und im abschließenden dritten Abschnitt werden die Schlussfolgerungen und Empfehlungen aus den Analysen beschrieben.

Detaillierte und ausführliche Bewertungen der Prognosegüte konnten für Deutschland, Großbritannien und die USA durchgeführt werden, da für diese Länder relativ lange Zeitreihen für historische Prognosen vorliegen. Die verfügbaren Prognosezeitreihen des IWF und der OECD sind zwar deutlich kürzer, sie eignen sich jedoch besonders gut für Ländervergleiche.

Die gewählte Zielgröße für die Bewertung der Prognosen ist in der Mehrzahl der Fälle das reale Bruttoinlandsprodukt (BIP). Für die USA und Großbritannien konnten auch Prognosen des nominalen BIP untersucht werden. Inflationsprognosen wurden für Deutschland, Frankreich, Italien, die Niederlande sowie USA näher betrachtet.

Erster Teil:
Studie des RWI Essen

von György Barabas, Heinz Gebhardt, Heinz Josef Münch, Christoph M. Schmidt und Torsten Schmidt[1]

1.   Hintergrund und Ziele der Untersuchung

In den vergangenen Jahren hat das Interesse an Mittelfristprojektionen nicht zuletzt durch den Stabilitäts- und Wachstumspakt und die damit verbundene Verpflichtung zur Vorlage von Stabilitätsprogrammen stark zugenommen. Zugleich haben sich die statistischen Verfahren weiterentwickelt, so dass inzwischen mit einer Reihe von Ansätzen Mittelfristprojektionen durchgeführt werden können. Im Gegensatz zu Kurzfristprognosen sind systematische Untersuchungen von Mittelfristprognosen aber immer noch relativ selten. Dies dürfte nicht zuletzt darauf zurückzuführen sein, dass Prognosen über einen Horizont von drei bis fünf Jahren mit deutlich größeren Unsicherheiten behaftet sind, so dass sie oft eher als Projektion möglicher Szenarien denn als Prognosen angesehen werden.

Die Erstellung von Mittelfristprojektionen ist seit langem ein Standardinstrument in der wirtschaftspolitischen Planung (Raabe 1968). Die Modelle, die jeweils zur Unterstützung dieser Projektionen eingesetzt wurden, entsprachen dabei durchaus dem jeweiligen Stand der ökonomischen und ökonometrischen Forschung. Bis in die achtziger Jahre hinein waren viele der auch für Mittelfristprojektionen eingesetzten Modelle keynesianisch, d.h. nachfrageorientiert, auch wenn einzelne Gleichungen bereits aus einer gesamtwirtschaftlichen Produktionsfunktion abgeleitet wurden (z.B. Wallis et al. 1986). Allerdings gab es bereits Modellierungsansätze, die versuchten, keynesianische mit neoklassischen Elementen zu verbinden, indem die Faktornachfrage und das langfristige Faktorangebot aus der neoklassischen Theorie abgeleitet wurden (Hujer et al. 1985). Aus ökonometrischer Sicht war diesen Modellen gemeinsam,

---

1   Die Autoren danken Dr. Roland Döhrn, Prof. Dr. Wim Kösters, Waltraud Lutze, Thomas Michael, Chanika Remest und Renate Schubert für die Unterstützung der Arbeiten. Ein besonderer Dank gilt Prof. Dr. Jörg Breitung für die kritische Begleitung des Projekts.

dass die Einzelgleichungen mit OLS oder Instrumentvariablen-Verfahren geschätzt wurden.

Seit dem Ende der achtziger Jahre sind die meisten makroökonometrischen Modelle sowohl aus ökonomischer als auch ökonometrischer Sicht überarbeitet worden und einige neue Ansätze sind hinzugekommen. Aus ökonomischer Sicht besteht weitgehend Einigkeit, dass gesamtwirtschaftliche Angebotsfaktoren bei den Ansätzen zur Erklärung und Prognose von Entwicklungen in der mittleren Frist ein weitaus größeres Gewicht haben als in der kurzen Frist. Sie allein reichen aber nicht aus, um ökonomische Entwicklungen über diesen Horizont zu erklären (z.B. Crowder et al. 1999; Garrett et al. 2003). Die gemeinsame Modellierung von Nachfrage- und Angebotsfaktoren in gesamtwirtschaftlichen Mittelfristmodellen wird daher auf die neoklassische Synthese gestützt. Allerdings ist in der theoretischen Literatur in jüngerer Zeit die Auffassung vertreten worden, dass die mittlere Frist ein eigenständiges Forschungsfeld darstellt, da für diesen Zeitraum spezifische Probleme zu lösen sind (Blanchard 1997; Comin, Gertler 2003; Solow 2000).

Eine Überarbeitung der Modelle wurde unter ökonometrischen Gesichtspunkten notwendig, da sich in den achtziger Jahren die Vorstellung durchgesetzt hat, dass wichtige gesamtwirtschaftliche Größen einem stochastischen Trend folgen (Nelson, Plosser 1982). Um dem Rechnung zu tragen, wurden die Modelle so formuliert, dass sie in Fehlerkorrekturform geschätzt werden konnten (Engle, Granger 1987). Die Herausforderung für diese neuen Modelle bei der Analyse und der Prognose ökonomischer Entwicklungen über einen Zeitraum bis zu fünf Jahren besteht insbesondere darin, das Zusammenwirken von Angebots- und Nachfragefaktoren bzw. die Darstellung des Übergangs von kurzfristigen zu langfristigen Zusammenhängen hinreichend genau zu berücksichtigen (Solow 2000).

Um zumindest im Ansatz zu klären, ob die im Bundesministerium für Wirtschaft und Technologie eingesetzten Methoden der Mittelfristprojektionen verbessert bzw. ergänzt werden können, werden im Rahmen dieses Projektes unterschiedliche Verfahren zur Mittelfristprojektion dargestellt. Das Schwergewicht der Ausführungen wird auftragsgemäß auf die Darstellung der Modellierung der Nachfrageseite gelegt, die im Wesentlichen im Rahmen gesamtwirtschaftlicher Modelle erfolgt. Es wird allerdings auch auf Zeitreihen- und angebotsorientierte Verfahren eingegangen, um die Vor- und Nachteile der gesamtwirtschaftlichen Modelle darstellen zu können.

Ein systematischer Vergleich der verwendeten Methoden zur Mittelfristprognose erfordert Kriterien, die sich an der Zielsetzung der Anaylse orientieren (Whitley 1992: 3). In diesem Gutachten werden nur Methoden betrachtet, die insbesondere für die Prognose der gesamtwirtschaftlichen Entwicklung über einen Zeitraum von drei bis fünf Jahren verwendet werden. Bei diesem Vergleich kann man einerseits auf bereits vorhandene Methodenvergleiche zurückgreifen (Bergmann, Olsen 1992). Andererseits drängen sich für diese vergleichende Analyse drei zentrale Kriterien auf. Im Mittelpunkt unseres umfassenden Vergleichs stehen die methodischen Grundlagen der eingesetzten Modelle; methodisch fundierte Ansätze besitzen zumindest die grundsätzliche Voraussetzung für eine erfolgreiche Zielerreichung. Eine tiefgehende Analyse der Modelle müsste zusätzlich mit Hilfe von Simulationen erfolgen. Schließlich zeigt sich die Zielerreichung eines Ansatzes erst durch die ökonomische Plausibilität der Modellreaktionen, auch wenn sie wegen unterschiedlicher theoretischer Erklärungsansätze kein eindeutiges Kriterium darstellen. Zudem kann die Konfrontation von Prognosen außerhalb des Stützbereichs mit den später tatsächlich realisierten Werten als Praxistest angesehen werden. Ein derartiger systematischer Vergleich ist aber im Rahmen dieses Projektes nicht zu leisten. In dieser Studie werden indes nicht nur die Methoden der Mittelfristprognosen dargestellt, sondern als dritter zentraler Aspekt auch die praktische Umsetzung der Prognose berücksichtigt. Aus diesem Grund werden neben methodenorientierten Kriterien und statistischen Aspekten auch die Erfordernisse einbezogen, die für Ablauf und Durchführung der Prognoseerstellung von Bedeutung sind. In diesem Zusammenhang wird ebenfalls aufgeführt, wie die Koordination zwischen Prognoseerstellern und -nutzern erfolgt.

Dazu ist das Projekt in folgende Arbeitsschritte eingeteilt: Zunächst wird in Abschnitt 2 ein allgemeiner Überblick über die sich grundsätzlich anbietenden Verfahren sowie über die von Regierungsstellen oder anderen Institutionen in OECD-Ländern und von internationalen Organisationen eingesetzten Methoden gegeben. Dazu wurde zunächst auf die verfügbaren Modelldokumentationen zurückgegriffen. Weitergehende Aspekte, insbesondere zur Organisation der Prognoseerstellung, wurden mit Hilfe eines Fragenkataloges beleuchtet. Zusätzlich wurden spezielle Aspekte der Modellierung aber auch der Erstellung der Prognose mit Hilfe von Expertengesprächen geklärt. Dabei wird das in Deutschland eingesetzte Verfahren zunächst in den Überblick nicht mit einbezogen. Dies geschieht erst bei der Erarbeitung der Verbesserungsvorschläge. Der Überblick umfasst auch die Modellierung der wichtigsten Elemente gesamtwirtschaftlicher Mittelfristmodelle, wobei auftragsgemäß auf die Darstellung des Produktionssektors verzichtet wird. Dabei werden neben der Beschreibung der wichtigsten Eigenschaften auch der Prognoseprozess und der Einsatz dieser Verfahren bei der mittelfristigen Finanzplanung sowie den Stabilitätsprogrammen erklärt. Eine systematische Darstellung aller Modelle ist dabei nicht möglich. Zum einen konnten nicht für alle Länder alle Aspekte vollständig geklärt werden. Zum anderen würde eine vergleichende Darstellung der Informationen deren Umfang deutlich ausweiten. Aus diesen Gründen wurden in die Vergleiche nur Informationen aus ausgewählten Ländern einbezogen, die für die jeweiligen Aspekte als typisch erscheinen.

Schwerpunkt der Arbeit ist der Vergleich der im Einsatz befindlichen Verfahren der Mittelfristprognose. Dafür werden in Abschnitt 3 zunächst einige methodische Grundsätze erörtert und Kriterien zusammengestellt, mit denen sich die wesentlichen Unterschiede und Gemeinsamkeiten der Verfahren herausarbeiten lassen. Dazu wird auf vorhandene Arbeiten über den Vergleich von Prognosemethoden zurückgegriffen. Daran anschließend erfolgen anhand dieser Kriterien eine Systematisierung und ein Vergleich der gefundenen Verfahren. In diesem Abschnitt ist die Bewertung der Modelle allgemeiner Natur, um zunächst die Grundsätze eines deutschen Mittelfristmodells ableiten zu können. Dabei ist unter anderem die Berücksichtigung der Zusammenhänge zwischen gesamtwirtschaftlicher Aktivität und finanzpolitischen Maßnahmen von Bedeutung. Auch wie Kurz- und Mittelfristprognosen abgestimmt werden können, soll genauer dargestellt werden.

Aus den Erkenntnissen, die bei der Darstellung und dem Vergleich der im Einsatz befindlichen Methoden gewonnen werden, sollen Vorschläge abgeleitet werden, wie die bereits vorhandenen Verfahren verbessert bzw. ergänzt werden können. In Abschnitt 4 werden dazu Anforderungen für ein deutsches Mittelfristmodell formuliert. Daran anschließend wird ein Vorschlag für ein solches Mittelfristmodell skizziert. Dabei ist beispielsweise zu klären, ob und gegebenenfalls wie sich die von anderen Institutionen eingesetzten Methoden auf die Bundesrepublik übertragen lassen. In diesem Zusammenhang ist zu prüfen, ob die Datenbasis, die durch die deutsche Wiedervereinigung eingeschränkt ist, für das jeweilige Verfahren ausreicht. Abschließend werden in Abschnitt 5 die Ergebnisse zusammengefasst und der weitere Forschungsbedarf skizziert.

Übersicht 1

Überblick der in den OECD-Ländern verwendeten Verfahren

Methode	Eingesetzt in
Zeitreihenverfahren	Schweden, Schweiz
Produktionsfunktion	OECD, Schweiz, Vereinigte Staaten
Gesamtwirtschaftliche Modelle	Australien, Belgien, Dänemark, Finnland, Frankreich, Großbritannien, Kanada, Neuseeland, Niederlande, Norwegen, Österreich, Ungarn

2. Methodenüberblick

2.1 Verfahren der Mittelfristprognose

Im Wesentlichen lassen sich bei den Verfahren der Mittelfristprognose drei Ansätze unterscheiden, die sich hinsichtlich ihres Informationsbedarfs bezüglich ökonomischer Zusammenhänge deutlich unterscheiden:

(1) Zeitreihen- bzw. Filterverfahren, die eher den angebotsorientierten Ansätzen zuzurechnen sind, kommen mit relativ wenig Informationen über ökonomische Zusammenhänge aus,

(2) der Produktionsfunktionsansatz, der sich aus der Wachstumstheorie ableitet, basiert auf Zusammenhängen des gesamtwirtschaftlichen Angebots, sowie

(3) makroökonometrische Modelle, die neben dem gesamtwirtschaftlichen Angebot auch die Zusammenhänge der gesamtwirtschaftlichen Nachfrage bzw. des volkswirtschaftlichen Kreislaufs berücksichtigen.

Diese drei Gruppen von Verfahren werden in der Praxis in unterschiedlichem Maße eingesetzt. Reine Zeitreihen bzw. Filterverfahren sind relativ selten zu finden. Oft wird dabei das Trendwachstum mit Hilfe eines Filterverfahrens ermittelt, das dann fortgeschrieben wird. Der Produktionsfunktionsansatz wird von mehreren Institutionen (z.B. der OECD und dem US-amerikanischen CBO) eingesetzt. Am häufigsten werden im Vergleich zu den beiden anderen Verfahren gesamtwirtschaftliche Modelle verwendet (Übersicht 1).

Freilich ist die Zuordnung der verwendeten Verfahren nicht immer ganz eindeutig. In der Schweiz beispielsweise werden keine speziellen Mittelfristprognosen für die Finanzplanung erstellt. Das eidgenössische Finanzdepartement stützt sich vielmehr auf eine Reihe von öffentlich zugänglichen Projektionen, die auf verschiedenen Methoden basieren. In Schweden werden zwar vom National Institute of Economic Research

(NIER) regelmäßig modellgestützte Mittelfristprojektionen veröffentlicht, das Finanzministerium erstellt aber eigene Berechnungen, die im Kern davon ausgehen, dass sich die eventuell vorhandene Outputlücke jeweils bis zum Ende des Prognosezeitraums schließt.

2.1.1   Zeitreihen- und Filterverfahren

In diesem Abschnitt wird ein kurzer Überblick über die gebräuchlichsten der inzwischen recht großen Zahl statistischer Prognoseverfahren gegeben, die für die mittlere Frist verwendet werden oder zumindest verwendet werden könnten (Schaubild 1).[2] Zum einen geschieht dies, um einen möglichst vollständigen Überblick über die im Einsatz befindlichen Methoden der Mittelfristprognosen zu geben. Zum anderen weisen insbesondere die multivariaten Zeitreihenverfahren Eigenschaften auf, mit denen sich Schwächen der gesamtwirtschaftlichen Modelle möglicherweise ausgleichen lassen. Um diese Diskussion vorzubereiten, werden in diesem Abschnitt einige wesentliche Aspekte dargestellt.

Die univariaten Verfahren zur Prognose der gesamtwirtschaftlichen Entwicklung gehen von der Annahme aus, dass in der mittleren Frist die Dynamik von einem zu Grunde liegenden Trend bestimmt wird, der sich im Prognosezeitraum fortsetzt. Kurzfristige Abweichungen werden dementsprechend auf zufällige Störungen oder regelmäßige Schwankungen um diesen Trend zurückgeführt, die sich über den Prognosehorizont ausgleichen. Die Prognose besteht dabei im Wesentlichen aus dem Fortschreiben des in der Vergangenheit ermittelten Trendwachstums.

Bei der Trendregression wird das (logarithmierte) Bruttoinlandsprodukt (BIP) auf eine polynomiale Funktion (linear, quadratisch oder kubisch) des Zeitindexes regressiert. Allerdings ist die Annahme eines trendstationären Prozesses weitgehend zugunsten eines differenzenstationären Wachstums aufgegeben worden. Aufgrund dieses Paradigmenwechsels wurde eine Reihe von Zerlegungsverfahren vorgeschlagen, die zulassen, dass auch die Trendkomponente im Zeitverlauf schwankt. Das bekannteste und derzeit gebräuchlichste dieser Verfahren ist der HP-Filter, wobei die Autoren bei der Herleitung ihres Verfahrens die Idee einer schwankenden Wachstumskomponente aus der Wachstumstheorie übernahmen (Hodrick, Prescott 1997: 2).[3] Bei der Verwendung des

---

2 Einen Überblick mit Bezug zu Mittelfristprognosen geben Babineau, Braun (2003). Ein allgemeiner Überblick findet sich bei Clements, Hendry (1999).

3 Bei diesem Verfahren wird der für die Trend- und Zykluszerlegung entscheidende Gewichtungsfaktor in der Regel so gesetzt, dass Frequenzen bis zu 32 Quartalen der zyklischen Komponente und größere Frequenzen der Trendkomponente zugeordnet werden

Schaubild 1
Statistische Verfahren zur Trendbestimmung

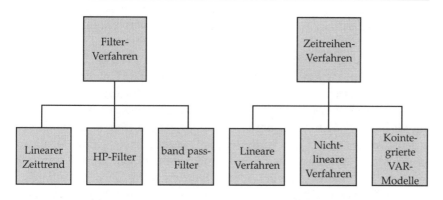

Eigene Darstellung.

HP-Filters besteht jedoch das Problem, dass dessen Anwendung artifizielle Zyklen generiert, die fälschlicherweise als Potentialschwankungen interpretiert werden (Harvey, Jäger 1993 und Cogley, Nelson 1995). Baxter, King (1999) konstruierten einen linearen Filter, dessen Filtergewichte im Hinblick auf die frequenzanalytischen Eigenschaften optimiert werden. Als Trendbereinigungsverfahren (»low-pass-Filter«) weist der Baxter-King-Filter jedoch recht ähnliche Eigenschaften auf wie der HP-Filter (Pederson 2001).[4]

Neben diesem Prognoseverfahren, das letztlich auf einfachen Filtertechniken beruht, steht die gesamte Bandbreite der univariaten und multivariaten Zeitreihenverfahren zur Verfügung (Clements, Hendry 1999). Im einfachsten Fall wird ein univariater autoregressiver Prozess unterstellt. Durch die rekursive Struktur lassen sich Prognosen auf der Grund-

(Mills 2003: 95). Bei der Wahl des Gewichtungsfaktors ist neben der kurzen auch die mittlere Frist in der zyklischen Komponente erhalten.

4 In empirischen Untersuchungen kommt man bei dieser Zerlegung in Trend und Zykluskomponente oft zu dem Ergebnis, dass beide Komponenten miteinander korreliert sind. In einer neueren Studie wird dieses Ergebnis zum Anlass genommen, die Frequenzen der mittleren Frist mit Hilfe eines Band Pass Filters genauer zu untersuchen (Comin, Gertler 2003). Die Gewichtungsfaktoren werden hier allerdings so gewählt, dass die von den Autoren so genannte mittlere Frist 32 bis 200 Quartale beträgt. Die Ergebnisse zeigen, dass die Bewegungen der Zeitreihen von den Veränderungen dieser Frist dominiert werden. Bei dieser Zerlegung kann die Korrelation zwischen beiden Komponenten deutlich reduziert werden.

lage der vorangegangenen Werte sehr einfach durchführen. Häufig wird das autoregressive Modell durch Verzögerungen der Störgrößen ergänzt. Solche sogenannten ARMA-Modelle werden seit Box, Jenkins (1970) standardmäßig zur univariaten Prognose verwendet. In jüngerer Zeit werden zunehmend auch Komponentenmodelle zur Prognose herangezogen, die auf einer Zerlegung der Zeitreihe in Trend-, Saison-, konjunkturelle und irreguläre Komponenten beruht. Die einzelnen Komponenten werden wiederum als ARMA-Prozess spezifiziert (Proietti 2002).

Allerdings legt nicht zuletzt die Diskussion über die »New Economy« im Verlauf der neunziger Jahre nahe anzunehmen, dass sich das Trendwachstum verändert hat. In diesem Fall könnte es zu einem Strukturbruch in der Zeitreihe des Bruttoinlandsprodukts gekommen sein, der bei der Modellierung berücksichtigt werden sollte. Zur Modellierung von Strukturveränderungen sind in jüngerer Zeit nichtlineare Ansätze entwickelt worden, die es erlauben, die Übergangsprozesse bei einem Regimewechsel abzubilden (Babineau, Braun 2003; Clements, Hendry 1999).

Gegenüber den univariaten Verfahren erlauben die multivariaten Zeitreihenverfahren, Hypothesen über ökonomische Zusammenhänge zu integrieren. So lassen sich durch die Berücksichtigung weiterer Variablen Informationen benutzen, die sich mit Hilfe der ökonomischen Theorie entweder der Angebots- oder der Nachfrageseite zuordnen lassen. Von den vorhandenen Verfahren wird im Folgenden ein Verfahren genauer dargestellt, das für einen Vergleich mit den gesamtwirtschaftlichen Modellen besonders interessant erscheint und insbesondere auf mittel- und langfristige dynamische Eigenschaften der Zeitreihen abstellt.

Eine Möglichkeit, Informationen mehrerer ökonomischer Variablen für die Trendkomponente und Zykluszerlegung zu nutzen, ist die Verwendung eines Vektorautoregressionsmodells (VAR).[5] Obwohl die Einordnung nicht ganz eindeutig ist, wird dieser Ansatz bei den Zeitreihenverfahren behandelt, da auch die in den Zeitreihen vorhandenen Informationen möglichst umfassend genutzt werden, um eine Trend- und Zykluszerlegung vorzunehmen. Aus der ökonomischen Theorie abgeleitete Restriktionen werden dagegen vergleichsweise sparsam verwendet. Da in diesem Ansatz alle Variablen mit Hilfe von zeitverzögerten Variablen erklärt werden, ist er für Prognosen gut geeignet.

---

5 Eine anschauliche Darstellung dieses Verfahrens findet sich bei Schumacher (2002: 60 ff.).

Diesem Ansatz liegt die Idee zugrunde, dass Veränderungen des Bruttoinlandsprodukts auf zwei Arten von Schocks zurückgeführt werden können, die entweder transitorischer oder permanenter Natur sind. Die permanenten Schocks werden der Trend- und die transitorischen Schocks der zyklischen Komponente zugeordnet. Um die zwei Arten von Schocks identifizieren zu können, muss zum einen angenommen werden, dass zumindest einige Variablen des Modells kointegriert sind, d.h. dass sie langfristig einem gemeinsamen Trend folgen. Auch in diesem Ansatz können bei der Auswahl der Variablen sowie der Identifikation der Kointegrationsbeziehungen Hypothesen über die zugrunde liegenden ökonomischen Zusammenhänge aufgestellt werden. In der Regel werden in diesen Modellen vier bis sechs Variablen verwendet und es wird angenommen, dass die permanenten Schocks mit der Produktionstechnologie verbunden sind. Die zweite Annahme ist eher technischer Natur; sie besagt, dass beide Schocks nicht miteinander korreliert sind. Verglichen mit strukturellen Makromodellen ist die Zahl der restringierenden Annahmen aber gering. Die Prognose beruht im Wesentlichen auf der zeitlichen Korrelation zwischen den Variablen. Empirische Studien weisen insbesondere für längerfristige Prognosen auf die Bedeutung der Abweichungen von den langfristigen Beziehungen zwischen den Variablen (Kointegrationsfehler) hin (z.B. LeSage 1990, Hoffman, Rasche 1995, Lin and Tsay 1996).

2.1.2   Produktionsfunktionsansatz

Der hier dargestellte Produktionsfunktionsansatz wird in verschiedenen Varianten in einer Reihe von OECD-Ländern sowie von internationalen Organisationen wie OECD, EU-Kommission und IMF zur Ermittlung des trendmäßigen Wachstums sowie auch im Rahmen der Mittelfristprognosen eingesetzt. Auch in den Vereinigten Staaten verwendet eine Reihe von Organisationen diesen Ansatz (Stiroh 1998), so das Congressional Budget Office (CBO), das Mittelfristprojektionen über einen Horizont von zehn Jahren durchführt (CBO 1997). Im CBO-Modell sind zusätzlich zur Produktionsfunktion weitere Gleichungen enthalten, um die Zusammenhänge zwischen Output, Investitionen und Zinsen abzubilden; die demographische Entwicklung und die totale Faktorproduktivität werden vorgegeben. In Deutschland wird der Produktionsfunktionsansatz von der Deutschen Bundesbank (Deutsche Bundesbank 2003) und vom Sachverständigenrat (SVR 2003) verwendet.

Im Zentrum der Mittelfristprognose mit Hilfe des Produktionsfunktionsansatzes steht ebenfalls die Bestimmung des Trendwachstums, d.h.

Schaubild 2

Bestimmungsgründe des Produktionspotenzials

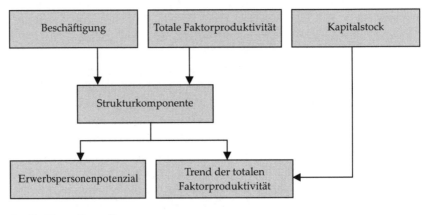

Quelle: Eigene Darstellung.

des Produktionspotenzialwachstums. Allerdings wird dabei nicht von der beobachteten Zeitreihe des realen BIP ausgegangen, sondern es werden die Bestimmungsfaktoren des Produktionspotenzials aus der ökonomischen Theorie abgeleitet; das Potenzial wird dann mit Hilfe der Trendkomponenten dieser Faktoren ermittelt (Schaubild 2). Der Informationsbedarf dieses Ansatzes dürfte damit deutlich höher sein als bei den meisten Zeitreihenverfahren, da Annahmen über die funktionale Form der Produktionstechnologie, die Skalenerträge, den Trendverlauf des technischen Fortschritts und die Normalauslastung der Produktionsfaktoren getroffen werden müssen (Mc Morrow, Röger 2001: 21).

Bei der Wahl der funktionalen Form dürfte der Cobb-Douglas Produktionsfunktion die größte Bedeutung zukommen. Bei diesem Ansatz wird die Entstehung des gesamtwirtschaftlichen Outputs mit Hilfe der Produktionsfaktoren Arbeit und Kapital und der totalen Faktorproduktivität erklärt. Verwendet man logarithmierte Größen, werden diese Faktoren additiv miteinander verknüpft. Darüber hinaus wird angenommen, dass die Produktion mit konstanten Skalenerträgen verbunden ist und die Faktorpreiselastizitäten gleich eins sind (Mc Morrow, Röger 2001: 23). In diesem Fall brauchen die Produktionselastizitäten nicht geschätzt zu werden, sondern lassen sich direkt aus den relativen Faktoreinkommen ableiten.

Um aus dem Produktionspotenzial eine Prognose ableiten zu können, müssen Annahmen über die Normalauslastung des Faktors Arbeit und die trendmäßige Entwicklung der totalen Faktorproduktivität getroffen werden. Diese können entweder exogen vorgegeben oder wiederum mit Hilfe weiterer Gleichungen modelliert werden (CBO 1997; Downes et al. 2003). Für die Modellierung der trendmäßigen totalen Faktorproduktivität (TFP) sind zwei relativ einfache Verfahren üblich: entweder man unterstellt, dass sie einem linearen Zeittrend folgt, oder man berechnet sie als Restgröße, indem man in die Produktionsfunktion die beobachtbaren Werte für Arbeit, Kapital und Output einsetzt. Für die Prognose lässt sich die TFP in beiden Fällen durch einfache Verfahren extrapolieren.

Im Vergleich dazu basieren die meisten Verfahren zur Bestimmung des Arbeitspotenzials (wie z.B. das OECD-Verfahren, vgl. Giorno et al. 1995) stärker auf Annahmen, die aus der ökonomischen Theorie abgeleitet werden. Um zu einer Normalauslastung des Faktors Arbeit zu gelangen, wird von der Erwerbsbevölkerung die »lohninflationsneutrale« Arbeitslosigkeit (NAWRU) abgezogen. Um diese zu erhalten, wird ein linearer Zusammenhang zwischen der zyklischen Arbeitslosigkeit und der Lohnentwicklung unterstellt. Allerdings werden zur Berechnung der »lohninflationsneutralen« Arbeitslosenquote auch makroökonomische Arbeitsmarktmodelle verwendet (Mc Morrow, Röger 2001: 25 ff.), so dass der Ansatz auch hier in Richtung eines makroökonomischen Gesamtmodells erweitert werden kann.

Ausgehend vom Produktionspotenzial sind Mittelfristprognosen nur unter der Annahme möglich, dass sich Schwankungen in der Kapazitätsauslastung längerfristig ausgleichen. Dann müssen die exogenen Variablen, insbesondere die trendmäßige Entwicklung des Arbeitsvolumens und der Faktorproduktivität, für den Prognosezeitraum vorgegeben werden. In diesem Zusammenhang ist eine neuere Untersuchung interessant, die zeigt, dass sich mit dem Produktionsfunktionsansatz erstellte Prognosen verbessern lassen, wenn Informationen über die Altersstruktur der Bevölkerung einer Volkswirtschaft berücksichtigt werden (Lindh 2004).

2.1.3 Gesamtwirtschaftliche Modelle

Grundidee gesamtwirtschaftlicher Modelle ist, dass kurzfristig zahlreiche Faktoren der gesamtwirtschaftlichen Nachfrage die wirtschaftliche Dynamik beeinflussen, während längerfristig angebotsseitige Faktoren an Bedeutung gewinnen. Aus diesem Grund werden beide Aspekte in einem simultanen Mehrgleichungssystem berücksichtigt. Die Struktur dieser Modelle, die im Wesentlichen die volkswirtschaftlichen Kreislaufzusammenhänge, wie sie in der Volkswirtschaftlichen Gesamtrechnung

Schaubild 3

Schematische Darstellung eines typischen gesamtwirtschaftlichen Makromodells

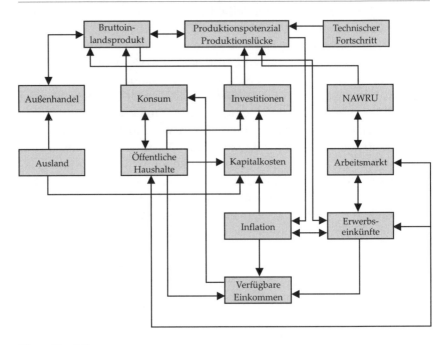

Eigene Darstellung.

(VGR) erfasst sind, widergeben, kann dabei sehr komplex werden, so dass im Rahmen dieses Überblicks nur auf die wichtigsten Aspekte eingegangen werden kann (Schaubild 3). Durch die vergleichsweise detaillierte Modellierung der Interdependenzen einer Volkswirtschaft bietet dieser Ansatz neben der Prognose auch umfassende Möglichkeiten der Simulation wirtschaftspolitischer Maßnahmen (Hendry 1995: 782). Der Informationsbedarf über die wirtschaftlichen Zusammenhänge ist allerdings nochmals größer als bei den Zeitreihen- und Angebotsverfahren (Übersicht 2), da der Aussagegehalt erheblich von der richtigen Identifikation der ökonomischen Ursache-Wirkungszusammenhänge abhängt.

Um zur gesamtwirtschaftlichen Modellstruktur zu gelangen, gibt es im Wesentlichen zwei Möglichkeiten: Beim ersten Verfahren werden die Einzelgleichungen aus dem Optimierungskalkül der Wirtschaftssubjekte abgeleitet. Dynamische stochastische allgemeine Gleichgewichtsmodelle (DSGE), wie z.B. das QUEST-Modell der EU-Kommission, verfolgen diesen Ansatz am konsequentesten („Lucas-Kritik"). Darüber hinaus

Übersicht 2

Hauptcharakteristika der untersuchten gesamtwirtschaftlichen Modelle

Modell	Periodizität	Gleichungen (stochastisch)	Prognose- horizont	Schätztechnik
Australien (TRYM)	vierteljähr- lich	ca. 125 (25)	10 Jahre	16 der 25 Gleichungen wurden als System in Fehlerkorrektur- form geschätzt, die übrigen als Einzelgleichungen.
Belgien (HERMES)	jährlich	3100 (450)	5 Jahre	Erste Differenzen oder in Feh- lerkorrekturform
Dänemark (ADAM)	jährlich	2500	5 Jahre	Erste Differenzen oder Einzel- gleichungen in Fehlerkorrek- turform
Finnland (KESSU)	jährlich	969 (240)	10 Jahre	Einzelgleichungen in Fehler- korrekturform
Groß- britannien (HMTM)	vierteljähr- lich	(350)	5 Jahre	Einzelgleichungen in Fehler- korrekturform, einstufig oder zweistufig
Kanada (CEFM96)	vierteljähr- lich	113	4 Jahre	Nicht-lineare Einzelgleichun- gen
Neuseeland (NZTM)	vierteljähr- lich	101	10 Jahre	Angebotsblock: System mit Full Information Maximum Likeli- hood; Nachfrageseite: Einzel- gleichungen als Kointegrationsbeziehungen, Kurzfristdynamik kalibriert
Niederlande (JADE)	jährlich	ca. 2000 (ca. 50)	12 Jahre	Einzelgleichungen in Fehler- korrekturform
Norwegen (MODAG)	jährlich	1225 (183)	15 Jahre	keine Angaben
Österreich (Macromod)	jährlich	134 (34)	5 Jahre	Einzelgleichungen in Fehler- korrekturform

lässt sich die Erwartungsbildung der Wirtschaftssubjekte in das Verhalten einbeziehen.

Nachteil dieses Ansatzes ist, dass das Verhalten oft von nicht beobachtbaren Parametern, wie z.B. Zeitpräferenz oder Risikoaversion, abhängt. Darüber hinaus ist die formale Struktur dieser Modelle oft so komplex, dass sich die Parameter der Gleichungen nicht mehr schätzen lassen. In vielen Fällen werden die Parameter daher so gewählt, dass sie plausible Werte repräsentieren oder bestimmte Eigenschaften der Wirklichkeit (sog. »stylized facts«) abbilden (»Kalibrierung«). Aus diesem Grund werden Modellsimulationen dieser Art auch gelegentlich als computergestützte Experimente bezeichnet (Kydland, Prescott 1996). Al-

2. Methoden- überblick

lerdings sind in jüngster Zeit Ansätze weiterentwickelt worden, mit denen größere dynamische stochastische allgemeine Gleichgewichtsmodelle geschätzt werden können (Ratto et al. 2005; Smets, Wouters 2003). Daher wird diese Art von Modellen in der Politikberatung noch vergleichsweise selten eingesetzt.

Bei dem zweiten Verfahren werden die wichtigsten Zusammenhänge des Modells mit Hilfe von Verhaltensgleichungen widergegeben, die in der Regel mit Hilfe von Einzelgleichungsverfahren geschätzt werden. Um bei dieser Vorgehensweise der z.B. an der ad hoc Spezifizierung der ökonomischen Zusammenhänge geübten Kritik Rechnung zu tragen, können aber zumindest einige Gleichungen aus einem Optimierungskalkül abgeleitet werden. Durch zusätzliche Annahmen über die Parameter und die funktionale Form lassen sich die Gleichungen dann schätzen. Erwartungen werden in diesen Modellen entweder, wie bei Inflationserwartungen, aus Umfragen entnommen oder in adaptiver Form modelliert.

Insgesamt basieren die gesamtwirtschaftlichen Modelle viel stärker auf theoretischen Vorüberlegungen als konkurrierende Verfahren der Mittelfristprognose. Durch die größere Zahl der verwendeten Variablen werden einerseits mehr Informationen über die betrachtete Volkswirtschaft einbezogen. Andererseits erhöht sich mit der gestiegenen Aussagekraft typischer Weise auch die Möglichkeit, erhebliche Fehler zu begehen. Während die Spezifikation multivariater Zeitreihenverfahren im Wesentlichen empirisch geleitet ist, wird die Modellstruktur bei simultanen Mehrgleichungsmodellen durch Identifikationsannahmen festgelegt, die mehr oder weniger überzeugend aus der ökonomischen Theorie abgeleitet sind. Konkurrierende theoretische Erklärungsansätze werden dabei in der Regel nicht systematisch überprüft. Die Auswahl eines theoretischen Ansatzes erfolgt oft aufgrund der vorhandenen empirischen Literatur. Das Risiko einer Fehlspezifikation der Kausalstruktur ist bei simultanen Mehrgleichungsmodellen deutlich größer, was insbesondere bei Politiksimulationen von Bedeutung ist.

Um Fehlspezifikationen zumindest zu verringern, wurden in den vergangenen Jahre eine Reihe von Identifikationsstrategien entwickelt (Favero 2001: 85 ff.). Bei dem Bottom up-Ansatz werden die ökonomischen Zusammenhänge weitgehend aus theoretischen Überlegungen abgeleitet. Weist die empirische Überprüfung auf Fehlspezifikationen hin, werden Erweiterungen vorgenommen, die zum Teil nicht mehr im Einklang mit dem ursprünglich zugrunde gelegten theoretischen Modell stehen. Eine populäre Variante, die an der London School of Economics (LSE) entwickelt wurde, beruht auf einem Top down-Ansatz. Das bedeutet, dass aus der Theorie nicht eine konkrete Struktur der Gleichungen des Modells abgeleitet wird, sondern im Wesentlichen nur eine sehr allgemeine Struktur vorgegeben wird (»general unrestricted model« (GUM)). Die konkrete Form der Wirkungsbeziehungen zwischen den Variablen wird dann mit Hilfe von empirischen Tests ermittelt (»general-to-specific«). Diese Vorgehensweise führt zu Modellen, die nur Restriktionen enthalten, die statistisch abgesichert sind.

2.2 Ausgewählte gesamtwirtschaftliche Mittelfristmodelle

Um einen Eindruck von der Bandbreite der gesamtwirtschaftlichen Mittelfristmodelle zu erhalten, werden im Folgenden einige ausgewählte Modelle kurz skizziert. Da nicht für alle im Einsatz befindlichen Modelle eine detaillierte Dokumentation vorliegt, stützen sich die Ausführungen auf die Modelldokumentationen der Modelle folgender Länder: Australien (TRYM), Belgien (HERMES), Dänemark (ADAM), Großbritannien (HMTM), Kanada (CEFM96), Niederlande (JADE), Neuseeland (NZTM) und Österreich (Macromod).

2.2.1 Das österreichische Macromod-Modell

Das österreichische Bundesministerium der Finanzen stützt sich in seinem Bericht über das Stabilitätsprogramm auf kurz- und mittelfristige Prognosen des WIFO. Das WIFO selbst setzt für Mittelfristprognosen und Politiksimulationen sein Modell Macromod (Baumgartner et al. 2005) ein. Macromod besteht aus 134 endogenen und 64 exogenen Variablen; 34 Verhaltensgleichungen werden geschätzt, 100 sind Identitäten. Die Datenbasis ist jährlich. Das Modell wird als nachfragegesteuert mit angebotsseitigen Elementen für die Bestimmung von Preisen und Löhnen beschrieben. Der Grund für den Rückgriff auf jährliche Daten liegt in der Verfügbarkeit der Daten des öffentlichen Sektors. Die stochastischen Gleichungen werden überwiegend geschätzt, einige wenige Strukturgleichungen werden mit dem Ziel von plausibleren Projektionen kalibriert.

Für Prognosehorizonte von bis zu fünf Jahren sind im Rahmen des Modells insbesondere die Variablen der gesamtwirtschaftlichen Nachfrage von Bedeutung. Dementsprechend werden alle größeren Aggregate der Verwendung und Verteilung des Nationaleinkommens explizit modelliert. Die Angebotsseite des Modells gewinnt erst für größere Prognosehorizonte an Bedeutung. Allerdings ist die Angebotsseite für die Simulation wirtschaftspolitischer Maßnahmen insbesondere zur Förderung des gesamtwirtschaftlichen Wachstums von Interesse. In der aktuellen Modellversion findet eine Rückwirkung der Angebotsseite, also einer Produktionsfunktion, auf andere Bereiche des Modells, wie z.B. der Preise, vor allem über die Output-Lücke statt.

Auf Grund der verhältnismäßig kleinen Datenbasis 1976 bis 2004 werden bis auf wenige Ausnahmen Strukturgleichungen als Einzelgleichungen mit OLS geschätzt. Um der Forderung nach Stationarität zu genügen, werden alle Gleichungen – statisch oder dynamisch – in ersten (logarithmischen) Differenzen geschätzt, im Falle von kointegrierten Reihen als Fehlerkorrekturgleichungen.

2.2.2 Das britische HMTM-Modell

Das britische Finanzministerium nutzt ökonometrische Methoden seit den fünfziger Jahren für Prognosen. Ein komplettes Modell steht aber erst seit 1970 zur Verfügung und umfasste in seiner ersten Version circa 200 Variablen. In den beiden folgenden Jahrzehnten wurde es auf Grund von neuen Fragestellungen erheblich erweitert, mit der Folge einer Steigerung der Variablen auf nahezu 1300. Allerdings wuchs damit auch entsprechend der Aufwand für seine Nutzung, Pflege und Weiterentwicklung. In einem »Verschlankungs«-Prozess wurde es – wie auch andere britische Makromodelle – stufenweise bis fast auf seine ursprüngliche Größe reduziert und enthält in seiner Version von 1995 (HM Treasury 1995) 350 Variablen, davon etwa 250 endogene. Darunter sind allerdings neben Definitionen und technischen Relationen nur noch rund 30 Verhaltensgleichungen. Die meisten davon sind mittlerweile mikrofundiert, d.h. aus dem Optimierungskalkül der Wirtschaftssubjekte abgeleitet. Sämtliche Verhaltengleichungen werden mit vierteljährlichen Daten einzeln ökonometrisch geschätzt, in der Regel in Fehlerkorrekturform. Neben regelmäßigen statistischen Tests der Einzelgleichungsschätzungen werden bei Änderungen in den Verhaltensgleichungen die Konsequenzen auch im Modellzusammenhang durch eine Reihe von Simulationen verfolgt.

2.2.3 Das kanadische CEFM96-Modell

Die erste Version des Models des kanadischen Finanzministeriums (CEFM: Canadian Economic and Fiscal Model) wurde 1986 fertig gestellt und seitdem für Prognosen und Simulationen genutzt. Im Folgenden wird kurz die 1996 vorgestellte Version CEFM96 beschrieben (Robidoux,

Wong 1998; DeSerres et al. 1998; Cao, Robidoux 1998). CEFM96 ist ein Quartalsmodell, das von seinen Autoren gegenüber seiner Vorversion erheblich verkleinert wurde. Damit sollte ein einfacheres und transparenteres Modell geschaffen werden, um seine Eigenschaften leichter im Vergleich zu den implementierten theoretischen Spezifikationen interpretieren zu können.

Es enthält in dieser Version 113 Schätzgleichungen, davon 61 für ökonomische und 52 für fiskalische Variablen. Damit wird deutlich, dass die Prognose- und Simulationsergebnisse für den öffentlichen Sektor sehr detailliert sind. Die meisten Modellparameter werden geschätzt, allerdings gibt es aus Gründen der Konsistenz mit der theoretischen Struktur des Modells in langfristigen Beziehungen auch einige Kalibrierungen. Um die kurz- und langfristigen Aspekte im Modell zu erfassen, erfolgt die Schätzung der wichtigsten Gleichungen auch in CEFM96 in Fehlerkorrekturform.

2.2.4 Das dänische ADAM-Modell

ADAM (Aggregated Danish Annual Model) ist der Kern des Modellapparats amtlicher dänischer Stellen (European Commission 2001). Statistics Denmark (www.dst.dk), das sich seit Anfang der siebziger Jahre mit dem Modellbau befasst, hat das Modell aufgebaut und pflegt es auch. Es handelt sich um ein disaggregiertes ökonometrisches Strukturmodell (19 Sektoren, 11 Konsumgruppen und Außenhandel auf dem 1-stelligen SITC-Level, Input/Output Verflechtung von Nachfrage und Produktion) in der Tradition von Tinbergen und Klein und besteht aus ca. 2500 Gleichungen mit 4000 Variablen. ADAM wird von amtlicher Seite für kurz- und mittelfristige Prognosen und Simulationen eingesetzt.

In mittel- bis langfristigen Untersuchungen wird insbesondere für die demografische Entwicklung und die Entwicklung des Budgets ein weiteres Modell (DREAM: Danish Rational Economic Agents Model; www.dreammodel.dk) eingesetzt. DREAM ist vom Typ CGE (Computable General Equilibrium Model). Obwohl ADAM und DREAM vom Typ her als sehr unterschiedliche Modellvarianten zu bezeichnen sind, konnte in einer Untersuchung (Pedersen, Rasmussen 2000) gezeigt werden, dass Langfristmultiplikatoren für eine Reihe von Simulationen durchaus vergleichbar sind.

2.2.5 Das belgische HERMES-Modell

Das Federaal Planbureau (FPB; www.plan.be) – eine unabhängige Forschungsinstitution – führt die Mittelfristprognosen für das belgische Stabilitätsprogramm durch. Es nutzt dazu das HERMES-Modell (Harmonised Econometric Research for Modelling Economic Systems) in der mittlerweile dritten Generation. Der Modellbau begann in den achtziger Jahren, HERMES II wurde im Jahr 2000 vorgestellt (Bossier et al. 2000), die dritte Version wurde im Februar 2004 beschrieben (Bossier et al. 2004). Das ursprüngliche Konzept sah vor, ein Instrument für die Analyse der Volkswirtschaften der EU-Mitgliedsstaaten zu entwickeln. Dazu wurde eine standardisierte Version von HERMES für sechs Mitgliedsländer geschaffen, ebenso wie „Einfachmodelle" für weitere Mitgliedsländer. Auf Grund der Standardisierung konnten verschiedene Modelle in einfacher Weise miteinander gekoppelt werden. Vereinfachte Modellversionen für die USA, Japan und weitere fünf Weltregionen erlaubten eine internationale Analyse von ökonomischen Entwicklungen über ein eigenständiges Modell für die bilateralen Handelsflüsse (HERMES-LINK; Commission of the European Communities 1993).

Die aktuelle Version von HERMES besteht aus ca. 3100 Gleichungen, darunter 450 Verhaltensgleichungen und 670 exogenen Variablen. Das Modell unterscheidet vier Produktionsfaktoren: Arbeit, Kapital, Energie sowie andere Zwischenprodukte und Dienstleistungen. Seine Größe ist im Wesentlichen darauf zurückzuführen, dass es 16 Sektoren der belgischen Volkswirtschaft getrennt modelliert, ebenso wie 16 Hauptgruppen des Privaten Verbrauchs (teilweise noch tiefer untergliedert) und acht Energieprodukte. HERMES wird von seinen Konstrukteuren als nachfrageorientiertes, mittelfristiges Modell bezeichnet, in dem allerdings auch die Angebotsseite eine Rolle spielt.

2.2.6   Das niederländische JADE-Modell

Das Centraal Planbureau (CPB) ist ein – obwohl Teil des Regierungsapparates und finanziert durch das Wirtschaftsministerium der Niederlande – in Bezug auf seine Forschungsinhalte unabhängiges Forschungsinstitut. Für seine Arbeiten, wie die Mittelfristprognosen für die Erarbeitung der Stabilitätsprogramme, setzt es eine Reihe von Modellen ein. Die mittelfristigen Analysen und Prognosen wurden bis 2004 unterstützt durch das makroökonometrische Modell JADE (CPB 2003). JADE arbeitet mit einer jährlichen Datenbasis und schließt die Lücke zwischen dem vierteljährlichen Kurzfristmodell (SAFE) und dem Langfristmodell (MIMIC).

Wichtiges Merkmal des JADE-Modells ist die Kombination von kurzfristiger Dynamik und langfristigem Gleichgewicht in einem Modell. Die Anpassung an das langfristige Gleichgewicht erfolgt über die Veränderung der Arbeitslosenquote. Dies wird erreicht durch die Berücksichtigung von Fehlerkorrekturmechanismen, die aus Kointegrationsbeziehungen geschätzt werden. Obwohl das Modell in einer Reihe von Aspekten in der Tradition keynesianisch orientierter Nachfragemodelle steht, ist für die Dynamik ein Angebotsmechanismus relevant. Gleichgewichte werden im Allgemeinen nach etwa 10 bis 12 Jahren erreicht.

Seit Ende 2004 steht am CPB mit SAFFIER (Short- and medium-term Analysis and Forecasting, using Formal Implementation of Economic Reasoning) ein Nachfolgemodell zur Verfügung, das SAFE und JADE integriert und deren Aufgaben übernehmen kann. Von seiner Konstruktion entspricht es in wesentlichen Elementen dem JADE-Modell. Dieses Modell kann sowohl zur Prognose als auch zu Simulationen verwendet werden. Da aber noch keine Beschreibung vorliegt, wird auf SAFFIER hier nicht weiter eingegangen.

2.2.7 Das australische TRYM- und das neuseeländische NZTM-Modell

Das vierteljährliche TRYM-Modell (Treasury macroeconomic model) ist seit Beginn der neunziger Jahre in der Modellabteilung des australischen Finanzministeriums (Commonwealth Treasury) entwickelt worden. Im Vergleich zu den Vorgängermodellen vom Beginn der siebziger Jahren mit nahezu 100 Verhaltensgleichungen ist es aus Gründen der Einfachheit und Transparenz erheblich verkleinert worden (25 Verhaltensgleichungen; ca. 100 Definitionen). Es wird von seinen Konstrukteuren (Commonwealth Treasury 1996) als weitgehend neukeynesanisch in seiner dynamischen Struktur beschrieben, allerdings mit einer Tendenz zum langfristigen Gleichgewicht. Dementsprechend werden gesamtwirtschaftliche Aktivitäten in der kurzen Frist im Wesentlichen nachfrage- und in der langen Frist angebotsseitig bestimmt.

Kurz- und langfristige Eigenschaften von TRYM können getrennt bestimmt werden, weil dafür unterschiedliche Modellversionen bestehen: eine dynamische Version für das Kurzfristverhalten und für die Anpassung an den langfristigen Wachstumspfad und eine steady state Version, um diesen Wachstumspfad abzuleiten und für die Kurzfristversion vorzugeben.

Das Finanzministerium Neuseelands (www.treasury.govt.nz) nutzt eine ganze Reihe von Modellen. Eines dieser Modelle, das NZTM (New Zealand Treasury Model) geht auf ein von Chris Murphy in 1995 (Econtech 1995) entwickeltes und in 1998 modifiziertes Modell (NZM98) für Neuseeland zurück (Powell, Murphy 1997). Die Weiterentwicklung von

NZTM erfolgte durch das Finanzministerium und führte zu einem Modell, das sich in vielfacher Weise von NZM als Ausgangsmodell unterscheidet und insbesondere die Prognosen des Ministeriums für Neuseeland unterstützen soll (Szeto 2002).

2.2.8 Mehr-Länder-Modelle

Von einigen internationalen Organisationen und Institutionen, wie OECD, IMF und der EU-Kommission, werden Mehr-Länder-Modelle für Politiksimulationen und gesamtwirtschaftliche Projektionen eingesetzt. Für die jeweils involvierten Länder wurden Modelle entwickelt, die die internationalen ökonomischen Verflechtungen enthalten und so die Transmissionsmechanismen von Maßnahmen in den teilnehmenden Ländern analysieren können. Wie für die teilnehmenden Länder wurden zum Teil auch für größere außenstehende Volkswirtschaften und/oder Kollektive von Ländern (z.B. OPEC oder asiatische Tigerstaaten) eigene Modelle integriert. Die einzelnen Modellbausteine entstanden dabei entweder komplett in eigener Regie (Deutsche Bundesbank 2000) oder in Kooperation mit Partnern (Willmann, Estrada 2002). Übersicht 3 weist eine Reihe von Mehrländermodellen aus und zeigt ihre Länderabgrenzung und Größenordung.

Eine weitere Organisationsform eines Mehr-Länder-Modells ist das Project LINK, in dem in Zusammenarbeit mit dem Department of Economic and Social Affairs (www.un.org/esa/policy/link/index.html) der Vereinten Nationen und unter der Koordination der Universität Toronto (www.chass.utoronto.ca/link/) seit den sechziger Jahren unabhängig voneinander entwickelte Ländermodelle zu einem Globalmodell zusammengeführt wurden. Für die Idee zu diesem Projekt und langjähriges Engagement steht der Nobelpreisträger Lawrance Klein. LINK hat sich mittlerweile zu einem Netzwerk von 250 Forschern aus 60 Ländern mit rund 80 Ländermodellen entwickelt. Diese Modelle können hinsichtlich ihres Aufbaus und ihrer theoretischen Basis als ausgesprochen heterogen beschrieben werden. Für die Bundesrepublik Deutschland ist das RWI-Konjunkturmodell in Project LINK vertreten.

Grundsätzlich haben diese Modelle die gleiche Entwicklung genommen wie die Mehrzahl der Länder-Modelle. Ursprünglich mehr der keynesianischen Tradition folgend haben neuere Versionen sowohl der Entwicklung der ökonomischen wie der ökonometrischen Theorie Rechnung getragen. Sie basieren überwiegend auf den mikroökonomischen Grundsätzen einer dynamischen Optimierung durch Haushalte und Unternehmen und enthalten so deutlich mehr Elemente vorausschauenden

Übersicht 3

Größe von makroökonomischen Mehrländer-Modellen

Land	Multimod[1]	Interlink[2]	Quest[3]	FRB Global[4]	EPA[5]	NIGEM[6]	Oxford Model[7]	MEM MOD[8]
USA	x	x	x	x	x	x	x	x
Japan	x	x	x	x	x	x	x	x
Deutschland	x	x	x	x	x	x	x	x
UK	x	x	x	x	x	x	x	x
Frankreich	x	x	x	x	x	x	x	x
Italien	x	x	x	x	x	x	x	x
Kanada	x	x		x	x	x	x	x
Niederlande		x	x			x	x	x
Belgien		x	x			x	x	x
Dänemark		x	x			x	x	
Finnland		x	x			x	x	
Griechenland		x	x			x		
Irland		x	x			x	x	
Österreich		x	x			x	x	
Portugal		x	x			x	x	
Schweden		x	x			x	x	
Spanien		x	x			x	x	
Island		x						
Norwegen		x					x	
Schweiz		x					x	
Türkei		x						
Australien		x			x		x	
Neuseeland		x						
Mexiko				x		x	x	
Korea					x		x	
China							x	
Hong Kong							x	
Taiwan							x	
Anzahl Länder	7	23	16	8	9	18	24	9
Gleichungen[9]	600	4 200	1 030	1 400	1 230	1 500	4 500	690

1 Laxton, D. et al. Multimod Mark III, International Monetary Fund Occasional Paper No. 164, Washington D.C., May 1998 (www.imf.org).
2 OECD, Interlink System, Reference Manual, Paris, January 1988.
3 Roeger, W. and in't Veld, J., Quest II – A Multi Country Business Cycle and Growth Model, European Commission Economic Paper No. 123, Bruxelles, October 1997.
4 Levin, A.T. et al., A Guide to FRB / Global, Federal Reserve, August 1997.
5 EPA World Econometric Model, Fifth version, Economic Planning Agency, Discussion Paper No. 20, Tokyo, June 1995.
6 National Institute of Economic and Social Research, NIGEM – The National Institute's Global Econometric Model, London 1996 (www.niesr.ac.uk/niesr/nigem.htm).
7 Oxford Economic Forecasting, The Oxford World Macroeconomic Model, January 1999 (www.oef.co.uk).
8 Deutsche Bundesbank, Macro-econometric Multi-Country Model.
9 Numbers are rounded. Quelle: Deutsche Bundesbank (2000).

Handelns. Auch die Angebotsseite wird nun mit neoklassischen Produktionsfunktionen deutlicher modelliert als zuvor. Fehlerkorrekturmechanismen für die wichtigsten Variablen der einzelnen Modelle sind selbstverständlich. In der Regel folgen die Länderkomponenten eines Mehr-Länder-Modells den gleichen theoretischen Strukturen und sind wenig differenziert modelliert. Auf Grund unterschiedlicher Parametergrößen schwanken aber in Simulationen die zeitlichen Anpassungsvorgänge und quantitativen Wirkungen in den einzelnen Ländern.

Die in der Übersicht 3 genannten Modelle werden in der Regel für Prognosen und Simulationen eingesetzt, zum Teil aber auch nur für Simulationen (Roeger, in't Veld 1997 für das QUEST II Modell). Wallis (2004) vergleicht eine Reihe von Modellen des Euro-Raumes (MULTIMOD, NIGEM, QUEST II und AWM, siehe Übersicht 1) in Bezug auf weitgehend standardisierte Schocks. Das AWM Modell (Area-Wide-Modell der Europäischen Zentralbank; vgl. Fagan et al. 2001) ist dabei kein Mehr-Länder-Modell und betrachtet den Euro-Raum als gesamte Volkswirtschaft. Wallis kommt dabei zu dem Schluss, dass zwar weiterhin Differenzen in den einzelnen Modellen bestehen, diese aber gegenüber früheren Modellvergleichen abgenommen haben. Der Hauptunterschied liegt für ihn im unterschiedlichen Grad der zukünftigen Erwartungen in Konsum- und Investitionsfunktionen sowie in der unterschiedlichen Modellierung von Löhnen und Preisen.

3. Verfahren der Mittelfristprognose im Vergleich

3.1 Methodische Grundlagen

Bei Mittelfristprognosen steht die Charakterisierung der gesamtwirtschaftlichen Entwicklung im Vordergrund. Um als Grundlage für wirtschaftspolitische Planungen dienen zu können, müssen die wichtigsten Größen der Volkswirtschaftlichen Gesamtrechnung sowie weitere Variablen, wie z.B. zum Arbeitsmarkt sowie zu Preisen und Zinsen konsistent projiziert werden. Insbesondere das deutsche Stabilitätsprogramm und die mittelfristige Finanzplanung sind auf möglichst genaue und hinreichend disaggregierte Prognosen angewiesen, um die staatlichen Einnahmen schätzen und die staatlichen Ausgaben planen zu können. Vor allem aber steht die Entwicklung von Ausgaben und Einnahmen des Staates in einem interdependenten Verhältnis zur gesamtwirtschaftlichen Entwicklung. Dadurch wird die Identifizierung der konjunkturbedingten Haushaltseinflüsse und der Wirkungen finanzpolitischer Maßnahmen erschwert.

Auf der Einnahmenseite werden im Stabilitätsprogramm Steuern, Sozialbeiträge und sonstige Einnahmen (z.B. Erwerbseinkünfte und Gebühren) aufgeführt. Außerdem wird, falls die Ausgaben nicht durch diese Einnahmen gedeckt werden, ein Budgetdefizit ausgewiesen. Eine nach Steuerarten differenzierte Prognose des Steueraufkommens ist in Deutschland deswegen notwendig, da die einzelnen Steuerarten nach unterschiedlichen Schlüsseln auf die Gebietskörperschaften aufgeteilt werden. Auf der Ausgabenseite werden im Stabilitätsprogramm die sechs Ausgabenkategorien Staatsverbrauch (Vorleistungen, soziale Sachleistungen, Arbeitnehmerentgelt), monetäre Sozialleistungen, Subventionen, Zinsausgaben, staatliche Bruttoinvestitionen und sonstige Ausgaben gesondert ausgewiesen. Zur Charakterisierung des Disaggregationsgrades der Modelle wurde bisher für die verschiedenen Verfahren in Übersicht 2 die Anzahl der Gleichungen angegeben und die Modellierung der wichtigsten Sektoren überblickartig dargestellt (Abschnitt 2.3).

Für die Auswahl eines Prognoseverfahrens ist grundsätzlich ebenfalls die Frage von Bedeutung, ob das Prognoseinstrument für die Analyse verschiedener Szenarien eingesetzt werden soll. Je umfangreicher die Simulationsmöglichkeiten sein sollen, desto detaillierter muss die Struktur der Volkswirtschaft abgebildet werden. Zur Abschätzung der Effekte wirtschaftspolitischer Maßnahmen ist es zum einen notwendig, identifizierende Annahmen über die Wirkungszusammenhänge in der Volkswirtschaft zu treffen. Da es nur wenige Bereiche gibt, in denen die Kausalitäten zwischen volkswirtschaftlichen Größen unumstritten sind, kann es durch die Wahl falscher Hypothesen zu Fehlspezifikationen des Modells kommen. Zum anderen ist es häufig nicht die wechselseitige Abhängigkeit der beobachteten Variablen, sondern die gemeinsame Abhängigkeit der beobachteten Größen von solchen Variablen, die für den Forscher nicht beobachtbar sind (unbeobachtbare Heterogenität), die eine überzeugende Schätzung kausaler Zusammenhänge verhindern kann (Schmidt 1999).

Um dieses Problem anzugehen, müsste ein kontrolliertes Experiment durchgeführt werden, in dem Ursache und Wirkung von allen störenden Einflüssen isoliert werden können. In den Wirtschaftswissenschaften ist dieser Ansatz häufig kaum denkbar. In der makroökonomischen Analyse lassen sich Schätzungen empirischer Zusammenhänge grundsätzlich nur mit Hilfe umfangreichen Datenmaterials in den Griff bekommen.

Von weitaus größerer Bedeutung ist jedoch das Studiendesign, mit dem versucht wird, die Kausalitäten zu identifizieren. Dazu wird in den Wirtschaftswissenschaften häufig auf Instrumentvariablen-Schätzer zurückgegriffen. Allerdings sind bei diesem Vorgehen deutliche Zweifel angebracht, wenn mehr oder weniger mechanisch die zeitlich verzögerten Werte als Instrumentvariablen eingesetzt werden.

Dabei hat in den vergangenen Jahren das Verständnis der Möglichkeiten und Grenzen von Instrumentvariablen-Methoden zugenommen (z.B. Angrist, Imbens, Rubin 1996): Der erfolgreiche Einsatz von Instrumentvariablen steht und fällt mit der überzeugenden Rechtfertigung der Ausschlussrestriktionen, die ihm zugrunde liegen. Dabei kann die ökonomische Theorie eine ebenso zentrale Rolle spielen wie bei der Suche nach Ursache-Wirkungsbeziehungen selbst. Letztendlich geht es darum, bei einer Regressionsgleichung eine endogene Variable des Systems als erklärende Größe einzusetzen. Werden die endogenen Variablen dieser Einzelgleichung und der problematische Regressor von den gleichen, für den Analytiker quantitativ nicht zu erfassenden Kräften beeinflusst, ist der übliche Kleinste-Quadrate-Ansatz verzerrt.

Lässt sich jedoch eine beobachtbare Variable finden, die zwar den problematischen Regressor beeinflusst, aber – bedingt auf alle Regressoren dieser Einzelgleichung – nicht die zu erklärende Größe, dann lässt sich diese Verzerrung vermeiden. Diese Ausschlussrestriktion lässt sich oft nicht ohne weiteres finden. Im Gegenteil, die moderne angewandte Ökonometrie betont eher die Schwierigkeit der Suche nach einem geeigneten Instrument als die segensreiche Wirkung der IV-Schätzung. Das Ziel, ein Mittelfristmodell auch für Simulationen z.B. von wirtschaftspolitischen Maßnahmen einzusetzen, führt demnach in mehrfacher Hinsicht zu zusätzlichen Anforderungen an das Instrumentarium.

Für den Aufwand der Prognoseerstellung ist darüber hinaus von Interesse, ob die Modelle kalibriert sind, bzw. mit welchen Verfahren die Parameter der Modelle geschätzt und welche Programme dazu verwendet werden. Um einen Eindruck von der empirischen Grundlage der Verfahren zu geben, wird darüber hinaus, wo möglich, auf die Datenbasis eingegangen. Von Interesse ist ebenfalls, welche Stützzeiträume verwendet werden. So weit Informationen vorhanden sind, wird auch die Prognosegüte der Verfahren genauer dargestellt.

Um einen Eindruck von der praktischen Sicht der Prognoseerstellung zu geben, werden die unterschiedlichen Organisationsformen dargestellt, die in den verschiedenen Ländern gefunden wurden. Dabei ist insbesondere der Abstimmungsprozess zwischen Empfängern und Produ-

Übersicht 4

Kriterien für den Vergleich der Verfahren

Zielsetzung	Prognose, Simulation
	Gesamtwirtschaftliche Prognose, Finanzplanung
Theoretischer Ansatz	Neoklassischer Ansatz, keynesianischer Ansatz, neoklassische Synthese
	Identifikationsstrategie
Statistische Aspekte	Kalibrierung, ökonometrische Methode
	Zahl der Gleichungen, exogene Variablen
	Datenbasis, Stützzeitraum
	Programme
	Prognosegüte
Umsetzung der Prognose	Institution der Prognoseerstellung
	Abstimmungsprozess zwischen Institutionen (Politik, Forschung, Modellbetreiber)
	Aufwand
	Häufigkeit der Neuschätzung des Modells, Zahl der Prognosen pro Jahr
	Verbindung von Kurzfrist- und Mittelfristprognose
	Abstimmung der Modellprognose mit den Ergebnissen anderer Verfahren

zenten der Prognose von Interesse. Darüber hinaus wird darauf eingegangen, wie die Abstimmung zwischen Modellprognosen und anderen Prognoseverfahren erfolgt. Es wird auch dargestellt, wie die Mittelfristprojektionen mit den Kurzfristprognosen kombiniert werden. Wo möglich wird zusätzlich der Aufwand in Mann/Monaten angegeben.

Ein weitergehender Methodenvergleich, insbesondere bei makroökonometrischen Modellen, wird dadurch erschwert, dass nicht immer eindeutig zu erkennen ist, ob Unterschiede in den Modellreaktionen auf die Modellierung zurückzuführen oder in der Struktur der Länder begründet sind (Whitley 1992: 3). Auch der Aufwand bei der Prognoseerstellung kann in diesem Zusammenhang eine Rolle spielen. Die hier zum Zuge kommenden Kriterien werden in der Übersicht 4 zusammengestellt.

Um die Übersichtlichkeit der Darstellung zu erhöhen, werden die verschiedenen Verfahren der einzelnen Länder kategorisiert und an Hand von Beispielen näher erläutert. Der Vergleich wird sich mit der Zielsetzung, dem theoretischen Ansatz sowie den statistischen und organisatorischen Aspekten der Verfahren beschäftigen. In diesem Vergleich, der schwerpunktartig die gesamtwirtschaftlichen Modelle behandelt, werden bei einzelnen Aspekten auch Zeitreihen- und angebotsorientierte Verfahren berücksichtigt, um auch unter diesem Aspekt die Vor- und Nachteile nachfrageorientierter Verfahren herausarbeiten zu können.

29

3.2 Zielsetzung und theoretischer Ansatz

Die Zielsetzung bei der Verwendung gesamtwirtschaftlicher Modelle ist nicht allein die Erzielung möglichst genauer gesamtwirtschaftlicher Prognosen. Wäre dies das alleinige Ziel, würden die komparativen Vorteile wahrscheinlich bei Zeitreihenverfahren wie z.B. Common Factor-Modellen liegen (Breitung, Eickmeiner 2005; Harrison et al. 2005), wobei der empirische Befund auch hier nicht eindeutig ist (Dreger, Marcellino 2003). Von dem Einsatz struktureller Makromodelle, die die gesamtwirtschaftlichen Zusammenhänge explizit modellieren, verspricht man sich vielmehr eine konsistente und vor dem Hintergrund der zugrunde gelegten ökonomischen Theorie interpretierbare Prognose (Clements, Hendry 2003). Dementsprechend werden die gesamtwirtschaftlichen Modelle nicht als alleiniges Prognoseinstrument eingesetzt. Sie werden entweder nur zur Berechnung unterschiedlicher Szenarien für den Prognosezeitraum oder als Ergänzung im Prognoseprozess verwendet.

Die Fragen, die dabei beantwortet werden sollen, sind unter anderem: Von welchen exogenen Impulsen wird eine Volkswirtschaft getroffen? Wie setzen sich diese Impulse in der Volkswirtschaft fort? Welche Konsequenzen ergeben sich daraus für die wirtschaftspolitischen Entscheidungsträger? Aus dieser doppelten Zielsetzung, die mit den Modellen verfolgt wird, ergibt sich ein Abwägungsproblem, das in den im Einsatz befindlichen Modellen durch eine unterschiedliche Gewichtung der beiden Ziele gelöst wird (Schaubild 4).

Zu den stark theorieorientierten Modellen gehört das QUEST II Modell der Europäischen Kommission (Röger, in't Veld 1997). Das Modell wurde in erster Linie für Politiksimulationen und nicht zur Prognose entwickelt. Das Modell ist weitgehend mikrofundiert, d.h. die Gleichungen des Modells sind aus Optimierungskalkülen der Wirtschaftssubjekte abgeleitet. Damit wird eine größtmögliche theoretische Kohärenz gewährleistet. Zur theoretischen Fundierung wird explizit auf die neoklassische Synthese verwiesen. Die Nachfrageseite des Modells, die für die kurzfristige Dynamik verantwortlich ist, ist keynesianisch orientiert. Das langfristige Gleichgewicht ist neoklassisch modelliert. Die Parameter der Gleichungen sind nur zum Teil geschätzt, die anderen Parameter wurden aus bereits vorliegenden Studien übernommen. Beispielsweise wurden einige Parameter der Ländermodelle zwar ökonometrisch geschätzt, aber für alle Ländergleichungen wurde dann ein einheitlicher Parameterwert gewählt. Dieses Vorgehen führt dazu, dass das Modell zwar öko-

Schaubild 4

**Trade-off zwischen theoretischer und empirischer Kohärenz
makroökonometrischer Modelle**

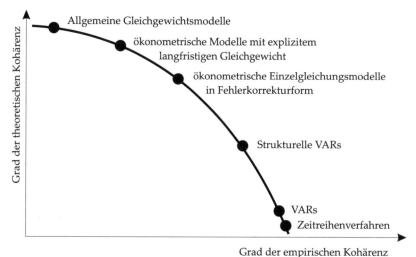

Nach Pagan (2003).

nomisch plausible Reaktionen im Sinne der zugrunde liegenden Theorie aufweist, allerdings auf Kosten der empirischen Kohärenz.

Bei einem solchen Modell, das ein starkes Gewicht auf die theoretische Kohärenz legt, ist eine besonders enge Abstimmung der Modellbauer mit dem Nutzer der Modellergebnisse notwendig. In einem solchen Modell werden Hypothesen über ökonomische Zusammenhänge in einer Volkswirtschaft modelliert, ohne sie einem umfassenden empirischen Test zu unterziehen. Der Versuch einer Identifikation der Wirkungszusammenhänge beruht in diesen Modellen allein aufgrund theoretischer Überlegungen. Es ist daher sinnvoll, dass bereits bei der Modellierung die Vorstellungen der Auftraggeber berücksichtigt werden, da die Ergebnisse dieser Modelle insbesondere die Konsequenz der modellierten Zusammenhänge sind.

Eine zweite Klasse von Modellen, in der der empirischen Kohärenz ein vergleichsweise stärkeres Gewicht eingeräumt wird, umfasst die Modelle des neuseeländischen und des australischen Finanzministeriums. Beide Modelle sind zwar immer noch sehr umfassend theoretisch fundiert. Auch diese Modelle leiten die Kurzfristbeziehungen aus der keynesianischen Theorie ab, während die Langfristbeziehungen neoklassisch fundiert sind. Um in den Finanzministerien im Prognoseprozess eingesetzt

31

werden zu können, werden in diesen Modellen aber bereits Zugeständnisse gemacht. Das Beispiel der NAIRU soll diesen Aspekt illustrieren: In dem neuseeländischen NZTM-Modell ist die NAIRU exogen vorgegeben, da es für Prognosen über die kurze und mittlere Frist plausibel ist anzunehmen, dass sie relativ konstant ist. Für Politiksimulationen ist es dagegen wichtig, die NAIRU endogen zu bestimmen, da sie für eine Reihe von Wirkungszusammenhängen von Bedeutung ist (Szeto 2002).

Die meisten für die mittlere Frist eingesetzten Modelle sind der Klasse der Einzelgleichungsmodelle in Fehlerkorrekturform (bzw. struktureller Fehlerkorrekturmodelle) zuzuordnen. Dem entsprechend ist die Variation der Modelle in dieser Gruppe am größten. Allen Modellen gemeinsam ist, dass sie sowohl im Prognoseprozess als auch für Politiksimulationen eingesetzt werden. Die theoretische Fundierung der Modelle unterscheidet sich deutlich, obwohl sie insgesamt alle der neoklassischen Synthese zuzurechnen sind. Die neoklassisch orientierte Angebotsseite der Modelle ist besonders in denjenigen Modellen umfassend berücksichtigt, die zur Berechnung von Szenarien bzw. zur Prognose über einen Zeitraum von bis zu 15 Jahren eingesetzt werden und damit den mittel- bis langfristigen Zeitraum abdecken. Modelle, die lediglich einen Zeitraum von bis zu fünf Jahren abdecken, enthalten in der Regel eine umfassend modellierte Nachfrageseite. Sie betonen damit stärker keynesianische Elemente. Im Rahmen dieser Modelle ist eine Überprüfung der aus der Theorie abgeleiteten Wirkungszusammenhänge zumindest auf der Ebene der Einzelgleichungen möglich.

Das JADE Modell des CPB beispielsweise, das zur Analyse von mittel- bis langfristigen Effekten von Schocks und Politikmaßnahmen konstruiert wurde, enthält einen relativ umfassend modellierten Produktionssektor und Arbeitsmarkt. Da diese Modellelemente größtenteils mikrofundiert sind, trägt dieses Modell eher neoklassische Züge. Das österreichische WIFO-Makromod Modell ist dagegen eher nachfragebestimmt und damit keynesianisch orientiert. Die Angebotsseite ist in diesem Modell durch eine Produktionsfunktion modelliert.

Es ist – bei aller Reserviertheit gegenüber dem Potenzial von Kleinste Quadrate- und IV-Ansätzen in gesamtwirtschaftlichen Modellen – anzuerkennen, dass die Einzelgleichungen dieser Modelle einer umfassenden ökonometrischen Überprüfung unterzogen werden. Nur in Ausnahmefällen werden einzelne Parameter gesetzt. Die empirische Kohärenz ist in diesen Modellen im Vergleich zu den bisher behandelten Verfahren am größten. Der Größe dieser Modelle, d.h. der Anzahl der Variablen, ist im Prinzip keine Grenze gesetzt und kann daher vom Erkenntnisinteresse bestimmt werden, wie das dänische ADAM und das belgische HERMES Modell zeigen.

Die stärker zeitreihenorientierten Verfahren, wie VARs, strukturelle VARs und andere Zeitreihenverfahren, legen noch ein stärkeres Gewicht auf die empirische Kohärenz. Sie eignen sich damit als reine Prognoseinstrumente. Eine ökonomische Interpretation der Prognoseergebnisse tritt damit in den Hintergrund und auch Politiksimulationen sind, wenn überhaupt, nur begrenzt möglich. Ein weiterer Grund für den relativ begrenzten Einsatz bei der Erstellung von Mittelfristprojektionen dürfte darin liegen, dass sich insbesondere bei den VAR und strukturellen VAR Modellen nur eine begrenzte Anzahl von Variablen berücksichtigen lassen. Eine detaillierte Prognose der Bestandteile der Volkswirtschaftlichen Gesamtrechung ist mit diesen Verfahren nicht möglich.

Beurteilt man die verschiedenen Methoden nach ihrer Eignung, wichtige Größen der Volkswirtschaftlichen Gesamtrechnung projizieren zu können, weisen die Modelle mit expliziter Modellierung des steady states sowie die Fehlerkorrekturmodelle Vorteile gegenüber den anderen Verfahren auf. Gegenüber einigen Zeitreihenverfahren bieten sie grundsätzlich die Möglichkeit, die Größen der VGR konsistent zu modellieren. Gegenüber den allgemeinen Gleichgewichtsmodellen haben sie den Vorteil, dass sie in höherem Maße die empirischen Zusammenhänge berücksichtigen.

Die Mittelfristmodelle der meisten Länder sind im Laufe der neunziger Jahre grundlegend überarbeitet worden. Dabei wurde die Anzahl der Gleichungen in einer Reihe von Modellen deutlich reduziert, um die Transparenz zu erhöhen. Aus methodischer Sicht bedeutender ist aber, dass in den Modellen explizit die Vorstellung integriert wurde, dass die Volkswirtschaften in der mittleren Frist um einen langfristigen Trend schwanken. Die Modellierung des langfristigen Trends und der mittelfristigen Schwankungen unterscheiden sich dabei je nach Modelltyp.

In den Modellen mit explizitem langfristigem Gleichgewicht werden beide Komponenten getrennt voneinander spezifiziert und erst nachträglich zusammengefügt. Dieser Modellierungsansatz wird in dem australischen und dem neuseeländischen Modell verwendet. Um die Gleichungen des langfristigen Gleichgewichts zu erhalten, wird im neuseeländischen Modell der Angebotsblock simultan mit einem Maximum-Likelihood Ansatz geschätzt. Die Gleichungen der Nachfrageseite werden mit OLS geschätzt, da die Beziehungen als Kointegrationsbeziehungen interpretiert werden. Für die Kurz- und Mittelfristprognosen ist allerdings die dynamische Struktur des Modells von besonderer Bedeutung,

33

die derzeit kalibriert wird. Allerdings gibt es Bestrebungen, auch die dynamische Struktur zukünftig zu schätzen. Insgesamt sind die Erfahrungen mit diesem relativ neuen Modelltyp noch nicht sehr groß, so dass er für ein deutsches Mittelfristmodell derzeit wenig geeignet erscheint.

In dem überwiegenden Teil der Modelle werden die Gleichungen in Fehlerkorrekturform geschätzt. Diese Vorgehensweise ist aus statistischen Gründen angebracht, um die Nicht-Stationarität vieler gesamtwirtschaftlicher Größen zu berücksichtigen. Darüber hinaus können die dynamischen Eigenschaften der zu Grunde liegenden Daten relativ umfassend modelliert werden. Aus ökonomischer Sicht hat dieser Ansatz den Vorzug, dass sich die dabei modellierte Kointegrationsbeziehung als eine langfristige Gleichgewichtsbeziehung interpretieren lässt (Alogoskoufis, Smith 1991). Die Grundidee soll anhand der folgenden Gleichung kurz erläutert werden:

(1) $\quad \Delta y_t = \alpha + \beta(y_{t-1} - \lambda x_{t-1}) + \gamma \Delta x_{t-1} + \varepsilon_t$

In dieser Gleichung repräsentiert der Ausdruck $(y_{t-1} - \lambda x_{t-1})$ den Fehlerkorrekturterm, d.h. die Abweichung vom langfristigen Gleichgewicht in der Vorperiode. Vorübergehende Abweichungen von der Langfristbeziehung bauen sich im Laufe der Zeit ab, wobei der Anpassungskoeffizient β die Geschwindigkeit angibt, mit der nach einer Störung das Gleichgewicht wieder erreicht wird. Um die kurzfristige Dynamik der Beziehung zu modellieren, können verzögerte Differenzen nicht-stationärer exogener Variablen aber auch der endogenen Variablen berücksichtigt werden. Die optimale Lag-Struktur kann im Prinzip aus den Daten ermittelt werden. Durch die Möglichkeit, die Gleichungen umfassenden Tests zu unterziehen, führt dieses Verfahren aber zu einer vergleichsweise hohen empirischen Kohärenz.

Zur Schätzung der Modellgleichungen werden eine Reihe unterschiedlicher Verfahren vorgeschlagen (Davidson, MacKinnon 1993: 723 ff.). Bei dem zweistufigen Verfahren von Engle und Granger (1987) wird zunächst die Kointegrationsbeziehung $y_t = \lambda x_t + u_t$ geschätzt und das Residuum u_{t-1} in die Fehlerkorrekturgleichung (1) eingesetzt. Dieses Verfahren wird für die meisten Gleichungen des JADE-Modells, des belgischen HERMES-Modells und des dänischen ADAM-Modells verwendet.

Eine weitere Möglichkeit besteht darin, Gleichung (1) direkt mit Hilfe der nicht-linearen kleinsten Quadrate Methode zu schätzen. Diese Methode wurde in dem kanadischen Treasury Modell und zumindest für einige Gleichungen des schwedischen KOSMOS-Modells gewählt. Der geschätzte Anpassungskoeffizient ergibt sich dabei direkt aus dem geschätzten Koeffizient der verzögerten zu erklärenden Variablen. Somit lässt sich auch der Koeffizient λ eindeutig als δ/β schätzen.

Das dritte, recht verbreitete Verfahren von Sims, Stock und Watson (1990) ist, eine Gleichung der folgenden Form mit Hilfe von OLS zu schätzen:

$$(2) \quad \Delta y_t = \alpha + \beta y_{t-1} + \delta x_{t-1} + \lambda x_{t-1} + \gamma \Delta x_{t-1} + \varepsilon_t.$$

Dieses Verfahren wird im WIFO Macromod verwendet. Im Vergleich der Verfahren hat sich das zweistufige Verfahren als ein einfaches und robustes Verfahren erwiesen, so dass diesem Verfahren bei der Schätzung eines deutschen Mittelfristmodells der Vorzug gegeben werden sollte.

Welche Verhaltensgleichungen in einem Modell geschätzt werden, hängt nicht zuletzt von der Zielsetzung des gesamtwirtschaftlichen Modells ab. Da die hier betrachteten Mittelfristmodelle für gesamtwirtschaftliche Projektionen und Politiksimulationen im Einsatz sind, werden Verhaltensgleichungen für die wichtigsten Größen der VGR geschätzt. Aus diesem Grund sind sich die hier betrachteten Mittelfristmodelle in ihrer Grundstruktur relativ ähnlich. Bei den von nationalen Institutionen eingesetzten Modellen wird nur das jeweilige Land modelliert. Der Einfluss des Auslandes ist daher bei allen Modellen exogen. Die Fokussierung dieser Modelle auf die kurze bis mittlere Frist führt dazu, dass auch die Bevölkerungsentwicklung nicht endogen bestimmt wird. Dem entsprechend ist auch die Anzahl der Erwerbspersonen modellexogen.

Der dritte Bereich von exogenen Variablen betrifft die öffentlichen Haushalte, da viele dieser Größen, insbesondere auf der Ausgabenseite, als Politikinstrumente angesehen werden. Je nach Größe der Modelle und der Modellierungsstrategie kann auch die Zahl der exogenen Variablen relativ groß werden. So enthält das österreichische Macromod-Modell bei 34 Verhaltensgleichungen 64 exogene Variablen, während das kanadische Modell bei 113 Verhaltensgleichungen etwa 470 exogene Variablen verwendet.

3.3 Spezifikation und Schätzung ausgewählter Gleichungen

Bei der Schätzung der Gleichungen sollte ein möglichst umfassender Stützzeitraum gewählt werden, besonders wenn die Schätzung auf jährlichen Daten beruht. Allerdings wird auch hier auf die ökonomische Plausibilität der Koeffizienten geachtet und der Stützzeitraum gegebenenfalls variiert. In der Regel sind die Gleichungen für Zeiträume von Anfang oder Mitte der siebziger Jahre bis an den aktuellen Rand geschätzt, wobei die Stützzeiträume zwischen den Gleichungen eines Modells durchaus variieren können. Wichtigste Datenquelle aller betrachteten Modelle ist die VGR des jeweiligen Landes. Je nach Differenzierung der Modelle werden Daten zu den öffentlichen Finanzen, den Finanzmärkten, den Preisen sowie den Input-Output Beziehungen des Produktionssektors hinzugefügt.

Was die für die gesamtwirtschaftlichen Modelle verwendete Software betrifft, reichen für die neueren kleineren Modelle die ökonometrischen Standardsoftware-Pakete wie TSP, EViews oder PcGive aus. So wird zur Schätzung des österreichischen Modells z.B. EViews verwendet. Werden in den Modellen vorausschauende Erwartungen modelliert, wird in der Regel TROLL verwendet. Das vergleichsweise große ADAM-Modell ist in PCIM programmiert.

Bei der praktischen Umsetzung des Modellierungsansatzes werden die Langfristbeziehungen in sehr unterschiedlichem Maße aus der ökonomischen Theorie abgeleitet, so dass sich die theoretische Kohärenz bei diesen Modellen unterscheidet. Bei dem niederländischen JADE-Modell werden die wichtigsten Gleichungen aus dem Optimierungskalkül der Wirtschaftssubjekte abgeleitet. Die theoretische Fundierung ist damit relativ umfassend. In vielen anderen Modellen sind die Langfristbeziehungen eher eklektisch und weniger stringent aus einem einheitlichen theoretischen Rahmen abgeleitet.

Um einen konkreteren Eindruck von der Struktur der Modelle zu erhalten, werden im Folgenden die Kernelemente gesamtwirtschaftlicher Modelle dargestellt, die weitgehend der Struktur gesamtwirtschaftlicher Konjunkturmodelle entsprechen. Bei dieser Übersicht wird außerdem ein Schwerpunkt auf Modelle gelegt, für die bisher keine zusammenfassende Darstellung wie für die Modelle der skandinavischen Länder vorliegt (Bergman, Olsen 1992; Bjerkholt, Rosted 1987). Einige Modelle beinhalten weitere Elemente, die für spezielle Fragestellungen relevant sind. So verfügt das belgische HERMES Modell beispielsweise über einen detaillierten Energiesektor, auf den im Folgenden aber nicht weiter eingegangen wird.

3.3.1 Privater Konsum

Der Modellierung des privaten Konsums kommt allein schon wegen seines hohen Anteils an der gesamtwirtschaftlichen Nachfrage eine besondere Bedeutung zu. Dabei liegen den betrachteten Modellen im Wesentlichen zwei Modellierungsansätze zugrunde, die sich nach ihrem Erklärungsansatz unterscheiden, d.h., ob der Übergang von der kurzen Frist zur mittleren oder der Übergang von der mittleren zur langen Frist modelliert werden soll.

Werden Mittelfristmodelle, wie das beim Macromod-Modell aber auch beim HERMES- und beim TRYM-Modell der Fall ist, als Erweiterung eines Kurzfristmodells angesehen, ist der Kreislaufzusammenhang zwischen Einkommen und Ausgaben der zentrale Mechanismus zur Weitergabe von Impulsen. Die Konsumnachfrage wird dabei in der Regel aus der keynesianischen Theorie abgeleitet. Da die Konsumausgaben (CP) und das Einkommen (Y) einen gemeinsamen Trend aufweisen, wird die Gleichung in Fehlerkorrekturform modelliert[6]. Im einfachsten Fall wird eine Langfristbeziehung zwischen Konsumausgaben und verfügbaren Einkommen geschätzt, für die kurzfristige Dynamik reicht in der Regel die Veränderung des Einkommens (ΔY) und des privaten Konsums der Vorperiode aus (Davidson et al. 1978). Gleichung (3) des österreichischen Macromod-Modells spiegelt diesen Modellierungsansatz wider. Die Koeffizienten entsprechen den für Österreich geschätzten Werten.[7]

(3) $\Delta \log(CP_t) = -0{,}3 + 0{,}35 \Delta \log(Y_t) - 0{,}212 \log(CP_{t-1}) + 0{,}237 \log(Y_{t-1})$.

Eine Langfristbeziehung wird in Gleichung (3) zwischen dem privaten Konsum (CP) und dem verfügbaren Einkommen (Y) geschätzt. Langfristig wird der Anstieg des privaten Konsums also nur durch den Anstieg des Einkommens erklärt. Abweichungen von dieser Langfristbeziehung werden mit einer Anpassungsgeschwindigkeit von 0,212 pro Periode abgebaut. Darüber hinaus werden kurzfristige Änderungen des privaten Konsums durch kurzfristige Änderungen des verfügbaren Einkommens erklärt.

Eine Erweiterung dieses Ansatzes findet sich im kanadischen CEFM96-Modell (Gleichung (4)), in dem in der Langfristbeziehung neben dem verfügbaren Einkommen auch ein langfristiger Zinssatz (r^L) berücksichtigt wird. Ein Anstieg der Zinsen führt demnach auch langfristig über eine Zunahme der Ersparnis zu einer Senkung des privaten Kon-

---

6 Eine allgemeine Darstellung der Schätzansätze findet sich in Abschnitt 3.1.
7 Sofern in den Modelldokumentationen die t-Statistiken enthalten sind, werden sie in Klammern unter den Koeffizienten angegeben.

3. Verfahren der
Mittelfristprognose
im Vergleich

sums. Der Anpassungskoeffizient weist die gleiche Größenordnung wie in der österreichischen Konsumfunktion aus. Die Kurzfristdynamik wird zusätzlich durch Spreads zwischen Kurz- und Langfristzinsen ($r^S - r^L$) und die Differenz zwischen natürlicher (UR^N) und tatsächlicher Arbeitslosenrate (UR) erklärt. Sinkt die tatsächliche Arbeitslosigkeit unter die natürliche, kommt es kurzfristig zu einem Anstieg des privaten Konsums. Auch das belgische HERMES-Modell sowie das australische TRYM-Modell enthalten die Arbeitslosenquote als zusätzliche Variable.

$$
(4) \quad \Delta \log(CP_t) = 0{,}2 \, \Delta \log(Y_t) - \underset{(3,05)}{0{,}002}(r_{t-2}^s - r_{t-2}^L)
$$

$$
- \underset{(2,61)}{0{,}002}(r_{t-4}^S - r_{t-4}^L) + \underset{(2,10)}{0{,}002}(UR_t^N - UR_t)
$$

$$
- \underset{(3,81)}{0{,}21}\left[\log(CP_{t-1}) + \underset{(2,24)}{0{,}558} - \underset{(12,85)}{1{,}215} \log(Y_{t-1}) + \underset{(1,77)}{0{,}007} \, r_{t-1}^L \right].
$$

In Modellen, die wie das JADE-Modell des CPB und das neuseeländische NZTM-Modell stärker die mittlere und die lange Frist betonen, wird die Konsumnachfrage in der Regel nach der Lebenszyklushypothese bestimmt. Im Unterschied zum keynesianischen Modell wird hier die Konsumfunktion aus dem Optimierungskalkül eines repräsentativen Haushalts abgeleitet. Die Lebenszyklushypothese wird dabei modelliert, indem der Haushalt bei der Diskontierung seines zukünftigen Einkommens einer Sterbewahrscheinlichkeit ausgesetzt ist (Blanchard 1985). Eine weitere wesentliche Erweiterung dieses Ansatzes ist, dass auch das Vermögen der privaten Haushalte die Konsumnachfrage beeinflusst, wobei sich Finanz- und Immobilienvermögen unterscheiden lassen (Church et al. 1994). Darüber hinaus werden in dem JADE-Modell auch Unterschiede im Zugang zum Kapitalmarkt berücksichtigt.

Dieser Ansatz wird anhand der Gleichungen des JADE-Modells illustriert:

$$
(5) \quad CP_t^* = \left[\left(\varepsilon(\beta + \lambda) + (1-\varepsilon)\left(r_t^L - \pi + \lambda\right)\right)\right]\left(A_{t-1} + \frac{(1-\varphi_l)Y_t^L + (1-\varphi_T)Y_t^T}{r_t^L - \Delta l_t + \beta_s}\right).
$$

Gleichung (5) stellt eine Langfristbeziehung zwischen dem privaten Konsum (CP^*), dem Vermögen der Haushalte (A) und den Einkommen der Haushalte dar, wobei in diesem Modell zwischen Arbeitseinkommen (Y^L) und Transfereinkommen (Y^T) unterschieden wird. Beide Einkommensarten sind mit ihrem Anteil an der Bevölkerung (φ_L) und (φ_T) gewichtet. Die Einkommen werden mit einem Ausdruck diskontiert, in den der Langfristzins (r^L), die erwartete Lohnsteigerung (Δl) und die kumulierte Sterbewahrscheinlichkeit (β_s) eingehen. Dieser Ausdruck wird mit dem Realzins plus Zeitpräferenz multipliziert. Zusätzlich enthält die Gleichung eine Reihe von aus der Lebenszyklushypothese abgeleiteten Koeffizienten. Dabei stellt ε die intertemporale Substitutionselastizität, β die Sterbewahrscheinlichkeit der Haushalte, β_s die kumulierte Sterbewahrscheinlichkeit der Haushalte und λ die Zeitpräferenz dar.

Die Langfristbeziehung wird in die Fehlerkorrekturgleichung (6) eingesetzt:

$$(6) \quad \frac{CP_t - CP_{t-1}}{CP_{t-1}} = \gamma_l \frac{\Delta Y_t^L}{CP_{t-1}} + \gamma_T \frac{\Delta Y_t^T}{CP_{t-1}} + \gamma_z \frac{\Delta Y_t^Z}{CP_{t-1}} - v\Delta r_t + \rho_h \frac{\Delta hw_t}{CP_{t-1}}$$

$$+ \omega_h \frac{\Delta A_{t-1}^H}{CP_{t-1}} + \omega_s \frac{\Delta A_{t-1}^S}{CP_{t-1}} + \omega_Z \frac{\Delta A_{t-1}^Z}{CP_{t-1}} - \xi \ln\left(\frac{CP_{t-1}}{CP_{t-1}^*} \right).$$

Um die Kurzfristdynamik zu modellieren, werden die ersten Differenzen der drei Einkommensarten Löhne (Y^L), Transfer- (Y^T) und Gewinneinkommen (Y^Z), der drei Vermögensarten Immobilien (A^H), Aktien (A^S) und andere Vermögensarten (A^Z) sowie die Neubewertung der Immobilienvermögen (hw) berücksichtigt. Die Schätzergebnisse für diese Gleichung sind in Tabelle 1 dargestellt. Die Ergebnisse zeigen, dass eine Reihe der theoretisch abgeleiteten Koeffizienten nicht signifikant sind. Aber auch der Anpassungskoeffizient ξ ist nicht signifikant. Dies gilt auch für die Koeffizienten der Kurzfristparameter. Um die theoretische Konsistenz des Modells beizubehalten, wurden die nicht-signifikanten Koeffizienten aber in der Gleichung belassen.

In den skandinavischen Modellen ist die Konsumnachfrage als Mix aus beiden Ansätzen modelliert. Durch die Berücksichtigung des aktuellen verfügbaren Einkommens sind die Gleichungen eher keynesianischen Typs. Allerdings sind in einigen Gleichungen auch Vermögensgrößen berücksichtigt, wie z.B. im dänischen ADAM-Modell (Hansen et al. 2001). Darüber hinaus enthalten einige Gleichungen einen Zinssatz sowie die Inflationsrate als erklärende Variablen (Whitley 1992: 7).

3.3.2 Investitionen

Die Modellierung der Investitionsnachfrage ist in Mittelfristmodellen von besonderem Interesse, weil sie zum einen durch ihre relativ hohe Vo-

Tabelle 1

Schätzergebnisse für die Konsumfunktion des JADE-Modells

Langfristbeziehung

Koeffizient	ε	β	φ_l	φ_T	λ_S	λ			
Werte	0,85	0,03	0,63	0,81	0,23	0,009			
t-Werte	12,4	1,8	3,5	4,3	2,0				

Kurzfristbeziehung

Koeffizient	γ_l	γ_T	γ_z	ν	ρ_h	ω_h	ω_s	ω_z	ξ
Werte	0,55	0,69	0,37	0,60	0,035	0,046	0,033	0,054	0,15
t-Werte		3,4	1,5	1,4	2,7	4,7	1,2	1,6	1,4

Quelle: CPB (2003); Kranendonk, Verbruggen (2002).

latilität ein wichtiges Element zur Erklärung von Kurzfristschwankungen ist und zum anderen einen Erklärungsbeitrag für die Veränderung des Kapitalstocks leistet, der für längerfristige Entwicklungen von Bedeutung ist. Da in Mittelfristmodellen der gesamtwirtschaftliche Produktionssektor explizit modelliert ist, werden die Investitions- bzw. Kapitalnachfragefunktionen in der Regel direkt aus der Produktionsfunktion abgeleitet. Dazu wird unterstellt, dass das repräsentative Unternehmen bestrebt ist, seinen Gewinn zu maximieren. Dies entspricht dem neoklassischen Modell der Investitionsnachfrage, in dem die Investitionen durch den Output und die Nutzungskosten des Kapitals bestimmt werden (Kopcke, Brauman 2001: 11 ff.). Eine relativ einfache Investitionsnachfrage ist im Macromod-Modell enthalten:

(7) $\quad \Delta \log(I_t) = -3{,}417 + 1{,}76\Delta \log(Y_t)$

$\quad -0{,}46\Delta \log(UC_t) - 0{,}226 \log(I_{t-1} / Y_{t-1})$.

Eine Langfristbeziehung wird in dieser Gleichung als langfristig konstante Investitionsquote zwischen den Investitionen (I) und dem Output (Y) modelliert. Die Kurzfristdynamik wird von der ersten Differenz des Outputs und der Differenz der Kapitalnutzungskosten (UC) bestimmt. Demnach kann eine Erhöhung des Outputs kurzfristig zu einem Anstieg der Investitionsquote führen, und ein Anstieg der Kapitalnutzungskosten führt kurzfristig zu einem Rückgang der Investitionen. Bei diesem Ansatz entsteht eine Schwierigkeit dadurch, dass die Kapitalnutzungskosten nicht direkt beobachtet werden können, sondern durch theoretische Überlegungen aus anderen Zusammenhängen abgeleitet werden müssen. So werden die Kapitalnutzungskosten im Macromod-Modell aus den relativen Preisen für Investitionen, dem BIP, dem realen Kreditzins, der Abschreibungsrate und einem Term bestimmt, der verschiedene Eigenschaften des österreichischen Steuersystems berücksichtigt.

Eine gewisse Erweiterung dieses Ansatzes stellt die Berücksichtigung von Vermögenseffekten bzw. eines begrenzten Zugangs zum Kapitalmarkt dar. So wird in einer der Investitionsfunktionen des ADAM-Modells eine Variable für Tobins' q eingeführt. Mit diesem Ansatz sollen nicht nur die Kapitalkosten, sondern auch die erwarteten Erträge der Investition berücksichtigt werden. Ist der Marktwert einer Investition, also der Gegenwartswert der zukünftig erwarteten Erträge, größer als die Kapitalkosten, lohnt sich die Investition und die Nachfrage nach Investitionsgütern steigt (Kopcke, Brauman 2001: 13 ff.). Einen anderen Ansatz, Liquiditätsbeschränkungen zu berücksichtigen, ist in der folgenden Modellgleichung widergegeben:

$$
(8) \quad \log(I_t) = \log(I_{t-1}) - \underset{(3,0)}{0{,}05} \left[\log\left(\frac{UC_{t-4}}{LC_{t-4}} \right) + 0{,}006(T+34) \right]
$$

$$
- \underset{(4,8)}{0{,}19} \log(I_{t-1} / Y_{t-1}) + \underset{(3,1)}{0{,}03} \log(100 - KAPA_{t-1}) + \underset{(3,2)}{0{,}09} \log(LIQ_{t-2})
$$

$$
+ \underset{(2,9)}{0{,}37} \log\left(Y_t^e / Y_t \right) - \underset{(2,4)}{0{,}1} \, \Delta \log\left(\frac{UC_{t-1}}{LC_{t-1}} \right) - \underset{(1,8)}{0{,}06} \, \Delta \log(LIQ_{t-2}) + \underset{(4,1)}{0{,}55}.
$$

In dieser Gleichung (8) wird die Langfristbeziehung ebenfalls im Kern als konstante Investitionsquote modelliert. Der Anpassungskoeffizient ist mit –0,19 etwas niedriger als in Gleichung (7). Die Liquiditätsvariable (LIQ) ist als Verhältnis von liquiden Mitteln zu den Verbindlichkeiten der Unternehmen definiert. Eine Zunahme der liquiden Mittel erhöht also die Investitionstätigkeit der Unternehmen. Darüber hinaus wird als Kostenvariable das Verhältnis von Kapitalnutzungs- zu Lohnkosten (UC / LC) verwendet. Als Variablen der ökonomischen Aktivität enthält die Gleichung eine Art Outputgap, definiert als 100 minus Index der Kapazitätsauslastung ($KAPA$), eine höhere Kapazitätsauslastung steigert demnach die Investitionstätigkeit. Ein Anstieg des Verhältnisses von erwartetem zu gegenwärtigem Output (Y^e / Y) hat ebenfalls einen positiven Effekt auf die Investitionen.

Je nach dem Grad der Differenzierung des Modells können verschiedene Kategorien von Investitionen unterschieden werden. In dem JADE-Modell des CPB beispielsweise werden Investitionen in Ausrüstungen, Gebäude und Lager modelliert. Allerdings wird die Modellierung der Nachfrage nach diesen Investitionsgütern dadurch sehr viel

einfacher, dass angenommen wird, dass diese Güter von der Kapital-
nachfrage und einer Reihe exogener Variablen abhängen. Im HERMES-
Modell wird die Investitionsnachfrage von elf Branchen erklärt.

3.3.3 Außenhandel

Durch die zunehmende Globalisierung gewinnt die Modellierung des
Außenhandels weiter an Bedeutung; dies gilt besonders für kleine Länder wie Belgien (Bossier et al. 2000: 37). Für die Mittelfristprojektionen
werden die Länder als kleine offene Volkswirtschaften modelliert, wobei
die Struktur des Außenhandels in den meisten Modellen noch auf der
Mundell-Fleming Tradition oder der des Dornbusch-Modells basiert.
Ansätze der neuen Außenhandelstheorie, die um eine Mikrofundierung
der Modelle bemüht ist, werden bisher kaum berücksichtigt (Eiteljörge
2000: 4).

In einer relativ einfachen Formulierung lassen sich die Exporte (EX)
mit Hilfe des Volkseinkommens der wichtigsten Handelspartner bzw.
des Welthandels (Y^W) und der relativen Preise zwischen Ex- und Import-
gütern ($P^{EX} / P^W WK^{US}$) erklären. Damit wird unterstellt, dass die gehan-
delten Güter keine perfekten Substitute sind (wie z.B. im Macromod-Modell Gleichung (9)):

$$(9) \quad \Delta \log(EX_t) = -3{,}47 + 1{,}03 \Delta \log(Y_t^W) - 0{,}28 \Delta \log\left(\frac{P_t^{EX}}{P_t^W WK_t^{US}} \right)$$

$$-0{,}154 \log(EX_{t-1}) + 0{,}369 \log(Y_{t-1}^W).$$

Die Langfristbeziehung ist in Gleichung (9) zwischen den Exporten (EX)
und dem Volkseinkommen der Handelspartner (Y^W) geschätzt. Aber
auch kurzfristig reagieren die Expote positiv auf Veränderungen dieser
Größe sowie negativ auf die Terms of Trade.

Darüber hinaus können auch Variablen in die Exportgleichungen aufgenommen werden, die die Angebotsbedingungen abbilden, wie z.B. im
JADE-Modell (siehe Gleichung (10)):

$$(10) \quad \Delta \log(EX_t) = 1{,}05 \Delta \log(EX_t^{Comp}) - 0{,}76(\Delta \log(P_t^{EX}) - \Delta \log(P_t^{Comp}))$$

$$+0{,}54 \left[\left(\frac{I_{t-1}}{Y_{t-1}} \right) - \left(\frac{I_{t-1}^{Comp}}{Y_{t-1}^{Comp}} \right) \right] - 0{,}41 \Delta KAPA_t$$

$$-0{,}18 \left[\left(\log(EX_{t-1}) - \log(EX_{t-1}^{Comp}) \right) + 0{,}258 \left(\log(P_{t-1}^{EX} - P_{t-1}^{Comp}) \right) + 0{,}31 \right].$$

Beispielsweise lässt sich die Differenz der heimischen und der Investitionsquote wichtiger Konkurrenten $\left[\left(\dfrac{I}{Y}\right) - \left(\dfrac{I^{Comp}}{Y^{Comp}}\right)\right]$ als Indikator der inländischen Innovations- und Wettbewerbsfähigkeit interpretieren. Steigt die inländische Wettbewerbsfähigkeit, nehmen die Exporte zu. Die Kapazitätsauslastung kann im Zusammenhang mit den Exporten als Maß für den inländischen Nachfragedruck angesehen werden. Dabei wird angenommen, dass die inländischen Produzenten bei Kapazitätsengpässen lieber den heimischen Markt beliefern und nur bei nachlassender Nachfrage neue Absatzmöglichkeiten im Ausland suchen (Export push-Hypothese). Dem entsprechend sinken die Exporte bei steigender Kapazitätsauslastung. Darüber hinaus werden in dieser Gleichung die heimischen Exporte sehr stark von den Exporten (EX^{Comp}) der Konkurrenten und deren Preisen (P^{Comp}) beeinflusst. Steigen die Preise der Konkurrenten stärker als die der heimischen Exporteure, nehmen auch die Exporte zu.

Bei der Modellierung der Importnachfrage wird in den Modellen berücksichtigt, dass die inländischen Gütergruppen unterschiedliche Importanteile aufweisen. Wird nur eine Gleichung für die Importe spezifiziert, lässt sich eine Variable konstruieren, in der die Komponenten der inländischen Nachfrage mit ihren Importanteilen gewichtet werden. Darüber hinaus hängt die Importnachfrage im Macromod-Modell lediglich vom Verhältnis der Importpreise zum BIP-Deflator ab. Im JADE-Modell werden dagegen Importgleichungen für den privaten Konsum, für Investitionsgüter, für Reisedienstleistungen und für diejenigen Güter geschätzt, die wieder exportiert werden sollen. Die Importnachfrage nach Konsumgütern wird dabei durch die inländische Konsumgüternachfrage, die relativen Preise von importierten Konsumgütern und dem Deflator des privaten Verbrauchs sowie die Kapazitätsauslastung der heimischen Industrie erklärt (CPB 2003: 33). In den betrachteten Mittelfristmodellen wird der Wechselkurs in der Regel exogen vorgegeben, so dass auch die Importpreise als exogen angesehen werden können (Whitley 1992: 7).

3.3.4 Arbeitsmarkt

In den Arbeitsmarktsegmenten bestehen die Modelle aus drei Grundelementen: der Arbeitsnachfrage, dem Arbeitsangebot und der Lohnfindung. Die Reaktion des Arbeitsmarktes, insbesondere die Anpassung der Arbeitslosenquote an ihr langfristiges Gleichgewicht, ist in längerfristig orientierten Modellen, wie dem JADE-Modell, von zentraler Bedeutung für die dynamischen Eigenschaften. Da die Arbeitsmärkte stark institutionell geprägt sind, werden hierfür zusätzliche Gleichungen eingeführt. Vor allem die Lohnfindung ist in vielen Ländern durch institutionalisierte Verhandlungsmechanismen geprägt.

Da alle hier betrachteten Modelle implizit oder explizit eine Produktionsfunktion enthalten, wird die Arbeitsnachfrage aus der Gewinnmaximierungs- bzw. der Kostenminimierungshypothese für die Unternehmen abgeleitet. Die funktionale Form der Arbeitsnachfrage ist dabei von der zugrunde liegenden Produktionsfunktion abhängig. Die Hauptdeterminanten sind in den meisten Fällen aber die gesamtwirtschaftliche Aktivität (Y), die Reallöhne (W) und die Kosten der Kapitalnutzung (UC), wie z.B. in dem Macromod-Modell (Gleichung (11)). Unterstellt man ein vollkommen elastisches Arbeitsangebot, erhält man auf diese Weise bereits die tatsächliche Beschäftigung.

$$(11) \quad \Delta \log(L_t) = 0{,}41 \Delta \log(Y_t) - 0{,}025 \Delta \log\left(\frac{W_{t-1}}{UC_{t-1}}\right).$$

Wie zu erwarten sinkt die Arbeitsnachfrage, wenn die Löhne im Verhältnis zu den Kapitalnutzungskosten steigen. Eine Zunahme der gesamtwirtschaftlichen Aktivität führt zu einem Anstieg der Arbeitsnachfrage.

Im kanadischen CEFM96 Modell ist die Arbeitsnachfrage als Abweichung vom Erwerbspersonenpotenzial (LF) modelliert. Dabei werden zyklische und strukturelle Faktoren zur Erklärung herangezogen (Gleichung (12)):

$$(12) \quad \log(L_t) - \log(LF_t) = \underset{(3{,}0)}{0{,}03} + \underset{(1{,}9)}{0{,}02} \left[\frac{\log(P_{t-1}^{EX})}{\log(P_{t-1}^{IM})} - ToT_{t-1}^{T}\right] - \underset{(2{,}1)}{0{,}02}$$

$$\left[\log\left(\frac{P_t^E}{P_t^C}\right) - P_t^{ET}\right]$$

$$+ \underset{(6{,}8)}{0{,}12} \, Y_t^{Gap} - \underset{(2{,}4)}{0{,}02} \, W_{t-1}^{Gap} - \underset{(2{,}8)}{0{,}003} \, Gen_t - \underset{(1{,}8)}{0{,}07} \, Union_t$$

$$+ \underset{(9{,}1)}{0{,}94} \log(L_{t-1}) - \log(LF_{t-1}) - \underset{(2{,}4)}{0{,}21} \log(L_{t-2}) - \log(LF_{t-2}).$$

Zu den zyklischen Faktoren gehört der Outputgap (Y^{Gap}), wobei eine Ausweitung des Gaps zu einem Rückgang der Arbeitsnachfrage führt.

Die Abweichung des Lohnes vom natürlichen (W^{Gap}) hat einen negativen Effekt auf die Arbeitsnachfrage. Darüber hinaus werden die Abweichung der Terms of Trade von ihrem Trend $\left(\dfrac{\log(P_{t-1}^{EX})}{\log(P_{t-1}^{IM})} - ToT_{t-1}^{T} \right)$ sowie die Abweichung des Preisverhältnisses von Energie zu Konsum vom Trend der Energiepreise $\left(\log\left(\dfrac{P_t^E}{P_t^C} \right) - P_t^{ET} \right)$ berücksichtigt. Als strukturelle Variablen enthält die Gleichung einen Index für die Höhe der Lohnersatzleistungen (Gen) und den Organisationsgrad der Gewerkschaften ($Union$). Beide Variablen stehen in einem negativen Zusammenhang mit der Arbeitsnachfrage.

Das Arbeitsangebot ist in den Modellen relativ einfach modelliert, da das Erwerbspersonenpotenzial in der Regel modellexogen vorgegeben wird. Allerdings lassen sich Elemente des Arbeitsangebots endogenisieren, wie z.B. im JADE-Modell. In diesem Modell wird zunächst angenommen, dass das Arbeitsangebot positiv von den realen Nettolöhnen abhängt. In diesem Fall wird unterstellt, dass der Substitutionseffekt zwischen Arbeit und Freizeit den Einkommenseffekt überwiegt. Darüber hinaus kann unterstellt werden, dass sich Arbeitssuchende entmutigen lassen, wenn sie längere Zeit erfolglos eine Anstellung gesucht haben. In diesem Fall sinkt das Arbeitsangebot, wenn die Arbeitslosigkeit steigt, da die Wahrscheinlichkeit, eine Anstellung zu finden, abnimmt.

Die Lohnbildung wird stark von den institutionellen Gegebenheiten bestimmt, so dass sich die Abbildung der Lohnentwicklung in den Modellen deutlich unterscheidet. Im Macromod-Modell wird die Lohngleichung (Gleichung (13)) des privaten Sektors aus dem »Non-acceleration Wage Rate of Unemployment«-Konzept abgeleitet (NAWRU):

(13) $\quad \Delta \log(W_t) = 0{,}42 \Delta \log(P_{t-1}^C) + 0{,}29 \Delta \log(ALP_{t-1})$

$\quad\quad -1{,}1(U_t - U_t^T /100 + 0{,}3\Delta \log(W_{t-1})$

Hauptdeterminanten der Lohnentwicklung sind in diesem Konzept die Konsumentenpreise (P^C), die zu einem Anstieg der Löhne führen, die Arbeitsproduktivität (ALP), die ebenfalls einen positiven Zusammenhang mit den Löhnen aufweist. Die zyklische Arbeitslosigkeit ($U - U^T$), definiert als Abweichung der tatsächlichen von der Trendarbeitslosigkeit, wirkt sich dämpfend auf die Lohnsteigerungen aus. Die Lohnentwicklung im öffentlichen Sektor passt sich mit einer zeitlichen Verzögerung der Entwicklung im Privatsektor an.

Im JADE-Modell ist die Lohnbildung als ein Verhandlungsprozess modelliert, durch den insbesondere die Verteilung der Lasten der Sozialversicherungsbeiträge und der direkten Steuern festgelegt wird, da empirischen Studien zufolge diese Komponenten in den Niederlanden langfristige Effekte auf die Lohnkosten haben. Dabei wird ein zweistufiger Verhandlungsprozess unterstellt, in dem zunächst die Gewerkschaften mit den Unternehmen die Lohnsumme aushandeln. In der zweiten Stufe verhandeln die Arbeitnehmer über deren Aufteilung. In der Lohngleichung werden diese Zusammenhänge berücksichtigt, indem neben den Preisen auch die Sozialversicherungsbeiträge und die direkten Steuern als Lohndeterminante berücksichtigt werden.

3.3.5 Preise

Die Preisgleichungen gehen in vielen Fällen vom Mark up-Ansatz aus. Danach werden die gesamtwirtschaftlichen Preise auf Grundlage der Produktionskosten sowie der Kosten importierter Vorprodukte kalkuliert. Die Höhe des Preisaufschlags richtet sich dabei nach der Wettbewerbssituation bzw. den gesamtwirtschaftlichen Absatzbedingungen. Zusätzlich lassen sich Steuern und Subventionen bei der Preisbestimmung berücksichtigen. Für die Preisgleichung des Macromod-Modells werden aus dem gesamtwirtschaftlichen Preisniveau (P^{GDP}) zunächst die indirekten Steuern (T^{Ind}) und Subventionen (Sub) herausgerechnet:

$$P_t^{GDP} = \frac{Y_t^N}{Y_t} = P_t^{Ynet} + \frac{T_t^{ind} - Sub_t}{Y_t}.$$

Die Verhaltendgleichung für P_t^{Ynet}, also für die gesamtwirtschaftlichen Preise ohne Steuern und Subventionen, ergibt sich als:

(14) $\quad \Delta \log\left(P_t^{Ynet} \right) = 0{,}38 \Delta \log(UC_t) + 0{,}36 \Delta \log\left(P_t^{IM} \right)$

$\quad\quad + 0{,}24 \Delta Y_t^{Gap} + 0{,}33 \Delta \log\left(P_{t-1}^{Ynet} \right).$

In der Preisgleichung selbst (Gleichung 14) werden die Kapitalnutzungskosten (UC) und die Importpreise (P^{IM}) als Kostenkomponenten verwendet und wirkend dem entsprechend preissteigernd. Die Möglichkeiten, Preise zu überwälzen, werden durch den Outputgap (Y^{Gap}) modelliert. Mit zunehmender gesamtwirtschaftlicher Aktivität steigen die Überwälzungsspielräume, so dass der Zusammenhang positiv ist. Je nach Differenzierung des Modells lassen sich weitere Preisgleichungen, z.B. für Im- und Exportpreise oder für verschiedene Gütergruppen modellieren.

Im Unterschied dazu ist im neuseeländischen NZTM-Modell die Inflationsrate als Abweichung von der Zielrate der Notenbank modelliert. Abweichungen von der Zielrate können durch die Änderung der Outputlücke entstehen, wobei das Produktionspotenzial exogen vorgegeben wird. Darüber hinaus können Abweichungen von der Zielinflation durch Inflationserwartungen entstehen, die in diesem Modell aus einer Mischung von gegenwärtiger und zukünftiger Inflation gebildet werden. Schließlich wird auch in dieser Spezifikation ein Mark-up-Faktor berücksichtigt.

3.3.6 Öffentlicher Sektor

Der öffentliche Sektor lässt sich mit Hilfe von Reaktionsfunktionen endogen modellieren. Dabei wird unterstellt, dass die intertemporale Budgetbeschränkung der öffentlichen Haushalte eine nachhaltige Finanzpolitik sicherstellt, wobei sich die Fiskalregeln entweder an der Defizitquote oder der Schuldenstandsquote orientieren (Mitchell et al. 2000). In den meisten nationalen Modellen wird allerdings angenommen, dass wichtige wirtschaftspolitische Instrumente des öffentlichen Sektors – insbesondere auf der Ausgabenseite – exogen sind, um Simulationen finanzpolitischer Maßnahmen durchzuführen. Neben den Gleichungen für die Einnahmen und die Ausgaben der öffentlichen Haushalte beinhalten die Modelle eine Reihe von strukturellen Gleichungen und Identitäten, um die institutionelle Struktur des jeweiligen Landes zu berücksichtigen. Eine exemplarische Widergabe dieser Modellgleichungen ist daher wenig sinnvoll.

Je nach Aggregationsgrad des privatwirtschaftlichen Sektors umfasst der öffentliche Sektor auf der Ausgabenseite Gleichungen für Konsum-, Investitions- und Transferausgaben sowie für Subventionen. Mit Ausnahme der Ausgaben für die Bediensteten des öffentlichen Dienstes, die Arbeitslosenunterstützung sowie für einige kleinere Kategorien sind die meisten Ausgaben modellexogen; im JADE-Modell wird zudem die Lohnsumme im öffentlichen Dienst durch die Zahl der dort Beschäftigten und deren Produktivität erklärt. Die Zahlungen der Arbeitslosenunterstützung sind in diesem Modell an die Zahl der Arbeitslosen gekoppelt. Eine weitere wichtige Kategorie des öffentlichen Sektors sind die Zinszahlungen auf den Schuldenstand. Im Macromod-Modell beispielsweise ergeben sich die Zinszahlungen aus dem Modell; auch das Defizit der öffentlichen Haushalte wird modellendogen bestimmt.

Die Modellierung der Steuereinnahmen in den einzelnen Modellen hängt in starkem Maße vom Steuersystem des jeweiligen Landes ab; die

Unterschiede zwischen den Modellen sind größer als in anderen Bereichen. In allen Modellen werden die Steuereinnahmen endogen bestimmt. Wie genau die Steuerbemessungsgrundlagen abgebildet werden können, hängt wiederum vom Aggregationsgrad des Modells ab.

Im Bereich des öffentlichen Sektors unterscheiden sich die Modelle insbesondere bei der Modellierung des Sozialversicherungssystems. Während im Macromod-Modell lediglich die Einnahmen und die Ausgaben der Sozialversicherungen insgesamt berücksichtigt werden, enthält das JADE-Modell zwei Teilsektoren: die Sozial- und Rentenversicherung sowie die privaten Lebensversicherungen. Die Sozialversicherung ist nach dem Umlageverfahren ausgestaltet, wobei der Beitragssatz exogen gegeben ist, so dass sich die Differenz aus Einnahmen und Ausgaben endogen ergibt. Rentenversicherung und Lebensversicherungsunternehmen sind nach dem Kapitaldeckungsverfahren organisiert; die Auszahlungen aus diesem Teilsektor sind allerdings exogen vorgegeben.

3.3.7 Finanzsektor

In die Mittelfristmodelle lassen sich weitere Wirtschaftsbereiche einfügen, die je nach Zielsetzung unterschiedlich umfangreich modelliert sein können. Relativ verbreitet in den Mittelfristmodellen ist ein Teilmodell für den Finanzsektor. Dies kann wie im HERMES-Modell durch die Einführung von Zinsgleichungen geschehen. Als erklärende Variablen für die Preisänderungen werden die deutschen Zinsen, die Inflationsrate sowie das Verhältnis von Leistungsbilanzsaldo und BIP verwendet. Im ADAM-Modell ist der Finanzsektor dagegen umfassend modelliert (Hansen, Smidt 1992: 97 ff.). Er ist notwendig, wenn man die Bildung der Kapitalmarktzinsen im Rahmen des Modells erklären will. Darüber hinaus ist er für die Abbildung von Vermögenseffekten von Bedeutung, die sowohl im Unternehmens- als auch im Haushaltssektor von Bedeutung sein können. Diese detaillierte Modellierung erlaubt beispielsweise Simulationen einer Reihe geldpolitischer Maßnahmen.

Das Teilmodell des Finanzmarktes im ADAM-Modell ist aus dem makroökonomischen Portfolio-Ansatz abgeleitet, der die Zusammenhänge zwischen der Nachfrage nach verschiedenen Vermögenstiteln und dem jeweiligen Angebot berücksichtigt. Die Nachfrage wird dabei von dem jeweiligen Zins, dem Zins anderer Finanztitel und der Vermögensposition bestimmt. In einem solchen Teilmodell ergibt sich der jeweilige Zinssatz als markträumender Preis. Die Modellierung der einzelnen Märkte geht von den Bilanzen des jeweiligen Sektors aus, wobei im ADAM-Modell sieben Sektoren berücksichtigt werden (und zwar der private nicht-finanzielle Sektor, private Banken, finanzielle Institutionen, lokale Gebietskörperschaften, die Zentralregierung, die Zentralbank und der Auslandssektor).

3.4 Simulation und Prognose

Da die gesamtwirtschaftlichen Modelle auch für Politiksimulationen eingesetzt werden, kommt neben einer adäquaten Spezifizierung der Einzelgleichungen der Analyse der dynamischen Eigenschaften des gesamten Gleichungssystems große Bedeutung zu. Um die Plausibilität der Modellvoraussagen zu überprüfen, werden Simulationen verschiedener Schocks durchgeführt. Dabei ist es durchaus üblich, bei unplausibel erscheinenden Reaktionen einzelne geschätzte Koeffizienten des Modells durch plausiblere Werte zu ersetzten. Beispielsweise wurde für die langfristige Konsumfunktion des neuseeländischen Modells eine Einkommenselastizität von 0,56 geschätzt. Da dieser Wert im Vergleich zu früheren Erfahrungen relativ niedrig ist, wurde im Modell ein Wert von 0,66 gesetzt. Auch der Fehlerkorrekturterm der Exportgleichung im JADE-Modell wurde auf Basis theoretischer Erwartungen festgelegt. Diese Vorgehensweise verdeutlicht das Gewicht von Plausibilitätsüberlegungen bei der Modellierung.

Um ein umfassendes Bild von der dynamischen Struktur der Modelle zu erhalten, wäre eine Reihe von Simulationen notwendig. Zudem müssten die Reaktionen zumindest der wichtigsten Größen in die Betrachtung einbezogen werden. Darüber hinaus müsste sichergestellt sein, dass die Art der Simulationen vergleichbar ist. Dies ist in dem hier zur Verfügung stehenden Rahmen allein schon deshalb nicht zu leisten, weil die Modelle auf die jeweiligen Länder angepasst sind, die sich z.B. in unterschiedlichen konjunkturellen Phasen befunden haben könnten. Da in den Modelldokumentationen detaillierte Angaben über das Design oft fehlt, können die in Tabelle 2 dargestellten Simulationen nur Anhaltspunkte über die unterschiedlichen Reaktionsweisen der Modelle liefern. Um zumindest einen Eindruck von den dynamischen Eigenschaften von Mittelfristmodellen zu erhalten, sind die BIP-Reaktionen auf eine Senkung des Zinssatzes zusammengestellt worden. Diese Simulation wurde immerhin für sieben der betrachteten Modelle durchgeführt.

Sieht man von den genannten Schwierigkeiten bei der Interpretation der Ergebnisse einmal ab, zeigt sich, dass die Effekte einer Zinsänderung auf das BIP in Kanada und – legt man das finnische Nationalbankmodell

Tabelle 2

BIP-Reaktion auf eine Senkung des Zinssatzes um 1%-Punkt
Abweichung von der Basislösung in%

Modell/ Jahre	Kanada[1]	Niederlande[1]	Dänemark	Norwegen	Schweden	Finnland FM	Finnland NB	RWI Essen
1	0,14	0,28	0,16	0,04	0,12	0,28	0,19	0,13
2	0,7	0,53	0,29	0,08	0,21	0,36	0,59	0,29
3	1,15	0,74	0,31	0,09	0,25	0,41	0,91	0,36
4	1,38	0,9						0,33
5	1,49		0,22	0,13	0,23	0,36	1,18	0,32
6								
7			0,13	0,14	0,16	0,41	1,06	
8		1,25						
9								
10	1,02		0,13	0,16	0,05		0,96	
11			0,15	0,17			1,01	
12								
13								
14								
15	1,08							
16		1,16						

Quelle: Dänemark, Norwegen, Schweden, Finnland FM und Finnland NB: Whitley 1992; Kanada: Cao, Robidoux 1998; Niederlande: CPB 2003; RWI Essen: vgl. Tabelle 6, Fußnote.
1 In den Modelldokumentationen wurden Simulationsergebnisse für eine Zinserhöhung angegeben. Unter der Annahme eines weitgehend linearen Modells wird eine symmetrische Reaktion für eine Zinssenkung unterstellt, um die Übersichtlichkeit der Tabelle zu erhöhen.

zugrunde – das BIP in Finnland besonders groß sind. Dies dürfte nicht zuletzt damit zusammenhängen, dass in diesen Modellen die Zinsen als erklärende Variable z.B. in der Konsumfunktion enthalten sind. Da der Konsum die zentrale Größe der gesamtwirtschaftlichen Nachfrage darstellt, sind die Zinseffekte hier besonders deutlich.[8] Mit Blick auf das niederländische JADE-Modell fällt auf, dass das BIP relativ langsam auf die Zinsänderung reagiert. Auch wenn nicht genau ersichtlich ist, wann der maximale Effekt eintritt, dürfte er eher bei acht als bei fünf Jahren liegen. Dies spiegelt die allgemeine Charakterisierung des JADE-Modells als ein Mittel- bis Langfristmodell wider, das sein neues Gleichgewicht in vielen Fällen erst nach etwa zehn Jahren erreicht. Kurz- bis mittelfristig ausge-

8 Im kanadischen Modell wurde nicht der Zinssatz, sondern der Zinsspread (Kurzfristabzüglich Langfristzins) als erklärende Variable benutzt.

legte Modelle, wie das kanadische und das dänische Modell, erreichen ihren maximalen Effekt dagegen nach drei bis fünf Jahren.

Im Vergleich zur Untersuchung der Simulationseigenschaften der Modelle kommt der Überprüfung der Prognosegüte ein vergleichsweise geringes Gewicht zu. Dies dürfte daran liegen, dass in die Modellprognosen in der Regel eine Reihe zusätzlicher Informationen, z.B. über exogene Variablen und Politikmaßnahmen im Prognosezeitraum berücksichtigt werden, so dass sie bedingte Prognosen darstellen (Abschnitt 3.3). Insbesondere wird für die Finanzpolitik oft unterstellt, dass die gegenwärtige Politik beibehalten wird. Mitarbeiter des dänischen Finanzministeriums erklärten zu diesem Punkt, dass sie versuchen, aus dem Vergleich von projizierten und realisierten Werten Rückschlüsse auf die Effekte wirtschaftspolitischer Maßnahmen im Prognosezeitraum zu ziehen. In dieser Äußerung wird wiederum das Abwägungsproblem zwischen Prognose und Politiksimulation deutlich. Auch einige andere Anwender, wie z.B. das niederländische CPB und das Finanzministerium in Großbritannien betonen, dass sie mit den Modellen keine Prognosen, sondern Projektionen verschiedener Szenarien erstellen.

Für die Beurteilung einer Modellprognose ist zunächst eine Reihe von Fragen zu klären: Der Umgang mit den Annahmen über wirtschaftspolitische Maßnahmen wurde bereits erwähnt. Für eine echte Prognose müssten beispielsweise für die Finanzpolitik die wahrscheinlichsten Maßnahmen unterstellt werden. Wie die Auskünfte des dänischen Finanzministeriums zeigen, ist dies aber nicht immer beabsichtigt. Vielmehr soll dort mit der Projektion ein Benchmark für die Finanzpolitik generiert werden, indem zunächst mit der Modellprojektion die Frage untersucht wird, wie sich die dänische Volkswirtschaft wahrscheinlich entwickelt hätte, wenn die bisherige Finanzpolitik beibehalten worden wäre. Wird dann im Prognosezeitraum die Finanzpolitik geändert, kann ex post versucht werden, die Frage zu beantworten, wie die gesamt- und finanzwirtschaftlichen Effekte dieser finanzpolitischen Maßnahme waren. Bei dem Vergleich von Modellprognosen entstehen aber noch weitere Schwierigkeiten, auf die im Folgenden genauer eingegangen wird.

Für einen Vergleich der Prognoseeigenschaften verschiedener Modelle müssten Prognosen für die gleiche ökonomische Entwicklung erstellt werden, d.h. die Prognosen müssten für das gleiche Land und den gleichen Zeitraum erstellt werden. Wie die Erfahrungen des UK Treasury veranschaulichen, hängt die Prognosegüte nicht zuletzt von der Beurteilung der aktuellen wirtschaftlichen Lage bzw. der Einschätzung von der gegenwärtigen Position im Konjunkturzyklus ab.

Schaubild 5

Prognosen des HM Treasury für das britische reale BIP

1988 bis 1993; 1988/89 = 100

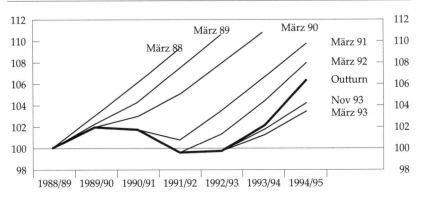

Nach Angaben des HM Treasury (1997).

Schaubild 5 zeigt die Abfolge der mittelfristigen BIP-Projektionen des UK Treasury in den Jahren 1988 bis 1993. Zunächst wurde eine Fortsetzung des Aufschwungs prognostiziert. Der mit der Rezession 1990/91 tatsächlich einsetzende Abschwung wurde zunächst genau so unterschätzt, wie der sich daran anschließende Aufschwung. Dem entsprechend hoch waren die Prognosefehler in dieser Phase. Über einen längeren Zeitraum dürften solch große Fehler aber abgeschwächt werden. Können nur relativ wenige Prognosen für die Beurteilung der Modelle aus verschiedenen Ländern herangezogen werden, sollten sich die Prognosen aber zumindest auf vergleichbare konjunkturelle Phasen beziehen.

Darüber hinaus sollten, um zu einem Vergleich der Prognosegüte von Modellen zu kommen, ex post Prognosen durchgeführt werden, bei denen die beobachteten Werte der exogenen Variablen verwendet werden und keine weiteren Eingriffe in das Modell erfolgen (Wallis, Whitley 1990). Darüber hinaus müssen auch Datenrevisionen bei der beim Vergleich der Prognosefehler berücksichtigt werden (Barabas 2001). In einer derart durchgeführten Vergleichstudie für vier Modelle Großbritanniens für die Jahre 1984 bis 1988, in der sich die britische Wirtschaft in einem anhaltenden, kräftigen Aufschwung befunden hat, kommen Wallis und Whitley zu einem durchschnittlichen Prognosefehler aller Modelle für das BIP von 0,6 % für ein Jahr und von 1,0 % für zwei Jahre im Voraus.

In der gleichen Studie zerlegen die Autoren den veröffentlichten Prognosefehler in (1) den Modellfehler, (2) den Einfluss, den eine Adjustierung der Modellgleichungen durch die Prognoseersteller geliefert hat, und (3) den Fehler durch die Prognose der exogenen Variablen[9]. Die Ergebnisse zeigen, dass eine Anpassung der Gleichungen in 20 von 31 Fällen die Prognose verbessert hat. Ersetzt man dagegen die Prognosewerte der exogenen Variablen durch die tatsächlichen Werte, verbessert sich die Prognose nur in 11 von 31 Fällen. Insgesamt deuten diese Ergebnisse auf eine deutliche Fehlspezifikation der Modelle hin, die durch die Erfahrung der Prognostiker zumindest teilweise ausgeglichen werden kann. Dabei ist zu berücksichtigen, dass alle Institutionen, deren Modelle in dieser Studie berücksichtigt wurden, über eine lange Erfahrung mit makroökonometrischen Modellen verfügen.

Eine derart systematische Untersuchung der Prognosegüte der unterschiedlichen Verfahren über einen Horizont von fünf Jahren liegt bisher nicht vor. Ein fundiertes Urteil über die Prognosegüte der im Einsatz befindlichen Mittelfristmodelle ist daher nicht möglich. Da viele dieser Modelle im Laufe der neunziger Jahre überarbeitet wurden, ist die Zahl der zur Verfügung stehenden ex ante-Prognosen noch gering. Dennoch werden im Folgenden zumindest einige Anhaltspunkte gegeben, in welcher Größenordung die Prognosefehler bei Mittelfristprojektionen zu erwarten sind.

Einen Eindruck von der Prognosegüte wichtiger Variablen der gesamtwirtschaftlichen Modelle kann man der Dokumentation des kanadischen CEFM96-Modells (Cao, Robidoux 1998) entnehmen. Darin sind Prognosemaße für dynamische Einzelgleichungsprognosen außerhalb des Stützbereichs für den Zeitraum 1990 bis 1994 angegeben (Tabelle 3). Dabei ist zu berücksichtigen, dass die kanadische Wirtschaft in dieser Periode von einem Abschwung mit einer Rezession 1990/91 auf einen Aufschwungpfad eingeschwenkt ist.

Vergleicht man zunächst die Prognosefehler wichtiger endogener Variablen des Modells, zeigt sich ein Bild, das auch für Kurzfristmodelle üblich ist. Der Prognosefehler für den privaten Konsum und den BIP-Deflator ist relativ gering, während die Fehler für die Investitionen und die Exporte deutlich größer sind. Die Beschäftigung und das BIP weisen demgegenüber einen mittleren durchschnittlichen Prognosefehler (ME), aber einen vergleichsweise geringen absoluten Fehler (MAE) auf. Etwas überraschend sind der geringe Prognosefehler für die Kurzfristzinsen und der große Fehler bei der Einkommensteuer. Die Ergebnisse veranschauli-

---

9 Zu einer ähnlichen Untersuchung für Konjunkturprognosen vgl. RWI Essen (2003).

Tabelle 3

Prognosegüte ausgewählter Variablen des kanadischen Modells (CEFM96)
Prognostizierte abzüglich beobachtete Werte in %-Punkten

Gleichung	ME		MAE	
	1. Jahr	5. Jahr	1. Jahr	5. Jahr
Privater Konsum	0,0	–0,3	0,7	1,0
Ausrüstungsinvestitionen	–0,6	–1,9	5,8	6,2
Exporte (Fertigwaren)	–0,3	–2,3	4,7	4,8
Beschäftigung (Privatwirtschaft)	0,2	0,4	0,3	0,4
BIP (Produktionsfunktion)	0,3	0,7	0,4	0,7
BIP-Deflator	0,0	–0,2	0,6	0,5
Drei-Monatszins	0,0	0,0	0,1	0,1
Einkommensteuer	–1,3	–2,1	1,3	2,1

Quelle: Cao, Robidoux 1998.

chen darüber hinaus, dass der Prognosefehler mit Ausweitung des Prognosehorizonts für die meisten Variablen deutlich steigt. Lediglich der Prognosefehler für die Zinsen bleibt relativ gering.

Abschließend werden die Prognosefehler betrachtet, die sich aus dem von Strauch et al. (2004) durchgeführten Vergleich des in den Stabilitätsprogrammen zu Grunde gelegten BIP-Wachstums und der tatsächlichen Wachstumsraten für den Zeitraum 1991 bis 2002 ergeben (Tabelle 4). Bei der Interpretation ist zu bedenken, dass die Ergebnisse auf den gesamten Prognoseprozess zurückzuführen sind und damit in der Regel nicht einem einzelnen Prognoseverfahren zugerechnet werden können. Für die Beurteilung des gesamten Prognoseprozesses sind die Ergebnisse aber von Interesse.

Der durchschnittliche Fehler (ME) der Prognosen für alle betrachteten Länder ist in diesem Zeitraum für das aktuelle Jahr positiv, was auf eine Unterschätzung des BIP hindeutet. In den nachfolgenden Jahren wurde das BIP dagegen im Durchschnitt überschätzt, wobei der Fehler mit Ausweitung des Prognosehorizontes zunimmt. Der durchschnittliche absolute Fehler (MAE) nimmt dagegen nur vom aktuellen zum darauf folgenden Jahr von 0,8% auf 1,17% des BIP zu. Der Fehler für das dritte Jahr im Voraus ist dagegen wieder kleiner (0,9%). Ein anderes Maß der Messung der Prognosegüte ist die Wurzel aus der mittleren quadratischen Abweichung (RMSE) der Prognose vom tatsächlichen Wert. Der große Unterschied zwischen dem MAE und dem RMSE deutet für alle Prognosehorizonte darauf hin, dass einzelne Prognosefehler relativ groß sind. Vergleicht man diese Ergebnisse mit der kanadischen Modellprognose für

Tabelle 4

Prognosefehler der BIP-Prognosen in den Stabilitätsprogrammen nach Prognosehorizont
Beobachtete abzüglich prognostizierter Veränderungsraten in %-Punkten

Programm Jahr	Beobachtungen	ME	MAE	RMSE
1	120	0,3	0,8	1,2
2	109	-0,1	1,2	1,8
3	92	-0,3	1,1	1,9
4	67	-0,4	0,9	1,3

Quelle: Strauch et al. 2004: 30.

Tabelle 5

Prognosefehler der BIP-Prognosen in den Stabilitätsprogrammen nach Ländern
Beobachtete abzüglich prognostizierter Veränderungsraten in %-Punkten

Land	Beobachtungen	ME	MAE	RMSE
Belgien	27	–0,2	0,9	1,3
Dänemark	30	0,0	0,6	0,8
Deutschland	26	–0,9	0,8	1,5
Finnland	26	0,2	1,3	1,6
Frankreich	21	–0,2	0,8	1,0
Griechenland	25	–0,3	0,7	1,0
Großbritannien	33	0,2	0,5	0,9
Irland	23	1,9	2,1	3,0
Italien	26	–0,7	1,0	1,4
Luxemburg	13	–1,5	3,4	3,8
Niederlande	23	0,0	0,9	1,4
Österreich	24	–0,1	1,0	1,2
Portugal	25	–0,8	1,0	1,9
Schweden	40	0,4	1,0	1,2
Spanien	26	–0,3	0,7	1,2

Quelle: Strauch et al. 2004: 31.

das BIP (Tabelle 3) zeigt sich, dass die Fehler etwa in derselben Größenordnung liegen, auch wenn der absolute Fehler in der kanadischen Modellprognose etwas niedriger zu sein scheint. Dieser Eindruck bestätigt sich, wenn man die Prognosefehler mit denen anderer Institutionen vergleicht, die allerdings nur für die kurze Frist vorliegen (Artis, Marcellino 2001).

Um die Prognosefehler der einzelnen EU-Länder zu vergleichen, wurden die Prognosefehler in der Studie von Strauch et al. über alle Progno-

3. Verfahren der
Mittelfristprognose
im Vergleich

Tabelle 6

Fehler von zwei Modellprognosen[1]
2000 bis 2004

Variable	Modelle[2]	2000	2001	2002	2003	2004
Bruttoinlandsprodukt, real	Macromod	–0,6	2,0	1,5	0,5	0,0
in %	RWI Essen	–0,2	2,0	1,9	3,0	1,6
Bruttoinlandsprodukt, nominal	Macromod	–1,3	1,3	1,2	0,1	–0,9
in %	RWI Essen	1,3	2,7	2,0	2,8	1,4
Abhängig Erwerbstätige	Macromod	0,0	0,5	1,2	1,7	1,6
in %	RWI Essen	–1,8	0,5	1,0	1,9	1,0
Verbraucherpreise	Macromod	–0,8	–1,7	–0,9	–0,4	–1,2
in %	RWI Essen	1,1	–0,8	–0,3	–0,8	–0,7
Arbeitslosenquote	Macromod	0,5	0,5	–0,3	–0,3	–0,9
in % der Erwerbstätigen	RWI Essen	0,8	0,5	–0,3	–1,2	–1,7
Finanzierungssaldo des Staates	Macromod	–0,7	–2,0	–1,4	–0,6	–0,6
in % des Bruttoinlandsproduktes	RWI Essen	–2,0	2,4	4,0	4,3	4,8

Quelle: WIFO-Monatsbericht 1/2000 mit Prognosewerten von Macromod für 2000 bis 2004; die Modellprognose des RWI-Modells vom August 2000 war der deutsche Beitrag zur Project Link Prognose (http://www.un.org/esa/analysis/link/past-meetings.htm).
1 Differenzen von prognostizierten und realisierten Wachstumsraten bzw. Anteilen in %-Punkten.
2 Macromod: Modell des WIFO, Österreich; RWI: RWI-Konjunkturmodell.

sehorizonte gepoolt, um die Anzahl der Beobachtungen nicht zu klein werden zu lassen (Tabelle 5). Die Spanne der durchschnittlichen Fehler reicht von –0,87 bis 0,04, wenn man einmal von den beiden Extremwerten von Luxemburg (–1,52) und Irland (1,90) absieht. Bei den absoluten Fehlern liegen die einzelnen Länder dichter zusammen. Hier reicht die Spanne – wiederum ohne Luxemburg und Irland – von 0,52 bis 1,27, wobei der Fehler für viele Länder in der Größenordnung von eins liegt. Ein ähnliches Bild zeigt sich beim RMSE. Insgesamt erscheint es unmöglich, aus diesen Ergebnissen eine klar überlegene Vorgehensweise zur Erstellung von Mittelfristprojektionen abzuleiten. Vielmehr scheinen verschiedene Prognoseansätze qualitativ gleichwertige Prognosewerte zu liefern. Bei der Auswahl eines geeigneten Verfahrens sollte daher nicht zuletzt auf die institutionellen Gegebenheiten und die zur Verfügung stehenden Ressourcen geachtet werden.

Wie oben beschrieben liegen systematische Untersuchungen über die ex ante-Prognosefehler von Mittelfristmodellen noch nicht vor. Das liegt einerseits an der geringen Zahl solcher Prognosen sowie andererseits in der Tatsache begründet, dass wie im Fall des österreichischen WIFO-Instituts für mehrere Mittelfristprognosen entsprechende Prognosewerte nicht für alle Perioden des Prognosezeitraums, sondern nur als Durchschnitte für größere Zeiträume angegeben werden. Allerdings existiert eine Mittelfristprognose des WIFO für die Jahre 2000 bis 2004 (Baumgarten et al. 2000), die für eine Reihe von Variablen Schätzwerte für die einzelnen Jahre ausweist. Die Differenzen zur aktuellen Entwicklung sind für diese Variablen in Tabelle 6 aufgeführt. Das RWI Essen hat im Rahmen des Project Link ebenfalls für denselben Zeitraum eine Prognose vorgenommen. Dabei ist zu berücksichtigen, dass das RWI-Konjunkturmodell für eine Frist von maximal 2 Jahren konzipiert ist.

In Tabelle 6 werden zwei Modellprognosen dargestellt, um die Größenordnung der Fehler zu illustrieren. Die Ergebnisse machen deutlich, dass die Fehler in diesem Zeitraum die für Kurzfristprognosen übliche Bandbreite zum Teil überschreiten. Allerdings muss dabei berücksichtigt werden, dass es sich wie erwähnt um einzelne Prognosen handelt und beide Länder kurz nach Beginn des Prognosezeitraums konjunkturelle Einbrüche hinnehmen mussten, gefolgt von einer mehrjährigen Stagnationsphase mit äußerst niedrigem Wachstum.

3.5   Umsetzung der Prognose

Der Prozess der Erstellung offizieller Mittelfristprognosen, die z.B. der mittelfristigen Finanzplanung zu Grunde gelegt werden, ist in den einzelnen Ländern sehr unterschiedlich organisiert. Im Wesentlichen lassen sich aber drei Organisationsformen unterscheiden:
1.   Modellbau und Prognoseerstellung sind in einem Ministerium angesiedelt.
2.   Der Bau des Modells wird von einem externen Anbieter übernommen, die Modellprognose erfolgt im Ministerium.
3.   Bau des Modells und die Erstellung der Modellprognose werden von einem externen Anbieter durchgeführt.

Die erste Organisationsform, bei der der Modellbau bzw. die Weiterentwicklung der Mittelfristmodelle in den Ministerien angesiedelt ist, findet sich vor allem in den angelsächsischen Ländern, wie Großbritannien, Neuseeland und Australien. In Großbritanniens Finanzministerium arbeiten zehn Ökonomen und Statistiker an der Erstellung der gesamtwirtschaftlichen Modellprognose. Darüber hinaus sind andere Abteilungen aus dem Finanzministerium sowie aus anderen Ministerien an der Prognoseerstellung beteiligt. Grundsätzlich werden alle verfügbaren Informationen über die zukünftige Entwicklung berücksichtigt. Das zentrale Instrument, um diese Informationen zusammenzufügen, ist das makroökonometrische Modell (HM Treasury 1994). Der Prognoseprozess beginnt mit einer Prognose, die mit Hilfe des makroökonometrischen Modells erstellt wird. Die Projektionen für wichtige ökonomische Variablen, wie zum Beispiel Konsumausgaben, Löhne und Gewinne, werden dann an andere Abteilungen weitergegeben, um die Steuereinnahmen mit Hilfe anderer Verfahren zu schätzen. Die Steuerschätzungen werden diskutiert und eine abgestimmte Variante der Steuereinnahmen wird in das makroökonometrische Modell eingegeben, um eine neue Projektion der ökonomischen Variablen zu erstellen. Dieser Abstimmungsprozess wird fortgesetzt, bis ein konsistenter Satz von Projektionen der ökonomischen Variablen und der verschiedenen Steuerarten erzeugt wurde (Pike, Savage 1998).

Diese Organisation des Prognoseprozesses hat den Vorzug, dass eine Vielzahl von Informationen und Prognosemethoden berücksichtigt und in einem iterativen Prozess aufeinander abgestimmt werden können. Der personelle Aufwand bei diesem Verfahren ist allerdings hoch. Die zweite Organisationsform wurde ebenfalls in einer Reihe von Ländern gewählt, wie z.B. Norwegen und Dänemark[10]. Das ADAM-Modell in Dänemark beispielsweise wird von einer Modellgruppe im Statistischen Amt weiterentwickelt. Diese Gruppe umfasst sechs feste Mitarbeiter und sechs studentische Hilfskräfte. Die Mittelfristprojektionen, die beispielsweise dem Stabilitätsprogramm zu Grunde liegen, werden aber im dänischen Finanzministerium erstellt. Die Projektionen werden dreimal im Jahr erneuert, wobei einmal pro Jahr eine vollständige Überarbeitung der Projektion erfolgt, in der alle neuen Informationen über Politikmaßnahmen und die Kurzfristaussichten berücksichtigt werden. Die Erstellung der Projektionen richtet sich nach den Veröffentlichungen der Volkswirtschaftlichen Gesamtrechung. Im Vorfeld jeder Prognoseerstellung wird vom Statistischen Amt eine aktualisierte Datenbank bereitgestellt. Das Modell selbst wird nur in größeren Abständen aktualisiert.

Bei der Projektionserstellung in dieser Organisationsform kann das Makromodell ebenfalls in die iterativen Schritte einbezogen werden. Mit der Erstellung der Modellprognose sind im Finanzministerium zwei bis drei Personen das ganze Jahr beschäftigt. Dabei dürfte der Personalaufwand für die Erstellung der Modellprognose insgesamt geringer sein als beispielsweise im UK Treasury.

---

10 Für eine Darstellung des norwegischen Systems siehe Bjerkholt (1998).

Die dritte Organisationsform, bei der die Mittelfristprojektion von externen Anbietern erstellt wird, findet sich beispielsweise in Österreich, der Schweiz, Belgien und den Niederlanden. In Österreich werden die Mittelfristprognosen des WIFO einmal im Jahr ohne vorbereitende Gespräche mit dem Ministerium erstellt. Der Prozess bis zur endgültigen Prognose erfolgt in mehreren Schritten. Zunächst werden der Datensatz aktualisiert und die Gleichungen mit Hilfe der neuen Daten geschätzt. Gleichzeitig werden die Rahmenbedingungen bezüglich des internationalen Umfelds und der wirtschaftspolitischen Maßnahmen festgelegt. Dazu wird auch auf aktuelle Prognosen von internationalen Organisationen zurückgegriffen. Unter Berücksichtigung dieser Faktoren wird eine erste Modellprognose erstellt. Sie wird dann mit den Mitarbeitern der verschiedenen relevanten Fachreferate diskutiert und auf ihre Plausibilität überprüft. Aufgrund der umfangreichen Datenumstellungen war die Neuschätzung des Modells in den vergangenen Jahren relativ aufwendig. Der Prognoseaufwand betrug etwa 3 bis 4 Mann-Monate[11].

Diese Vorgehensweise wird im Prinzip auch von den anderen Einrichtungen angewandt. In Belgien erstellt das Federal Planning Bureau unabhängig von dem Ministerium eine makroökonomische Projektion, die in einem festgelegten Format an das Federal Ministry of Budget and Management Control weitergegeben wird. Die neue Projektion wird im Mai nach Veröffentlichung der volkswirtschaftlichen Gesamtrechung des Vorjahres erstellt. Diese gesamtwirtschaftlichen Vorgaben werden im Ministerium benutzt, um die öffentlichen Einnahmen und Ausgaben zu prognostizieren, die in das Stabilitätsprogramm einfließen.

Bei der Erstellung der Stabilitätsprogramme findet zunächst eine Abstimmung mit den regionalen Gebietskörperschaften statt. Eine abgestimmte Prognose wird in einer Arbeitsgruppe mit Vertretern verschiedener Ministerien und der belgischen Nationalbank diskutiert. Eine überarbeitete Version wird anschließend dem belgischen Kabinett vorgelegt. In diesem Prozess ist die gesamtwirtschaftliche Projektion exogen. Bei dieser Organisationsform erfolgt die Projektionserstellung üblicher Weise in zwei getrennten Abstimmungsrunden innerhalb der jeweiligen Institutionen, die unabhängig voneinander sind.

Bei allen Verfahren zur Erstellung einer Mittelfristprognose erfolgt eine enge Abstimmung mit den Kurzfristprognosen. Dies geschieht im

---

11 Ein Arbeitsaufwand in dieser Größenordnung wurde uns auch vom COE in Frankreich angegeben, die im Jahr 2006 zum ersten Mal eine Mittelfristprognose mit Hilfe des Frankreichmodells von OEF erstellt haben.

3. Verfahren der
Mittelfristprognose
im Vergleich

CPB so, dass zunächst eine Kurzfristprognose mit einem eigenen Kurzfristmodell erstellt wird. Dieses Modell ist dem Mittelfristmodell so ähnlich, dass die Werte der Kurzfristprognose in das Mittelfristmodell übertragen werden können. Das neue SAFIR-Modell des CPB ist dagegen so konstruiert, dass Kurz- und Mittelfristprojektionen gleichzeitig mit einem Modell erstellt werden können. Für den Prognosezeitraum von drei bis fünf Jahren wird dabei angenommen, dass die Produktionslücke zum Ende des Projektionszeitraums geschlossen ist. Die Outputlücke wird mit Hilfe eines Produktionsfunktionsansatzes bestimmt. Bei einer negativen Produktionslücke bedeutet dies dem entsprechend, dass die niederländische Wirtschaft mit einer Rate wachsen wird, die über dem Trendwachstum liegt. Der genaue Pfad und die Zusammensetzung dieses Wachstumsprozesses werden dann mit Hilfe des JADE-Modells ermittelt.

Auch im österreichischen WIFO wird mit einem kleinen zeitlichen Vorlauf zur Mittelfristprognose eine Kurzfristprognose erstellt. Die Mittelfristprognose wird in einem Abgleich mit dieser Kurzfristprognose so angepasst, dass die Prognosen für den überschneidenden Prognosehorizont übereinstimmen. Da das dänische ADAM-Modell für Projektionen über die kurze und mittlere Frist eingesetzt wird, ist eine Abstimmung der beiden Prognosehorizonte hier nicht notwendig.

4. Ein Prognosemodell der mittleren Frist für Deutschland

4.1 Anforderungen der mittelfristigen Finanzplanung und praktische Aspekte

Die Finanzplanungen des Bundes, der Länder und der Gemeinden, das Sozialbudget sowie die nationalen Stabilitätsprogramme informieren über die voraussichtliche Entwicklung der Einnahmen und der Ausgaben des Staates in den kommenden fünf Jahren, die neben der gesamtwirtschaftlichen Entwicklung von der finanzwirtschaftlichen Ausgangssituation und den finanzpolitischen Planungen bestimmt wird. Neben den finanziellen Konsequenzen dieser Planungen zeigen sie auch mögliche Haushaltsrisiken sowie Optionen der Haushaltsführung auf. Ein gesamtwirtschaftliches Modell, das die beteiligten Ministerien bei dieser Arbeit unterstützen soll, ist auf die spezifischen Anforderungen dieser

Aufgabenstellung auszurichten. Um diese genauer herauszuarbeiten, wird im Folgenden auf die Finanzplanung ausführlicher eingegangen.

Die gesamtwirtschaftlichen Projektionen des BMWi bilden die Basis für die Fortschreibung der Finanzplanung, des Stabilitätsprogramms und des Sozialbudgets. Dabei werden die detaillierten Einnahmen- und Ausgabenansätze jährlich auf den neuesten Stand gebracht; hierbei werden neben den wirtschaftlichen Perspektiven Änderungen des Steuerrechts und der Leistungsgesetze berücksichtigt. Aber auch die Wirtschaftsentwicklung wird von den finanzpolitischen Planungen beeinflusst. So müssen Prognosen und Projektionen der gesamtwirtschaftlichen Entwicklung die makroökonomischen Rückwirkungen von Rechtsänderungen auf der Einnahmen- und Ausgabenseite des Staatsbudgets berücksichtigen. Die Finanzplanung baut somit zum einen auf der gesamtwirtschaftlichen Projektion auf und soll zum anderen zu ihrer Verwirklichung beitragen.

Ein gesamtwirtschaftliches Mittelfristmodell kann diesen Planungs- und Prognoseprozess im Prinzip ergänzen und unterstützen, da Kreislaufzusammenhänge explizit modelliert werden können. Dazu sollten die zentralen Größen der Volkswirtschaftlichen Gesamtrechung im Modell abgebildet sein und die Einnahme- und die Ausgabeseite des Staatsbudgets sollten so detailliert modelliert werden, dass sich wichtige Politikmaßnahmen simulieren lassen. Allerdings sollte das Modell möglichst klein sein, um den Aufwand zur Aktualisierung der Datenbasis und der Modellgleichungen in Grenzen zu halten. Auch dürfen die Grenzen der Erkenntnis kausaler Zusammenhänge nicht aus den Augen verloren werden – die detaillierte Modellierung der Kreislaufzusammenhänge kann nur unter Unsicherheit durchgeführt werden. Auch in dieser Hinsicht ist eine sparsame Modellierung einer detailreicheren vorzuziehen.

Eine weitere Anforderung an ein Mittelfristmodell ergibt sich daraus, dass die finanzwirtschaftlichen Planungen für die beiden ersten Jahre auf einer gesamtwirtschaftlichen Prognose basieren, die unter Beachtung zyklischer Entwicklungen erstellt wird. Die Finanzplanungen der letzten drei Jahre werden dagegen aus der gesamtwirtschaftlichen Mittelfristprojektion abgeleitet. Sie basiert auf Analysen und Schätzungen zum Produktionspotential, das mittel- und langfristig die Wachstumsmöglichkeiten der deutschen Wirtschaft determiniert. Dieser Vorgehensweise entsprechend sollte auch eine mittelfristige Modellprognose mit der Kurzfristprognose abgestimmt werden.

Eine fundierte Schätzung des mittelfristigen Aufkommens an Steuern und Sozialbeiträgen setzt realistische Vorgaben über die Entwicklung des nominalen Bruttoinlandsprodukts sowie eine auf der Verwendungs- und der Entstehungsseite des BIP hinreichend disaggregierte gesamtwirtschaftliche Mittelfristprojektion voraus (Gebhardt 2001; Don 2004: 15). Auf der Einnahmenseite des deutschen Stabilitätsprogramms, das die Haushalts- und Finanzplanungen sowie die Sozialbudgets zugrunde legt, werden die Steuern, die Sozialbeiträge und die sonstigen Einnahmen (z.B. Erwerbseinkünfte, Gebühren) aufgeführt. Außerdem werden, falls die Staatsausgaben nicht durch diese Einnahmen gedeckt werden können, die erforderlichen Kredite ausgewiesen (Bundesministerium der Finanzen 2004); diese gelten als außerordentliche Einnahmen, weil sie wieder zurückgezahlt werden müssen.

Die Prognosen des Steueraufkommens werden in Deutschland vom Arbeitskreis »Steuerschätzungen« (AKS) erstellt. Das Aufkommen der Steuern insgesamt wird zwar in einfachen Schätzansätzen aus dem nominalen BIP abgeleitet, doch erfordert zum einen eine realistische Aufkommensprognose eine differenziertere Vorgehensweise, da die einzelnen Steuerarten – bedingt durch Unterschiede bei den Bemessungsgrundlagen und den Tarifen – mit unterschiedlicher Intensität auf Veränderungen des BIP reagieren: Die einkommensabhängigen Steuern, insbesondere die Lohnsteuer, weisen aufgrund des progressiven Einkommensteuertarifs einen Elastizitätskoeffizienten von mehr als 1 aus, die Steuern vom Umsatz entwickeln sich wegen ihres proportionalen Steuersatzes und der wertgebundenen Bemessungsgrundlage ungefähr gleichgerichtet mit dem BIP, und die Verbrauchsteuern steigen aufgrund bestehender Sättigungseffekte schwächer als das BIP.

Zum anderen setzt die im Rahmen der Finanzplanung erforderliche Schätzung des Steueraufkommens nach Bund, Ländern und Gemeinden eine nach Steuerarten differenzierende Prognose voraus. Gegenstand der Schätzungen sind alle Gemeinschaftssteuern, alle Bundessteuern, alle Ländersteuern, alle Gemeindesteuern sowie die Zölle; außerdem wird seit der Wiedervereinigung das Aufkommen getrennt für neue und alte Bundesländer ausgewiesen. Der Arbeitskreis schätzt nach geltendem Recht; Steuerrechtsänderungen werden erst berücksichtigt, wenn sie Gesetzeskraft erlangt haben.

Bei der Schätzung der Steuerarten werden vom AKS die jeweiligen spezifischen Bemessungsgrundlagen bzw. – soweit diese nicht vorliegen – Indikatorvariablen herangezogen, die zum Teil aus der gesamtwirtschaftlichen Projektion des BMWi abgeleitet werden können; z.B. bei der Lohnsteuer die Bruttolöhne und -gehälter, bei den Gewinnsteuern die Unternehmens- und Vermögenseinkommen und bei den Steuern vom

Umsatz die umsatzsteuerbelasteten Komponenten des BIP. Diese Projektion weist das nominale und das reale BIP, die Aufteilung des nominalen BIP auf die Verwendungsaggregate, die Unternehmens- und Vermögenseinkommen, die Bruttolöhne und -gehälter (BLG), die BLG je beschäftigtem Arbeitnehmer sowie die Anzahl der Arbeitnehmer aus (Übersicht 5). Um diesen Prozess unterstützen zu können, müssten in einem Mittelfristmodell diese Größen modelliert werden. Dabei ist zu entscheiden, ob sie modellendogen oder –exogen bestimmt werden. Insbesondere bei dieser Frage ist eine enge Abstimmung mit den Modellnutzern sinnvoll.

Im Rahmen der Finanzplanung werden Niveau und Struktur der Ausgaben in politisch verbindlicher Form angekündigt und der Umfang der zur Deckung dieser Ausgaben erforderlichen Finanzmittel aufgezeigt. Als Planungshorizont sind in Deutschland beim Bund wie bei den Ländern fünf Jahre festgelegt. Zudem ist eine jährliche Anpassung und Fortschreibung vorgeschrieben. Hierbei kann nicht von unveränderten Ausgabenparametern ausgegangen werden, wie dies bei status-quo-Prognosen der Haushaltsentwicklung der Fall ist. Vielmehr ist die Ausgabenplanung an die sich ändernden finanzpolitischen Prioritäten, aber auch an eingetretene finanzwirtschaftliche Lageveränderungen und aktuelle gesamtwirtschaftliche Entwicklungen anzupassen.

In den Haushalts- und Finanzplanungen, dem Sozialbudget und dem Stabilitätsprogramm werden Umfang und Struktur der voraussichtlichen Ausgaben dargestellt. So werden z.B. im Stabilitätsprogramm die sechs Ausgabekategorien Staatsverbrauch (Vorleistungen, soziale Sachleistungen, Arbeitnehmerentgelt), monetäre Sozialleistungen, Subventionen, Zinsausgaben, staatliche Bruttoinvestitionen und sonstige Ausgaben gesondert ausgewiesen. Auch die Staatsausgaben reagieren mit unterschiedlicher Intensität auf konjunkturelle Veränderungen. Einzelne Ausgabekategorien reagieren eindeutig antizyklisch. So schwanken die Ausgaben der Arbeitslosenversicherung mit der Zahl der Arbeitslosen; daneben ist die Ausgestaltung des Leistungsrechts in Bezug auf Anspruchsvoraussetzungen (Umfang wie Dauer der Gewährung) von Bedeutung.

Andere Ausgabearten, wie Staatsverbrauch und öffentliche Investitionen, reagieren demgegenüber prozyklisch. Beim Staatsverbrauch und den öffentlichen Investitionen ist dies darauf zurückzuführen, dass die budgetären Handlungsspielräume mit der Konjunktur schwanken; im Aufschwung nehmen sie zu und ermöglichen eine Steigerung dieser Ausgaben, im Abschwung hingegen verringern sie sich und erfordern

63

Übersicht 5

Gesamtwirtschaftliche Vorgaben für die Steuerschätzung

1. Verwendung des Bruttoinlandsprodukts in jeweiligen Preisen
  Konsumausgaben
   der privaten Haushalte
   des Staates
  Anlageinvestitionen
   Ausrüstungen
   Bauinvestitionen
    Wohnbauten
    Nichtwohnbauten
   Sonstige Anlagen
  Vorratsveränderung
  Inlandsnachfrage
   Exporte
   Importe
  Außenbeitrag
  Bruttoinlandsprodukt
   nachrichtlich: Investitionen des Staates
   Ausrüstungen
   Bauten
    Wohnbauten
    Nichtwohnbauten
   Sonstige Anlagen
  Modifizierte Inlandsnachfrage
2. Bruttoinlandsprodukt, preisbereinigt
3. Verteilung des Bruttonationaleinkommens
  Bruttonationaleinkommen
  Volkseinkommen
   Arbeitnehmerentgelte
   Unternehmens- und Vermögenseinkommen
  Bruttolöhne und -gehälter
  Bruttolöhne und -gehälter je Arbeitnehmer
  Arbeitnehmer

eine Begrenzung dieser Ausgaben. Schließlich weisen auch die Rentenzahlungen, die insbesondere der Lohnentwicklung folgen, prozyklische Reaktionen auf. Bei den Zinsausgaben, deren Höhe von der Staatsverschuldung, ihrer Zusammensetzung nach Laufzeit und den (langfristigen) Zinssätzen bestimmt wird, sind für die Entwicklung die konjunkturellen Veränderungen des Finanzierungssaldos ausschlaggebend. Auch bei den Ausgabekategorien sollte je nach Ausgabenart entschieden werden, ob sie modellendogen oder -exogen erklärt werden.

Die Eignung eines Verfahrens für Mittelfristprojektionen hängt von der konkreten Zielsetzung ab. Ist es das Ziel, eine konsistente Prognose der wichtigsten Größen der Entstehung und der Verwendung des BIP zu erstellen und wirtschaftspolitische Maßnahmen zu simulieren, gibt es zu gesamtwirtschaftlichen Modellen kaum eine Alternative.

Bei der Konzeption eines (mittelfristigen) Prognosemodells muss zunächst die beabsichtigte theoretische und empirische Kohärenz des Prognosemodells sichergestellt werden (z.B. Pagan 2003). Eine theoretische Kohärenz wird durch die Verwendung eines soliden theoretischen Bezugsrahmens gewährleistet, der dem derzeitigen Kenntnisstand der modernen Makroökonomie Rechnung trägt. Die empirische Kohärenz des Prognosemodells soll mit Hilfe einer möglichst umfassenden Modellierung der kurz- und mittelfristigen Dynamik gewährleistet werden. Während die ökonomische Theorie in Bezug auf die Spezifikation der langfristigen Zusammenhänge (Kointegrationsbeziehungen) eine zuverlässige Orientierung bietet, ist die ökonomische Theorie für die Ableitung der kurz- und mittelfristigen Anpassungsdynamik häufig wenig aussagekräftig. Daher sollte bei der Modellierung der kurz- und mittelfristigen Dynamik stärker auf das zeitreihenanalytische Instrumentarium zurückgegriffen werden (z.B. Garatt et al. 2003).

Soll der enorme Aufwand eines ökonometrischen Strukturmodells mit mehreren hundert Gleichungen vermieden werden, dann sollte die Entwicklung des Prognosemodells darauf abstellen, eine möglichst kompakte Abbildung der wichtigsten makroökonomischen Zusammenhänge zu liefern. Als Ausgangsbasis könnte das in Abschnitt 2.2.1. vorgestellte Modell des WIFO-Instituts dienen. Dabei wäre insbesondere darauf abzustellen, die kurz- und mittelfristigen Anpassungsprozesse zu den langfristigen Gleichgewichten mit Hilfe von Fehlerkorrekturgleichungen widerzugeben und für eine mittelfristige Prognose zu nutzen.

Ein Problem, mit dem alle makroökonometrischen Modelle für Deutschland umgehen müssen, ist die deutsche Wiedervereinigung, die zu gravierenden Strukturbrüchen in den makroökonomischen Zeitreihen geführt hat. Die Literatur, die sich mit den Konsequenzen der Wiedervereinigung beschäftigt hat, dokumentiert, dass sie nicht nur zu Niveauverschiebungen geführt, sondern auch zum Teil die Art der Zusammenhänge verändert hat. So lässt sich für die Arbeitsnachfragefunktion zeigen, dass sich durch die Wiedervereinigung und die Umstellung der Volkswirtschaftlichen Gesamtrechnung die Integrationseigenschaften der Zeitreihen geändert haben (Reimers 2001).

Der einfachste Weg, dieses Problem zu umgehen, ist die Verkürzung des Stützzeitraums auf die Periode nach der Wiedervereinigung. Um genügend Beobachtungen für die Schätzung, aber auch genügend Variation in den Daten zu bekommen, ist es daher angebracht, Quartalswerte zu

4. Ein Prognosemodell der mittleren Frist für Deutschland

verwenden. Bei dieser Vorgehensweise ist zu klären, wie mit den Angaben zu den Einnahmen und Ausgaben des Staates zu verfahren ist, da diese bislang nur halbjährlich veröffentlicht werden. Es wäre zu untersuchen, ob die – nach unserem Kenntnisstand – vorhandenen Quartalswerte für ein solches Projekt zur Verfügung gestellt werden könnten. Andernfalls müssten die Halbjahreswerte mit geeigneten Verfahren in Quartalswerte umgerechnet werden. Da die Finanzplanungen und die Stabilitätsprogramme auf Jahreswerten beruhen, können die Prognosewerte anschließend aggregiert werden.[12]

Ein besonderes Problem, insbesondere bei der Modellierung des öffentlichen Sektors ist die Berücksichtigung von Steuerrechtsänderungen. Beispielsweise ist die Elastizität des Steueraufkommens insgesamt in Bezug auf das BIP, die im langfristigen Durchschnitt geringfügig über 1 liegt (Leibfritz et al. 1999; Giorno et al. 1995), in einzelnen Jahren beträchtlich von diesem Wert abgewichen. Auch hier ist der Zusammenhang zwischen wirtschaftlicher Entwicklung und Steueraufkommen nach der Vereinigung Deutschlands durch Rechtsänderungen erheblich beeinflusst worden (Gebhardt 2001). So wurden zwischen 1991 und 2004 nicht weniger als 83 Gesetzesvorhaben (z.B. die steuerliche Investitionsförderung in den neuen Bundesländern, die »Verrechnung« des Kindergeldes mit der Lohnsteuer ab dem Jahr 1996, die ökologische Steuerreform, die Steuerreform 2000 und das Haushaltsbegleitgesetz 2004) verabschiedet, die fast alle Steuerarten betrafen. Wie solche Änderungen bei den Mittelfristprojektionen berücksichtigt werden können, hängt von der Struktur des öffentlichen Sektors ab.

4.2 Vorschlag für ein deutsches Mittelfristmodell

Die Diskussion der von anderen Institutionen eingesetzten Mittelfristmodelle hat gezeigt, dass keines der genannten Modelle eindeutig den anderen überlegen ist. Der hier dargestellte Vorschlag für ein deutsches Mittelfristmodell orientiert sich daher an den folgenden Prinzipien:

1. Das Modell sollte eine möglichst hohe empirische Kohärenz aufweisen, d.h. die Zusammenhänge sollten so weit wie möglich empirisch geschätzt werden. Die theoretische Kohärenz sollte dabei so weit wie möglich gewährleistet sein.

---

12 Die Verwendung von Quartalswerten hat aus ökonometrischer Sicht ohnehin Vorteile gegenüber der Verwendung von Jahreswerten.

2. Das Modell muss umfangreich genug sein, um die wichtigsten Größen der Entstehungs- und Verwendungsseite des BIP sowie weiterer gesamtwirtschaftlicher Größen abbilden zu können.
3. Der Aufwand zur Pflege des Modells und zur Prognoseerstellung sollte möglichst gering sein.
4. Die Erstellung des Modells muss sich an der Datenverfügbarkeit orientieren, insbesondere muss dabei der deutschen Wiedervereinigung Rechnung getragen werden.

Zu der Modellgruppe, die alle genannten Eigenschaften aufweist, gehören die als Einzelgleichungen geschätzten Fehlerkorrekturmodelle. Zwar ist die empirische Kohärenz bei VAR Modellen und reinen Zeitreihenverfahren höher, aber die Einzelgleichungen können einer umfassenden empirischen Überprüfung unterzogen werden. Allerdings sind Ausschlussrestriktionen, die als Identifikationsannahmen den Einsatz von Instrumentvariablen-Ansätzen erlauben, letztlich nicht rein statistisch testbar. Somit lässt sich rein datengestützt kein ökonometrisch überprüfbares Modell erstellen. VAR Modelle kommen im Rahmen der Mittelfristprojektionen aber schon deshalb nicht in Betracht, da die Zahl der zu schätzenden Variablen für diesen Modellierungsansatz zu groß ist.

Um den Aufwand für die Prognose nicht zu groß werden zu lassen, sollte das Modell eine Größenordnung von 30 bis 40 Verhaltensgleichungen aufweisen. Darüber hinaus sollte darauf geachtet werden, die Zahl der exogenen Variablen möglichst klein zu halten, da sie für die Modellprognose gesondert prognostiziert oder vorgegeben werden müssen. Eine relativ überschaubare Größe ist zudem besser geeignet, die Wirkungszusammenhänge und die dynamischen Eigenschaften des Modells zu überprüfen und gegebenenfalls anzupassen. Sollte sich bei der Arbeit mit dem Modell zeigen, dass weitere Größen notwendig sind, kann das Modell entsprechend erweitert werden. Um den Datenanforderungen gerecht zu werden, sollte sich das Modell auf Quartalswerte stützen, die sich leicht auf Jahreswerte hochrechnen lassen.

Prototyp eines solchen Modells könnte das WIFO Macromod-Modell sein, das allerdings auf Jahreswerten basiert. Die Nachfrageseite dieses Modells weist dabei eine Reihe von Ähnlichkeiten zu den in Deutschland im Einsatz befindlichen Kurzfristmodellen, wie dem RWI-Konjunkturmodell und dem deutschen Modul des MEMMOD-Modells der Deutschen Bundesbank, auf.

Im Folgenden werden die wesentlichen Aspekte der Modellierung der Nachfrageaggregate eines solchen Mittelfristmodells skizziert. Eine genaue Spezifizierung der Gleichungen kann erst mit Hilfe von empiri-

4. Ein Prognose-
modell der
mittleren Frist
für Deutschland

schen Tests der Einzelgleichungen und Simulationen des gesamten Modells erfolgen; dies würde den Rahmen dieses Gutachtens überschreiten.

4.2.1 Privater Konsum und Investitionen

Zentrale Größe zur Erklärung des privaten Konsums ist das verfügbare Einkommen. Aus theoretischen Überlegungen wäre zu vermuten, dass in der mittleren Frist nicht nur das aktuelle, sondern auch das zukünftig erwartete Einkommen von Bedeutung ist. In den meisten Modellen wird auf die Modellierung des erwarteten Einkommens aber verzichtet, so dass das aktuelle Einkommen Ausgangspunkt sein sollte. Allerdings ist zu prüfen, inwiefern bereits in der mittleren Frist Änderungen in der Alterstruktur der deutschen Bevölkerung berücksichtigt werden sollten, da eine Arbeit von Lindh (2004) in einem Produktionsfunktionsansatz zu dem Ergebnis kommt, dass sich Mittelfristprognosen für Schweden durch die Verwendung von Informationen über die Altersstruktur verbessern lassen.

Die Lebenszyklus-Hypothese legt nahe, dass neben dem verfügbaren Einkommen auch das Vermögen der privaten Haushalte von Bedeutung ist. Allerdings ist die Messung des Vermögens der Haushalte mit Messproblemen behaftet. Eine pragmatische Vorgehensweise ist, das Vermögen durch die kumulierte Ersparnis der privaten Haushalte zu approximieren, die sich aus den Angaben der Volkswirtschaftlichen Gesamtrechung berechnen lässt (Hassler 2001). Eine andere Möglichkeit besteht darin, Variablen für das Finanz- und Immobilienvermögen der Haushalte zu konstruieren (zu den Details siehe Hamburg et al. 2005).

Als weitere erklärende Variable für den Konsum in Deutschland kommt die Arbeitslosenquote in Betracht, die seit langem einen steigenden Trend aufweist und für die mittlere Frist eventuell von Bedeutung ist. Von den Zinsen, die in der kurzen Frist von Bedeutung sind, dürften mittelfristig dagegen keine deutlichen Effekte ausgehen. Da der private Konsum sowie die wichtigsten Einflussgrößen einen positiven Trend aufweisen, sollte ein Fehlerkorrekturterm in die Konsumgleichung aufgenommen werden.

Bei den Anlageinvestitionen ist es sinnvoll, zwischen Ausrüstungs- und Bauinvestitionen zu unterschieden. Für die Modellierung der Investitionsnachfrage ist generell der Output eine wichtige erklärende Variable. Darüber hinaus sind die Kapitalnutzungskosten in vielen Investitionsgleichungen enthalten, so dass sie auch für das deutsche Mittelfristmodell verwendet werden sollten. Da diese Größe nicht direkt statistisch erhoben wird, müsste sie – wie beispielsweise im Macromod-Modell –

aus dem Verhältnis des Investitions- und BIP-Deflators sowie dem Realzins für Unternehmenskredite und der Abschreibungsrate konstruiert werden. Da das Preisverhältnis zwischen Investitions- und BIP-Deflator bereits in die Berechnung der Kapitalnutzungskosten eingeht, könnte es überflüssig sein, diese Variable zusätzlich in die Gleichung aufzunehmen.

Als weitere erklärende Variable kommt Tobins' q in Betracht. Dieses Verhältnis zwischen Marktwert des Kapitals und dessen Wiederbeschaffungskosten stellt eine theoretisch interessante Größe dar, um die Profitabilität der Investitionen abzubilden. Auch diese Größe müsste approximiert werden. Verwendet man für den Marktwert der Unternehmen Aktienkurse, stellt sich das Problem, dass diese prognostiziert werden müssen, was in der Regel mit größeren Unsicherheiten verbunden ist als die Prognose der Investitionen selbst (Kopcke, Brauman 2001).

Die Literatur zu den Liquiditätsbeschränkungen von Unternehmen (Chirinko 1993: 1902 f.) legt nahe, zumindest zu überprüfen, ob eine Beschränkung des Zugangs zu Fremdkapital mittelfristig in Deutschland von Bedeutung ist.

4.2.2 Außenhandel

Die deutschen Exporte werden wesentlich durch die gesamtwirtschaftliche Aktivität im Ausland bestimmt. Daher ist es nahe liegend, ein mit den Exportanteilen gewichtetes BIP der wichtigsten Handelspartner Deutschlands zu verwenden. Alternativ könnte auch das Welthandelsvolumen benutzt werden. Zusätzlich sollte der reale Wechselkurs in die Gleichung aufgenommen werden. Ergebnisse für den deutschen Außenhandel nach der Wiedervereinigung weisen darauf hin, dass auch die Kapazitätsauslastung bei den Handelspartnern einen deutlichen Erklärungsbeitrag leistet (Radowski, Smolny 2002), so dass auch diese Größe geprüft werden sollte.

Die Importe werden von der Binnennachfrage und den relativen Preisen zwischen Importen und BIP bestimmt. In diesem Zusammenhang ist zu überprüfen, ob bei der Modellierung der Importnachfrage eine Differenzierung der Binnenaggregate nach ihrem Importanteil sinnvoll ist, wie sie im Macromod-Modell vorgenommen wurde (Baumgartner et al. 2004: 8 f.). Da die wichtigsten Variablen dieser Gleichungen einen Trend aufweisen, sollte auch bei diesen Gleichungen ein Fehlerkorrekturterm aufgenommen werden.

4. Ein Prognose-
modell der
mittleren Frist
für Deutschland

4.2.3 Arbeitsmarkt und Preise

Für den Arbeitsmarkt ist die Modellierung der Arbeitsnachfrage, der Arbeitslosigkeit und der Löhne von zentraler Bedeutung. Bei einer zunächst einfachen Modellierung kann man die Arbeitsnachfrage mit Hilfe des Outputs und der Reallöhne erklären. Dabei ist zu prüfen, ob die Reallöhne allein als erklärende Variable ausreichen oder ob sich das Verhältnis von Reallöhnen zu Kapitalnutzungskosten besser eignet. Auch in dieser Gleichung sollte ein Fehlerkorrekturterm eingefügt werden.

Die Arbeitslosenquote kann man zunächst mit der Beschäftigung erklären. Zusätzlich kann eine Bevölkerungsvariable aufgenommen werden, wobei von Interesse ist, ob Informationen über die Altersstruktur oder die Erwerbsbeteiligung zu berücksichtigen sind. Darüber hinaus könnten auch die Reallöhne einen Erklärungsbeitrag liefern. Je nach Modellierung der Angebotsseite könnte auch die Produktionslücke als erklärende Variable verwendet werden.

Die Lohngleichung sollte mit Hilfe der Arbeitsproduktivität, der Preise und der Arbeitslosenquote modelliert werden, wobei auch hier ein Fehlerkorrekturterm zu berücksichtigen ist.

Für die Preisgleichung sollte der BIP-Deflator verwendet werden. Die erklärenden Variablen können aus dem Mark-up Ansatz abgeleitet werden, der üblicher Weise die Lohnstückkosten und die Importpreise als Kostengrößen sowie die Kapazitätsauslastung oder die Produktionslücke als Maß für die Preisüberwälzungsspielräume der Unternehmen heranzieht.

4.2.4 Öffentlicher Sektor und Finanzsektor

Die Modellierung des öffentlichen Sektors hängt von der Zielsetzung des Modells ab. Sie muss daher in Abstimmung mit den Nutzern des Modells erfolgen. Grundsätzlich ist es möglich, die Einnahmen- und Ausgabenkategorien sowie Defizit und Schuldenstand über Budgetregeln endogen zu bestimmen. Im Rahmen der Finanzplanung, bei der die Ausgabenplanung bei Bund, Ländern und Gemeinden erfolgt, ist es aber sinnvoller, wichtige Ausgabenkategorien als modellexogen anzunehmen. Einzelne Ausgabenarten wie das Arbeitslosengeld und die Zinszahlungen auf den Schuldenstand der öffentlichen Haushalte können aber, wie in vielen der dargestellten Modelle üblich, endogen modelliert werden.

Dagegen ist es für die Einnahmenseite angemessen, die wichtigen Steuerarten und die Sozialbeiträge modellendogen zu bestimmen. Bei den Steuern soll zwischen der Lohnsteuer, den Gewinnsteuern, den Steuern vom Umsatz und den übrigen Steuern unterschieden werden. Dabei sollten die Bemessungsgrundlagen möglichst gut approximiert werden. Daher ist beispielsweise für die Umsatzsteuer zu prüfen, ob die Bemessungsgrundlage durch den privaten Konsum, die modifizierte inländische Verwendung oder ein differenzierteres Konzept angenähert werden sollte. Entsprechend müssen bei der Lohnsteuer und bei den Sozialbeiträgen die Bruttolohn- und Gehaltssumme und bei den Gewinnsteuern die Unternehmens- und Vermögenseinkommen angenähert werden. Der Finanzierungssaldo des öffentlichen Sektors ergibt sich aus der Differenz der Einnahmen und Ausgaben.

Für gesamtwirtschaftliche Projektionen und wirtschaftspolitische Simulationen, die sich schwerpunktartig mit den öffentlichen Haushalten befassen, reicht eine relativ einfache Modellierung des Finanzsektors in der Regel aus. Die Geldpolitik kann dabei mit Hilfe einer Taylor-Regel abgebildet werden. Die Schwierigkeit dabei besteht allerdings darin, dass sich die Geldpolitik der EZB auf den gesamten Euroraum bezieht, so dass es möglicherweise nicht ausreicht, die Inflationsrate und die Produktionslücke Deutschlands als erklärende Variable zu verwenden. Welche Modifikationen dieser Variablen nötig sind, ist empirisch zu überprüfen. Die Kapitalmarktzinsen können über die Erwartungshypothese mit Hilfe der Kurzfristzinsen modelliert werden.

5.   Fazit und Schlussfolgerungen

Bei der Erstellung gesamtwirtschaftlicher mittelfristiger Projektionen werden in vielen Ländern gesamtwirtschaftliche makroökonometrische Modelle eingesetzt. So konnte hier für zehn Länder belegt werden, dass Modelle im Einsatz sind, die eine umfassend modellierte Nachfrageseite aufweisen. Die Struktur dieser Modelle unterscheidet sich im Detail relativ deutlich, allerdings überwiegen für den Großteil die Gemeinsamkeiten.

Mit der Verwendung makroökonometrischer Einzelgleichungsmodelle werden zwei Ziele gleichzeitig verfolgt. Sie werden zur Erstellung einer konsistenten Prognose der wichtigsten Größen der Volkswirtschaftlichen Gesamtrechung eingesetzt, wobei die Projektionen gleichzeitig ökonomisch interpretierbar sein sollen. Die Modelle stellen daher notwendiger Weise einen Kompromiss zwischen empirischer und theoretischer Kohärenz dar. Für jedes einzelne Ziel stehen andere geeignete Methoden zur Verfügung. Gleichzeitig gibt es für diese spezielle Zielsetzung kaum Alternativen. Der Einsatz eines gesamtwirtschaftlichen Modells für die deutschen Mittelfristprojektionen ist daher sinnvoll, wenn die Prognosen auch durch eine Analyse der gesamtwirtschaftlichen Entwicklung ergänzt werden sollen. Insbesondere sind diese Modelle geeignet, die Mittelfristprojektionen mit den Kurzfristprognosen zu verbinden, da jeweils wichtige Elemente der Volkswirtschaftlichen Gesamtrechung in der Projektion berücksichtigt sind.

Die dokumentierten Modelle sind seit Ende der achtziger Jahre überarbeitet oder neu aufgebaut worden und seit Anfang oder Mitte der neunziger Jahre im Einsatz. Zum einen wurden die Modelle konsequent aus der ökonomischen Theorie abgeleitet. Die theoretische Basis praktisch aller Mittelfristmodelle ist die neoklassische Synthese. Dem zufolge wurde die Nachfrageseite keynesianisch modelliert, während die Angebotsseite aus der neoklassischen Theorie abgeleitet ist. Je nach Zielsetzung wurden beide Theorien unterschiedlich gewichtet. Modelle, in denen die mittlere Frist eher als eine Erweiterung der kurzen Frist angelegt ist, wie beim österreichischen Macromod- oder beim dänischen ADAM-Modell, betonen die Nachfrageseite, während Modelle, die in der mittleren Frist bereits Wachstumsaspekte stärker gewichten, wie das niederländische JADE-Modell, eine umfassender modellierte Angebotsseite aufweisen. Da in Deutschland die Mittelfristprojektion mit der Kurzfristprognose verknüpft wird, ist es sinnvoll, bei der theoretischen Fundierung des Modells die nachfrageseitigen Elemente etwas stärker zu gewichten.

Das Bestreben, auch große makroökonometrische Modelle stärker ökonomisch zu fundieren, ist grundsätzlich zu begrüßen. Dabei ist allerdings zu berücksichtigen, dass dies nicht automatisch die Aussagekraft der Modelle erhöht. Dazu müssten die unterstellten Kausalbeziehungen mit Hilfe einer angemessenen Strategie identifiziert werden, z.B. durch den Einsatz von Instrumentvariablen-Schätzern. Dies ist nicht trivial, da neben wechselseitigen Abhängigkeiten der vorliegenden Variablen auch das Problem bestehen kann, dass wichtige »dritte« Erklärungsgrößen bei der Schätzung unberücksichtigt bleiben. Solange Zweifel an der richtigen Spezifikation der Kausalbeziehungen bestehen, sind die Modellprojektionen und vor allem die Simulationen wirtschaftspolitischer Maßnahmen mit großer Vorsicht zu interpretieren, da die Ergebnisse zunächst einmal nur im Rahmen des jeweiligen Modells gelten. Das Risiko der Fehlspezifikation nimmt dabei tendenziell mit der Zahl der geschätzten Gleichungen zu, so dass auch unter diesem Gesichtspunkt ein Modell von der Zahl der Gleichungen möglichst klein gehalten werden sollte.

Aus ökonometrischer Sicht wurde bei der Überarbeitung der Modelle der Erkenntnis Rechnung getragen, dass viele der gesamtwirtschaftlichen Größen einen stochastischen Trend aufweisen. Dem entsprechend wurden die Zusammenhänge zwischen wichtigen Variablen mit Hilfe von Kointegrationstests überprüft und zentrale Gleichungen in Fehlerkorrekturform geschätzt. Gleichzeitig wurde bei vielen Modellen die Zahl der Gleichungen deutlich reduziert. Allerdings sind auch noch Modelle mit mehr als 1000 Gleichungen im Einsatz. In den meisten Fällen werden etwa 30 stochastische Gleichungen als ausreichend angesehen. Der Ansatz, Modelle oder Modellteile zu kalibrieren, führt zu einer nicht befriedigenden empirischen Kohärenz und wird daher für Projektionen als ungeeignet angesehen. Bei der Konstruktion eines deutschen Mittelfristmodells sollte daher ebenfalls auf Einzelgleichungen in Fehlerkorrekturform zurückgegriffen werden. Grundlage können dabei die Größen sein, die gegenwärtig bei den Mittelfristprojektionen berücksichtigt werden. Dafür dürfte ein Modell mit etwa 30 Verhaltensgleichungen auskommen. Bei der Konstruktion eines Modells ist es günstig, mit einem relativ kleinen Modell zu beginnen, das dann gegebenenfalls erweitert werden kann.

Aufgrund der Zielsetzung, eine konsistente und ökonomisch interpretierbare Projektion mehrerer gesamtwirtschaftlicher Größen zu erhalten, wird bei der Überprüfung der Modelle großes Gewicht auf die dynamischen Simulationseigenschaften gelegt. Aufgrund der gemeinsamen theoretischen Grundlage überrascht es nicht, dass die wichtigsten Simulationseigenschaften der Modelle relativ ähnlich sind. Wie beispielhaft gezeigt wurde, unterscheidet sich die Größenordnung der Effekte durch die Details der Modellierung. Ein detaillierter Vergleich der Modelle lässt sich aber nur durch eine abgestimmte „Versuchsanordnung" erzielen. Die Modellreaktionen lassen vermuten, dass sie nicht allein auf Unterschiede in den Volkswirtschaften, sondern auch auf verschiedene Modellierungsansätze der Verhaltensgleichungen zurückzuführen sind. Die Spezifikation der Einzelgleichungen sollte so weit wie möglich empirisch gestützt sein. Dennoch ist bei der Konstruktion eines deutschen Mittelfristmodells eine enge Abstimmung mit den Modellnutzern sinnvoll.

Einige Prognoseanbieter, wie das niederländische CPB, betonen den bedingten Charakter ihrer Projektionen, indem sie unterschiedliche Szenarien erstellen. Dies ist darauf zurückzuführen, dass Projektionen über drei bis fünf Jahre mit erheblichen Unsicherheiten verbunden sind. Bei dem Einsatz eines gesamtwirtschaftlichen Modells sollten daher die Möglichkeiten genutzt werden, diese Unsicherheiten zu veranschaulichen.

73
———

5. Fazit und
Schlussfolgerungen

Die Auswertung der Prognosefehler von gesamtwirtschaftlichen Modellprognosen ist allerdings mit einer Reihe methodischer Schwierigkeiten verbunden, so dass eine systematische Auswertung der Fehler der Modellprognosen im Rahmen dieses Gutachtens nicht vorgenommen werden konnte. Systematische Vergleiche dieser Art, wie sie für die britischen Modelle vorliegen, kommen aber zu dem Ergebnis, dass keines dieser Modelle systematisch den anderen überlegen ist. Die Studie deutet darauf hin, dass eine modellgestützte Analyse der Prognosefehler den Prognoseprozess insgesamt verbessern kann. Zugleich sollte die Konstruktion eines Modells aber von der ökonomischen Fragestellung geleitet sein, für die das Modell vorgesehen ist.

Die Umsetzung der Prognose ist in den Ländern ebenfalls unterschiedlich organisiert, wobei sich drei Formen unterscheiden lassen. Welche dieser Möglichkeiten in Deutschland geeignet ist, hängt von der konkreten Zielsetzung und von den vorhandenen Ressourcen ab. Bei der ersten Organisationsform sind der Modellbau, die Weiterentwicklung und die Pflege des Modells in dem Ministerium angesiedelt, das für die gesamtwirtschaftlichen Projektionen zuständig ist. Diese Organisationsform ist dann sinnvoll, wenn neben den gesamtwirtschaftlichen Projektionen auch andere Fragestellungen mit dem Modell untersucht werden sollen, für die Umbauten oder Erweiterungen des Modells notwendig sind. In diesem Fall ist der Personalbedarf aber relativ groß.

In der zweiten Organisationsform wird das Modell von einem externen Anbieter bereitgestellt. Ein Vorteil besteht darin, dass die Modellprognose – wie auch bei der ersten Organisationsform – in einem iterativen Prozess abgestimmt werden kann. Auf diese Weise kann die Konsistenz der gesamtwirtschaftlichen Projektion durch das Modell gewährleistet werden. Ein anderer Vorteil kann darin gesehen werden, dass der Personalbedarf im Ministerium in diesem Fall geringer ist als bei der ersten Organisationsform. Nach den Angaben der befragten Institutionen sind bei einem Modell mit etwa 30 stochastischen Gleichungen für die Neuschätzung und Erstellung der Prognose 2 bis 3 Mann-Monate notwendig. Allerdings lassen sich eventuell auch Kosten einsparen, wenn Simulationen selbst durchgeführt werden können.

Bei der dritten Organisationsform, bei der die gesamtwirtschaftliche Projektion extern erstellt wird, findet eine Abstimmung zwischen der Modellprognose und den Prognosen der Ministerien nicht statt. Vorteil dieser Vorgehensweise ist, dass die gesamtwirtschaftlichen Projektionen von unabhängigen Experten erstellt und so von tagespolitischen Ziel- und Wunschvorstellungen freigehalten werden. Nachteil ist, dass Informationen aus den Ministerien, z.B. über geplante wirtschaftspolitische Maßnahmen, nicht vollständig bei der Prognoseerstellung berücksichtigt werden können.

Die wenigen Arbeiten, die sich seit der ökonomischen und ökonometrischen Überarbeitung der Modelle seit Ende der achtziger Jahre speziell mit Prognosen über einen Zeithorizont von drei bis fünf Jahren beschäftigen, zeigen, dass es eine Reihe offener Fragen gibt. Die Fragen betreffen alle Bereiche der Konstruktion eines Prognoseinstrumentes. Zunächst ist nicht klar, auf welche Informationen die Prognose über einen Zeitraum von drei bis fünf Jahren gestützt werden sollte. Theoretische Arbeiten betonen den Übergang von nachfrageseitigen zu angebotsseitigen Faktoren. Die Anforderungen an das Prognoseinstrument sind damit deutlich höher, da Kurz- bzw. Langfristprognosen entweder auf Nachfrage- oder auf Angebotsfaktoren gestützt werden.

In diesem Zusammenhang ist insbesondere die Zerlegung der Prognosefehler in Fehler der exogenen Variablen, Modellfehler und Fehler der nachträglichen Adjustierung der Modelle von Interesse. Darüber hinaus fehlt bisher ein umfassender Prognosevergleich der neuen Verfahren, der eine Beurteilung der Prognosegüte erlaubt. In diesem Zusammenhang wäre es interessant zu untersuchen, wie sich die Prognosegüte eines mit Einzelgleichungsverfahren geschätzten Modells zu der eines Modells verhält, dessen Gleichungen blockweise simultan geschätzt wurden. Ein Fehlerkorrekturmodell dieser Art wurde kürzlich von Pesaran et al. (2003) vorgeschlagen. In dieser Richtung sollte sich die künftige Forschung im Bereich der Mittelfristprognosen verstärkt weiterentwickeln.

5. Fazit und
Schlussfolgerungen

Zweiter Teil:
Studie des Instituts für Weltwirtschaft

von Klaus-Jürgen Gern und Nils Jannsen[1]

1. Problemstellung und Gang der Untersuchung

Projektionen gesamtwirtschaftlicher Größen über die mittlere Frist – darunter wird in dieser Untersuchung ein Zeithorizont von etwa fünf Jahren verstanden – sind als Entscheidungshilfe für die Wirtschafts- und Finanzpolitik von großer Bedeutung. Insbesondere für die Finanzplanung des Staates sind solide Angaben für reales Wirtschaftswachstum, Inflation und Beschäftigungsentwicklung von eminenter Wichtigkeit, aber auch andere Bereiche der Wirtschaftspolitik, etwa die Geldpolitik oder eine auf zentraler Ebene betriebene Lohnpolitik bedürfen Annahmen über die mittelfristige gesamtwirtschaftliche Entwicklung. Die Relevanz mittelfristiger Projektionen hat in den vergangenen Jahren mit der Schaffung der EWU noch zugenommen, nicht zuletzt durch den Stabilitäts- und Wachstumspakt, der regelmäßige nationale Stabilitätsprogramme mit einer Projektion wichtiger Budgetgrößen wie Budgetsaldo und Einnahmen- und Ausgabenquoten über die kommenden fünf Jahre verlangt. Gleichzeitig stellte sich in einigen Ländern, so auch in Deutschland, heraus, dass die in den Mittelfristprojektionen der Regierungen zugrunde gelegten Wachstumsraten zu hoch angesetzt waren. Dies war nicht nur in Fehlern bei der Einschätzung der konjunkturellen Entwicklung begründet, sondern beruhte offenbar teilweise auch auf einer Überschätzung der mittelfristigen Wachstumsdynamik.

Vor diesem Hintergrund sollen ein Überblick über derzeit in ausgewählten Industrieländern verwendete Schätzmethoden gegeben sowie deren Ergebnisse bewertet werden. Ziel ist es letztlich, Hinweise darauf zu erhalten, wie sich die Methodik mittelfristiger Prognosen in Deutschland verbessern lässt. Im Blickpunkt dieser Untersuchung steht die Angebotsseite, zentrale Prognosegröße ist die reale wirtschaftliche Aktivi-

1 Die Verfasser danken Katharina Glass für wertvolle Unterstützung bei der Entstehung der Arbeit.

tät, gemessen am realen Bruttoinlandsprodukt. Die Prognose der Nachfragekomponenten wird im Rahmen des Projekts auftragsgemäß von anderer Seite erörtert (vgl. Kapitel 1 dieses Buches). Die Untersuchung ist auf die Prognose der realen Aktivität fokussiert; die Prognose nominaler Größen ist ebenfalls Gegenstand in einem von anderer Seite bearbeiteten Teil des Forschungsauftrags (vgl. Kapitel 3).

Abschnitt 2 des vorliegenden Kapitels enthält grundsätzliche Überlegungen zur Methodik mittelfristiger Projektionen. Eine zentrale Größe bei der Erstellung mittelfristiger Projektionen ist das Produktionspotential, welches das Gleichgewichtsniveau der gesamtwirtschaftlichen Produktion beschreibt. Da über die konjunkturelle Dynamik der Wirtschaft über einen Zeitraum von mehr als zwei Jahren hinweg kaum zuverlässige Aussagen gemacht werden können, konvergiert die gesamtwirtschaftliche Produktion im Rahmen von mittelfristigen Projektionen letztlich zum Produktionspotential, wenn auch nicht immer bereits vollständig innerhalb des hier betrachteten Zeitraums von fünf Jahren. Vor diesem Hintergrund wird in diesem Abschnitt ausführlich auf die Problematik des Potentialbegriffs und der Trennung von Trend und Zyklus eingegangen, und es werden Methoden der Potentialschätzung vorgestellt. In Abschnitt 3 werden – unter Beachtung des Real-Time-Problems retrospektiv drei verschiedene Potentialschätzungen für ausgewählte Industrieländer entwickelt, die als Referenz bei der Bewertung der tatsächlichen Mittelfristprognosen dienen, die für die Vereinigten Staaten, das Vereinigte Königreich, Frankreich, Italien, die Niederlande und Irland vorliegen. Diese von offizieller Stelle oder von renommierten Forschungsinstituten erarbeiteten Mittelfristprognosen werden in Abschnitt 4 im Einzelnen vorgestellt. Abschnitt 5 enthält eine statistische Auswertung der Prognosequalität für die Prognosen, für die eine ausreichende Zahl an Beobachtungen vorliegt. Abschließend werden Schlussfolgerungen für die Methodik mittelfristiger Projektionen in Deutschland gezogen.

2.   Zur Methodik mittelfristiger Projektionen

Mittelfristige Projektionen unterscheiden sich von Konjunkturprognosen, die gemeinhin im Vordergrund des Interesses stehen, wenn es um die Vorhersage der wirtschaftlichen Aktivität geht. Während Konjunkturprognosen insbesondere über die Dynamik und die Veränderung der gesamtwirtschaftlichen Kapazitätsauslastung über einen Zeitraum von bis zu zwei Jahren informieren sollen, muss bei mittelfristigen Projektionen die Entwicklung des Produktionspotentials im Mittelpunkt stehen, da über Schwankungen des Auslastungsgrades über einen längeren Zeitraum hinweg keine aussagekräftigen Prognosen möglich sind. So wird in der Regel angenommen, dass das reale Bruttoinlandsprodukt mittelfristig im Einklang mit dem Produktionspotential zunimmt. In den meisten Verfahren zur Projektion der mittelfristigen wirtschaftlichen Entwicklung ergibt sich modellendogen oder aufgrund einer expliziten und theoretisch begründeten Annahme, dass der Output Gap am Ende des Projektionszeitraums zumindest annähernd geschlossen ist.

2.1 Strukturelle Makromodelle versus iterativ-analytische Verfahren

Bei der Prognose wirtschaftlicher Entwicklungen kann unterschieden werden zwischen Modellprognosen, die sich eines häufig sehr umfangreichen strukturellen makroökonomischen Modells bedienen, einerseits und dem so genannten iterativ-analytischen Verfahren, das weniger formalisiert ist, andererseits. In strukturellen Makromodellen wird die Volkswirtschaft durch ein System von interdependenten Definitions- und Verhaltensgleichungen abgebildet. Die Entwicklung der zu erklärenden Variablen wird durch die Werte einer begrenzten Anzahl von erklärenden Variablen bestimmt, die Koeffizienten werden ökonometrisch auf Basis der Daten der Vergangenheit geschätzt. Im Rahmen eines iterativ-analytischen Verfahrens werden die zu prognostizierenden Variablen separat prognostiziert. Dabei werden grundsätzlich alle Informationen verwendet, die zum Zeitpunkt der Prognose verfügbar sind. Zwar kommen häufig ebenfalls formale Verfahren, wie ökonometrische Schätzgleichungen für einzelne Variablen (Eingleichungsmodelle) oder Indikatormodelle zum Einsatz,[2] doch sind für die Prognose auch Einschätzungen und Bewertungen des Beobachters wichtig. Die Einzelprognosen werden im Rahmen des iterativ-analytischen Verfahrens in der Regel durch die Verwendung der Volkswirtschaftlichen Gesamtrechnungen (VGR) als

---

2 So fließen bei der Prognose des IfW für die gesamtwirtschaftliche Entwicklung in Deutschland die Ergebnisse von Schätzgleichungen für den privaten Konsum (Döpke und Kamps 1999), die Investitionen (Wohnungsbau- und Unternehmensinvestitionen) und die Exporte (Strauß 2000) und Importe ein, sowie für die Verbraucherpreise, Import- und Exportdeflatoren und den Deflator für die Bauinvestitionen.

Rechenrahmen zu einer konsistenten Gesamtprognose aggregiert und in mehreren Schritten aufeinander abgestimmt.[3]

Wenn von Prognosen der wirtschaftlichen Entwicklung die Rede ist, geht es meist um die Vorhersage kurzfristiger Schwankungen der wirtschaftlichen Aktivität. Dabei ist die Aufmerksamkeit auf die Nachfrageseite gerichtet und auf die Einkommen, die auf die Konsumgüter- und Investitionsgüternachfrage sowie den Außenhandel zurückgehen. Die Produktionskapazitäten können in der konjunkturellen Betrachtung weitgehend als fix angesehen werden, der Fokus ist auf die Entwicklung der Kapazitätsauslastung gerichtet. Bei einer Mittelfristprognose, die den Blick weiter in die Zukunft richtet, werden die Dinge komplizierter. Das Produktionspotential kann nicht mehr als gegeben angenommen werden, die Entwicklung der Bestimmungsgründe des Produktionspotentials (Kapitalstock, Arbeitskräftepotential, technischer Fortschritt) mag Veränderungen unterliegen; nicht zuletzt auch infolge von wirtschaftspolitischen Maßnahmen, die bei der Prognose berücksichtigt werden müssen.

Bei der Erstellung von Konjunkturprognosen über die kurze Frist sind die iterativ-analytischen Verfahren einem strukturellen Makromodell mindestens ebenbürtig. Durch die (implizite) Berücksichtigung von Einflüssen, die in einem strukturellen Modell mit einer begrenzten Zahl von Variablen nicht modelliert sind, und die Möglichkeit, die Gewichtung der Einflüsse der spezifischen Situation in einem informellen Verfahren gestützt auf das Urteil und die Erfahrung des Prognostikers anzupassen, sind sie Modellprognosen hinsichtlich ihrer Treffsicherheit häufig sogar überlegen. Problematisch an einer solchen Vorgehensweise ist allerdings, dass sie ein Element der Willkür impliziert, so dass der Verdacht entstehen kann, die Prognosen seien durch strategische Überlegungen – beispielsweise aufgrund bestimmter wirtschaftspolitischer Implikationen der prognostizierten Ergebnisse – beeinflusst (Döpke 2000). Allerdings sind auch Modellprognosen das Produkt der Personen, die die Prognose erstellen, nicht des Modells an sich. Die Einschätzungen des Prognostikers gehen auf verschiedenen Wegen in die Modellprognose ein: (i) durch die Spezifikation des Modells; (ii) durch die Vorgabe des Verlaufs exogener Größen; und (iii) durch Adjustierungen an den Gleichungen im Verlauf des Prognoseprozesses, sog. »add-factoring«, mit dem die Ergebnisse beispielsweise mit aktuellen Entwicklungen in Einklang ge-

---

3 Für eine beispielhafte Darstellung des Vorgehens beim iterativ-analytischen Verfahren siehe Sachverständigenrat (2004: Kasten 25).

bracht oder an bestimmte Einschätzungen angepasst werden.[4] Dieses Vorgehen führt dazu, dass auch Modellprognosen in den Dienst strategischer oder politischer Überlegungen gestellt werden können.

Die Vorteile des iterativ-analytischen Verfahrens verlieren mit zunehmender Länge des Zeithorizonts an Bedeutung, vor allem weil Faktoren, welche die kurzfristige Dynamik treiben und in Modellen schlecht erfasst werden können, die Entwicklung in der mittleren Frist in der Regel nicht beeinflussen. Somit kommt der Vorteil der konzeptionellen Geschlossenheit und Konsistenz der strukturellen Makromodelle stärker zum Tragen. Der gewichtigste Vorteil, den Makromodelle im Vergleich mit weniger formalen Prognoseverfahren haben, liegt freilich in der Möglichkeit der konsistenten Simulation von unterschiedlichen Szenarien hinsichtlich exogener Entwicklungen, nicht zuletzt auf dem Feld der Wirtschaftspolitik.

Modellsimulationen haben allerdings ihre eigene Problematik. So postuliert die so genannte Lucas-Kritik (nach dem Nobelpreisträger Robert Lucas),[5] dass die Simulation von Politikmaßnahmen im Rahmen eines strukturellen Modells keine verwertbaren Ergebnisse bringen kann, weil nicht angenommen werden kann, dass die auf der Basis historischer Daten geschätzten Parameter bei einem Wechsel des »Policy Regime« unverändert bleiben, vor allem weil sich die Erwartungen der Wirtschaftssubjekte anpassen. Danach kommt es entscheidend darauf an, das Modell »richtig« zu spezifizieren, also Parameter zu definieren, die auch bei einem Politikwechsel konstant bleiben. Zum Teil als Antwort auf die Lucas-Kritik wurden von den Modellentwicklern Änderungen hinsichtlich der Erwartungsbildung vorgenommen. So sollen »rationale«, d.h. modellkonsistente Erwartungen dem Einwand von Lucas begegnen. Sie werden als sog. zukunftsgerichtete (forward looking) Erwartungen zunehmend auch in großen makroökonometrischen Modellen implementiert, in denen bislang in der Regel unterstellt wurde, dass die Wirtschaftssubjekte ihre Erwartungen aus den Erfahrungen der Vergangenheit ableiten (adaptive Erwartungen).

Allerdings ist die empirische Relevanz sowohl der Lucas-Kritik als auch der rationalen Erwartungen umstritten. So argumentieren Ericsson und Irons (1995), dass sich keine durch Politikwechsel bedingten Strukturbrüche für die USA der Nachkriegszeit nachweisen lassen. Estrella

---

4 Vgl. z B. Donihue (1993) für eine Analyse der Rolle von Einschätzungen des Prognostikers im Prozess makroökonomischer Prognose.
5 Vgl. z.B. Lucas (1976).

2. Zur Methodik
mittelfristiger
Projektionen

und Fuhrer (1999) und Fuhrer und Rudebusch (2004) finden keine Evidenz für vorausschauende Effekte in einer empirischen I-S-Kurven Spezifikation für US-Daten. Auch aus diesem Grund verwendet eine Reihe aktueller makroökonometrischer Modelle bei Zentralbanken im Euroraum weiter eine adaptive Erwartungsbildung (vgl. Fagan et al. 2005, Beffy et al. (2003), Bhagli et al. (2004) und Boissay und Villetelle (2005).

2.2   Die zentrale Bedeutung des Produktionspotentials

In der Makroökonomie gibt es üblicherweise eine Unterscheidung zwischen Wachstum auf der einen und Konjunktur auf der anderen Seite. Während in Wachstumsmodellen gleich welcher Richtung von Konjunkturphänomenen abstrahiert und der Blick auf die Produktionsfaktoren sowie auf den technischen Fortschritt gerichtet wird, stellen die Konjunkturmodelle überwiegend auf kurzfristige Phänomene ab, üblicherweise mit einem Zeithorizont von zwei Jahren. Während Wachstumsmodelle in der Regel (nahezu) keine Dynamik abbilden, sondern auf die Erklärung eines gleichgewichtigen Wachstumspfades (Steady State) gerichtet sind, ist gerade die Beschreibung der dynamischen Prozesse in der kurzen Frist das Anliegen der für die Konjunkturforschung entwickelten Modelle. Entsprechend wird in der Wachstumstheorie in der Regel von der Geldpolitik abstrahiert, während sie in Konjunkturmodellen eine große Rolle spielen kann, etwa wenn es um die Ursachen von Konjunkturschwankungen und um Fragen der kurzfristigen Stabilisierung der Konjunktur geht. In der überwiegenden Zahl der makroökonomischen Modelle wird unterstellt, dass die Geldpolitik langfristig neutral ist, kurzfristig jedoch die realwirtschaftlichen Größen beeinflussen kann.[6]

Mittelfristprojektionen über einen Zeitraum von fünf Jahren befinden sich zwischen diesen beiden Extremen. Die konjunkturelle Entwicklung muss in die Betrachtung mit einbezogen werden; andererseits sind Prognosen einer konjunkturellen Entwicklung über die kurze Frist hinaus sinnvoll kaum möglich. In dieser Situation ist das Konzept des Produk-

---

[6] In Langfriststudien wird allerdings häufig auf die Bedeutung der Instabilität der Geldpolitik hingewiesen. So kommen viele Autoren zu dem Schluss, dass eine unstetige Politik und eine hohe Inflation nachteilig für das Wirtschaftswachstum sind, etwa weil die Signalfunktion der Preise gestört wird oder weil über eine höhere Risikoprämie der Realzins in der Volkswirtschaft steigt. Vgl. z.B. Kormendi und Meguire (1985).

tionspotentials von großer Bedeutung. Das Produktionspotential ist eine Größe, die als von strukturellen Faktoren bestimmt und von konjunkturellen Einflüssen (weitgehend) unabhängig betrachtet wird. Es erlaubt eine Vorstellung darüber zu bilden, welches Niveau die Produktion der Volkswirtschaft beim Ausbleiben von Störungen, bzw. im Durchschnitt eines Zyklus erreicht bzw. (bei Projektionen) erreichen kann.

Das Produktionspotential wird in der Literatur sehr unterschiedlich definiert; auch gibt es eine Vielzahl von Begriffen, die mehr oder weniger synonym verwandt werden. In den theoretischen Makromodellen werden Begriffe wie »natürlicher« oder »normaler« Output, Produktion bei »Vollauslastung« der Sachkapazitäten oder der Arbeitskräfte, Trendoutput, Produktion bei Erreichen der NAIRU und viele mehr benutzt, die alle unterschiedliche Implikationen für die Wirtschaftspolitik haben können.[7] Eine der ursprünglichen Definitionen stammt von Okun (1962), der das Potential gleich setzte mit der Produktion bei Vollbeschäftigung. In jüngerer Zeit wird unter dem Produktionspotential dasjenige Niveau der Produktion verstanden, das in einer Volkswirtschaft maximal erzeugt werden kann, ohne dass ein Anstieg der Inflation hervorgerufen wird (DeMasi 1997: 40). Diese Definition entspricht einer Formulierung, die im Zusammenhang mit Mittelfristprojektionen erhellend ist: Das Produktionspotential stellt die nachhaltig zur Verfügung stehenden Angebotsmöglichkeiten einer Volkswirtschaft dar, die durch die Produktionsstruktur, den Stand der Technik und die verfügbaren Produktionsfaktoren bestimmt werden (EZB 2000: 40). Hier drückt der Begriff »nachhaltig« unter anderem aus, dass eine Beschleunigung der Inflation vermieden wird.

Aus theoretischer Sicht ist der Begriff des Potentialwachstums auch abzugrenzen vom so genannten Trendwachstum. Aus verschiedenen Gründen, die vor allem mit der Verfügbarkeit von Daten zu tun haben, wird das Produktionspotential gleichwohl häufig angenähert durch einen Trend im tatsächlichen Output. Zur Schätzung werden dabei rein statistische Verfahren verwendet, die in der Regel keinen direkten Bezug zu einer ökonomischen Theorie haben. Die Trendwerte sind häufig stark von der aktuellen Konjunkturentwicklung geprägt. So ist es für die Phase eines Booms typisch, dass etwa das mit einem Hodrick-Prescott-Filter ermittelte Trendwachstum besonders hoch ausfällt; umgekehrt ist die Trendrate in einer Rezession besonders niedrig. Allerdings ist auch die

---

7 Vgl. z.B. die Analyse bei McCallum und Nelson (1999), der auf den Unterschied zwischen der natürlichen Rate der Arbeitslosigkeit und der NAIRU verweist.

theoretisch fundierte Potentialschätzung mithilfe einer Produktionsfunktion von konjunkturellen Einflüssen nicht unberührt. So verhält sich die Zuwachsrate des Kapitalstocks in der Praxis prozyklisch. Vor diesem Hintergrund ist auch das Vorgehen der Europäischen Zentralbank zu sehen, die bei ihrer Potentialschätzung auf die glatte Komponente des geschätzten Produktionspotentials abstellt.

2.3 Ist die konzeptionelle Trennung von Trend und Zyklus empirisch gerechtfertigt?

Die Frage, ob sich die wirtschaftliche Entwicklung in konjunkturelle Schwankungen auf der einen Seite und Wachstumsprozesse auf der anderen Seite zerlegen lässt, wird in der Makroökonomik seit etwa 20 Jahren kontrovers diskutiert. Bis in die frühen achtziger Jahre war dieses Vorgehen allgemein akzeptiert.[8] Die Wachstumstheorie und -empirie befasste sich mit der langfristigen Entwicklung der Volkswirtschaft, die im Wesentlichen durch die Entwicklung der Produktionsfaktoren, den technischen Fortschritt und die institutionellen Rahmenbedingungen beeinflusst wurde. Die Konjunkturforschung widmete sich dagegen den Ursachen und der Prognose der kurzfristigen Schwankungen um den langfristigen Entwicklungspfad. Interaktionen zwischen den beiden Bereichen wurden als vernachlässigbar betrachtet.

Der wissenschaftliche Konsens wurde durch eine empirische Untersuchung von Nelson und Plosser (1982) erschüttert, die für eine Vielzahl von makroökonomischen Variablen für die Vereinigten Staaten mittels eines damals neuen ökonometrischen Verfahrens getestet hatten, ob sie besser als stationäre bzw. trendstationäre oder als nichtstationäre Prozesse zu charakterisieren sind. Während eine stationäre bzw. trendstationäre Zeitreihe stets zu ihrem Mittelwert oder Trend zurückkehrt, kann sich eine nichtstationäre Reihe theoretisch unendlich weit davon entfernen. Exogene Schocks, z.B. auf das Niveau des realen Bruttoinlandsprodukts, haben dann nicht nur temporäre Effekte, sondern permanente; sie verschieben den gesamten zukünftigen Zeitpfad des realen Bruttoinlandsprodukts. Nelson und Plosser (1982) kommen zu dem Ergebnis, dass die Hypothese der Nichtstationarität für die überwiegende Mehrheit der Zeitreihen nicht verworfen werden kann.

---

8 Für eine Lehrbuchdarstellung der Unterscheidung von Wachstum und Konjunktur siehe z.B. Giersch (1977).

Die Feststellung, dass makroökonomische Zeitreihen nichtstationär sind, stellt die übliche Trennung von Trend und Zyklus in Frage. Die Ergebnisse von Nelson und Plosser wurden als Untermauerung der von der Real-Business-Cycle-Schule vertretenen Sicht verstanden, der zufolge reale Schocks auf Produktionstechnologie und Präferenzen die wesentliche Quelle für makroökonomische Fluktuationen sind.[9]

Die Studie von Nelson und Plosser regte daher eine Vielzahl von empirischen Untersuchungen an, in denen auf Mängel in den verwendeten statistischen Testverfahren hingewiesen wurde und Resultate korrigiert wurden. In den meisten Fällen wurden dabei die Ergebnisse von Nelson und Plosser relativiert.

So zeigt etwa Rudebusch (1992), dass der Test die Hypothese der Nichtstationarität in kleinen Stichproben bei Verwendung der asymptotischen kritischen Werte nicht häufig genug ablehnt. Bei Berücksichtigung dieses Problems durch Verwendung stichprobenspezifischer kritischer Werte fällt die Evidenz zu Gunsten der Nichtstationarität der US-Zeitreihen deutlich geringer aus. Perron (1989) schlägt eine weniger restriktive Alternativhypothese zur Nichtstationarität vor. Anstatt eines stationären Prozesses mit konstantem Trend, wie im Dickey-Fuller-Test üblicherweise unterstellt, argumentiert er für die Alternativhypothese eines Prozesses mit gelegentlichen Brüchen im Trend. Mit Brüchen zur Zeit der Weltwirtschaftskrise und der Ölkrise 1973 vermag dieser Prozess die Entwicklung des US-Bruttonationaleinkommens besser zu beschreiben als die nichtstationäre Alternative.

Diebold und Senhadji (1996) zeigen, dass bei Zugrundelegung eines längeren Zeitraums – sie analysieren jährliche Daten für das US-Bruttonationaleinkommen ab dem Jahr 1875 – das nichtstationäre Modell zu Gunsten der trendstationären Alternative ohne Bruch verworfen werden kann. Andererseits wenden Murray und Nelson (2000) ein, dass die Testverfahren von Perron (1989) und Diebold und Senhadji (1996) ihrerseits verzerrt sein könnten, da nicht die Möglichkeit von statistischen Ausreißern im Datensatz berücksichtigt wurde. Sie legen eigene Berechnungen vor, denen zufolge die Nullhypothese der Nichtstationarität doch nicht verworfen werden kann. Shivley (2001) konstruiert einen neuen Nichtstationaritätstest mit deutlich höherer Trennschärfe als der Dickey–Fuller-Test und kommt zu dem Schluss, dass die Nullhypothese der Nichtstationarität für das US-Bruttonationaleinkommen verworfen werden kann.

---

9 Für einen Überblick vgl. Stadler (1994) und Scheide (1989).

2. Zur Methodik
mittelfristiger
Projektionen

Für (west-) deutsche Daten zum realen Bruttoinlandsprodukt der Jahre 1950 bis 1998 kommt Assenmacher (1998) zu dem Schluss, dass ein trend-stationärer Prozess mit zwei Brüchen die Zeitreihe besser beschreibt als ein nichtstationärer. Meier (2001) zeigt, dass selbst ein Modell ohne Trendbrüche die Ablehnung der Nullhypothese der Nichtstationarität erlaubt, wenngleich das Modell mit Trendbrüchen zu einer plausibleren Trend-Zyklus-Zerlegung führt. Danach lassen sich für das Gebiet der früheren Bundesrepublik drei Wachstumsphasen unterscheiden: eine »Wiederaufbauphase« von 1950 bis 1961, eine »Normalisierungsphase« und die Phase ab 1973. Das tatsächliche reale Bruttoinlandsprodukt schwankte in jeder dieser Phasen als stationärer Prozess um den jeweiligen Wachstumstrend.

Zusammengefasst sind die Ergebnisse in der empirischen Literatur zur Frage der Trennbarkeit von Trend und Zyklus uneinheitlich. Auffällig ist allerdings, dass mit der immer weiteren Verfeinerung der statistischen Testverfahren in den vergangenen Jahren die Anzahl der Studien deutlich zugenommen hat, die zu dem Ergebnis kommen, dass sich das reale Bruttoinlandsprodukt in den wesentlichen Industrieländern als trend-stationärer Prozess beschreiben lässt. Wird ein ausreichend langer Zeitraum betrachtet und werden gegebenenfalls einige seltene Veränderungen im Trendwachstum zugelassen, so kommen die meisten Verfahren zu dem Schluss, dass eine Trennung von Trend und Zyklus für analytische Zwecke empirisch abgesichert ist. Die den Mittelfristprognosen zumeist zugrunde liegende Annahme der Trendstationarität erscheint vor diesem Hintergrund als wenig problematisch. Auch die Ergebnisse retrospektiv ermittelter Mittelfristprojektionen auf der Basis einer Schätzung des Wachstumstrends mittels Hodrick-Prescott-Filter (Abschnitt 3.1) rechtfertigen die Vorgehensweise, bei der Mittelfristprognose anzunehmen, dass sich eine aktuell ermittelte Outputlücke auf mittlere Sicht schließt.

2.4   Methoden zur Schätzung des Produktionspotentials – Ergebnisse für Deutschland

Zentrales Problem bei einem methodischen Vorgehen, das das Produktionspotential (oder den Trendoutput) als Variable verwendet, ist die Tatsache, dass diese Größe nicht beobachtbar ist, sondern geschätzt werden muss. Für die Schätzung des Produktionspotentials ist eine Vielzahl von Methoden entwickelt worden. Eine umfassende Darstellung unterschiedlicher Ansätze soll hier nicht erfolgen.[10] Um die Qualität des Problems zu verdeutlichen, werden allerdings die Ergebnisse von Schätzungen für das Wachstum des Produktionspotentials in Deutschland für eine Auswahl von Methoden wiedergegeben, und die Vorgehensweise bei diesen Schätzmethoden wird erläutert. Die hier vorgestellten Methoden lassen sich grob in univariate und multivariate statistische Verfahren und multivariate produktionstheoretisch fundierte Verfahren unterteilen.

2.4.1 Statistische Verfahren

Die statistische Zeitreihenanalyse stellt verschiedene Verfahren zu Verfügung, die für die Schätzung des Produktionspotentials ausschließlich die Informationen nutzen, die im tatsächlichen Bruttoinlandsprodukt enthalten sind.

Linearer und quadratischer Trend
Eine einfache Alternative, gewissermaßen ein »Klassiker«, ist die Methode, das Produktionspotential über eine abschnittsweise log-lineare oder quadratische Trendschätzung zu ermitteln. Im Fall des linearen Trends wird unterstellt, dass das Produktionspotential mit einer konstanten Wachstumsrate β zunimmt. Das (logarithmierte) Bruttoinlandsprodukt y wird auf die Zeit regressiert

$$(15) \quad y_t = \alpha + \beta \cdot t + \varepsilon_t,$$

wobei ε_t weißes Rauschen darstellt. Das Produktionspotential ergibt sich dann aus der geschätzten Trendkomponente

$$(16) \quad \bar{y}_t = \hat{\alpha} + \hat{\beta} \cdot t,$$

während die Produktionslücke durch die Residuen $\hat{\varepsilon}_t$ abgebildet wird. Die Annahme einer über die Zeit konstanten Wachstumsrate ist allerdings willkürlich, da die Angebotsmöglichkeiten einer Volkswirtschaft von den Rahmenbedingungen abhängig sind, die im Zeitablauf Veränderungen unterliegen.[11] Um diesem Einwand zu begegnen, kann die Annahme konstanter Wachstumsraten dahingehend gelockert werden, dass

---

10 Für entsprechende Übersichten siehe z.B. Chagny und Döpke (2001), Massmann et al. (2003), Sachverständigenrat (2003).
11 Vgl. de Brouwer (1998).

das Wachstumstempo zwischen verschiedenen Konjunkturzyklen variieren kann. Die Schätzgleichung lautet dann:

$$(17) \quad y_t = \alpha_t + \sum_{i=1}^{n} \beta_i \cdot t_i + \varepsilon_t.$$

Das Produktionspotential kann dann als Summe der Trends über n Konjunkturzyklen erklärt werden, während die Produktionslücke wiederum durch den Störterm ε_t dargestellt wird.[12] Die Methode der abschnittsweisen Trendschätzung erfordert die Festlegung von oberen und unteren konjunkturellen Wendepunkten bzw. von Punkten mit Normalauslastung, die den Beginn und das Ende eines Zyklus markieren.[13] Hinzu kommt, dass am aktuellen Rand, jenseits des letzten Bruchpunkts, eine aussagefähige Trendschätzung kaum möglich ist. Die Fortschreibung des Wachstumstrends des jeweils letzten vollen Zyklus hat den Nachteil, dass die zur Verfügung stehende Information nicht voll ausgenutzt wird.

Ein quadratischer Trend wird über die Gleichung

$$(18) \quad y_t = \alpha + \beta_1 \cdot t + \beta_2 \cdot t^2 + \varepsilon_t$$

gebildet. Er erlaubt es auch, Veränderungen der Wachstumsraten innerhalb der Zyklen zu berücksichtigen (Orphanides und van Norden 2002). Ansonsten weist er aber dieselben Schwächen auf wie ein linearer Trend, insbesondere die, dass die Methode für aktuelle Daten, die häufig von besonderem Interesse sind, am ungenauesten ist (Tichy 1994: 23).

Hodrick–Prescott-Filter
Um diesen Einwänden Rechnung zu tragen, wurden verschiedene statistische Filtermethoden entwickelt, welche die Trendkomponente aus der Zeitreihe extrahieren. Das bekannteste und am weitesten verbreitete dieser Verfahren ist gegenwärtig der Hodrick–Prescott (HP)-Filter (Hodrick and Prescott 1997). Der HP-Filter kann als ein unendlicher, symmetrischer gewichteter gleitender Durchschnitt aufgefasst werden. Der Filter extrahiert die Trendkomponente einer Zeitreihe unter zwei sich wider-

---

12 Vgl. Weyerstraß (2001: 8).
13 Relativ unproblematisch zu bestimmen sind die Referenzpunkte bei einem Vorgehen nach der so genannten Peak-to-Peak-Methode (bzw. Trough-to-Trough), welche beispielsweise lange von der OECD verwendet wurde (Giorno et al. 1995: 7); in diesem Fall können freilich nur Aussagen über die Wachstumsrate des Produktionspotentials getroffen werden, nicht aber über den Output Gap.

sprechenden Gesichtspunkten. Zum einen soll die Anpassung an die Zeitreihe möglichst gut sein, zum anderen soll der Trend einen möglichst glatten Verlauf aufweisen. Diese Anforderungen führen zu folgendem Minimierungsproblem:

$$(19) \quad \min_{(\overline{y}_t, \ldots, \overline{y}_T)} \sum_{t=1}^{T} (y_t - \overline{y}_t)^2 + \lambda \cdot \sum_{t=2}^{T-1} \left[(\overline{y}_{t-1} - \overline{y}_i) - (\overline{y}_t - \overline{y}_{t-1}) \right]^2.$$

Der Filter minimiert die Abweichungen der Trendwerte von den tatsächlichen Werten (den Output-Gap), unter der Nebenbedingung, dass die Veränderung des Trendwachstums eine bestimmte Größenordnung nicht überschreiten darf. Mithilfe eines Glättungsparameters λ lässt sich festlegen, wie stark das Trendwachstum variieren darf. Im einen Extremfall ergibt sich ein linearer Trend, im anderen konvergiert die Reihe des geschätzten Produktionspotentials zur Reihe der Ursprungswerte. Als Standard gelten die Werte $\lambda = 100$ für Jahresdaten, $\lambda = 1600$ für Quartalsdaten und $\lambda = 14400$ für Monatsdaten.

Der Vorzug des HP-Filters ist seine Einfachheit in Konzeption und Handhabung, zumal der HP-Filter in allen gängigen Statistikprogrammen implementiert ist. Die Ergebnisse sind nachvollziehbar und reproduzierbar, wodurch der HP-Filter als transparent angesehen werden kann (McMorrow und Röger 2001: 11).

Er ist jedoch in mancherlei Hinsicht problematisch. So ist das Verfahren weitgehend »technischer« Natur und insofern ökonomisch wenig fundiert. Die Tatsache, dass der Filter konstruktionsbedingt die Stationarität des Output Gap gewährleistet, wird zwar zum Teil als positiv gewertet (Cogley and Nason 1995). Allerdings wird damit a priori die Möglichkeit ausgeschlossen, dass sich die tatsächliche Produktion über einen längeren Zeitraum von ihrem gleichgewichtigen Niveau entfernt. Auch ist mit der Wahl des Glättungsparameters die Variation des Potentials in Relation zum Output Gap weitgehend festgelegt. So korrespondiert der Wert von 1600 für Quartalsdaten mit einem Referenzzyklus von 8 Jahren, der Wert von 100 für Jahresdaten dagegen mit einem von 16 Jahren (Mohr 2001: 24). Dies bedeutet konkret, dass Zyklen mit einer kürzeren Laufzeit der zyklischen Komponente zugerechnet werden, während Zyklen mit einer Dauer von mehr als 20 Jahren eliminiert, d.h. vollständig der Trendkomponente zugerechnet werden (McMorrow und Röger 2001: 119). Damit hängen die Ergebnisse des Verfahrens wesentlich von den Vorgaben des Anwenders ab. Nicht zuletzt ergibt sich bei der Schätzung des Produktionspotentials am aktuellen Rand ein gravierendes

2. Zur Methodik
mittelfristiger
Projektionen

Problem daraus, dass der Trend gegen Ende des Schätzzeitraums dazu neigt, zu den tatsächlichen Werten zu konvergieren (Barrell und Sefton 1995: 68). So sind nach Baxter und King (1999) wenigstens Daten für drei weitere Jahre erforderlich, damit die geschätzten Trendwerte sinnvoll interpretiert werden können. Dies führt dazu, dass entweder auf Aussagen über die Entwicklung des Produktionspotentials in den jüngsten drei Jahren (und in den ersten drei Jahren) des Untersuchungszeitraums verzichtet oder mithilfe von Prognosewerten die Datenbasis nach vorn (und hinten) verlängert werden muss. Letzteres Vorgehen bedeutet freilich, dass das Ergebnis am aktuellen Rand stark von der Prognose abhängt, deren Qualität ex ante nicht bekannt ist.

Der *Rotemberg-Filter* stellt eine verallgemeinerte Variante des HP-Filters dar.[14] Das Minimierungsproblem des HP-Filters wird dahingehend abgeändert, dass nicht die Varianz des Output Gaps, sondern die Kovarianz des Output Gaps über einen vorgegebenen Zeitraum Zielgröße ist. Dabei sind Trend und Zyklus kurzfristig unabhängig voneinander, was dazu führt, dass der Trend unter sonst gleichen Umständen glatter verläuft als beim HP-Filter. Auch beim Rotemberg-Filter müssen Parameter exogen vorgegeben werden, und das Randwertproblem besteht unverändert, so dass der Rotemberg-Filter keine substantielle Verbesserung zum HP-Filter darstellt.

Bandpass-Filter

Ein anderes univariates Verfahren zur Trendermittlung ist der Band-Pass-Filter. Der Grundgedanke stammt aus der Spektralanalyse: Output-Schwankungen innerhalb eines bestimmten Frequenzbandes werden als konjunkturell angesehen und herausgefiltert. Derjenige Teil der Variation der Produktion, der außerhalb der Konjunkturfrequenzen liegt, wird als Veränderung des Trends (bzw. des Produktionspotentials) aufgefasst.

Jede Zeitreihe kann als Summe unterschiedlich stark ausgeprägter Zyklen aufgefasst werden.[15] So trennt beispielsweise der Hodrick-Prescott-Filter das Bruttoinlandsprodukt in die Produktionslücke, welche eine relativ kurze Zyklusdauer und somit eine hohe Frequenz aufweist, und das Produktionspotential, welches in der Regel durch eine lange Zyklusdauer mit niedriger Frequenz beschrieben werden kann. Natürlich beinhalten auch die Zeitreihen des Produktionspotentials und der

---

14 Vgl. Rotemberg (1998); für die Darstellung siehe Sachverständigenrat (2003: 414).
15 Vgl. Christiano und Fitzgerald (2003: 436).

Produktionslücke wiederum Zyklen unterschiedlicher Frequenzen, so dass eine Zeitreihe allgemein durch eine Linearkombination von Zyklen unterschiedlicher Frequenzen beschrieben werden kann.

Ein Band-Pass-Filter fasst nun genau die Zyklen zu einer neuen Zeitreihe zusammen, die eine entsprechend der Anwendung relevante Schwingungsdauer aufweisen. So kann ein Konjunkturzyklus beispielsweise eine Schwingungsdauer von mindestens zwei bis zu maximal acht Jahren aufweisen. Ein idealer Band-Pass-Filter weist dann allen Zyklen mit einer Schwingungsdauer innerhalb des gewünschten Zeitrahmens, allgemein zwischen p und q, ein Gewicht von eins zu, während alle anderen mit einem Gewicht von null keine Berücksichtigung mehr finden (McMorrow und Röger 2001: 12). Aus dieser Bedingung kann mittels einer Standardtransformation ein unendlicher, symmetrisch gewichteter gleitender Durchschnitt ermittelt werden

$$(20) \quad BP(p,q) = \sum_{i=-\infty}^{+\infty} B_i \cdot y_{t-i},$$

wobei die Gewichte aus

$$(21) \quad B_i = \frac{\sin(i \cdot b_2) - \sin(i \cdot b_1)}{\pi \cdot i} \text{ mit } b_1 = \frac{2 \cdot \pi}{p} \text{ und } b_2 = \frac{2 \cdot \pi}{p} \text{ für } i \geq 1$$

$$B_0 = \frac{b_2 - b_1}{\pi}$$

berechnet werden können. Der berechnete Wert bildet dann die Produktionslücke y^L ab. Die Gewichte sind, ausgehend von der betrachteten Periode t mit dem entsprechenden Gewicht B_0, symmetrisch und gehen aufgrund des begrenzten Wertebereichs des Zählers für sehr große i gegen null (Baxter und King 1999: 577). Der ideale Band-Pass-Filter stellt ein theoretisches Konstrukt dar, welches in der Praxis nicht anwendbar ist, da zur Berechnung unendlich viele Gewichte B_i benötigt würden. Deshalb muss ein Verfahren gesucht werden, dass mit den verwendeten Daten den idealen Band-Pass-Filter möglichst genau approximiert. Der ideale Band-Pass-Filter wählt für alle gesuchten Zyklen ein Gewicht von eins. Nimmt man an, dass bei Zyklen mit einer Länge von zwei bis acht Jahren von einem konjunkturellen Phänomen gesprochen werden kann, gilt dies für Zyklen mit einer Frequenz von 0.125 bis 0.5.[16] Alle anderen

16 Es gilt Frequenz=1/Zyklusdauer.

Zyklen erhalten ein Gewicht von null. In der Praxis kann jedoch lediglich versucht werden, eine möglichst gute Approximation zu finden.

Der *Band-Pass-Filter nach Baxter und King* (1999) verwendet wiederum einen symmetrischen Filter, um den idealen Band-Pass-Filter zu approximieren. Deshalb muss zunächst eine endliche Anzahl K von Gewichten und somit auch von Perioden, aus denen der Trend gebildet wird, gewählt werden. Dabei ist zu berücksichtigen, dass die Abweichung vom idealen Filter umso größer ist, je weniger Perioden für die Bildung des Durchschnitts verwendet werden, da hierdurch Informationen unberücksichtigt bleiben. Andererseits sinkt die Anzahl berechenbarer Werte, je mehr Datenpunkte am Rand zur Berechnung des Durchschnitts benötigt werden, d. h. je mehr Gewichte verwendet werden. Dieser Trade-Off ist vom jeweiligen Anwender zu lösen, wobei – wie von Baxter und King (1999) empfohlen – häufig ein Wert von $K = 12$ gewählt wird. Für Quartalsdaten bedeutet dies eine Vor- und Nachlaufzeit von jeweils drei Jahren zur Berechnung eines aktuellen Wertes (Schumacher 2002:75).

Nach der Bestimmung der dem gleitenden Durchschnitt unterliegenden Anzahl von Perioden sollte das Ziel sein, die Ergebnisse des idealen Band-Pass-Filters zu approximieren. Vereinfachend ausgedrückt formulieren Baxter und King dazu die Bedingung, die quadratischen Abweichungen zwischen den Gewichten des idealen Band-Pass-Filters und denen der optimalen Approximation B_i möglichst gering zu halten. Die Nebenbedingung, nach der die Summe der Gewichte null ergeben muss, garantiert unabhängig von den Eigenschaften der originären Zeitreihe, dass die resultierende Zeitreihe stationär ist. Ohne diese Nebenbedingung wäre es offensichtlich optimal, die Gewichte des idealen Band-Pass-Filters für die betrachteten Perioden zu übernehmen, also die Zeitreihe der Gewichte außerhalb des betrachteten Zeitraumes einfach auszublenden. Die Nebenbedingung wird durch die Addition einer Konstanten erfüllt (Baxter und King 1999):

$$(22) \quad BP_K(p,q) = \sum_{i=-K}^{+K} \hat{B}_i \cdot y_{t-i} \text{ mit } \hat{B}_i = B_i + C.$$

Der Baxter-King-Filter stellt sich also ebenso wie der ideale Band-Pass-Filter als gleitender Durchschnitt mit symmetrischen Gewichten dar, basiert aber auf einer endlichen Anzahl von $2 \cdot K + 1$ Perioden.

Ähnlich zum Hodrick-Prescott-Filter erweist sich auch beim Baxter-King-Filter das Randwertproblem als besonders problematisch. Wählt man einen Referenzwert von $K = 12$ auf Basis von Quartalsdaten, so müsste das Bruttoinlandsprodukt für die folgenden drei Jahre prognostiziert werden, um einen Wert der Produktionslücke für die aktuelle Periode berechnen zu können. Die berechneten Werte am aktuellen Rand unterliegen dadurch einer erheblichen Unsicherheit. Kritisch anzumerken ist außerdem, dass letztlich drei Parameter, nämlich p und q für die Zykluslänge sowie K, frei vom Anwender festgelegt werden können. Zwar haben sich für die Parameter bestimmte Standardwerte herausgebildet, ebenso wie die oben genannten Werte für die Bestimmung des Konjunkturzyklus. Diese können jedoch keinesfalls als allgemeingültig oder gar theoretisch gesichert angesehen werden, so dass das Verfahren wiederum einer gewissen Willkür des Anwenders unterliegt. Anzumerken ist überdies, dass sich aus der Bestimmung der Produktionslücke mittels des Baxter-King-Filters keineswegs zwangsläufig auch das Produktionspotential bestimmen lässt. Bei einer einfachen Rückrechnung über das Bruttoinlandsprodukt würden nämlich auch die bei der Bestimmung der Produktionslücke vernachlässigten Zyklen sehr kurzer Schwingungsdauer fälschlicherweise dem Potential zugerechnet. Eine Lösung dieses Problems kann darin bestehen $p = 0$ zu wählen, um diese Zyklen dem konjunkturellen Anteil am Bruttoinlandsprodukt zuzuordnen (Schumacher 2002).

Dass so genannte End-of-Sample-Problem, das dadurch entsteht, dass der Filter bei der Berechnung für Quartalsdaten 12 Quartale vor Beginn und vor Ende der Zeitreihe abbricht und dazu führt, dass Prognosewerte für drei Jahre vorzugeben sind, um eine Potentialschätzung für den aktuellen Rand zu erhalten, wird bei der Version des *Band-Pass-Filters nach Christiano und Fitzgerald* gemindert. Christiano und Fitzgerald wenden eine andere Strategie zur Approximation des idealen Band-Pass-Filters an als Baxter und King.[17] Sie entwickeln die Approximation $\hat{y}_t^L$ als gewichtete Linearkombination der Beobachtungen y_t. Die berechneten Gewichte $\hat{B}_i$ minimieren dann den Abstand der Approximation $\hat{y}_t^L$ zu den Ergebnissen y_t^L des idealen Band-Pass-Filters gegeben dem Datensatz y:

$$(23) \quad \min_{B_j} E\left[\left(\hat{y}^L - y^L\right)^2 | y\right].$$

Für jeden Zeitpunkt werden die Gewichte dabei neu berechnet. Der Vorteil dieser Methode besteht insbesondere darin, dass sie nur die jeweils

---

[17] Die nachfolgenden Ausführungen basieren auf Christano und Fitzgerald (2003: 439–443, 463).

2. Zur Methodik
mittelfristiger
Projektionen

vorhandenen Daten verwendet und somit kein Endpunktproblem aufweist. Zudem ist sie weniger restriktiv als der Baxter-King Filter, da auf eine Symmetrie-Annahme der Gewichte verzichtet werden kann und alle vorhandenen Daten Berücksichtigung finden. Die Ergebnisse sind somit genauer als die des Baxter-King-Filters. Nachteilig erweist sich, dass zur Bestimmung der neuen Gewichte die Eigenschaften der zu Grunde liegenden Zeitreihe bekannt sein müssen. Für makroökonomische Zeitreihen liefert die Annahme, dass es sich um einen Random-Walk handelt, häufig eine gute Annäherung für die Schätzung der Zeitreiheneigenschaften. Zusammenfassend ist das Verfahren zwar genauer im Hinblick auf die Approximation des idealen Band-Pass-Filters[18], aber auch deutlich komplexer als das des Baxter-King-Filters. Da der Filter teilweise einseitig arbeitet besteht grundsätzlich die Gefahr von Phasenverschiebungen, also die Ausweisung von Konjunkturzyklen für einen falschen Zeitraum, sowie der Berechnung künstlicher Zyklen gerade am Ende der Zeitreihe (Christiano und Fitzgerald 2003: 442; Metz 2002: 272). Um dieses Problem zu beheben, kann der Band-Pass Filter gemäß Christiano und Fitzgerald auch symmetrisch konstruiert werden. Danach ergeben sich aus theoretischer Sicht zwar weiterhin genauere Ergebnisse als bei Anwendung des Baxter- King-Filters, da die Approximation an die berechneten idealen Filterwerte bessere Ergebnisse liefert als die Approximation an die idealen Gewichte. Allerdings entsteht durch die Symmetrieannahme wiederum das Randwertproblem. Gemäß Christiano und Fitzgerald ergeben sich gerade für die Untersuchung von Konjunkturzyklen kaum Unterschiede zum Baxter-King-Filter, während der Filter für Zyklen längerer Schwingungsdauer deutlich bessere Ergebnisse liefert als der Baxter- King-Filter.

In Schaubild 6 sind die Wachstumsraten des Produktionspotentials in Deutschland abgebildet, die der Sachverständigenrat (2003) mithilfe der oben beschriebenen Filtermethoden ermittelt hat; in Tabelle 7 sind die Werte für die Jahre 1975 bis 2004 wiedergegeben. Für den aktuellen Rand liegen die Schätzungen nahe beieinander. Betrachtet man den gesamten Zeitraum, zeigen sich jedoch deutliche Unterschiede. Insbesondere variiert das Potentialwachstum im Zeitablauf verschieden stark. Besonders stark sind die Schwankungen im mittelfristigen Wachstumstrend beim Bandpass-Filter nach Christiano und Fitzgerald, am geringsten sind sie bei Verwendung eines Hodrick–Prescott-Filters mit Glättungsfaktor 100

---

18 Dieser Sachverhalt sagt jedoch nichts über die Qualität der Schätzungen bezüglich des Produktionspotentials bzw. des Output Gaps aus.

Schaubild 6

Schätzungen der Wachstumsrate des Produktionspotenzials in Deutschland nach ausgewählten Filtermethoden

1975 bis 2003

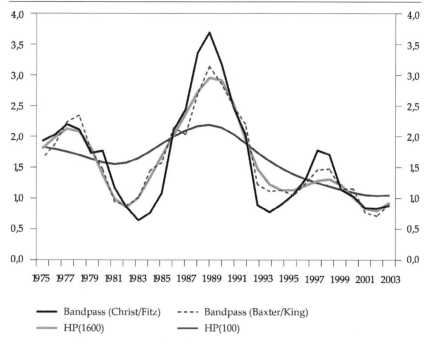

—— Bandpass (Christ/Fitz)   - - - - Bandpass (Baxter/King)
—— HP(1600)   —— HP(100)

Quellen: Sachverständigenrat, eigene Berechnungen.

(Jahresdaten). In der Mitte liegen mit einem relativ ähnlichen Profil der Bandpass-Filter nach Baxter und King sowie der Hodrick–Prescott-Filter auf der Basis von Quartalsdaten ($\lambda = 1600$).

Multivariate statistische Verfahren
Multivariate Verfahren zur Schätzung des Produktionspotentials ziehen neben dem Bruttoinlandsprodukt die Informationen weiterer Zeitreihen heran. Dazu bieten sich makroökonomische Variablen an, welche in einem engen Zusammenhang zum Potential zu stehen scheinen, wie beispielsweise die Preisentwicklung oder auch die Arbeitslosenquote. In der Regel versucht man diese zusätzlichen Informationen durch Restriktionen zu berücksichtigen, die auf einem breiten wissenschaftlichen Konsens beruhen.

Tabelle 7

Wachstumsrate des Produktionspotentials in Deutschland nach unterschiedlichen Methoden
1975 bis 2004

	Zeitreihenanalytische Verfahren				Produktionstheoretisch fundierte Verfahren			
	Hodrick-Prescott-Filter		Bandpass-Filter		SVR-Methode	Nichtpara-metrisches Verfahren	Cobb-Douglas-Pro-duktionsfunktion nach	
	(1 600)	(100)	(Baxter-King)	(Christia-no-Fitzge-rald)			SVR	EU-Kommis-sion
1975	2,3	2,3	2,1	2,4	2,7	2,4	2,0	2,0
1976	2,5	2,2	2,3	2,5	2,6	2,4	2,1	2,1
1977	2,7	2,2	2,8	2,8	2,0	2,3	2,2	2,1
1978	2,6	2,1	2,9	2,6	2,0	2,2	2,3	2,1
1979	2,3	2,0	2,2	2,2	2,4	2,1	2,4	2,3
1980	1,7	2,0	1,8	2,2	2,4	1,9	2,5	2,5
1981	1,2	1,9	1,2	1,5	1,8	1,8	2,5	2,3
1982	1,1	2,0	1,1	1,1	1,3	1,8	2,6	2,0
1983	1,3	2,1	1,3	0,8	1,4	2,0	2,7	2,0
1984	1,7	2,2	1,8	0,9	2,4	2,1	2,5	2,0
1985	2,1	2,4	2,0	1,4	2,1	2,3	2,6	1,8
1986	2,5	2,5	2,7	2,6	2,7	2,5	2,7	2,0
1987	3,0	2,6	2,5	3,1	2,5	2,6	2,8	2,1
1988	3,4	2,7	3,4	4,2	2,8	2,7	2,8	2,5
1989	3,7	2,7	3,9	4,6	2,6	2,8	2,8	2,9
1990	3,7	2,7	3,6	4,0	3,6	2,9	2,8	3,6
1991	3,2	2,6	3,1	3,1	3,7	2,7	2,7	3,2
1992	2,5	2,4	2,8	2,5	3,8	2,5	2,6	2,9
1993	1,8	2,2	1,5	1,1	2,6	2,3	2,5	2,6
1994	1,5	2,0	1,4	1,0	2,3	2,2	2,4	2,3
1995	1,4	1,9	1,4	1,1	1,6	2,0	1,5	2,2
1996	1,4	1,7	1,3	1,3	1,5	1,9	1,5	2,0
1997	1,5	1,6	1,6	1,6	1,2	1,7	1,5	1,7
1998	1,6	1,6	1,8	2,2	1,3	1,6	1,5	1,7
1999	1,6	1,5	1,8	2,1	1,6	1,4	1,4	1,7
2000	1,5	1,4	1,4	1,4	1,6	1,2	1,4	1,5
2001	1,3	1,4	1,4	1,3	1,2	1,0	1,3	1,3
2002	1,0	1,3	1,0	1,0	0,9	0,9	1,2	1,1
2003	1,0	1,3	0,9	1,0	0,8	0,8	1,2	1,0
2004	1,1	1,3	1,1	1,1	.	.	.	0,8

Quelle: Sachverständigenrat, EU-Kommission (AMECO Database) Zugriff 26. September 2006.

Ein Beispiel ist die *multivariate Version des Hodrick–Prescott-Filters*,[19] bei

[19] Die Ausführungen basieren im Wesentlichen auf de Brouwer (1998: 9–15).

der über die Ziele einer möglichst genauen Anpassung der gefilterten Reihe an die Ursprungsreihe einerseits und eines möglichst glatten Trendverlaufs andererseits weitere ökonomische Zusammenhänge, die als belastbar gelten, als Restriktionen aufgefasst werden. Diese werden in die Verlustfunktion integriert und Abweichungen sollen bei der Bestimmung des Trends ebenfalls minimiert werden. Als makroökonomische Zusammenhänge für eine solche Erweiterung des HP-Filters kommen insbesondere die Phillips-Kurve (sie postuliert einen Zusammenhang zwischen Output Gap und (erwarteter) Inflationsentwicklung), Okun's Law (hier wird ein Zusammenhang zwischen Arbeitslosenquote – bzw. der Abweichung von ihrem natürlichen Niveau – und Kapazitätsauslastung unterstellt) und ein Zusammenhang des gesamtwirtschaftlichen Produktionspotentials mit der in Unternehmensbefragungen gemessenen Kapazitätsauslastung in Frage.

Im Prinzip ist die Erweiterung des bestehenden Modellrahmens um weitere Restriktionen unproblematisch, zumal diese mittels einer KQ-Schätzung umgehend auf ihren Gehalt geprüft werden können. Andersherum können natürlich wahlweise Restriktionen unberücksichtigt bleiben, insbesondere wenn sie sich bei der KQ-Schätzung als nicht signifikant erweisen. Grundsätzlich ist der multivariate dem univariaten Hodrick-Prescott Filter hinsichtlich der Schätzgüte des Potentials als überlegen anzusehen, da er zusätzliche Informationen über ökonomische Restriktionen berücksichtigt. Das Randwertproblem des univariaten HP-Filters sollte durch die zusätzlich verwendeten Informationen zumindest gemildert werden. Allerdings erweist sich als gravierendes Problem, dass die für die Erweiterung vorgeschlagenen makroökonomischen Zusammenhänge selbst bereits eine Aussage über die Auslastung des Produktionspotentials erfordern oder eine Reihe nicht beobachtbarer oder eindeutig definierter Variablen enthalten. Dazu gehören die NAIRU ebenso wie die erwartete Inflationsrate oder die durchschnittliche Kapazitätsauslastung, für welche im Vorwege Schätzungen oder Näherungsverfahren angewendet werden müssen (Chagny, Lemoine und Pelgrine 2004:8). Dadurch unterliegen die Schätzergebnisse einer zusätzlichen Unsicherheit. Die Lösung, zunächst mit univariaten Methoden (bspw. dem HP-Filter) geschätzte Werte zu verwenden, vermag konzeptionell nicht zu überzeugen. Nachteilig ist zudem, dass sich das Berechnungsverfahren deutlich verkompliziert. Die Auswahl der Restriktionen und der Gewichtungen durch den Anwender bewirkt, dass die Ergebnisse verschiedener Untersuchungen in der Regel nicht mehr miteinander vergleichbar sind. Die Vergleichbarkeit der Ergebnisse für die Standardpa-

2. Zur Methodik
mittelfristiger
Projektionen

rameterwerte stellt aber gerade einen großen Vorteil des univariaten HP-Filters dar. Dagegen kann dem Kritikpunkt, dass über die Auswahl falscher ökonomischer Zusammenhänge die Ergebnisse verfälscht werden könnten, durch eine sorgfältige Auswahl der verwendeten Restriktionen sowie der vorangegangenen Überprüfung auf Gehalt durch eine KQ-Schätzung begegnet werden.

Chagny et al. (2004) vergleichen verschiedene multivariate HP-Filter für den Euroraum. Sie stellen fest, dass ein multivariater HP-Filter, der lediglich einen Phillips-Kurven-Zusammenhang enthält, für die relative Produktionslücke einen zum univariaten HP-Filter nahezu identischen Verlauf ergibt. Bezieht man Okuns's Law in die Betrachtung mit ein, so ist der Verlauf der Produktionslücke weiterhin ähnlich, in ihrer Höhe weicht sie jedoch zum Teil merklich vom univariaten Fall ab. Der multivariate HP-Filter unter Berücksichtigung aller drei hier beschriebenen Restriktionen ähnelt im Verlauf stark dem Kapazitätsauslastungsgrad selbst, so dass die Einbeziehung dieser Restriktion zweifelhaft erscheint.

Einen anderen Ansatz einer multivariaten Zeitreihenanalyse stellen *vektorautoregressive (VAR)-Modelle* dar. Innerhalb vektorautoregressiver Modelle werden alle betrachteten Variablen als endogen aufgefasst. Im allgemeinen Fall ist dann jede Variable von ihren eigenen Verzögerungen, den anderen Variablen sowie deren Verzögerungen abhängig. Zudem werden die Modellgleichungen um Störterme erweitert, welche die Eigenschaften weißen Rauschens besitzen und als Schocks interpretiert werden. Ein solches Modell kann nur in seiner reduzierten Form geschätzt werden. Die reduzierte Form wird durch gegenseitiges Einsetzen der Variablen gebildet, so dass jede Variable nur noch von verzögerten und somit bekannten Werten abhängt. Das Identifikationsproblem, also die Bestimmung der Parameter der originären strukturellen Form aus den Schätzungen der reduzierten Form, muss durch die Setzung von Restriktionen erfolgen. VAR-Modelle werden häufig dazu verwendet, stilisierte Fakten im Hinblick auf die Auswirkungen von Schocks aus Zeitreihendaten zu gewinnen, um daran den empirischen Gehalt ökonomischer Modelle zu überprüfen. Damit solch eine Analyse möglich ist, wird unterstellt, dass die Schocks unabhängig voneinander auftreten. VAR-Modelle können aber auch der Bestimmung des Produktionspotentials dienen. Dazu wird die Wirkung von Schocks auf das Bruttoinlandsprodukt betrachtet. Diejenigen Schocks, die einen permanenten Einfluss auf das Bruttoinlandsprodukt haben, bilden dann das Produktionspotential ab. Schocks, die dagegen nur einen transitorischen Einfluss auf die Produktion besitzen, stellen die Produktionslücke dar.

Zur Unterscheidung permanenter und transistorischer Schocks können verschiedene Restriktionen herangezogen werden. Die zumeist verwendete Methode von Blanchard und Quah (1989) hat den Vorteil, dass die Schätzergebnisse ökonomisch interpretierbar sind. So können Schwankungen des Produktionspotentials beispielsweise auf bestimmte Schocks, in diesem Fall auf Angebotsschocks, zurückgeführt werden (Chagny et al. 2004:13). Dies sollte auch zu einer genaueren Schätzung von Potential und Produktionslücke führen, da ein das Bruttoinlandsprodukt erhöhender Angebotsschock vollständig dem Produktionspotential zugerechnet werden kann, während dieser in anderen Modellen teilweise der Produktionslücke zugerechnet würde (Chagny und Döpke 2001: 18). Die Schätzung des Modells kann zudem sehr allgemein erfolgen, da hierzu kaum Restriktionen benötigt werden. Ein zentraler Kritikpunkt an strukturellen VAR-Modellen betrifft die Annahme, dass die Schocks als unabhängig voneinander angesehen werden können. Diese Annahme ist fundamental für diese Modelle, da erst sie es ermöglicht, die Auswirkungen einzelner Schocks auf die Modellvariablen zu analysieren. Problematisch ist, dass die Annahme als sehr restriktiv aufgefasst werden kann. Im Falle des Ansatzes von Blanchard und Quah folgt daraus nämlich, dass lediglich zwei Arten unterschiedlicher Schocks vorliegen können, bzw. dass alle Schocks in eine der beiden Klassen eingeteilt werden können, da die Anzahl der verwendeten Variablen gleichzeitig die maximale Anzahl unterscheidbarer Schocks darstellt. Aus methodischer Sicht kann das Modell zwar problemlos um Variablen und somit auch um Schocks erweitert werden, jedoch steigt dadurch auch gleichzeitig die Anzahl der benötigten Restriktionen deutlich an. Es ist auch nicht einfach, weitere plausible ökonomische Restriktionen zu finden. In diesem Zusammenhang muss zudem berücksichtigt werden, dass ein vollständig geschätztes VAR-Modell mit genau einer Reaktionsfunktion auf Schocks einhergeht, so dass das Modell immer in derselben Weise z.B. auf Nachfrageschocks reagiert. Diese Eigenschaft ist jedoch als unrealistisch einzustufen (Gottschalk 2001:35-37). Ein weiteres Problem besteht darin, dass die Schätzung der Parameter nur näherungsweise erfolgen kann. Gerade für die Bestimmung des Produktionspotentials kann dieser Sachverhalt Schwierigkeiten bergen, da auch sehr lang zurückliegende Schocks noch einen Einfluss auf das Niveau des Potentials besitzen, aber möglicherweise bei der Berechnung des Potentials dann keine Berücksichtigung mehr finden. Eine verzerrte Schätzung des langfristigen Effekts der Schocks kann aber auch zu einer verzerrten Schätzung der anderen Parameter führen.

Zusammenfassend kann festgehalten werden, dass multivariate Verfahren, die neben dem Bruttoinlandsprodukt zusätzliche Informationen zur Schätzung des Produktionspotentials verwenden, in der Theorie die Güte der Potentialschätzung im Vergleich zu den univariaten Verfahren erhöhen können. Voraussetzung ist allerdings, dass die zusätzlich einbezogenen Restriktionen auch tatsächlich ökonomische Zusammenhänge abbilden. Gleichzeitig werden die Verfahren in jedem Fall komplizierter in der Anwendung und weniger transparent in der Bewertung. Empirische Untersuchungen zeigen zudem, dass der Verlauf der Produktionslücke für praktisch alle Verfahren ähnlich ist. Die Höhe der geschätzten Produktionslücke unterscheidet sich je nach Schätzung zwar oft deutlich, es ist allerdings nicht klar, welche Spezifikation die »wahren« Verhältnisse am besten widerspiegelt. Alles in allem sind die zusätzlichen Erkenntnisgewinne durch die multivariaten statistischen Methoden für die praktische Anwendung nach gegenwärtigem Stand gering, insbesondere gemessen an dem erforderlichen zusätzlichen Aufwand in der Praxis.

2.4.2 Schätzung anhand von produktionstheoretisch fundierten Verfahren

Betrachtet man das Produktionspotential als das Abbild der Angebotsseite einer Volkswirtschaft, so ist es aus ökonomischer Sicht nahe liegend, dieses mittels einer makroönomischen Produktionsfunktion zu berechnen. Im Allgemeinen wird die Produktion dabei als abhängig von Arbeit L und Kapital K gesehen, welche in Verbindung mit einem Produktivitätsterm A das Produktionsniveau determinieren:[20]

$$(24) \quad Y = F(A, L, K).$$

Ein Vorteil der Schätzung des Produktionspotentials mittels einer Produktionsfunktion ist, dass das Potentialwachstum auf Beiträge der einzelnen Produktionsfaktoren zurückgeführt werden kann. Es ist allerdings ein erheblicher Aufwand erforderlich, um die Produktionsstruktur der Volkswirtschaft realistisch zu modellieren; so ist (zumindest in einem Ansatz, bei dem auch der Faktor Arbeit limitierend wirken kann) die Schätzung einer gleichgewichtigen Beschäftigten- oder Arbeitslosenquo-

---

[20] Da die totale Faktorproduktivität im Gegensatz den Faktoren Arbeit und Kapital unbeobachtbar ist, erfasst sie neben der Produktivität der beiden Produktionsfaktoren letztlich auch alle anderen Einflüsse, welche auf die Produktion wirken, aber nicht durch einen veränderten Einsatz der Faktoren erklärt werden können.

te notwendig, bei der eine Vielzahl von Problemen zu lösen ist (Chagny, Döpke 2001: 15 ff.). Außerdem kann die aus theoretischer Sicht bedeutsame technologische Entwicklung nur unzureichend berücksichtigt werden, da diese ebenfalls nicht direkt beobachtbar ist (IMF 1999). Hinzu kommen Probleme bei der Bestimmung der Inputfaktoren; so muss deren Normalauslastung festgelegt werden. Hierbei kommen häufig statistische Filtermethoden zum Einsatz, so dass deren Probleme auch im Rahmen von produktionstheoretisch fundierten Ansätzen eine Rolle spielen.

Zumeist werden Produktionsfunktionen vom Cobb-Douglas-Typ oder CES-Produktionsfunktionen verwendet, die die Produktionsfaktoren Arbeit und Kapital beinhalten sowie einen Parameter, der den technologischen Fortschritt abbildet. Entsprechend wird beispielsweise beim Internationalen Währungsfonds und bei der OECD vorgegangen. Auch die Europäische Kommission nimmt Potentialschätzungen mittels Produktionsfunktion vor;[21] in Deutschland wurde dieser Ansatz beispielsweise lange Zeit von der Deutschen Bundesbank verwendet.[22] Im Folgenden wird der Ansatz in Anlehnung an die Vorgehensweise der Europäischen Kommission dargestellt. Anschließend wird auf die Methode des Sachverständigenrates näher eingegangen, die lediglich auf einem Produktionsfaktor basiert. Schließlich wird das nichtparametrische Verfahren der Bundesbank erläutert, das ohne genaue Spezifikation der Produktionsfunktion auskommt.

Cobb–Douglas-Produktionsfunktion mit Arbeit und Kapital
Sollen beide Produktionsfaktoren Kapital und Arbeit explizit modelliert werden, so wird häufig eine Cobb–Douglas-Produktionsfunktion verwendet.[23] In diese Modellklasse können die Berechnungsverfahren der OECD und der Europäischen Kommission eingeordnet werden. Auch der Internationale Währungsfond wendet in vielen Fällen solch ein Mo-

---

21 Für eine Darstellung des Grundansatzes vgl. Denis et al. (2002), für die aktuell verwendete Methodik insbesondere Denis et al. (2006).
22 Für eine Darstellung des Ansatzes und Ergebnisse für Westdeutschland im Zeitraum 1982–1994 siehe Deutsche Bundesbank (1995). Das Vorgehen des IWF ist in DeMasi (1997), das der OECD in Giorno et al. (1995), das der EU-Kommission in Denis et al. (2002) dargestellt.
23 Die Deutsche Bundesbank verwendete ursprünglich eine CES-Produktionsfunktion, verwarf diesen Ansatz jedoch wieder, da nach der deutschen Wiedervereinigung unplausible Ergebnisse erzielt wurden (Tödter, von Thadden 2000: 3). Die OECD wendet für die Berechnung des Produktionspotentials in Japan aufgrund der spezifischen Gegebenheiten eine CES-Produktionsfunktion an (Cotis, Elmeskov, Mourougane 2003: 6).

2. Zur Methodik
mittelfristiger
Projektionen

dell zur Berechnung des Produktionspotentials eines Mitgliedslandes an. Aufgrund der heterogenen Struktur der Mitgliedsländer wird jedoch jeweils die spezifische Situation des zu betrachtenden Landes berücksichtigt und gegebenenfalls auch ein anderes Verfahren angewendet (Cotis et al. 2003:6). Als Cobb-Douglas-Funktion wird häufig die Form

$$(25) \quad Y = A \cdot L^{\alpha} \cdot K^{(1-\alpha)} \text{ mit } 0 \leq \alpha \leq 1$$

gewählt.[24] Dieser Funktionstyp besitzt einige praktische Eigenschaften. So weist die Cobb-Douglas-Produktionsfunktion durch die Wahl der Substitutionselastizitäten in Abhängigkeit des Parameters α konstante Skalenerträge auf. Geht man davon aus, dass die Produktionsfaktoren gemäß ihrer Grenzproduktivität entlohnt werden – dies impliziert vollkommene Konkurrenz auf den Faktormärkten –, kann α gleichzeitig als Anteil des Faktors Arbeit am Gesamteinkommen Y verstanden werden. Der Parameterwert ist dann als langjähriger Durchschnitt direkt aus allgemeinen Statistiken bestimmbar. Der Ablauf einer Potentialschätzung auf der bisher beschriebenen Grundlage folgt immer einem ähnlichen Schema (Denis et al. 2002:6). Da die totale Faktorproduktivität oder auch der technische Fortschritt A als einzige Unbekannte in Gleichung (25) verbleibt, ist es nahe liegend den Wert als Restgröße dieser Gleichung zu bestimmen:

$$(26) \quad A = \frac{Y}{L^{\alpha} \cdot K^{(1-\alpha)}}$$

wobei A in diesem Zusammenhang auch häufig als Solow-Residuum bezeichnet wird. Aus dieser Bezeichnung wird nochmals deutlich, dass die totale Faktorproduktivität alle durch die Faktoren nicht erklärbaren Einflüsse auf die Produktion auf sich vereint. Dazu können beispielsweise auch Messfehler gehören.

Sind die Werte aller Variablen der Produktionsfunktion bekannt, so kann das Produktionspotential berechnet werden, indem diese Werte konjunkturbereinigt bzw. ihre natürlichen Niveaus wieder in die Funktion eingesetzt werden. Dies geschieht im Fall des Vorgehens bei der EU-Kommission für den Faktor Arbeit, indem der Trend der Erwerbsquote mit der Zahl der Personen im erwerbsfähigen Alter multipliziert

---

[24] Die folgenden Ausführungen basieren, wenn nicht anders gekennzeichnet, auf Denis et al. (2002: 6–11).

Studie des
Instituts für
Weltwirtschaft

und um die strukturelle Arbeitslosigkeit (NAIRU/ NAWRU) korrigiert wird, und die totale Faktorproduktivität mithilfe eines HP-Filters konjunkturbereinigt wird; der Kapitalstock, der basierend auf der Annahme einer am Beginn des Schätzzeitraums herrschenden Kapitalintensität über die im Zeitablauf getätigten Bruttoinvestitionen und Abschreibungen geschätzt wird (Denis et al. 2006:11), geht ohne Konjunkturbereinigung in die Schätzung ein. Das Produktionspotential ergibt sich dann aus

$$(27) \quad \overline{Y} = \overline{A} \cdot \overline{L}^{\alpha} \cdot K^{(1-\alpha)}.$$

Eine Änderung des Produktionspotentials kann gemäß dieser Gleichung wiederum auf seine Bestimmungsfaktoren zurückgeführt werden.

Verfahren, welche auf dieser Grundkonstruktion beruhen, unterscheiden sich hauptsächlich in der Bestimmung der konjunkturbereinigten Werte von Arbeit und totaler Faktorproduktivität. Hierfür ist wiederum der Einsatz einfacher statistischer Filter, wie sie in Abschnitt 2.4.1 vorgestellt wurden, ebenso denkbar wie ökonomisch anspruchsvollere Vorgehensweisen. Das natürliche Niveau des Arbeitseinsatzes wird allgemein als Differenz zwischen dem durchschnittlichen maximal möglichen Arbeitseinsatz und einem natürlichen Niveau der Arbeitslosigkeit beschrieben. Der Arbeitseinsatz kann dabei durch die Verknüpfung der Anzahl der Personen im erwerbsfähigen Alter mit der HP-gefilterten Erwerbsquote bestimmt werden. In Bezug auf den vorhergehenden Abschnitt entspricht die verwendete Größe dann dem natürlichen Niveau der Anzahl der Erwerbspersonen. Für die Berechnung der natürlichen Arbeitslosigkeit ist es nahe liegend, die so genannte NAIRU oder auch die NAWRU heranzuziehen. Die NAIRU bezeichnet die Non Accelerating Inflation Rate of Unemployment also das Niveau der Arbeitslosigkeit, welches mit Preisstabilität verbunden ist. Die NAWRU (Non Accelerating Wage Rate of Unemployment) kann dann als entsprechendes Niveau aufgefasst werden, welches keine Veränderung des Lohnsatzes hervorruft. Diese beiden Größen sind jedoch wiederum unbeobachtbar, ihre Berechnung kann wiederum auf vielfältige Art und Weise erfolgen. So verwendet die Europäische Kommission derzeit einen multivariaten Kalman-Filter zur Bestimmung der NAIRU. Die Idee besteht darin, die Arbeitslosenquote in einen Trend, welcher die NAIRU abbilden soll, und eine zyklische Komponente zu zerlegen:

$$(28) \quad U_t = T_t + Z_t.$$

2. Zur Methodik
mittelfristiger
Projektionen

Zur Identifikation der zyklischen Komponente wird ein Zusammenhang dieser mit der auf Lohnänderungen zurückführbaren Inflationsrate π_t^w ausgenutzt:

$$(29) \quad \Delta\pi_t^w = \gamma + \psi \cdot B_t + \varphi \cdot C_t + \varepsilon_t, \text{ mit } \varepsilon_t = \sum_{i=0}^{l} \theta_i \cdot \xi_{t-i}.$$

Die Änderung der Inflationsrate ist dann außer von einer Konstanten γ und einer exogenen Variablen B_t abhängig von der zyklischen Arbeitslosigkeit C_t und unbeobachtbaren Schocks ε_t, deren Wirkung auch über einen autokorrelierten Prozess erfasst werden kann. Die NAIRU als Trendkomponente T_t und der Zyklus sollen den bekannten stochastischen Prozessen

$$(30) \quad T_t = \mu + T_{t-1} + \omega$$

mit

$$(31) \quad \mu = \mu_{t-1} + \xi_t$$

und

$$(32) \quad Z_t = \varnothing_1 \cdot Z_{t-1} + \varnothing_2 \cdot Z_{t-2} + \nu_t$$

folgen. Die Modellgleichungen können problemlos in eine Zustandsraum-Form umformuliert werden. Die Berechnung der NAIRU erfolgt dann mittels des Kalman-Filters, wobei die unbekannten Parameter wiederum mit einer Maximum-Likelihood-Funktion bestimmt werden.[25] Der konjunkturbereinigte Arbeitseinsatz L ergibt sich dann als

$$(33) \quad \overline{L} = \overline{\left(\frac{E}{N}\right)} \cdot N - NAIRU$$

wobei $\overline{\left(\dfrac{E}{N}\right)}$ den Trend der Erwerbsbeteiligung bezeichnet und alternativ die NAIRU durch die NAWRU ersetzt werden kann. Auch der totale Faktorproduktivität (respektive technischer Fortschritt) A wird einer

25 Die OECD berechnet den Trendwert für den Arbeitseinsatz stattdessen auf Grundlage der NAWRU, welche ebenfalls mittels des Kalman-Filters geschätzt wird (Cotis et al. 2003: 6).

Konjunkturbereinigung unterzogen, wobei die Europäische Kommission im Rahmen ihrer Potentialschätzung dazu ebenso wie die OECD den HP-Filter anwendet. Wiederum ist es möglich eine Vielzahl von alternativen Schätzverfahren heranzuziehen. So kann die totale Faktorproduktivität zunächst in die Arbeitsproduktivität E_L und die Kapitalproduktivität E_K aufgespaltet werden:

(34) $A_t = E_L^{\alpha} \cdot E_K^{(1-\alpha)}$ [26]

Die Substitutionselastizität α kann in diesem Zusammenhang auch als Gewichtungsfaktor aufgefasst werden. Eine häufig (beispielsweise im QUEST-Modell der EU-Kommission) für die Berechnung der Kapitalproduktivität verwendete Methode ist der Vintage-Ansatz. Die Idee besteht darin, dass sich der Kapitalstock als eine Summe noch nicht abgeschriebener Investitionsflüsse interpretieren lässt. Sind die getätigten Investitionen der berücksichtigten Perioden ebenso wie die Abschreibungen bekannt, so kann das durchschnittliche Alter eines Kapitalstocks *agem* berechnet werden. Da neuere Investitionen in der Regel produktiver sein sollten als ältere, wird ein Kapitalstock im Normalfall mit zunehmendem Durchschnittsalter unproduktiver. Da für die Arbeitsproduktivität häufig eine schwierige Datenlage besteht, kann für sie ein Trendverlauf mit der Möglichkeit von Strukturbrüchen unterstellt werden. Die konjunkturbereinigte totale Faktorproduktivität kann nun berechnet werden, indem der gebrochene Trend der Arbeitsproduktivität und das Durchschnittsalter des Kapitalstocks auf die totale Faktorproduktivität regressiert wird, wobei die Residuen v_t als zyklische Komponente interpretiert werden:

(35) $\ln(A_t) = \alpha \cdot \sum_{i=0}^{n} \pi_i \cdot t - (1-\alpha) \cdot \rho \cdot agem_t + v_t.$

In dieser Gleichung stellt π_i die Steigung des jeweiligen Trends der Arbeitsproduktivität dar und $l - n$ die Anzahl der berücksichtigten Strukturbrüche. Der Trend der totalen Faktorproduktivität ergibt sich dann unter Verwendung der geschätzten Parameter als:

(36) $\ln \overline{(A_t)} = \sum_{i=0}^{n} \hat{\pi}_t \cdot t - \hat{\rho} \cdot agem_t.$ [27]

---

[26] Die Darstellung basiert auf McMorrow und Röger (2001: 30–32,124–5).
[27] In dieser Gleichung bezeichnen Größen mit »Dach« geschätzte Parameter.

2. Zur Methodik
mittelfristiger
Projektionen

In der Regel verhält sich die Wachstumsrate des Trendverlaufes der totalen Faktorproduktivität ähnlich zur Wachstumsrate des Kapitalstocks. Der Trendverlauf selbst passt sich für eine Betrachtung der EU15 Länder gut dem Verlauf des Solow-Residuums an.

Sind die natürlichen Niveaus des Arbeitseinsatzes und der totalen Faktorproduktivität bestimmt worden, so kann das Produktionspotential gemäß Gleichung (27) berechnet werden.

Es bleibt festzuhalten, dass der Ansatz zur Schätzung des Produktionspotentials über eine Cobb-Douglas-Funktion von wichtigen internationalen Organisationen wie der OECD, der Europäischen Kommission oder dem Internationalen Währungsfond angewendet wird. Die Verfahren der OECD und der Europäischen Kommission unterscheiden sich insbesondere darin, dass die OECD die NAWRU zur Berechnung des trendmäßigen Arbeitseinsatzes verwendet, während die Europäische Kommission seinen Trend mithilfe der NAIRU bestimmt.[28] Ein großer Vorteil des Verfahrens besteht darin, dass Änderungen des Potentialwachstums direkt den einzelnen Faktoren zugeordnet werden können. Dieser Umstand erlaubt eine ökonomisch fundierte Untersuchung der Potentialentwicklung, wobei es denkbar ist den Arbeitseinsatz – analog zu dem in Abschnitt 3.3 vorgestellten Verfahren – in weitere Einzelbestandteile zu zerlegen.

Problematisch ist, dass verschiedene Größen, insbesondere die trendmäßige totale Faktorproduktivität und der trendmäßige Arbeitseinsatz, geschätzt werden müssen. Das Ergebnis der Berechnungen hängt wesentlich davon ab, welche Verfahren hierzu angewendet werden. Werden die Berechnungen der einzelnen Trendwerte stets mit einem einfachen univariaten Filter, wie beispielsweise dem HP-Filter, vorgenommen, so wird sich das Ergebnis dieses Produktionsfunktionsansatzes nicht wesentlich von dem einer direkten Anwendung des HP-Filters zur Berechnung des Produktionspotentials unterscheiden. Kritisch muss hervorgehoben werden, dass die Wahl der Cobb-Douglas-Produktionsfunktion mit den beschriebenen Eigenschaften bereits eine ernste Restriktion des allgemeinen Produktionsfunktionsansatzes darstellt. Zwar scheint die

---

28 Bis vor kurzem lag ein weiterer Unterschied darin, dass die OECD den Arbeitseinsatz in geleisteten Stunden misst, während die Europäische Kommission dem Arbeitseinsatz die Anzahl der Erwerbspersonen zu Grunde legt. Eine der durch eine verbesserte Datenbasis ermöglichte Neuerung der Vorgehensweise der Kommission besteht darin, dass nunmehr ebenfalls das Arbeitsvolumen in Stunden den Berechnungen zugrunde liegt (Denis et al. 2006). Der Internationale Währungsfonds hat keine einheitliche Vorgehensweise bei seinen Potentialschätzungen für die einzelnen Länder.

Annahme konstanter Skalenerträge empirisch gut abgesichert zu sein, jedoch wird die Cobb–Douglas-Form vor allem aus Vereinfachungsgründen gewählt und ist keinesfalls unumstritten (Cotis et al. 2003:26). Zudem ist die Datenlage zur Spezifikation des Kapitalstocks als schwierig einzustufen.

Kapitalstockorientierte Methode des Sachverständigenrates
Anders geht der Sachverständigenrat zur Begutachtung der gesamtwirtschaftlichen Entwicklung vor, der limitationale Produktionsfaktoren unterstellt und annimmt, dass die Produktion ausschließlich durch den Faktor Kapital begrenzt wird (Sachverständigenrat 2003, vgl. auch Döpke 1993).[29] In dem Ansatz werden konjunkturelle Schwankungen auf Schwankungen im Auslastungsgrad des Unternehmenssektors ohne Land- und Forstwirtschaft, Fischerei sowie Wohnungsvermietung zurückgeführt. Für die letztgenannten Sektoren wird ebenso wie für den Staat Vollauslastung unterstellt. Die Schätzung des Produktionspotentials für den so definierten Unternehmenssektor erfolgt aus der potentiellen Kapitalproduktivität, die in mehreren Schritten aus der beobachteten Kapitalproduktivität errechnet wird; es wird angenommen, dass sich die reale Wertschöpfung dieses Bereiches über den Kapitalstock K und die Kapitalproduktivität β_t abbilden lässt:

$$(37) \quad Y_1 = \beta_t \cdot K_t.$$

Diese Funktion kann als limitationale Produktionsfunktion mit Kapital als limitierendem Faktor bezeichnet werden. Sie kann als Spezialfall der Cobb-Douglas-Funktion (25) aufgefasst werden, für die $0 = \alpha$ gilt, also in dem Kapital der gesamte Anteil am Volkseinkommen zukommt. Der Einsatz des Faktors Arbeit wird in diesem Rahmen über die Kapitalproduktivität erfasst. Ökonomisch liegt diesem Ansatz die Idee zugrunde, dass das Produktionspotential des Unternehmensbereiches durch den Kapitalstock begrenzt wird. Geht man davon aus, dass der Kapitalstock selbst keinen konjunkturellen Schwankungen unterliegt bzw. schon als Trend eines maximal möglichen Kapitalstocks interpretiert werden

---

[29] Der Sachverständigenrat musste die Berechnung des Produktionspotentials nach seinem Verfahren, die in den neunziger Jahren regelmäßig aktualisiert worden waren, nach 1998 zeitweilig aufgeben, da notwendige Daten im Zuge der Umstellung der VGR auf das ESVG 1995 vorübergehend nicht verfügbar waren. Seit August 2002 liegen jedoch rückgerechnete Ergebnisse nach dem ESVG 1995 in ausreichend langer Reihe vor, so dass die Methode im Jahresgutachten 2003/04 wieder aufgegriffen wurde.

kann, so muss zur Bestimmung des Produktionspotentials lediglich die potentielle Kapitalproduktivität berechnet werden. Im vorliegenden Verfahren ergibt sich diese als linearer Trend der realen Kapitalproduktivität für vorher abgegrenzte Konjunkturzyklen. Die reale Kapitalproduktivität lässt sich einfach über die Tautologie

$$(38) \quad \beta_t = \frac{Y_t}{K_t}$$

bestimmen. Für i abgegrenzte Konjunkturzyklen wird die potentielle Trendproduktivität dann ähnlich zum Verfahren des gebrochenen Trends aus Abschnitt 2.4.1 über eine Trendregression ermittelt,

$$(39) \quad \overline{\beta}_t = \gamma + \delta_0 \cdot t + \sum_{i=1}^{n} \delta_i \cdot d_{i,t},$$

wobei d_{ij} eine Trenddummy-Variable mit den Eigenschaften

$$(40) \quad d_{i,t} = \begin{cases} 0 \text{ für } t \leq t_i \\ 1 \text{ für } t > t_i \end{cases}$$

darstellt. Grundsätzlich wird der Trend des jeweiligen Konjunkturzyklus dabei nicht separat geschätzt, sondern zunächst der Trend des ersten Zyklus $\delta_0 * t$ ausgehend von dem Startwert γ. bis zum Ende des Beobachtungszeitraumes fortgeführt. Innerhalb des zweiten Konjunkturzyklus $i = 1$ wird der Parameter δ_i dann so gewählt, dass der ursprüngliche Trend auf den Trend des aktuellen Zyklus begradigt wird. Schaubild 7 verdeutlicht diese Vorgehensweise. Es wird deutlich, dass die Steigung des Trends während des zweiten Konjunkturzyklus $\delta_0 + \delta_i$ beträgt. Diese so genannte Spline-Regression stellt sicher, dass der gebrochene Trend stets über Konjunkturzyklen hinweg fortgesetzt wird und keine Produktivitätssprünge entstehen können. Nach dem letzten abgeschlossenen Konjunkturzyklus wird die Trendgerade mit der in diesem Zyklus geschätzten Kapitalproduktivität weitergeführt. Das Produktionspotential des Unternehmenssektors ergibt sich dann durch die Multiplikation der potentiellen Kapitalproduktivität mit dem jeweiligen Kapitalstock, wonach sich das gesamtwirtschaftliche Potential in einfacher Weise bestimmen lässt.

Die Multiplikation der potentiellen Kapitalproduktivität mit dem jeweiligen Kapitalstock liefert ein technisch maximales Produktionspoten-

Schaubild 7

Schätzungen der Wachstumsrate des Produktionspotenzials in Deutschland nach ausgewählten produktionstheoretisch fundierten Verfahren

1975 bis 2003

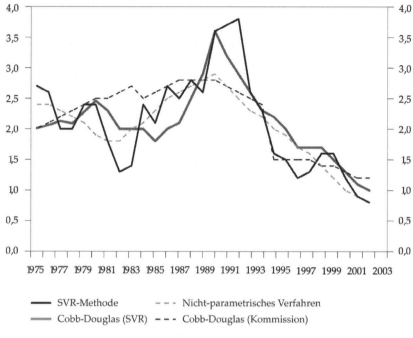

- ——— SVR-Methode
- ~ ~ ~ Nicht-parametrisches Verfahren
- ━━━ Cobb-Douglas (SVR)
- – – – Cobb-Douglas (Kommission)

Quelle: Sachverständigenrat, EU-Kommission.

tial. Dieses kann von der tatsächlichen Produktion definitionsgemäß nicht übertroffen werden. Zur Berechnung eines relativen Output Gaps, der um einen Wert null bei Normalauslastung schwankt, sind weitere Annahmen erforderlich. So berechnet der Sachverständigenrat die relative Outputlücke als relative Abweichung des Auslastungsgrads des Produktionspotentials vom durchschnittlichen Auslastungsgrad über den Beobachtungszeitraum.

Per Konstruktion weist das Verfahren des Sachverständigenrates ähnliche Schwächen auf wie die Berechnungsmethode des gebrochenen Trends aus Abschnitt 2.4.1. Die Konjunkturzyklen müssen vorab bekannt sein und für die letzten Perioden des Beobachtungszeitraumes besteht besondere Unsicherheit; hier wird der Trend der Kapitalproduktivität des letzten abgeschlossenen Zyklus einfach fortgesetzt. Auch die Annahme einer linearen Trendentwicklung der Produktivität innerhalb eines

2. Zur Methodik
mittelfristiger
Projektionen

Zyklus kann als restriktiv aufgefasst werden. Letztlich werden die Probleme bei der Bestimmung des Produktionspotentials auf die Bestimmung der potentiellen Kapitalproduktivität verlagert. Als problematisch könnte sich die Beschränkung auf nur einen Produktionsfaktor sowie die Vernachlässigung bestimmter Wirtschaftssektoren erweisen. Zudem ist die Datenlage in Bezug auf den Kapitalstock als schwierig einzustufen (EZB 2000: 42). Positiv zu beurteilen ist die Einfachheit und die Transparenz des Verfahrens. Auch könnte es die Grundlage für eine tiefer gehende ökonomische Analyse hinsichtlich des Potentialwachstums bilden. Diese Möglichkeit wird allerdings dadurch eingeschränkt, dass der Kapitalstock als Konjunktur unabhängig betrachtet wird und sich die Analyse somit auf die Kapitalproduktivität beschränken müsste.

Nicht-parametrischer Ansatz der Bundesbank
Der nichtparametrische Ansatz der Deutschen Bundesbank stellt eine weitere Alternative zu den bisher vorgestellten Verfahren dar.[30] Im Gegensatz zu den anderen Verfahren wird bei Anwendung dieses Ansatzes auf eine konkrete Festlegung der funktionalen Form der Produktionsfunktion verzichtet. Stattdessen erfolgt die Darstellung der Produktion über Wachstumsraten, welche sich unter der Annahme konstanter Skalenerträge und kostenminimierenden Faktoreinsatzes der Unternehmen ableiten lassen. Allgemein lässt sich die Produktionsfunktion dann darstellen als

$$(41) \quad Y = F(X_{1t}, \ldots, X_{nt}) \cdot A_t.$$

Die Produktion hängt also ab von den n Produktionsfaktoren X_{it} und einem Produktivitätsterm A_t, der neutral auf die Faktoren wirkt. Die totale Faktorproduktivität soll durch die Form

$$(42) \quad A_t = e^{\int \Delta a_t \, dt}$$

abgebildet werden, woraus folgt, dass der Output bei konstantem Faktoreinsatz mit der Rate Δa_t wächst. Unter der Annahme konstanter Skalenerträge ist die Produktionsfunktion linearhomogen, so dass sich Eulers Theorem anwenden lässt:

30 Die folgenden Ausführungen basieren auf Tödter und Thadden (2000: 3–11)

$$(43) \quad Y_t = \sum_{i=1}^{n} \left[\frac{\partial F(X_{1t}, \dots X_{nt})}{\partial X_{it}} \cdot X_{it} \right] \cdot e^{\int \Delta a_t \, dt}.$$

Die Produktion ist somit die Summe der Produkte von Grenzproduktivität und Einsatzmenge der verwendeten Faktoren unter Berücksichtigung der totalen Faktorproduktivität. Logarithmiert man Gleichung (43) und differenziert dann über die Zeit, so ergibt sich die Wachstumsrate der Produktion

$$(44) \quad \Delta y_t = \sum_{i=1}^{n} \alpha_{it} \cdot \Delta x_{it} + \Delta a_t$$

in Abhängigkeit der Änderungsraten der Faktoreinsatzmengen Δx_{it} gewichtet mit den Produktionselastizitäten

$$(45) \quad \alpha_{it} = \frac{\partial F(X_{1t}, \dots, X_{nt})}{\partial X_{it}} \cdot \frac{X_{it}}{F(X_{1t}, \dots, X_{nt})}.$$

Die Summe der Produktionselastizitäten muss dabei definitionsgemäß stets 1 ergeben, da sie den Anteil $\partial F(X_{1t}, \dots, X_{nt}) / \partial X_{it} * X_{it}$ eines Produktionsfaktors i am Gesamtbeitrag $F(X_{1t}, \dots, X_{nt})$ der Produktionsfaktoren zur Produktion Y_t darstellen. Die Änderung der Produktion resultiert also aus den mit den Produktionselastizitäten gewichteten Änderungen der Faktoreinsatzmengen und der Änderung der totalen Faktorproduktivität Δa_t.

Um die Produktionsfunktion in Wachstumsraten (44) explizit darstellen zu können, wird unterstellt, dass an Produktionsfaktoren wiederum Arbeit und Kapital eingesetzt werden:

$$(46) \quad \Delta y_t = \alpha_t \cdot \Delta l_t + (1 - \alpha_t) \cdot \Delta k_t + \Delta \alpha_t.$$

In dieser Gleichung sind die Produktionselastizität α_t und die Wachstumsrate der totalen Faktorproduktivität $\Delta \alpha_t$ nicht direkt beobachtbar. Um die totale Faktorproduktivität als Residuum berechnen zu können, muss somit die Produktionselastizität α_t bestimmt werden. Dazu wird angenommen, dass die Unternehmen die Produktionsfaktoren stets kostenminimierend einsetzen, also eine bestimmte Produktionsmenge stets zu den geringsten Kosten herstellen. Es kann allgemein gezeigt werden, dass die Produktionselastizität α_{it} dann dem Anteil des Produktionsfaktors i an den gesamten Produktionskosten C_t entspricht

$$(47) \quad \alpha_{it} = \frac{W_{it} \cdot X_{it}}{C_t},$$

wobei sich die Kostenanteile α_{it} wiederum stets zu Eins aufaddieren. Der Anteil des Faktors Arbeit an den Gesamtkosten α_t kann dann als die jeweilige Lohnquote approximiert werden. Unterstellt man, dass die Lohnquote konstant, also zeitinvariant ist, so würde sich dieser allgemeine Ansatz zu dem Ansatz einer Cobb-Douglas-Produktionsfunktion reduzieren.

Ist die Wachstumsrate der Produktion gemäß Gleichung (46) spezifiziert, so kann die Berechnung des Produktionspotentials wiederum in drei Schritten erfolgen:
1) Berechnung der Änderungsrate der totalen Faktorproduktivität Δa_t
2) Berechnung der Trendwerte von l_t und Δa_t
3) Berechnung des Produktionspotentials unter Verwendung der Trendwerte.

Die totale Faktorproduktivität wird als Solow-Residuum der Gleichung (46) berechnet:

$$(48) \quad \Delta a_t = \Delta y_t - \alpha_t \cdot \Delta l_t + (1 - \alpha_t) \cdot \Delta k_t.$$

Für die Berechnung der Trendwerte kommt wiederum eine Vielzahl von Verfahren in Frage. Neben der direkten Berechnung des Trendwertes der Wachstumsrate der totalen Faktorproduktivität Δa_t ist für die Berechnung des Trendwertes des Arbeitseinsatzes die Bestimmung einer natürlichen Arbeitslosigkeit u_t von zentraler Bedeutung. Tödter und von Thadden (2000) verwenden für beide Fälle eine einfache Form des exponentiellen Glättens, bei dem der Trendwert als gewichteter Durchschnitt des aktuellen Periodenwertes und des Trendwertes der vorherigen Periode gebildet wird. Der Trend des Wachstums der totalen Faktorproduktivität ergibt sich dann als

$$(49) \quad \overline{\Delta a_t} = \sigma_1 \cdot \Delta a_{t-1} + (1 - \sigma_1) \cdot \Delta a_t \text{ mit } 0 \leq \sigma_1 \leq 1$$

und die natürliche (oder strukturelle) Arbeitslosigkeit gemäß

$$(50) \quad \overline{u}_t = \sigma_2 \cdot \overline{u}_{t-1} + (1 - \sigma_2) \cdot u_t \text{ mit } 0 \leq \sigma_2 \leq 1,$$

wobei die Parameter σ_1 und σ_2 vom Anwender festgelegt werden können.[31] Zur Berechnung des trendmäßigen Arbeitseinsatzes kann die strukturelle Arbeitslosenquote wieder mit der Anzahl der Erwerbspersonen in Verbindung gebracht werden:

$$(51) \quad \overline{L}_t = E_t \cdot (1 - \overline{u}_t).$$

Der logarithmierte Trend des Arbeiteinsatzes lässt sich approximativ darstellen als realer Arbeitseinsatz l_t zuzüglich der Differenz von natürlicher Arbeitslosenquote $(u_t - \overline{u}_t)$:

$$(52) \quad \overline{l}_t = \ln(E_t \cdot (1 - \overline{u}_t)) \approx l_t + u_t - \overline{u}_t.$$

Alternativ wird in Sachverständigenrat (2003: 415) vorgeschlagen, die Trendverläufe mittels des HP-Filters zu bestimmen.[32] Sind die Trendwerte ermittelt, kann das Produktionspotential durch Einsetzen der Werte in Gleichung (2.4.2.23) gewonnen werden:

$$(53) \quad \overline{y}_t = \overline{y}_{t-1} + \alpha_t \cdot \Delta \overline{l}_t + (1 - \alpha_t) \cdot \Delta k_t + \overline{\Delta a_t}.$$

Der benötigte Startwert $\overline{y}_0$ ist im Prinzip frei wählbar; es bietet sich jedoch an, diesen so zu wählen, dass die berechnete Produktionslücke im Durchschnitt den Wert 0 annimmt.

Der nichtparametrische Ansatz der Deutschen Bundesbank zur Berechnung des Produktionspotentials verzichtet unter den Annahmen konstanter Skalenerträge und kostenminimierender Unternehmen auf die Wahl einer speziellen Funktionsform und entkräftet somit einen wesentlichen Kritikpunkt am zuvor dargestellten Cobb-Douglas-Ansatz. Diese Verallgemeinerung äußert sich letztlich darin, dass die Substitutionselastizität α_t im Gegensatz zum Produktionsfunktionsansatz mit einer Cobb-Douglas-Funktion zeitvariant ist. Ansonsten fällt die Bewertung dieser Verfahren ähnlich aus. Positiv hervorzuheben ist der ökonomische Gehalt des Verfahrens und die Möglichkeit, die Entwicklung des Produktionspotentials auf seine Ursachen zurückzuführen. Zum Zweck der Analyse könnte der Arbeitseinsatz analog zum Abschnitt 3.3 in weitere Komponenten untergliedert werden. Die Berechnung der Trendwer-

---

31 Der Trendverlauf wird umso glatter, je höher der Parameterwert gewählt wird. Als Startwert kann beispielsweise der Durchschnittswert der jeweiligen Zeitreihe Verwendung finden. Das Verfahren des exponentiellen Glättens kann auch zur direkten Bestimmung des Produktionspotentials herangezogen werden.
32 Der HP-Filter wird in Deutsche Bundesbank (2003) angewendet.

te ist wiederum entscheidend für die Güte der Schätzung und des gesamten Verfahrens. Insofern als hierzu einfache Filter-Verfahren benutzt werden, verringert sich der analytische Gewinn des Verfahrens. Tödter und von Thadden (2000: 15) verweisen darauf, dass die Erweiterung des Verfahrens um ökonomisch gehaltvollere Methoden zur Trendberechnung generell unproblematisch ist. Auch eine Erweiterung dieses Ansatzes auf die geleisteten Arbeitsstunden kann bei entsprechender Datenverfügbarkeit in einfacher Weise erfolgen.

Vergleich von Potentialschätzungen auf der Basis von Produktionsfunktionen für Deutschland

Über die Neuberechnung des Produktionspotentials nach der SVR-Methode hinaus wurden vom Sachverständigenrat (2003) Berechnungen des Produktionspotentials nach weiteren produktionstheoretisch fundierten Verfahren vorgelegt. Zum einen erfolgte eine Schätzung des Produktionspotentials mithilfe einer Cobb-Douglas-Produktionsfunktion. Zum anderen wurde ein nichtparametrisches Verfahren wie es die Deutsche Bundesbank benutzt verwendet, d.h. einer bestimmten funktionalen Form, nach der die Inputfaktoren Arbeit, Kapital und Stand der Technik kombiniert werden. Ein Vorzug dieses Verfahrens ist, dass die Schätzung nicht durch die Vorgabe eines bestimmten Typs für die Produktionsfunktion restringiert ist. Als problematisch muss gelten, dass die Parameter der Produktionsfunktion nicht im Rahmen des Ansatzes ökonometrisch geschätzt, sondern exogen gesetzt werden.

Das mithilfe der produktionstheoretisch fundierten Methoden geschätzte Wachstum des Produktionspotentials zeigt Schaubild 7, die Werte finden sich ebenfalls in Tabelle 7. Zum Vergleich ist darüber hinaus die Potentialwachstumsrate nach der Schätzung der Europäischen Kommission dargestellt, die ebenfalls auf einer Cobb-Douglas-Produktionsfunktion basiert. Zwar sind die Schwankungen im Potentialwachstum über die Zeit nach diesen Methoden in der Tendenz etwas geringer als bei den univariaten statistischen Filtermethoden, doch zeigen sich auch hier deutlich Phasen stärkeren Potentialwachstums (in der zweiten Hälfte der siebziger Jahre und in der zweiten Hälfte der achtziger Jahre) und Phasen schwächeren Potentialwachstums (in der ersten Hälfte der achtziger Jahre, Mitte der neunziger Jahre und am aktuellen Rand).[33] Am stärksten va-

---

33 Die konjunkturelle Beschleunigung Ende der neunziger Jahre ging nach den einzelnen Verfahren in unterschiedlichem Maße mit einer Beschleunigung des Potentialwachstums einher.

riiert die Wachstumsrate bei der Methode des Sachverständigenrates, vergleichsweise glatt verläuft sie nach der nichtparametrischen Methode und bei Verwendung einer Cobb-Douglas-Produktionsfunktion. Außerdem zeigt sich, dass die Schätzungen deutlich variieren können, auch wenn ein ähnlicher theoretischer Ansatz verwendet wird. Dies zeigen die zum Teil deutlichen Unterschiede zwischen den Potentialwachstumsschätzungen des SVR und der EU-Kommission auf Basis der Cobb-Douglas-Funktion. Die Unsicherheit über die tatsächlich vorliegende Rate des Potentialwachstums ist also sehr groß.

3.   Referenzprojektionen für die mittlere Frist

Die Mittelfristprojektionen für ausgewählte Industrieländer, die im Abschnitt 4 im Einzelnen vorgestellt werden, unterscheiden sich hinsichtlich ihrer Methodik. Um die Ergebnisse besser einordnen zu können, werden in diesem Abschnitt Referenzprognosen entwickelt, die für jedes Land auf dieselbe Weise erstellt werden. Es handelt sich zum einen um einfache Ansätze, mit den auch geprüft werden soll, wie sich die Qualität einer mittelfristige Prognose des realen Bruttoinlandsprodukts mit vergleichsweise geringem Aufwand mit der aufwändigerer Verfahren vergleicht. Sie können in der hier vorgestellten Form als objektiv angesehen werden, da sie in einem technischen Verfahren quasi »automatisch« erstellt werden und subjektive Elemente fehlen, wie sie sowohl bei der Projektion im iterativ-analytischen Prozess als auch bei der Prognose mit großen Makromodellen durch Eingriffe des Prognostikers vorhanden sind. Zurückgegriffen wird darüber hinaus auf Projektionen der OECD, die als weitgehend politisch unbeeinflusst gelten können. Daher gibt der Vergleich mit den Ergebnissen der Referenzprognosen Hinweise darauf, in welchem Maße insbesondere die Projektionen von Regierungsseite als Folge des Interesses, das eine Regierung an einem optimistischen Wirtschaftsausblick hat, verzerrt sind.

3.1   Projektion basierend auf dem Hodrick-Prescott-Filter

Eine der Referenzprognosen ist eine Prognose, die das mithilfe eines Hodrick-Prescott-Filters geschätzte Wachstum des Produktionspotentials für die Prognose des Bruttoinlandsprodukts auf die mittlere Sicht verwendet. Wichtig ist, dass für die Prognose nur Informationen verwendet werden, die in dem entsprechenden Prognosezeitpunkt (also beispielsweise im Jahr 1986) verfügbar waren. Es wird also simuliert, welches Ergebnis eine HP-Filter gestützte Prognose in der Vergangenheit gehabt hätte. Zu diesem Zweck werden die im Jahr, für das die Prognose simuliert wird, bekannte Entwicklung des realen Bruttoinlandsprodukts aus den Veröffentlichungen der OECD (Economic Outlook) entnommen. Die realisierten Werte, mit denen die Prognosewerte verglichen werden, sind ebenfalls zeitnah dem OECD Economic Outlook entnommen, um die Gefahr zu minimieren, dass spätere umfangreiche Datenrevisionen das Bild der wirtschaftlichen Entwicklung in der damals bekannten Vergangenheit deutlich verändert haben und die Bewertung der Prognosegüte durch diesen Faktor verzerrt wird (Real-Time-Problematik). Um das Endpunktproblem zu verringern, werden die Werte für den Anstieg des realen Bruttoinlandsprodukts im laufenden Jahr (das Jahr, in dem die Prognose erstellt wird) und im folgenden Jahr entsprechend der OECD-Prognosen in die Schätzung mit aufgenommen.

Wie in Abschnitt 2.4 gesehen, führt die Schätzung mit univariaten zeitreihenanalytischen Verfahren wie dem HP-Filter dazu, dass es im Zeitablauf zu Schwankungen in der geschätzten Rate des Potentialwachstums kommt, die mit den Konjunkturzyklen einhergehen. Diese Eigenschaft ist freilich auch anderen, insbesondere auch produktionstheoretisch fundierten Schätzmethoden zueigen, und sie ist im Fall des auf Jahresdaten angewandten HP-Filters (Glättungsfaktor $\lambda = 100$) nicht besonders ausgeprägt. Es ist zudem nicht unplausibel, dass sich starke Konjunkturschwankungen auch in einer Veränderung des Potentialwachstums widerspiegeln, führen doch stark steigende Investitionen zu einem beschleunigten Anstieg der Sachkapitalkapazitäten, und über die Kapitalintensität wird auch die Produktivität möglicherweise strukturell positiv beeinflusst. Gleichwohl wird das Produktionspotential auch in einer Variante mit höherem Glättungsfaktor ($\lambda = 500$) berechnet, um zu prüfen, ob sich die Prognoseleistung des HP-Filters so verbessern lässt.

Die Referenz-Mittelfristprognose wird mithilfe der Wachstumsrate des Produktionspotentials errechnet, die der HP-Filter für das abgelaufene Jahr ermittelt. So wird beispielsweise für eine Prognose, die im Jahr 1986 erstellt wird (worden wäre), der Wert des HP-gefilterten BIP-Wachstums im Jahr 1985 verwendet. In der Projektion wird davon ausgegangen, dass die Wirtschaft im Projektionszeitraum von fünf Jahren im Durchschnitt mit dieser Rate wächst. Dabei werden zwei Varianten gerechnet: Zum einen wird die aktuelle gesamtwirtschaftliche Kapazitätsauslastung – gemessen am von der OECD geschätzten Output Gap für

Tabelle 8

Mit HP-Filter generierte Mittelfristprognosen für das reale BIP in Deutschland und den Vereinigten Staaten im Vergleich
Prognosezeitraum 1986-90 bis 2001-05

Jahr der Prognose	Prognose- zeitraum	Deutschland					Vereinigte Staaten				
		Reali- siert	HP (100) mit Kon- junktur	HP (100)	HP (500) mit Kon- junktur	HP (500)	Reali- siert	HP (100) mit Kon- junktur	HP (100)	HP (500) mit Kon- junktur	HP (500)
1986	1986–90	3,2	2,1	1,8	2,0	1,7	2,8	2,8	2,8	2,6	2,7
1987	1987–91	3,4	2,4	2,1	2,2	1,9	2,0	3,1	3,2	3,0	3,0
1988	1988–92	3,5	2,9	2,5	2,6	2,2	1,8	3,2	3,3	3,1	3,2
1989	1989–93	2,5	3,2	3,0	2,8	2,7	1,5	2,6	3,0	2,6	2,9
1990	1990–94	2,4	3,1	3,2	2,8	2,9	1,9	2,0	2,4	1,8	2,2
1991	1991–95	1,8	2,5	3,0	2,3	2,7	2,1	1,8	2,0	1,8	2,0
1992	1992–96	1,4	1,5	2,2	1,4	2,0	2,9	2,1	1,8	2,2	1,9
1993	1993–97	1,4	1,7	2,2	1,6	2,1	3,3	2,5	2,3	2,8	2,3
1994	1994–98	2,1	3,1	2,8	3,1	2,8	3,5	2,6	2,4	2,6	2,5
1995	1995–99	1,8	2,7	2,5	2,8	2,6	3,5	2,5	2,7	2,7	2,8
1996	1996–00	2,0	2,3	2,2	2,5	2,4	3,9	2,2	2,2	1,9	2,3
1997	1997–01	1,9	2,6	2,3	2,8	2,5	3,4	2,6	2,5	2,6	2,5
1998	1998–02	1,5	2,4	2,1	2,6	2,3	3,0	2,4	2,6	2,3	2,6
1999	1999–03	1,0	2,0	1,8	2,1	1,9	3,0	2,6	3,3	2,5	3,1
2000	2000–04	1,0	2,1	2,0	2,4	2,0	2,8	3,0	3,8	2,8	3,6
2001	2001–05[a]	0,5	1,8	1,7	1,6	1,6	3,0	2,4	3,0	2,3	2,9
MF[b]			0,44	0,35	0,38	0,30		−0,19	−0,04	−0,27	−0,09
MAF[c]			0,78	0,83	0,80	0,85		0,73	0,83	0,80	0,85
MQF[d]			0,61	0,75	0,71	0,82		0,75	0,94	0,73	0,79

Quelle: OECD, eigene Berechnungen.
a Enthaltener Wert für 2005: Prognose des IfW (Boss et al. 2005).
b Mittlerer Prognosefehler.
c Mittlerer absoluter Fehler.
d Mittlerer quadratischer Fehler.
e Standardisierter Prognosefehler.

das abgelaufene Jahr – berücksichtigt. Das Wachstum wird so angepasst, dass der Output Gap am Ende des Prognosezeitraums geschlossen ist. Dies führt dazu, dass die prognostizierte jahresdurchschnittliche Wachstumsrate in den Jahren höher ausfällt als die Wachstumsrate des Produktionspotentials, in denen der Output Gap negativ ist, also Unterauslastung der gesamtwirtschaftlichen Kapazitäten vorliegt. Entsprechend verringert sich die prognostizierte Wachstumsrate gegenüber der Wachstumsrate des Produktionspotentials in den Jahren, in denen der Output Gap nach Schätzungen der OECD zu Beginn des Prognosezeitraums positiv war. Alternativ wird eine Prognose berechnet, die auf eine solche

Berücksichtigung der Konjunktur verzichtet, also in jedem Fall die geschätzte Potentialwachstumsrate direkt zur Mittelfristprognose des realen Bruttoinlandsprodukts verwendet.

Die beschriebenen Varianten des Verfahrens wurden auf Daten für Deutschland und für die Vereinigten Staaten angewandt. Die Ergebnisse (Tabelle 8) zeigen, dass der höhere Glättungsfaktor λ = 500 bei der Schätzung des Produktionspotentials die Leistung des Prognosemodells nicht verbessert. Hinsichtlich der Berücksichtigung der konjunkturellen Situation bei der Prognose ergibt sich, dass ein Verzicht darauf die Prognosequalität eher verschlechtert. Für den Vergleich mit den tatsächlichen Mittelfristprognosen für ausgewählte Industrieländer in Abschnitt 4 wird im Ergebnis ein Prognosemodell gewählt, das auf einem HP-Filter mit λ = 100 basiert und für die Prognose die Wachstumsrate des Produktionspotentials um den Output Gap (invertiert) korrigiert.

3.2   Modellgestützte Projektion der OECD

Als weitere Referenzprognose wird die Mittelfristprojektion der OECD verwendet, die allerdings erst seit 1999 regelmäßig veröffentlicht wird. Die Prognosen basieren auf dem INTERLINK-Modell.[34] Das Modell ist eine Kombination von Ländermodellen für alle OECD-Länder sowie einige andere Länder. Der Detailgrad der Modellierung differiert zwischen den einzelnen Ländern; in jedem Fall enthält das Modell weit mehr als 100 Gleichungen. Die Verbindung zwischen den Ländermodellen erfolgt über den Handel mit Gütern und Dienstleistungen, die Wechselkurse und Finanzströme, die simultan und konsistent geschätzt werden.

Auf der Angebotsseite wird eine CES-Produktionsfunktion unterstellt mit drei Faktoren – Kapital, Arbeit und Energie. Technischer Fortschritt ist Harrod-neutral. Die Auslastung der Kapazitäten geht direkt in die Preis- und Lohnbildung ein. Für ihre Bestimmung ist der sog. normale Output wichtig, der definiert ist als der durch die Produktionsfunktion gegebene Output bei einer bestimmten Faktorausstattung. Die Kapazitätsauslastung ist gegeben als Verhältnis von tatsächlichem zu normalem Output. Diese Kapazitätsauslastung ist kurzfristiger Natur und nicht mit dem aus dem Verhältnis von tatsächlichem Output und Produktionspo-

---

34 Vgl. Jarret und Torres (1987) und Richardson (1987) für ausführliche Beschreibungen der ursprünglichen Modellstruktur sowie Richardson (1998) für die moderne Version und seine Eigenschaften.

tential abgeleiteten Output Gap. Das Produktionspotential wird maßgeblich bestimmt durch das Arbeitsangebot, das wiederum durch Bevölkerungswachstum, Arbeitslosenquote, Nettolöhne, Nicht-Lohneinkommen und Transfers bestimmt wird. Wichtig für die Mittelfristprojektionen der OECD ist die Annahme, dass der Output Gap im Prognosezeitraum geschlossen wird.

3.3 IfW-Methode basierend auf einem Growth-Accounting-Ansatz

Das Institut für Weltwirtschaft hat im Jahr 2004 eine Schätzung für das Produktionspotential in Deutschland vorgelegt (Kamps, Meier, Oskamp 2004), bei der ein Growth-Accounting-Ansatz verfolgt wurde[35]. In diesem wird das Wachstum des Produktionspotentials in zwei große Bestandteile zerlegt, das Wachstum des Arbeitsvolumens und das Wachstum der Arbeitsproduktivität.

Ausgangspunkt der Untersuchung ist eine Aufspaltung des realen Bruttoinlandsprodukts (Y) in die Komponenten Produktion pro Stunde (Arbeitsproduktivität, Y / H) und Arbeitsvolumen in Stunden (H).[36] Letzteres lässt sich wiederum zerlegen in die geleisteten Arbeitsstunden je Erwerbstätigen (H / L), die Beschäftigungsquote, definiert als Verhältnis aus Beschäftigten zu Erwerbspersonen (Erwerbstätige zuzüglich der registrierten Arbeitslosen) (L / E), die Erwerbsbeteiligung (E / N) und die Anzahl der Personen im erwerbsfähigen Alter zwischen 15 und 64 Jahren (N). Formal ergibt sich das reale Bruttoinlandsprodukt somit als

$$(54) \quad Y = \frac{Y}{H} \cdot H = \frac{Y}{H} \cdot \frac{H}{L} \cdot \frac{L}{E} \cdot \frac{E}{N} \cdot N.$$

Die Zuwachsrate des realen Bruttoinlandsprodukts $\hat{Y}$ ergibt sich als (wobei $\hat{X}_t = X_t / X_{t-1} - 1$ gilt):

---

35 Im Jahr 2007 hat das IfW eine Aktualisierung der Potentialschätzung vorgenommen, in der die Methodik verändert wurde (Boss et al. 2007). Nunmehr wird ein Produktionsfunktionsansatz verfolgt, in dem die Aufspaltung des Faktors Arbeit in der Weise wie im Growth-Accounting-Ansatz beibehalten wurde. Die Ergebnisse für das Potentialwachstum in der Vergangenheit unterscheiden sich nicht gravierend von denen im Jahr 2004, wenn man berücksichtigt, dass in der Zwischenzeit eine große Revision der VGR-Daten vorgenommen worden ist.

36 Vgl. Gordon, R.J. (2003) für eine ähnliche Analyse für die Vereinigten Staaten.

Schaubild 8

**Produktionspotenzial und seine Komponenten
in Deutschland**

1960 bis 2000

Reales Bruttoinlandsprodukt

Niveau   Veränderungsrate

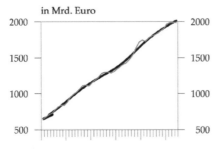
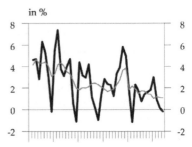

Arbeitsvolumen

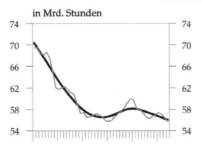
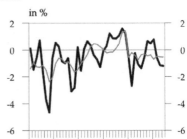

Arbeitsproduktivität (je Erwerbstätigenstunde)

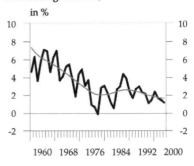

━━━ Trend   ━━━ Ursprungswerte

Studie des
Instituts für
Weltwirtschaft

Quelle: Kamps et al. (2004).

(55) $\hat{Y} = (\hat{Y} - \hat{H}) + \hat{H} = (\hat{Y} - \hat{H}) + (\hat{H} - \hat{L}) + (\hat{L} - \hat{E}) + (\hat{E} - \hat{N}) + \hat{N}.$

Die um Schwankungen der gesamtwirtschaftlichen Kapazitätsauslastung bereinigte Zuwachsrate des realen Bruttoinlandsprodukts, die Wachstumsrate des Produktionspotentials, ergibt sich als Summe der um Schwankungen der Auslastung bereinigten Komponenten, also dadurch, dass man die Größen in Gleichung (55) durch ihre konjunkturbereinigten Werte ersetzt. Diese werden mithilfe eines Hodrick-Prescott (100)-Filters erzeugt. Der geringeren Zuverlässigkeit der Schätzungen am Ende des Beobachtungszeitraums wird dadurch begegnet, dass für jede Variable Prognosewerte für drei weitere Jahre eingesetzt werden, die mittels autoregressiver Modelle erzeugt werden, welche im Einzelnen, beispielsweise hinsichtlich des zugrunde gelegten Stützzeitraums, so angepasst werden, dass plausible Prognosewerte resultieren.

Schaubild 8 zeigt das reale Bruttoinlandsprodukt, die Schätzwerte für das Produktionspotential sowie die tatsächlichen und die konjunkturbereinigten Werte der Komponenten des realen Bruttoinlandsprodukts in Deutschland. Links sind jeweils die Niveaus der Größen abgetragen, rechts deren Veränderungsraten. Die Wachstumsrate des Produktionspotentials ergibt sich als Summe der Wachstumsraten der Komponenten. Für die Jahre 2002 und 2003 ergeben die Berechnungen jeweils ein Wachstum des Produktionspotentials in Höhe von 1,2 %.

Die Verwendung der von Kamps et al. (2004) ermittelten Potentialwachstumsraten zur mittelfristigen Prognose in der Vergangenheit – mit Berücksichtigung der konjunkturellen Situation – ergibt, dass eine solche Prognose gemessen an den statistischen Gütekriterien sowohl den tatsächlichen Prognosen als auch der mittels HP-Filter erzeugten Referenzprognose deutlich überlegen ist (Tabelle 9).

Allerdings ist bei diesem Vergleich die Realtime-Problematik außer Acht gelassen worden. Denn die Prognosen der Vergangenheit wurden mit Potentialwachstumsraten generiert, in die Informationen eingehen, die in der Vergangenheit nicht vollständig zur Verfügung standen. Um diesem Problem Rechnung zu tragen, wurde für jedes Jahr, in dem eine Mittelfristprognose erstellt wird (1986 bis 2005) eine Potentialschätzung gemäß der oben beschriebenen Methode auf Basis lediglich der damals bekannten Daten durchgeführt. Jeweils werden für die Komponenten des BIP-Wachstums gemäß Gleichung (55) Prognosewerte mithilfe autoregressiver Modelle erzeugt, die zur Verminderung des Endpunktproblems an die zum Zeitpunkt der Prognose bekannten Daten angefügt

121

Tabelle 9

Mittelfristprognosen für das reale BIP[1] in Deutschland im Vergleich
Prognosezeitraum 1986-90 bis 2001-05

Jahr der Prognose	Prognose-zeitraum	Bundesregierung	Hodrick-Prescott-Filter (100)	Mit SVR-Potential	OECD Mittelfristprojektion	IfW-Methode	IfW real time	IfW real time (ohne AR)	Realisiert
		(1)	(2)	(3)	(4)	(5)	(6)	(7)	(8)
1986	1986–90	2,5	2,1			2,7	1,1	2,0	3,2
1987	1987–91	2,5	2,4			2,7	1,1	2,0	3,4
1988	1988–92	2,5	2,9			3,0	1,2	2,1	3,5
1989	1989–93	2,3	3,2	2,4		2,9	1,7	2,0	2,5
1990	1990–94	2,5	3,1	2,1		2,8	2,7	2,1	2,4
1991	1991–95	3,5	2,5	2,4		2,3	2,9	2,2	1,8
1992	1992–96	2,8	1,5	2,9		2,0	3,1	2,4	1,4
1993	1993–97	3,0	1,7	2,6		1,9	2,0	2,7	1,4
1994	1994–98	2,0	3,1	2,1		2,6	2,4	3,4	2,1
1995	1995–99	2,5	2,7	2,3		2,3	2,7	3,1	1,8
1996	1996–00	3,0	2,3	1,7		2,0	2,7	2,8	2,0
1997	1997–01	2,0	2,6	1,8		2,0	2,6	2,7	1,9
1998	1998–02	2,5	2,4	1,9		1,9	2,2	2,5	1,5
1999	1999–03	2,5	2,0	2,0	2,5	1,2	2,0	2,2	1,0
2000	2000–04	2,0	2,1	2,0	1,9	1,1	2,1	2,2	1,0
2001	2001–05	2,5	1,8	1,6	2,4	1,0	2,1	1,9	0,5[a]
MF[b]		0,57	0,44	0,41		0,17	0,20	0,32	
MAF[c]		0,94	0,78	0,59		0,39	1,14	1,00	
MQF[d]		1,15	0,61	0,38		0,19	1,75	1,14	

Quelle: Bundesregierung; Sachverständigenrat; OECD; eigene Berechnungen.
1 Bis 1993: BSP.
a Realisierter Wert für 2005: Prognose aus Boss et al. (2005).
b Mittlerer Prognosefehler.
c Mittlerer absoluter Fehler.
d Mittlerer quadratischer Fehler.

werden.[37] Anders als bei Kamps et al. (2004) wird darauf verzichtet, diese autoregressiven Modelle im Einzelnen anzupassen. Zum einen soll eine Methode als Referenz dienen, die möglichst wenig subjektive Einflüsse durch den Prognostiker enthält. Zum anderen wäre dieses Vorgehen für

37 Ein echter Realtime-Datensatz ist nicht verfügbar und konnte für die betrachteten Variablen nicht erstellt werden. So bleiben Änderungen des Informationsstandes, die aus Datenrevisionen herrühren, erhalten. Da aber die zusätzliche Information durch die Integration zusätzlicher Daten das größere Gewicht in der Realtime-Problematik zu haben scheint (Orphanides und Van Norden 2002; Clausen und Meier 2005), dürfte mit dem hier gewählten Weg, »quasi-Realtime« vorzugehen, das wichtigste Element enthalten sein.

einen Zeitraum von 15 Jahren und eine Zahl von fünf Ländern im Rahmen dieser Studie zu aufwändig.

Bei diesem Verfahren kann die Erzeugung von Prognosewerten für die Bestandteile des Produktionspotentials, die dem Endpunktproblem des HP-Filters begegnen soll, zu starken Schwankungen des geschätzten Produktionspotentials führen, insbesondere dann, wenn die zyklischen Schwankungen in der Vergangenheit groß waren. So prognostiziert diese Methode für die zweite Hälfte der achtziger Jahre eine starke Abschwächung der Trendproduktion, weil die Zeitreihendynamik nach den Erfahrungen in den siebziger Jahren erwartet, dass dem Aufschwung – der bis 1985 stattfand – eine ausgeprägte Rezession folgen würde. Tatsächlich kam es jedoch nur zu einer Konjunkturdelle, und das Wachstum im mittelfristigen Trend blieb bis zum Ende der Achtziger Jahre stark.

Die Ergebnisse der Berechnungen zeigen, dass die Anwendung dieser Methode in der Vergangenheit die Prognosequalität im Vergleich zu den anderen hier betrachteten Verfahren (einschließlich der Prognose der Bundesregierung) nicht verbessert hätte. Zwar ist der mittlere Fehler relativ klein, jedoch nur deshalb, weil große Fehler zu beiden Seiten gemacht werden; der mittlere absolute Fehler ist erheblich höher als bei den Prognosen der Bundesregierung oder den HP-basierten Prognosen. Verzichtet man auf die Integration autoregressiv erzeugter Prognosewerte bei der Schätzung der Trendwerte der Einzelkomponenten, so verbessert sich das Bild etwas.

3.4 Prognose auf Basis der Potentialschätzung des Sachverständigenrats

Zusätzlich zu den Referenzprognosen mithilfe des HP-Filters und des IfW-Growth-Accounting-Ansatzes, die auch für andere in dieser Studie betrachtete Länder berechnet werden, wird für Deutschland eine Prognose berechnet, die auf der Potentialschätzung des Sachverständigenrates beruht. Dabei wird die Realtime-Problematik soweit wie möglich berücksichtigt, indem jeweils die Potentialschätzung in dem im jeweiligen Prognosejahr aktuellen Gutachten verwendet wird. Dies gilt allerdings nicht für die Jahre 1999 bis 2001, weil in diesen Jahren aus Gründen der Datenverfügbarkeit die Potentialschätzung nach Sachverständigenratsmethode ausgesetzt worden war. Die Werte entstammen dem Gutachten des Jahres 2004, in dem die Methode wieder aufgegriffen wurde. Neben der Wachstumsrate des Produktionspotentials nach SVR geht der Output

Gap des Jahres in die mittelfristige Wachstumsprognose ein. Dabei wird der im jeweiligen Jahr aktuell von der OECD geschätzte Output Gap verwendet, da der Sachverständigenrat einen anderen Kapazitätsauslastungsbegriff verwendet. Es wird unterstellt, dass der Output Gap am Ende des Prognosezeitraums geschlossen ist. Eine geschätzte Unterauslastung der Kapazitäten führt also zu der Prognose, dass das reale Bruttoinlandsprodukt in den Folgejahren schneller wächst als das Produktionspotential.

Die (fiktive) Prognose unter Verwendung der Potentialschätzung des Sachverständigenrats ist den Prognosen der Bundesregierung und den HP-generierten Prognosen nach den statistischen Kriterien überlegen. Bei der Bewertung der Ergebnisse sollte aber berücksichtigt werden, dass in die Potentialrate, die den Prognosen der Jahre 1999 bis 2001 zu Grunde liegt, Informationen eingeflossen sind, die in diesen Jahren tatsächlich noch nicht zur Verfügung standen. So war im Jahre 2001 nicht erkennbar, dass die Wachstumsdynamik über mehrere Jahre so schwach sein würde, wie sie sich tatsächlich dargestellt hat. Die vergleichsweise niedrige Potentialschätzung des SVR für das Jahr 2001 ist somit wohl mindestens zum Teil auf Informationen zurückzuführen, die im Jahr der Prognoseerstellung noch nicht zur Verfügung standen. Insofern ist der Prognosefehler der auf der SVR-Potentialschätzung basierenden Prognose nach unten verzerrt. Das Ausmaß ist angesichts der geringen Zahl der von diesem Problem betroffenen Datenpunkte jedoch begrenzt,[38] zumal die ausgeprägte Verlangsamung im Trendwachstum, die für die Fünfjahreszeiträume seit 1999 zu verzeichnen ist, selbst nach dieser Methode nicht prognostiziert wird (Schaubild 9).

Vergleicht man die Prognosen der Bundesregierung und die selbstgenerierten Prognosen mit dem Mittelfristszenario, das die OECD mit ihrem Modell erstellt hat, so zeigen sich relativ geringe Unterschiede. Auch von der OECD wurde die Abschwächung des mittelfristigen Wachstums nach dem Jahr 2000 nicht vorhergesehen. Zusammenfassend lässt sich festhalten, dass eine nachhaltige Veränderung der Wachstumsdynamik offenbar mit keiner der üblicherweise verwendeten Methoden der Potentialschätzung regelmäßig zeitnah diagnostiziert werden kann. Da das Potentialwachstum – sinnvollerweise – zentral für die Erstellung einer Mittelfristprognose ist, impliziert dies, dass erhebliche Prognosefehler

---

38 So fallen die Prognosefehler bei allen Methoden geringer aus, wenn man die letzten drei Jahre des Untersuchungszeitraums nicht berücksichtigt, die Rangfolge der Methoden gemessen an dem jeweiligen Kriterium ändert sich jedoch nicht.

Schaubild 9

Mittelfristprognosen für das reale BIP in Deutschland im Vergleich
Prognosezeitraum 1986-90 bis 2001-05

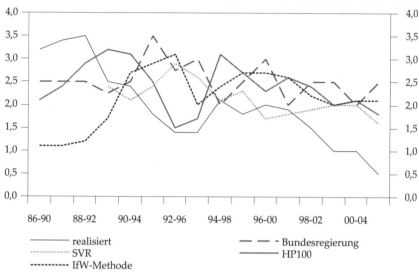

Quellen: OECD; Sachverständigenrat; BMF; BMWi; eigene Berechnungen.

systematisch nicht zu vermeiden sind, wenn ausgeprägte Schwankungen in der Wachstumsrate des Produktionspotentials auftreten.

4. Mittelfristige Wachstumsprognosen im internationalen Vergleich

4.1 Vereinigte Staaten

Für die Vereinigten Staaten werden von offizieller Seite zwei mittelfristige Projektionen veröffentlicht, eine vom Congressional Budget Office (CBO) und eine von der Administration im Weißen Haus.

4.1.1 Congressional Budget Office[39]

Das CBO veröffentlicht jährlich zwei gesamtwirtschaftliche Prognosen, und zwar jeweils im Januar und im August. Die Erstellung der Prognose

---

39 Die Darstellung basiert auf CBO (2005a).

125

—

4. Mittelfristige
Wachstums-
prognosen im
internationalen
Vergleich

(Economic Outlook) wird etwa sechs Wochen vor der Veröffentlichung abgeschlossen – dieser zeitliche Abstand ist notwendig, da die Prognose der Projektion für den Haushalt (Budget Outlook) zugrunde liegt, die gleichzeitig veröffentlicht wird. Das CBO muss Haushaltsentwicklungen für die nächsten zehn Jahre abschätzen, beginnend mit dem laufenden Fiskaljahr,[40] entsprechend lang ist der Prognosehorizont. Gesetzesinitiativen müssen für einen Zehnjahreszeitraum »bewertet« werden, d.h. ihre haushaltsmäßigen Folgen sind für diesen Zeitraum und in Relation zu einer bestimmten Ausgangsposition darzustellen. Abgesehen von Untersuchungen über die Wirkung beabsichtigter finanzpolitischer Maßnahmen ist das CBO bei seinen Prognosen verpflichtet, die Fortgeltung der gegenwärtigen Gesetzeslage für die Finanzpolitik anzunehmen und die für die diskretionären Ausgaben geltenden Regeln fortzuschreiben. So wird zum Beispiel ein im Gesetz aktuell vorgesehenes Auslaufen von Steuervergünstigungen auch dann Grundlage der Prognose, wenn die meisten CBO-Mitglieder davon überzeugt sind, dass der Kongress die Steuervergünstigungen verlängern wird (CBO 2005b).

Die Erstellung einer Prognose dauert ungefähr zwei Monate. Im Prozess sind eine Vielzahl von Mitarbeitern des CBO, des House Budget Committees und des Senats sowie das Panel of Economic Advisors beteiligt.[41] Etwa zwanzig Ökonomen des CBO sind in der Anfangsphase an der Erstellung der Prognose beteiligt, Analysen der Budget and Tax Division helfen den finanzpolitischen Ausblick zu formulieren und weitere Analysen des CBO werden bei der Bearbeitung spezifischer Fragen herangezogen, so zum Beispiel um die aktuellen Entwicklungen auf dem Ölmarkt zu analysieren. Eine wichtige Referenz für die Erstellung der Kurzfristprognose liefert der Blue Chip Consensus Forecast, der monatlich einen Überblick darüber gibt, wie fünfzig Ökonomen aus der privaten Wirtschaft die konjunkturellen Perspektiven für die USA einschätzen. Zwar weicht die CBO-Prognose in aller Regel von der Consensus-Prognose ab, doch besteht ein wichtiger Arbeitsschritt immer darin, dies zu begründen. Für die Einschätzung der mittelfristigen Perspektiven wird der Blue Chip Forecast allerdings als wenig relevant erachtet.

Das Basis-Modell für die Erstellung der Prognosen des CBO ist im Wesentlichen ein Rahmen zur Rechnungslegung mit einigen Verhaltensgleichungen. Die CBO-Prognose umfasst – sowohl für die kurze wie für die

---

40 Für Prognosen, die 2005 erstellt werden, ist 2006 das relevante Fiskaljahr.
41 Eine aktuelle Mitgliederliste des PEA findet sich unter www.cbo.gov unter der Rubrik »visitors gallery«.

mittlere Frist – Datenserien für über 400 Größen,[42] doch nur etwa 20 von ihnen werden veröffentlicht. Rund 100 werden vom CBO intern verwendet, um die Kosten der Realisierung neuer gesetzlicher Maßnahmen abzuschätzen und die Grundlinie der Budgetprognose vorzubereiten. Die Prognose beruht im Wesentlichen auf Einschätzungen; der Rechnungslegungsrahmen sorgt dabei für Konsistenz.

Auch für Simulationszwecke verfügt das CBO nicht über ein eigenes herkömmliches makroökonomisches Modell, es verwendet zu diesem Zweck vielmehr kommerzielle Makro-Modelle (wie beispielsweise das von Global Insight, das der Macroeconomic Advisors und das McKibbin–Sachs-Modell), um traditionelle Simulationsstudien durchzuführen. Es benutzt darüber hinaus ein internes Lebenszyklus-Modell und ein Wachstumsmodell mit unendlichem Horizont um die Angebotswirkungen der Wirtschaftspolitik zu untersuchen (Nishiyama 2003; Foertsch 2004).

Eine herausragende Rolle spielt im Vorgehen des CBO das Produktionspotential der Volkswirtschaft. Zum einen ist es für die Einschätzung der konjunkturellen Lage und der Aussichten für die Inflation erforderlich. Zum anderen verwendet das CBO seine Schätzung des Produktionspotentials, um das Niveau des realen Bruttoinlandsprodukts in seinen mittelfristigen Projektionen festzulegen. Dabei wird angenommen, dass ein Output Gap, der am Ende des kurzfristigen Prognosehorizonts (zwei Jahre) besteht, im Verlauf der folgenden 8 Jahre geschlossen wird (CBO 2004: 1). Die mittelfristige Entwicklung des realen Bruttoinlandsprodukts wird also so projiziert, dass sie der Potentialschätzung des CBO entspricht.

Die CBO-Schätzung des Produktionspotentials beruht auf einem neoklassischen Solow-Wachstumsmodell (CBO 2001). Dabei wird das Wachstum des realen Bruttoinlandsprodukts zurückgeführt auf das Wachstum des Faktors Arbeit (gemessen in Arbeitsstunden), des Faktors Kapital (gemessen an einem Index für den Kapitalstock) und der Verän-

---

42 Zu diesen Größen gehören: über 70 unterschiedliche Abgrenzungen der Endnachfrage; 80 verschiedene Messgrößen für die Kapitalkosten, mit deren Hilfe die Anlageinvestitionen der Unternehmen in acht verschiedenen Abgrenzungen sowie die Verbraucherpreisentwicklung in ebenfalls acht Abgrenzungen prognostiziert werden; über sechzig Variablen, die sich auf die Einkommensseite beziehen (Gewinne, Löhne und Gehälter, Einnahmen aus der Einkommensteuer, Zinszahlungen der Unternehmen, Abschreibungen, usw.), verschiedene Zinssätze und andere finanzwirtschaftliche Kenngrößen und über zwanzig Datenserien zum Arbeitsmarkt (Lohnsätze, Beschäftigung, Erwerbtätige, usw.).

4. Mittelfristige
Wachstums-
prognosen im
internationalen
Vergleich

**Mittelfristprognose und realisiertes BIP-Wachstum sowie Prognosefehler –
Vereinigte Staaten: CBO**

Prognosezeitraum 1986-90 bis 2001-05

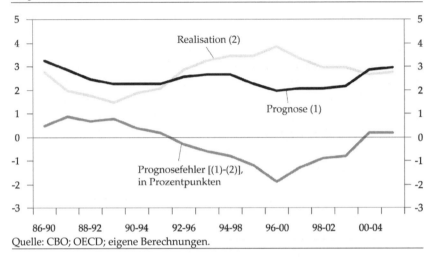

Quelle: CBO; OECD; eigene Berechnungen.

derung der totalen Faktorproduktivität als Maß für den technischen Fortschritt. Die Werte für Arbeitseinsatz und Produktivität werden konjunkturbereinigt, indem eine Variante von Okun's Law verwendet wird.[43] Dieses Vorgehen erfordert eine Schätzung der natürlichen Arbeitslosigkeit, wobei das CBO eine NAIRU verwendet. Die ermittelten Potentialwerte für die Anzahl der Arbeitsstunden und totale Faktorproduktivität werden im Rahmen der Produktionsfunktion mit dem Kapitaleinsatz kombiniert; das Ergebnis ist das potentielle Bruttoinlandsprodukt. Die Kapitalvariable muss dabei nicht konjunkturbereinigt werden, da der potentielle Beitrag des Kapitals zur Produktion von der Größe des Kapitalstocks bestimmt wird (der als Maß für den Kapitaleinsatz verwendet wird) und nicht von der Auslastung der Sachkapazitäten.

Schaubild 10 stellt die prognostizierten Wachstumsraten des CBO für einen 5-Jahreshorizont den realisierten Werten gegenüber und zeigt den jeweiligen Prognosefehler. Es ist deutlich, dass die Projektionen für den Zeitraum bis Mitte der neunziger Jahre durchgehend zu optimistisch wa-

---

43 Okun's Law postuliert eine inverse Beziehung zwischen dem Output Gap, der Abweichung des tatsächlichen BIP vom Produktionspotential und der konjunkturellen Arbeitslosigkeit, d.h. der Differenz zwischen der tatsächlichen Arbeitslosigkeit und der »natürlichen« oder strukturellen Arbeitslosigkeit.

ren, während sie die Beschleunigung des Wachstumstrends im Verlauf der neunziger Jahre nicht vorhersahen und in der Folge eine anhaltende Unterschätzung des tatsächlichen Wachstums auftrat.

4.1.2 Administration

Zur Analyse und Prognose der gesamtwirtschaftlichen Entwicklung und zur Koordination der Makropolitik innerhalb der US-Regierung hat sich seit Ende der fünfziger Jahre des vergangenen Jahrhunderts eine formale Arbeitsgruppe herausgebildet, die Troika genant wird.[44]

Die Troika besteht aus Vertretern dreier Regierungsorgane mit Verantwortlichkeiten für wirtschaftliche und Budgetfragen, den Council of Economic Advisors (CEA), das Office of Management and Budget (OMB) und das Finanzministerium (Department of Treasury). Üblicherweise übernimmt der CEA eine Führungsfunktion bei der Erarbeitung der den Budgetvorschlägen der Regierung zugrunde liegenden Annahmen über die wirtschaftliche Entwicklung. In seinem jährlich erscheinenden Economic Report of the President bietet er eine umfassende Analyse der wirtschaftlichen Lage und anstehender wirtschaftspolitischer Fragen. Im Prognoseprozess ebenso wie bei der Ausarbeitung wirtschaftspolitischer Initiativen sowie der Abschätzung der Politikfolgen arbeiten die Ökonomen der drei Institutionen eng zusammen.

Prognosen der gesamtwirtschaftlichen Entwicklung werden zweimal im Jahr erstellt, zum einen im Rahmen der Vorbereitung des Haushaltsentwurfs für das kommende Fiskaljahr im Herbst eines Jahres,[45] zum anderen als so genannte »Mid-session Review« im Frühsommer. Die Erstellung der Prognose nimmt etwa zwei Monate in Anspruch. Rund 20 Mitarbeiter der Troika-Institutionen sind involviert; außerdem werden Spezialisten verschiedenster Institutionen, von der Zentralbank über die Energy Information Agency bis zur CIA, bei der Behandlung spezifischer Fragen herangezogen.

Die Projektionen umfassen einen Zeitraum, der sechs Jahre über das laufende Jahr hinaus reicht.[46] Sie dienen zum einen als Basis der Haus-

---

44 Die Darstellung in diesem Abschnitt stützt sich wesentlich auf Donihue und Kitchen (2000).

45 Das Fiskaljahr in den USA läuft von Oktober bis September. Die im Herbst eines Jahres erstellte Prognose unterstützt den ersten Haushaltsentwurf für das im September des kommenden Jahres beginnenden Haushaltsjahres.

46 Für die Analyse in dieser Studie wurden zur besseren Vergleichbarkeit die Prognosen für einen den in der Mehrzahl der anderen Länder verfügbaren Prognosehorizont von 5 Jahren ausgewertet.

haltsplanung; in dieser Funktion besteht bei allen Beteiligten ein Interesse an einer möglichst realistischen Projektion. Zum anderen sind sie ein Dokument der Wirtschaftspolitik der Regierung in dem Sinne, als sie die positiven Auswirkungen der getroffenen Politikmaßnahmen widerspiegeln sollen. Daher besteht ein Konflikt zwischen der Präsentation möglichst zutreffender Szenarien und einer für die Regierung wünschenswerten »optimistischen« Sichtweise, die auf mittlere Frist auf kräftiges Wirtschaftswachstum und Annäherung an Vollbeschäftigung bei niedriger Inflation hinausläuft. Das Interesse an einer solchen positiven Darstellung der zukünftigen wirtschaftlichen Entwicklung ist bei den beteiligten Häusern häufig sehr unterschiedlich ausgeprägt.

Vor diesem Hintergrund enthalten die Projektionen der Administration ein starkes subjektives Element. Die zentralen Größen der Prognose, reales BIP-Wachstum, Anstieg des BIP-Deflators und des Verbraucherpreisindex, Arbeitslosenquote, Dreimonatszins und Zinssatz für 10-jährige Staatsanleihen werden – auf der Basis von Memoranden und Szenarien, die auf Sachbearbeiterebene erarbeitet werden – von den Leitern der Troika-Institutionen und abhängig von der Zustimmung des Präsidenten vorgegeben. Mit dieser Maßgabe wird auf der unteren Ebene dann eine detaillierte Prognose der wirtschaftlichen Entwicklung erstellt, die nach Sektoren disaggregiert ist und mehr als einhundert Variablen umfasst.

Bei der Erstellung der Prognose kommt eine Vielzahl von Instrumenten zum Einsatz. Große makroökonometrische Modelle werden bei der Ausarbeitung der detaillierten Prognose verwendet; da das Ergebnis allerdings – wie oben beschrieben – vorgegeben ist, dienen sie vor allem als Mittel, die Konsistenz zu sichern. Außerdem werden sie benutzt, um Politiksimulationen durchzuführen. Dabei greift die Troika auf verschiedene Modelle kommerzieller Anbieter zurück, da sie – im Gegensatz zur Notenbank – die Kosten der Entwicklung und Unterhaltung eines eigenen großen Makromodells scheut. Eine Vielzahl kleiner Modelle, etwa Eingleichungsmodelle, kleine Mehrgleichungsmodelle oder vektorautoregressive Modelle, werden hingegen von Troikamitarbeitern selbst entwickelt und unterhalten. Mit ihnen können zwar nur spezifische Fragen analysiert werden, ihre Ergebnisse aber können die Einschätzung der wirtschaftlichen Entwicklung und damit die Vorgaben für die Projektion durchaus beeinflussen.

In den vergangenen Jahren hat die Administration einen Schwerpunkt auf die Schätzung der Entwicklung des Produktionspotentials gelegt. Hintergrund ist (auch hier) die Auffassung, dass eine Prognose konjunk-

Schaubild 11

**Mittelfristprognose und realisiertes BIP-Wachstum sowie Prognosefehler –
Vereinigte Staaten: Administration**

Prognosezeitraum 1986-90 bis 2001-05

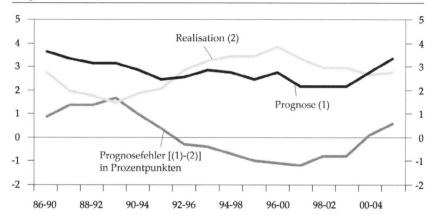

Quelle: US Office of Management and Budget, OECD, eigene Berechnungen.

tureller Fluktuationen auf mittlere Sicht nicht Erfolg versprechend ist.
Vielmehr wird angenommen, dass die Wirtschaft im Verlauf des Prognosezeitraums der Mittelfristprojektion auf sein Potentialniveau einschwenkt. Dabei stand bislang ein Growth-Accounting-Ansatz im Zentrum der Analyse, wie er in Abschnitt 3.3 dargestellt ist. Die Zuwachsrate
des realen Bruttoinlandsprodukts wird auf die Entwicklung von Produktivität, durchschnittlicher Arbeitszeit pro Beschäftigten, der Beschäftig-
tenquote, welche der Kehrwert der Arbeitslosenquote ist, der Erwerbsquote sowie der Bevölkerung im erwerbsfähigen Alter zurückgeführt,
formal dargestellt als

$$(56) \quad Y = \frac{Y}{H} \cdot \frac{H}{L} \cdot \frac{L}{E} \cdot \frac{E}{N} \cdot N.$$

Schaubild 11 stellt die Mittelfristprognosen der Administration für 5-Jah-
reszeiträume, die Realisation sowie die Abweichung zwischen Prognose
und Realisation dar. Das Bild zeigt – ähnlich wie im Fall der Prognosen
des CBO – eine markante Überschätzung der wirtschaftlichen Entwicklung im ersten Teil des Untersuchungszeitraums, während die Entwicklung seit Mitte der neunziger Jahre systematisch unterschätzt wurde. Für

4. Mittelfristige
Wachstums-
prognosen im
internationalen
Vergleich

Tabelle 10

Vereinigte Staaten: Mittelfristprognosen für das reale BIP[1] im Vergleich
Prognosezeitraum 1986-90 bis 2001-05

Jahr der Prog- nose	Prognose- zeitraum	Admini- s tration	CBO	HP 100	OECD	IfW- Methode	Realisiert
1986	1986–90	3,7	3,3	2,8	.	3,0	2,8
1987	1987–91	3,4	2,9	3,1	.	3,2	2,0
1988	1988–92	3,2	2,5	3,2	.	3,3	1,8
1989	1989–93	3,2	2,3	2,6	.	3,1	1,5
1990	1990–94	2,9	2,3	2,0	.	3,0	1,9
1991	1991–95	2,5	2,3	1,8	.	2,5	2,1
1992	1992–96	2,6	2,6	2,1	.	1,7	2,9
1993	1993–97	2,9	2,7	2,5	.	1,9	3,3
1994	1994–98	2,8	2,7	2,6	.	2,7	3,5
1995	1995–99	2,5	2,3	2,5	.	2,6	3,5
1996	1996–00	2,8	2,0	2,2	.	2,7	3,9
1997	1997–01	2,2	2,1	2,6	.	2,7	3,4
1998	1998–02	2,2	2,1	2,4	.	3,1	3,0
1999	1999–03	2,2	2,2	2,6	2,3	3,0	3,0
2000	2000–04	2,8	2,9	3,0	3,1	3,1	2,7
2001	2001–05	3,4	3,0	2,4	3,6	3,2	2,8
MF[a]		0,08	−0,24	−0,19		0,04	
MAF[b]		0,06	0,73	0,73		0,82	
RMSE[c]		0,96	0,86	0,86		0,96	

Quelle: CBO, US Office of Management and Budget, OECD, eigene Berechnungen.
1 Bis 1992: BSP.
a Mittlerer Prognosefehler.
b Mittlerer absoluter Fehler.
c Root Mean Squared Error.

den jüngsten Zeitraum nach Ende des Internetbooms im Jahr 2000 ergab sich wieder eine zu optimistische Prognose der Regierung.

4.1.3 Prognosen im Vergleich

Tabelle 10 stellt die Prognosen von CBO und Administration den realisierten Werten gegenüber und vergleicht die Güte der Prognosen mit den in Abschnitt 3 dargestellten Referenzprognosen. Dieses sind Prognosen, die mithilfe eines einfachen zeitreihenanalytischen Modells basierend auf Potentialschätzungen mithilfe des Hodrick-Prescott-Filters bzw. durch die Anwendung der auf dem Growth-Accounting-Ansatz basierenden IfW-Methode mit autoregressiv erzeugten Prognosewerten erstellt wurden, sowie die modellgestützte Projektion der OECD.

Sowohl das CBO als auch die Administration sind mit ihren Mittelfristprojektionen der trendmäßigen Entwicklung des Bruttoinlandspro-

Schaubild 12

Mittelfristprognosen für die Vereinigten Staaten im Vergleich

Prognosezeitraum 1986-90 bis 2001-05

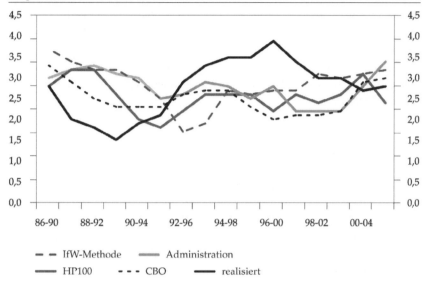

Quelle: Office of Management and Budget, CBO, OECD, eigene Berechnungen.

dukts gefolgt. Die Prognosen der Jahr 1986 bis 1991 (für die Zeiträume 1986 bis 1990 sowie 1991 bis 1996) erwiesen sich angesichts einer gemessen an früheren Erfahrungen geringen Zunahme des Produktionspotentials als durchgehend zu optimistisch. Auf der anderen Seite wurde die Beschleunigung des Trendwachstums, die in der zweiten Hälfte der neunziger Jahre eintrat ebenfalls erst spät als nachhaltig erkannt. In der Folge fielen die Prognosen gemessen an der tatsächlichen Entwicklung in den Jahren nach 1991 regelmäßig zu gering aus. Der Irrtum war zu beiden Seiten jeweils etwa gleich groß, so dass der mittlere Fehler aller Prognosen gering ausfiel. Dabei waren die Prognosen der Administration – unter Berücksichtigung der oben beschriebenen Interessenlage erwartungsgemäß – im Durchschnitt höher als die des CBO. Gemessen an der Standardabweichung sowie am mittleren absoluten Fehler als Maße für die Streuung der Prognose schneidet die Prognose des CBO etwas besser ab als die der Administration (Schaubild 12).

Ein Vergleich mit den Referenzprognosen zeigt, dass sich die projizierte Entwicklung in den einzelnen Jahren von aufwändig erstellten offiziellen Prognosen durchaus deutlich unterscheidet. Nach den statistischen Maßen ist die Prognosegüte aber insgesamt ähnlich. Die Projektion der Entwicklung des realen Bruttoinlandsprodukts mithilfe des über einen HP-Filter geschätzten Potentialwachstums (bei Annahme eines geschlossenen Output Gaps am Ende des Projektionszeitraums) ergibt ähnliche Werte für den mittleren Fehler und die Streuungsmaße wie für die Prognose des CBO, die Qualitätsmaße für die Prognose, die mithilfe der Potentialschätzung auf Basis des Growth-Accounting-Ansatzes erstellt wurde, entsprechen der Größenordnung nach denen der Prognose der Administration.

4.2 Vereinigtes Königreich

Für das Vereinigte Königreich werden zwei verschiedene Mittelfristprognosen untersucht. Einmal die Projektion, die vom Schatzamt jährlich für die Zwecke der Haushaltsplanung erstellt wird. Zum anderen die Mittelfristprognose des National Institute of Economic and Social Research (NIESR)in London mithilfe eines großen makroökonometrischen Modells regelmäßig erstellt wird.

4.2.1 HM Treasury – Finanzministerium

Das Schatzamt stellt jährlich zwei Prognosen für die britische Wirtschaft vor, und zwar im Haushaltsplan (*Budget*), der in der Regel im März veröffentlicht wird[47], und im *Pre-Budget Report*, der üblicherweise im November veröffentlicht wird. Sowohl *Budget* als auch der *Pre-Budget Report* enthalten eine Kurzfristprognose – typischerweise über einen Zeitraum von zwei Jahren – der Entstehungs- und der Verwendungsseite des Bruttoinlandsprodukts, sowie der Zahlungsbilanz und der Inflation. Darüber hinaus werden für die Schlüsselgrößen der Finanzpolitik mittelfristige Prognosen vorgestellt, die in der Regel den Zeitraum von fünf Fiskaljahren abdecken. Sie werden ergänzt durch mittelfristige Projektionen für wichtige Produktions- und Preisdaten, ebenfalls auf der Basis von Fiskaljahren. Diese beschränken sich auf das reale Bruttoinlandsprodukt, das nominale Bruttoinlandsprodukt, den Deflator des Bruttoinlandsprodukts, die Inflation gemessen am Index der Einzelhandelspreise (RPI) und am Einzelhandelspreisindex ohne Wohnungskosten (Rossi), eine

[47] Eine erwähnenswerte Ausnahme ist das Budget von 1997, das wegen der Parlamentswahlen erst im Juli veröffentlicht wurde.

Größe, die unter anderem bei der Anpassung von Einkommensteuerfreibeträgen und Steuertarifzonen verwendet wird.

Die Kurzfristprognose wird mithilfe des ökonometrischen Modells des Schatzamtes erstellt. Dies ist ein simultanes Mehrgleichungsmodell, das exogene Inputs für die Ausgaben des öffentlichen Sektors, für die Einnahmen des öffentlichen Sektors sowie für einen großen Teil des Außenhandels enthält. Die mittelfristigen Prognosen basieren nicht auf einem ökonometrischen Modell. Vielmehr arbeitet das Schatzamt mit ökonomischen Annahmen, die in Intervallen von drei Jahren vom National Audit Office geprüft werden.

Die Mittelfristprognose umfasst derzeit einen Zeitraum von 5 Jahren; in den achtziger Jahren wurden nur Prognosen für vier Jahre im Voraus erstellt. In der Regel, so auch gegenwärtig, wird davon ausgegangen, dass die tatsächliche gesamtwirtschaftliche Produktion im Prognosezeitraum auf den Potentialpfad zurückkehrt, d.h. dass der Output Gap am Ende der Projektionsperiode (weitgehend) geschlossen ist. Die Methode, die das Schatzamt zur Schätzung des Produktionspotentials verwendet, ist in verschiedenen Veröffentlichungen (HMT 1999, 2002, 2005) beschrieben. Diese Methode ist nicht leicht nachzuvollziehen, die Ergebnisse unterscheiden sich zum Teil spürbar von denen, die durch statistische Methoden der Trendbereinigung erzielt werden.[48]

Der erste Schritt im so genannten »On-trend-point«-Ansatz des Schatzamtes ist die Festlegung von Beginn und Ende der vergangenen Konjunkturzyklen. Das Schatzamt bestimmt die Länge des einzelnen Zyklus durch den Abstand zwischen den zwei Zeitpunkten, an denen die gesamtwirtschaftlichen Kapazitäten normal ausgelastet sind, die gesamtwirtschaftliche Produktion also »on trend« ist.[49] Die gesamtwirtschaftliche Produktion wird dabei ohne den Beitrag der Erdölförderung in der Nordsee gemessen. Der Grund hierfür liegt darin, dass die Ölförderung zwar für das Niveau der gesamtwirtschaftlichen Produktion bedeutsam ist, nicht aber für das nachhaltige Niveau der Beschäftigung.

Die Datierung der »On-trend«-Zeitpunkte wird ausgeführt durch die Suche nach Zeiträumen, in denen der Inflationsdruck annähernd neutral zu sein scheint. Hierfür wird eine Vielzahl von Indikatoren verwendet, unter anderem
- Unternehmensumfragen zur Kapazitätsauslastung,

---

48 Siehe Massmann (2003) für eine Beschreibung diese alternativen Methoden.
49 Eine Alternative bestünde darin, von Höhepunkt zu Höhepunkt oder von Tiefpunkt zu Tiefpunkt zu messen.

- Indikatoren aus Unternehmensumfragen zu Schwierigkeiten bei der Personalbeschaffung,
- andere Arbeitsmarktindikatoren wie durchschnittliche Arbeitsstunden und Arbeitslosigkeit,
- andere Indikatoren des Inflationsdrucks, wie Durchschnittsverdienste und der Konsumentenpreisindex (Consumer Prices Index, CPI).

Es gibt konjunkturelle Phasen und Situationen, in denen sich anhand der genannten Indikatoren zusammen mit den Produktionsdaten mit einiger Zuverlässigkeit feststellen lässt, ob sich die Wirtschaft gerade »on trend« befindet und ob sie diesen Punkt von oben oder von unten erreicht, ob sie sich also in einer Phase konjunktureller Beschleunigung oder Verlangsamung befindet. In den Fällen jedoch, in denen sich der Anstieg der gesamtwirtschaftlichen Produktion über einen längeren Zeitraum hinweg in der Nähe des Potentialwachstums befindet, wie es in der jüngeren Vergangenheit der Fall war, ist die Identifizierung der »On-trend«-Punkte erheblich schwieriger. Das Schatzamt räumt ein, dass dieser Prozess einen gewissen Ermessensspielraum beinhaltet (HM Treasury 1999: 9). Dies ist insofern von Bedeutung, als die finanzpolitischen Regeln im Vereinigten Königreich fordern, dass die so genannte »golden rule« über einen Konjunkturzyklus hinweg eingehalten wird, die Nettoneuverschuldung also die Investitionsausgaben strukturell nicht übersteigen darf. Somit ist ein Urteil über die konjunkturelle Position notwendig, um beurteilen zu können, ob die Finanzpolitik zielkonform ist.

Sobald die »On-trend«-Punkte und damit der einzelne Konjunkturzyklus identifiziert sind, wird die Trendwachstumsrate der Produktion berechnet als die durchschnittliche jährliche Anstiegsrate des realen Bruttoinlandsprodukts (ohne Öl) während des gesamten Zyklus. Es wird also angenommen, dass das Trendwachstum, also der permanente, nichtzyklische Teil des Produktionsanstiegs, einem deterministischen linearen Trend zwischen den »on-trend« Punkten folgt.

Um den trendgerechten Anstieg der gesamtwirtschaftlichen Produktion für den verbleibenden Teil eines laufenden Zyklus (für den der zweite »On-trend«-Punkt in der Zukunft liegt und daher noch unbekannt ist) zu projizieren, analysiert das Schatzamt die Komponenten des Trendwachstums anhand der Growth-Accounting-Gleichung (Abschnitt 8.3):

$$(57) \quad Y = \frac{Y}{H} \cdot \frac{H}{L} \cdot \frac{L}{N} \cdot N,$$

wobei die Größen jeweils Trendwerte bezeichnen und die Produktion (Y) erklärt wird durch die Produktivität, gemessen in Produktion je Arbeits-

Studie des
Instituts für
Weltwirtschaft

stunde (*H*), die durchschnittlich je Beschäftigten geleistete Arbeitsstunden (*H* / *L*), den Anteil der Beschäftigten an der erwerbstätigen Bevölkerung (*N*) und die erwerbsfähige Bevölkerung.

Bei einigen Beziehungen werden Wirkungsverzögerungen (Lags) berücksichtigt, um die Ergebnisse der Berechnung mit den statistischen Befunden in Einklang zu bringen. Für die Beschäftigung wird angenommen, dass sie auf Produktionsveränderungen mit einer Verzögerung von etwa drei Quartalen reagiert. Das bedeutet, dass die Beschäftigung ihren »On-trend«-Punkt etwa drei Quartale später erreicht als die gesamtwirtschaftliche Produktion. Für die Zahl der durchschnittlichen Arbeitsstunden wird angenommen, dass sie schneller – bereits nach einem Quartal – reagiert.

Für die abgeschlossenen Zyklen kann der Beitrag der einzelnen Komponenten zum trendgerechten Produktionsanstieg rasch berechnet werden. Für den laufenden Zyklus hingegen werden die Komponenten des trendgerechten Produktionsanstiegs unter der Annahme projiziert, dass sie sich weitgehend entsprechend den jüngsten Erfahrungen entwickeln. In der Regel werden für den laufenden Zyklus keine Produktivitätszuwächse unterstellt. Da die Wirtschaftspolitik der Regierung jedoch explizit darauf ausgerichtet ist, Produktivitätszuwächse und technischen Fortschritt zu fördern, stellt dieses Vorgehen ein gewisses Aufwärtsrisiko für die zentrale Projektion dar. Für das Wachstum der Bevölkerung im arbeitsfähigen Alter werden die Projektionen des Government Actuaries Department (GAD) herangezogen.

Die zentrale Schätzung für den trendgerechten Produktionsanstieg wird im Sinne haushälterischer Vorsicht für die Zwecke des Schatzamtes so angepasst, dass sie einen gewissen Spielraum enthält, um den haushaltspolitischen Unwägbarkeiten Rechnung zu tragen. So nimmt das Schatzamt die Projektion um ¼ %-Punkt herunter, um die Wahrscheinlichkeit zu verringern, dass die Kreditaufnahme der Regierung unterschätzt wird. Dies soll dazu beitragen, das Risiko zu begrenzen, dass im Prognosezeitraum zur Einhaltung des finanzpolitischen Ziels (golden rule) Steueranhebungen oder Ausgabenkürzungen erforderlich werden, sollte sich das Wachstum ungünstiger entwickeln als nach der zentralen Projektion.

Bei der Projektion der Inflationsentwicklung verfolgt das Schatzamt einen sehr einfachen Ansatz. Es nimmt an, dass der Konsumentenpreisindex, an dem sich die Bank von England bei der Inflationssteuerung orientiert, mittelfristig dem Zielwert (2%) entspricht. Das nominale Bruttoinlandsprodukt wird projiziert, indem die Projektion für den mittel-

4. Mittelfristige Wachstumsprognosen im internationalen Vergleich

Schaubild 13

**Mittelfristprognosen und realisiertes BIP-Wachstum sowie Prognosefehler –
Vereinigtes Königreich: Regierung**

Prognosezeitraum 1986-90 bis 2001-05

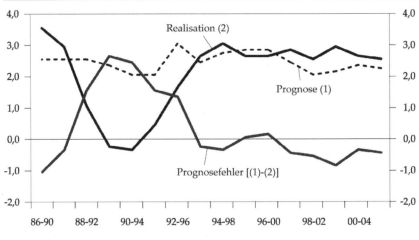

Quelle: HM Treasury, OECD, eigene Berechnungen.

fristig trendgerechten Produktionsanstieg kombiniert wird mit einer Annahme über die Entwicklung des Deflators für das Bruttoinlandsprodukt, dessen mittelfristiger Anstieg gegenwärtig auf 2 ¾% veranschlagt
wird.

Die Prognosen der Regierung zeigen einen relativ stetigen Verlauf.
Der durch die ausgeprägte Rezession zu Beginn der neunziger Jahre bedingte Abschwung beim mittelfristigen Wachstum wurde nicht vorhergesehen; die Regierung reagierte auf die Konjunkturkrise mit einer nur
leichten Rücknahme ihrer Erwartungen für den Anstieg des realen Bruttoinlandsprodukts in der mittleren Frist. Das anhaltend kräftige Wirtschaftswachstum in der zweiten Hälfte der neunziger Jahre entsprach
weitgehend den Erwartungen der Regierung. Für die Zeit nach 1997
wurde vom Schatzamt eine Verlangsamung des Wachstums prognostiziert, die nicht eintrat, so dass die tatsächliche Entwicklung seither unterschätzt wurde (Schaubild 13).

4.2.2 National Institute of Economic and Social Research

Das National Institute of Economic and Social Research (NIESR) verwendet ein umfangreiches makroökonomisches Modell (NiGEM), um Pro-

gnosen für die Wirtschaft des Vereinigten Königreichs zu erstellen (NIESR 2001). Diese Prognosen werden vierteljährlich in der Zeitschrift *National Institute Economic Review* veröffentlicht. Die Erstellung einer Prognose beansprucht etwa einen Monat (2 ½ Personen); nicht enthalten ist darin die Entwicklung und Pflege des Modells.

Anders als im Schatzamt werden nicht nur die kurzfristigen sondern auch die mittel- und langfristigen Projektionen mithilfe des Modells erstellt. Das Modell weist Ergebnisse bis zum Jahr 2030 aus. Während die Konjunkturprognose (über einen Zweijahreshorizont) detailliert dokumentiert wird, werden für die längere Frist Fünfjahresdurchschnitte für eine begrenzte Anzahl von Schlüsselgrößen ausgewiesen. Längerfristige Projektionen werden publiziert für das reale Bruttoinlandsprodukt, das Durchschnittseinkommen, den Deflator des Bruttoinlandsprodukts, den Konsumentenpreisindex, die Produktivität im Verarbeitenden Gewerbe, die Produktivität in der Gesamtwirtschaft, die Arbeitslosenquote in der Abgrenzung der ILO, die Leistungsbilanz, die Staatsausgaben, die Kreditaufnahme der öffentlichen Hand, den effektiven Wechselkurs, den Dreimonatszins und den Zehnjahreszins.

Die ökonomische Theorie, die hinter dem NiGEM-Modell steht, ist ähnlich der, auf der das ökonometrische Modell des Schatzamtes beruht. Es lässt sich in der kurzen Frist als keynesianisch beschreiben, während es in der langen Frist weitgehend dem neoklassischen Wachstumsmodell entspricht. Im Rahmen dieses Ansatzes bremsen nominale Rigiditäten den Prozess der Anpassung an externe Schocks, so dass sie kurz- und mittelfristig einen starken Einfluss auf die realen Werte haben, während der Effekt nominaler Rigiditäten in der langen Frist schwindet, so dass die Wirtschaft zum Gleichgewicht zurückkehrt.

Das langfristige Gleichgewicht wird in diesem Modell bestimmt durch die Angebotsseite, insbesondere den technischen Fortschritt und das Bevölkerungswachstum. Hier liegt dem Modell eine gesamtwirtschaftliche Produktionsfunktion mit konstanter Substitutionselastizität (CES-Funktion) zugrunde. Produktionsfaktoren sind Arbeit und Kapital. Das Produktionspotential ergibt sich aus der gesamtwirtschaftlichen Produktionsfunktion, wenn der Arbeitseinsatz (gemessen in Arbeitsstunden) gerade seinen Potentialwert L^* erreicht. Letzterer ist definiert als

(58) $L^* = E(1 - U^*)H^*$,

wobei E für die Anzahl der Erwerbspersonen, H^* für die potentielle oder gleichgewichtige Anzahl der Stunden pro Beschäftigten und U^* für die

»natürliche« Arbeitslosenquote oder NAIRU stehen. Der potentielle Arbeitseinsatz ergibt sich also als Produkt aus der potentiellen Beschäftigung (berechnet als Erwerbspersonen abzüglich der natürlichen Arbeitslosigkeit) und der gleichgewichtigen Anzahl der Arbeitsstunden pro Beschäftigten. Letztere wird über einen mit abnehmender Rate fallenden Trend geschätzt. Das trendmäßige Wachstum wird berechnet unter Verwendung eines Band-Pass-Filters, der auf die historischen Daten angewendet wird, sowie der Projektion des Bruttoinlandsprodukts durch NiGEM. Der Band-Pass-Filter ist eine statistische Methode der Trendbereinigung und kann vereinfacht beschrieben werden als die Differenz zwischen zwei Low-Pass- oder Hodrick-Prescott-Filtern (Massmann et al. 2003: 101, vgl. auch Abschnitt 2.4.1).

Die Prognose des Bruttoinlandsprodukts beruht hingegen auf einem nachfrageseitigen Ansatz; für jede Komponente der Gesamtnachfrage wird eine eigene Prognose erstellt. Je nach unterstellter Reaktionsfunktion für die Geldpolitik und Erwartungsbildung der Wirtschaftssubjekte erzeugt das Modell zyklische Bewegungen auch über einen längeren Zeithorizont, so dass die Normalauslastung der Gesamtwirtschaft am Ende des hier betrachteten mittelfristigen Zeithorizonts nicht notwendigerweise gegeben ist. Allerdings werden die Abweichungen vom Trend innerhalb eines Zeitraums von fünf bis sieben Jahren in der Regel sehr gering. Die Konsumausgaben und die Investitionen des Staates werden bestimmt durch die Relation der Zahl der Personen im erwerbsfähigen Alter zur Zahl der Personen der Gesamtbevölkerung und das trendmäßige Wachstum des Bruttoinlandsprodukts. Für die übrigen Nachfragekomponenten existieren stochastische Verhaltensgleichungen: Der private Verbrauch ist – entsprechend der Lebenszyklushypothese – abhängig vom real verfügbaren Einkommen der Haushalte, dem Nettowert ihres Gesamtvermögens (einschließlich des Immobilienvermögens) und den realen Zinsen. Die Unternehmensinvestitionen werden von der Kapazitätsauslastung, dem realen Bruttoinlandsprodukt und dem langfristigen realen Zins bestimmt, die Wohnungsbauinvestitionen vom real verfügbaren Einkommen und den realen langfristigen Zinsen. Die Entwicklung der Lagerinvestitionen wird als zufallsabhängig beschrieben. Die Importe hängen von der heimischen Endnachfrage und der preislichen Wettbewerbsfähigkeit der heimischen Wirtschaft ab, die Exporte von der Importnachfrage der Handelspartnerländer sowie ebenfalls von der preislichen Wettbewerbsfähigkeit. Die preisliche Wettbewerbsfähigkeit wird über länderspezifische effektive Wechselkurse abgebildet, die sich an der regionalen Außenhandelsstruktur des jeweiligen Landes orientieren.

Schaubild 14

**Mittelfristprognose und realisiertes BIP-Wachstum sowie Prognosefehler –
Vereinigtes Königreich: NIESR**

Prognosezeitraum 1986-90 bis 2001-05

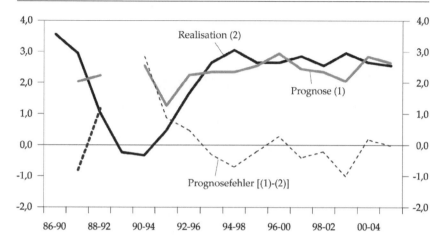

Quelle: NIESR, OECD, eigene Berechnungen.

Schaubild 14 zeigt die Prognosen des NIESR im Vergleich zur tatsächlichen Entwicklung und gibt den Prognosefehler an. Der Einbruch beim Trendwachstum zu Beginn der neunziger Jahre wird nicht prognostiziert[50]. Hingegen wird die Beschleunigung der wirtschaftlichen Dynamik, zu der es im Verlauf der neunziger Jahre kam, korrekt antizipiert.

4.2.3 Vergleich der Prognosen von HMT und NIESR

In diesem Abschnitt erfolgt ein Vergleich der Prognosen des HMT und des NIESR mit den realisierten Werten sowie den Referenzprognosen. Die Mittelfristprognosen des Schatzamtes und des NIESR unterscheiden sich in relativ geringem Maß (Schaubild 15). Auch die Unterschiede zu den Referenzprognosen auf Basis von Potentialschätzungen mittels HP-Filter bzw. Growth-Accounting-Ansatz kommen für die Zeit seit Mitte der neunziger Jahre zu sehr ähnlichen Schätzungen des mittelfristigen Wachstums. Dies erklärt sich wesentlich durch die bemerkenswerte Stabilität der tatsächlichen Entwicklung, die sich im Fünfjahresdurchschnitt kaum von den Schätzungen des Potentialwachstums unterscheidet. Hingegen prognostizieren die Verfahren im Zeitraum von 1986 bis

---

50 Allerdings wurde im Jahr 1989 keine Prognose erstellt.

Schaubild 15

**Mittelfristprognosen für das Vereinigte Königreich'
im Vergleich**

Prognosezeitraum 1986-90 bis 2001-05

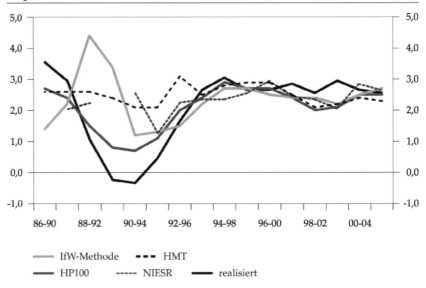

Quelle: HM Treasury, NIESR, OECD, eigene Berechnungen.

1995, welche durch starke zyklische Schwankungen geprägt waren, dass sie auch auf die mittelfristigen Wachstumsraten durchschlugen. Der Rückgang des Trendwachstums wird am besten von der auf dem HP-Filter basierten Referenzprognose erkannt; dementsprechend ist der mittlere absolute Fehler nach diesem Verfahren am geringsten (Tabelle 11). Bei der Referenzprognose nach der IfW-Growth-Accounting-Methode führt die autoregressive Dynamik bei der Erzeugung der Prognosewerte für die Potentialschätzung zu starken Ausschlägen beim prognostizierten Mittelfristwachstum, das nur teilweise mit der tatsächlichen Entwicklung im Einklang steht und so für einzelne Prognosejahre sehr hohe Fehler produziert.

4.3   Frankreich

Mittelfristprognosen für die französische Wirtschaft werden von der Regierung erst seit kurzem, in Verbindung mit den Verpflichtungen im

Tabelle 11

Vereinigtes Königreich: Mittelfristprognosen für das reale BIP im Vergleich
Prognosezeitraum 1986-90 bis 2001-05

Jahr der Prognose	Prognose-zeitraum	Regierung	NIESR	HP 100	OECD	IfW-Methode	Realisiert
1986	1986–89	2,6	.	2,7	.	1,4	3,6
1987	1987–91	2,6	2,1	2,4	.	2,2	3,0
1988	1988–91	2,6	2,3	1,5	.	4,4	1,1
1989	1989–92	2,4	.	0,8	.	3,4	-0,2
1990	1990–93	2,1	2,6	0,7	.	1,2	-0,3
1991	1991–94	2,1	1,3	1,1	.	1,3	0,5
1992	1992–96	3,1	2,3	2,0	.	1,5	1,7
1993	1993–97	2,5	2,4	2,4	.	2,2	2,7
1994	1994–98	2,8	2,4	2,9	.	2,7	3,1
1995	1995–99	2,9	2,6	2,7	.	2,7	2,7
1996	1996–00	2,9	3,0	2,7	.	2,5	2,7
1997	1997–01	2,5	2,5	2,4	.	2,4	2,9
1998	1998–02	2,1	2,4	2,0	.	2,4	2,6
1999	1999–03	2,2	2,1	2,1	1,7	2,2	3,0
2000	2000–04	2,4	2,9	2,5	2,4	2,5	2,7
2001	2001–05	2,3	2,7	2,5	2,5	2,7	2,6
MF[a]		0,35	–0,06	–0,08		0,19	
MAF[b]		0,90	0,85	0,49		0,98	
RMSE[c]		1,20	1,30	0,59		1,47	

Quelle: HM Treasury, NIESR, eigene Berechnungen.
a Mittlerer Prognosefehler.
b Mittlerer absoluter Fehler.
c Root Mean Squared Error.

Rahmen des Stabilitäts- und Wachstumspakts, regelmäßig vorgelegt.[51]
Eine längere Prognosehistorie weisen die Mittelfristprognosen des Observatoire Francais des Conjunctures Economiques (OFCE) auf, die anschließend dargestellt werden.

4.3.1 Regierung

Die französische Haushaltsplanung erfolgt traditionell auf einer kurzfristigen Basis, d.h. mit einem Horizont von lediglich einem Jahr. Die Verabschiedung des Haushalts findet in der Regel im Herbst des Vorjahres statt, und die Planungen für das laufende Jahr werden an die tatsächliche

---

51 Zuvor wurden Mittelfristprognosen im Wege von einzelnen Studien an unterschiedliche Institutionen vergeben, die mit verschiedenen Methoden und Modellen vorgingen. Für einen Überblick vgl. Sterdyniak (2002).

143

4. Mittelfristige
Wachstums-
prognosen im
internationalen
Vergleich

Entwicklung angepasst, sowohl hinsichtlich der wirtschaftlichen Entwicklung als auch hinsichtlich der Haushaltsentwicklung (*Loi de finances rectificative*). Dies erfolgt zumeist gegen Ende des Jahres.

Mittelfristprognosen werden im Dokument zur Haushaltsplanung erst seit Dezember 1998 publiziert. Sie beruhen auf den Projektionen, die im Rahmen des Stabilitäts- und Wachstumspaktes alljährlich gegen Jahresende als Aktualisierung der Stabilitätsprogramme vorgelegt werden müssen. Die Regierung veröffentlicht erste Rahmendaten ihrer Mittelfristprognose bei Vorlage des Budgetentwurfs. Zum einen sollen damit die kurzfristigen und die mittelfristigen Ziele der Regierung verknüpft werden, zum anderen soll die Vorabpublikation der Öffentlichkeit und den Interessengruppen die Möglichkeit geben, sich über die Ausrichtung des Stabilitätsprogramms zu orientieren, bevor es offiziell veröffentlicht wird. Da die Mittelfristprojektionen im Rahmen der Verpflichtungen durch den Stabilität- und Wachstumspakt erstellt werden, haben die Prognosen erhebliche politische Implikationen. Die Regierung hat ein Interesse zu demonstrieren, dass die Entwicklung der Staatsfinanzen sich auf mittlere Sicht im Einklang mit den Zielen des Stabilitäts- und Wachstumspakts befindet. Die Regierung veröffentlicht zwei Prognosen, ein optimistisches und ein vorsichtiges Szenario.

Der Prognosehorizont beträgt fünf Jahre, wenn das laufende Jahr, über das bei Erarbeitung der Projektion lediglich Informationen über die Entwicklung in der ersten Jahreshälfte vorliegen, mit zum Prognosezeitraum gerechnet wird. Prognosen werden erstellt für das reale Bruttoinlandsprodukt und seine Verwendungskomponenten, BIP-Deflator und Verbraucherpreise sowie die Lohnentwicklung, die Beschäftigung im privaten Sektor und Indikatoren für die fiskalische Entwicklung (Budgetsaldo sowie Einnahmen und Ausgaben des Staates, jeweils in Relation zum Bruttoinlandsprodukt).

Bei der Erstellung der Mittelfristprognose hat die Angebotsseite Priorität, da davon ausgegangen wird, dass zyklische Veränderungen der Nachfrage eher kurzfristiger Natur sind und die Wirtschaft auf mittlere Sicht auf einen Pfad einschwenkt, der durch angebotsseitige Faktoren bestimmt ist. In einem ersten Schritt erfolgt daher eine Schätzung der Wachstumsrate des Produktionspotentials, die in der Mittelfristprognose auch veröffentlicht wird. Auf dieser Basis wird dann der Output Gap ermittelt und das Wachstum des realen Bruttoinlandsprodukts abgeleitet. Dabei wird unterstellt, dass der Output Gap am Ende des Prognosezeitraums weitgehend geschlossen ist. Ein makroökonometrisches Modell kommt in diesem Prozess nicht zum Einsatz.

Die Schätzung des Produktionspotentials basiert auf einem produktions-theoretisch fundierten Ansatz (Bretin 2004 und Doisy 2001). Zunächst wird eine Cobb-Douglas-Produktionsfunktion der Form

(59) $y = (1-\alpha)(n+l) + \alpha k + tfp$

geschätzt, dargestellt in logarithmierter Form, wobei y die gesamtwirt-schaftliche Produktion, n das Arbeitskräftepotential, l Arbeitsstunden je Beschäftigten, k den Kapitalstock und tfp die totale Faktorproduktivität bezeichnen; $(1-\alpha)$ ist die Lohnquote. In anderer Form geschrieben

(60) $y = n + l + \dfrac{1}{1-\alpha}(\alpha(k-y) + tfp)$

zeigt sich, dass das Potentialwachstum drei Bestimmungsfaktoren hat: Veränderungen des Beschäftigungspotentials (gemessen in Arbeitsstun-den), Veränderungen der Arbeitsproduktivität und Veränderungen des Kapitaleinsatzes je Produktionseinheit. Nach den Schätzungen des Fi-nanzministeriums (Bretin 2004) beläuft sich das Potentialwachstum der-zeit, d.h. im Zeitraum von 2004 bis 2007, je nach Annahme über die Ent-wicklung des Kapitalkoeffizienten – es wurden zwei unterschiedliche Szenarien publiziert – auf eine Größenordnung von 2,2 bis 2,4 %. Auf län-gere Sicht (2008 bis 2015) wird unter dem Einfluss der demographischen Entwicklung mit einer weiteren Verlangsamung des Potentialwachstums auf 1,9 bis 2,1 % gerechnet. Damit hat sich die Schätzung in den vergan-genen Jahren merklich verringert. In den Mittelfristprojektionen der Jah-re 2000 und 2001 war noch davon ausgegangen worden, dass das Potenti-alwachstum im ungünstigen Fall 2,5 % und im günstigen Fall sogar 3 % beträgt. In der Mittelfristprojektion des Jahres 2005 wurde die Spanne des Potentialwachstums erweitert, es liegt nun zwischen 2,0 % und 3,0 %.

Die Prognosen der französischen Regierung erwiesen sich als übermä-ßig optimistisch. Im Fall der vorsichtigen Prognose, lag das tatsächlich realisierte Wachstum lediglich im Prognosezeitraum 1998 bis 2002, der die Jahre des IT-Booms enthält, geringfügig unter der prognostizierten Rate; im Fall der optimistischen Prognose wurde das tatsächliche Ergeb-nis ausnahmslos und zum Teil deutlich überschätzt (Tabelle 12). Einen deutlich geringeren Fehler weist die Referenzprognose auf Basis des HP-Filters auf. Auch sie überschätzt die tatsächliche Dynamik allerdings tendenziell. Hier spielt eine Rolle, dass nach den Schätzungen der OECD in fast allen Jahren eine zum Teil erhebliche Ouput-Lücke bestand. Dies

Tabelle 12

Frankreich: Mittelfristprognosen für das reale BIP im Vergleich
Prognosezeitraum 1986-90 bis 2001-05

Jahr der Prognose	Prognosezeitraum	Administration		nachrichtlich: Potentialwachstum hoch/niedrig	OFCE	HP 100	OECD	IfW-Methode	Realisiert
		hoch	niedrig						
1989	1989–93	.	.		2,6	2,1	.	2,3	1,9
1990	1990–94	.	.		.	1,7	.	2,4	1,7
1991	1991–95	.	.		.	1,7	.	2,6	1,6
1992	1992–96	.	.		2,4	1,7	.	2,6	1,4
1993	1993–97	.	.		2,6	2,2	.	2,6	1,6
1994	1994–98	.	.		.	2,8	.	2,2	1,9
1995	1995–99	.	.		2,7[d]	2,5	.	2,1	2,5
1996	1996–00	.	.		.	2,4	.	1,9	2,6
1997	1997–01	.	.		2,0	2,7	.	1,8	2,6
1998	1998–02	2,8	2,4	2,5/2,0	.	2,7	.	1,7	2,5
1999	1999–03	3,0	2,7	n.v./2,25	2,3	2,6	2,4	1,8	2,2
2000	2000–04	3,1	2,7	3,0/2,5		2,6	2,6	2,2	2,0
2001	2001–05	2,8	2,5	3,0/2,5		2,2	2,5	2,2	1,8
MF[a]		0,75	0,40		0,35	0,22		0,09	
MAF[b]		0,75	0,50		0,50	0,27		0,57	
RMSE[c]		0,81	0,51		0,71	0,37		0,65	

Quelle: Ministère de l'Economie et des Finances, OFCE, OECD, eigene Berechnungen.
a Mittlerer Prognosefehler.
b Mittlerer absoluter Fehler.
c Root Mean Squared Error.
d Mittelwert aus zwei Szenarien.

führt bei der hier benutzten Methode, nach der sich dieser Output Gap über den Prognosezeitraum schließt, dazu, dass das prognostizierte Wachstum über dem Potentialwachstum liegt. Den geringsten absoluten Fehler weist die Referenzprognose nach der IfW-Methode auf. Allerdings wird das tatsächliche Ergebnis im Durchschnitt stärker verfehlt als bei den anderen Methoden, wenn auch in beide Richtungen. So führt die Prognose der Determinanten des Potentialwachstums über einen autoregressiven Prozess dazu, dass weder die Verlangsamung des mittelfristigen Wachstums zu Beginn der neunziger Jahre noch die Beschleunigung gegen Ende des Jahrzehnts antizipiert wurden.

4.3.2 OFCE

Das Observatoire Francais des Conjunctures Economiques (OFCE) hat eine lange Tradition bei der Erstellung von Mittelfristprognosen. Dabei kamen mehrere Modelle zum Einsatz, die in ihrer theoretischen Fundierung ähnlich sind, sich im Einzelnen aber unterscheiden. Von 1989 bis 1998 wurden Prognosen mit MIMOSA gemacht, einem Modell der Weltwirtschaft, das auf jährlichen Daten basiert, seit 1992 auch mit MOSAIQUE, welches ein vierteljährliches Modell der französischen Wirtschaft ist. Letzteres wird vor allem auch für die Kurzfristprognose genutzt. Seit 2002 kommt eine neue Version, e-mod.fr, zum Einsatz.

Alle drei Modelle basieren auf einer Produktionsfunktion mit komplementären Faktoren und sind neo-keynesianisch im Ansatz, d.h. nominale Rigiditäten verzögern die Anpassung an externe Schocks. Ein wichtiges Element in den Lohn- und Preisgleichungen ist die NAIRU (Non Accelerating Inflation Rate of Unemployment). E-mod.fr hat eine zeitvariable NAIRU, die berücksichtigt, dass die NAIRU mit der tatsächlichen Arbeitslosigkeit schwankt. Gegenwärtig beläuft sie sich auf zwischen 8,5 und 9 %. Eine NAIRU in dieser Größenordnung bestimmt die Modellergebnisse in der kurzen Frist. Über den hier betrachten Zeitraum von 5 Jahren, gewinnt aber die zugrunde liegende strukturelle Arbeitslosigkeit an Bedeutung, die außerhalb des Modells geschätzt wird und nach Berechnungen des OFCE in Frankreich nur etwa 5 % beträgt (Heyer und Timbeau 2002). Dementsprechend besteht ein erheblicher Raum zur Ausweitung der Produktion über das Wachstum des Arbeitskräftepotentials hinaus, ohne dass es zu inflationären Spannungen kommen müsste. Das implizite Wachstum des Produktionspotentials liegt nach OFCE-Schätzungen derzeit ähnlich wie nach Einschätzung der Regierung bei 2,2 %, wobei 0,6 %-Punkte auf den Anstieg des Arbeitskräftepotentials und 1,6 %-Punkte auf einen trendmäßigen Anstieg der Arbeitsproduktivität zurückgehen. Übereinstimmend mit der Regierung wird ebenfalls eine leichte Verlangsamung des Potentialwachstums erwartet.

Ein Vergleich der OFCE-Prognosen mit der Realität zeigt, dass die tatsächliche Entwicklung ebenfalls zumeist überschätzt wurde, allerdings in deutlich geringerem Maße als bei der französischen Regierung. Auch gibt es eine Phase, in der der tatsächliche Anstieg der Trendproduktion deutlich unterschätzt wurde. So wurde auf die Abschwächung des Trendwachstums in der ersten Hälfte der neunziger Jahre mit einer vorsichten Prognose für die Entwicklung zum Ende des Jahrzehnts reagiert, die sich angesichts des IT-Booms als unzutreffend erwies.

4.4 Italien: Regierung

Es gibt eine Reihe von regelmäßigen Veröffentlichungen der italienischen Regierung zur Analyse und Prognose der gesamtwirtschaftlichen Entwicklung. Sie unterscheiden sich hinsichtlich des Detailgrads des gesamtwirtschaftlichen Rahmens und der Beschreibung der Szenarien und des Prognosehorizonts. Zumeist werden lediglich die aktuelle Entwicklung sowie die konjunkturellen Aussichten in der kurzen Frist diskutiert. Die wichtigsten dieser Dokumente sind:[52] RGE (*Relazione Generale sulla Situazione Economica del Paese*), der Allgemeine Bericht zur Lage der italienischen Wirtschaft, der Ende Mai veröffentlicht wird und eine detaillierte Untersuchung der gesamtwirtschaftlichen wie der finanzwirtschaftlichen Daten des vergangenen Jahres enthält; ein Bericht über die wirtschaftliche Entwicklung des vergangenen Jahres und die aktualisierte Prognose für das laufende Jahr (z.B. *Relazione sull'andamento dell'economia nel 2004 e aggiornamento delle previsioni per il 2005*), der bereits zuvor (Ende April) veröffentlicht wird; RPP, der Prognose- und Planungsbericht (*Relazione Previsionale e Programmatica*), der Ende September veröffentlicht wird und mit Schwerpunkt auf dem laufenden und dem nächsten Jahr die wichtigsten Regierungsziele vorstellt sowie die Prognosen, die die zu erwartenden finanzwirtschaftlichen und gesamtwirtschaftlichen Wirkungen des verabschiedeten (Staats-)Haushalts beinhalten; RTC (*Relazione trimestrale di cassa*), der Vierteljährliche Bericht zur Kassenlage, dessen im März oder April des Jahres veröffentlichte Ausgabe jeweils die Analyse der Ergebnisse des vergangenen Jahres und die Prognose für das laufende Jahr enthält.

Die mittelfristigen Perspektiven werden vor allem im DPEF (*Documento di programmazione economica e finanziaria*) dargestellt, einem Bericht zur Wirtschafts- und Finanzplanung, der Ende Juni veröffentlicht wird. Er dokumentiert die mittelfristigen Regierungsziele sowie die Prognosen für das laufende Jahr und die nächsten vier Jahre und ist Quelle der Mittelfristprognosen, die in dieser Studie verwendet werden. Hinzu kommt die Aktualisierung des Stabilitätsprogramms, die planmäßig Ende November erfolgt und – in Abstimmung mit den Regelungen der Europäischen Kommission – die finanzwirtschaftlichen Ziele der Regierung für die nächsten vier Jahre erläutert. Der DPEF (übersetzt etwa »Wirtschaftlicher und finanzpolitischer Planungsbericht«) ist das wichtigste Doku-

---

52 Diese Dokumente stehen (allerdings nur in italienisch) auf der folgenden Webseite der Regierung zur Verfügung: http://www.rgs.mef.gov.it/versione-i/Documenti-/index.asp.

ment der Finanzpolitik und Grundlage bei der Erstellung des Haushalts. Bei den Projektionen für die folgenden vier Jahre wird die bestehende Rechtslage zugrunde gelegt, d.h. auch absehbare Änderungen in der Politik werden nicht berücksichtigt, solange sie nicht beschlossen sind.[53] Die im DPEF vorgestellten gesamtwirtschaftlichen Prognosen für das laufende und die vier folgenden Jahre umfassen:

1) Internationale exogene Variablen:
   die BIP-Zuwachsrate der Welt, der wichtigsten Wirtschaftsräume und der größten Länder;
   die Zuwachsrate des Welthandels;
   die Trends internationaler Preise (Öl, Rohstoffe und Güter);
2) Aussichten für die italienische Wirtschaft:
   Zuwachsrate des Bruttoinlandsprodukts und seiner Komponenten;
   Deflator des Bruttoinlandsprodukts;
   Zielinflationsrate;
   Kurzfristige Zinsen;
   Anstieg der Lohnstückkosten, Produktivität, Beschäftigung und Arbeitslosenquote.
3) Wachstumsrate des Produktionspotentials und Output Gap.

Der Prozess der gesamtwirtschaftlichen Analyse und Prognose ist eine Aufgabe der finanzwirtschaftlichen Abteilung des Ministeriums für Wirtschaft und Finanzen.[54] Neben der Analyse der nationalen Wirtschaft erstellt die finanzwirtschaftliche Abteilung einen Überblick über die Prognosen der wichtigsten internationalen Institutionen: OECD, EU, IMF. Die Regierungsprognose wird unterstützt durch externe Berater. Drei unabhängige Forschungsinstitute CER (*Centro Europa ricerche*), PROMETEIA and ref. (*Ricerche per l'economia e la finanza*) erstellen regelmäßig eine mittelfristige, die nächsten vier Jahre unfassende Konsensprognose über den internationalen Rahmen im Allgemeinen und die Entwicklung der italienischen Wirtschaft im Besonderen. Prognostiziert werden das Bruttoinlandsprodukt sowohl für die Nachfrage- als auch für

---

53 So bleibt etwa bei der Projektion der Haushaltsentwicklung ein vorhersehbarer Anstieg in bestimmten Ausgabenkategorien unberücksichtigt, beispielsweise bei den staatlichen Investitionen auf gesamtstaatlicher Ebene oder bei der Entlohnung der Angestellten des öffentlichen Dienstes. Steigerungen dieser Ausgaben werden erst beim nächsten Haushaltsentwurf berücksichtigt; daher werden die Staatsausgaben ohne Zinsen vom DPEF in der Regel unterschätzt.

54 Insbesondere ist die Abteilung I verantwortlich für die ökonomische Analyse, die Prognosen und die Erstellung der wirtschaftspolitischen Dokumente, deren Vorlage von den nationalen und europarechtlichen Bestimmungen gefordert wird. Sie erstellt auch Studien zur bestimmten Bereichen und Sektoren.

die Angebotsseite, die Arbeitsmarkt- und Lohnentwicklung sowie die Entwicklung der Preisindizes und des Außenhandels. Die Konsensprognose wird üblicherweise im Februar, im Mai oder Juni und im September mit der finanzwirtschaftlichen Abteilung diskutiert, parallel zur Erstellung der wichtigsten ökonomischen Planungsdokumente. Die Konsistenz des gesamtwirtschaftlichen Rahmens wird mit Hilfe des Makroökonomischen Modells des Finanzministeriums überprüft. Der endgültige Output spiegelt all diese Inputs wieder und wird vervollständigt durch die Analyse und Sichtweise des Wirtschafts- und Finanzministers.

Das Modell des Finanzministeriums (ITEM) ist ein mittelgroßes, multisektorales makroökonomisches Modell der italienischen Wirtschaft und wurde Ende der neunziger Jahre entwickelt. Es besteht aus 218 Gleichungen: 55 stochastischen Gleichungen und 163 Definitionsgleichungen. Es werden vierteljährliche, saisonbereinigte Daten verwendet. Das Angebot an Gütern und Dienstleistungen, die Anlageinvestitionen und die Beschäftigung werden nach fünf Sektoren gegliedert: Landwirtschaft, verarbeitendes Gewerbe, Bau, private Dienstleistungen und nicht-handelbare Dienstleistungen (diese entsprechen nahezu vollständig dem Staatssektor). Die Investitionen und der Arbeitseinsatz werden von der Steuerbelastung der sektoralen Gewinne und Erlöse beeinflusst. Kapital- und Arbeitseinsatz wiederum gehen in die sektorale Produktionsfunktion ein, über die die Angebotsseite des Modells detailliert modelliert wird. Charakteristisch für das Modell des Finanzministeriums ist, dass Differenzen zwischen Angebot und Nachfrage kurzfristig durch die Lagerhaltung ausgeglichen werden[55] Leider ist eine detaillierte Beschreibung des Modells nicht öffentlich verfügbar.

[55] Auf der Entstehungsseite ergibt sich das Bruttoinlandsprodukt als Summe der sektoralen Wertschöpfung $VA(i)$, welche durch Produktionsfunktionen geschätzt werden und für die Z eine endogene ausgleichende Größe darstellt (1). Im Rahmen der Produktionsfunktion ist die sektorale Wertschöpfung abhängig von einem technologischen Parameter $A(i)$, dem Kapitalstock $K(i)$ und der Beschäftigung $N(i)$ sowie einer Reaktion auf die Lagerentwicklung der Vorperiode (2). Über das Lager werden im Modell die Entstehungs- und die Verwendungsseite zusammengeführt (3); sie reflektieren Abweichungen vom Gleichgewicht, zu denen es kurzfristig kommt, wenn die Preise sich nicht schnell genug anpassen, um die Räumung der jeweiligen Märkte zu gewährleisten.

(1) $GDP = xxxVA(i) + Z(.)$
(2) $VA(i) = A(i)f(K(i), N(i); DH(i) - 1)$
(3) $DH = [GDP(.) + M(.)] - [C(.) + G(.) + I(.) + X(.)]$.

Die Verwendungskomponenten des Bruttoinlandsprodukts werden im Modell endogen bestimmt ebenso wie die Verteilung.

Tabelle 13

Italien: Mittelfristprognosen für das reale BIP im Vergleich
Prognosezeitraum 1986-90 bis 2001-05

Jahr der Prognose	Prognose-zeitraum	Regierung	HP 100	OECD	IfW-Methode	Realisiert
1986	1986–90	.	2,7	.	2,3	2,9
1987	1987–91	.	2,9	.	2,3	2,7
1988	1988–92	3,2	2,7	.	2,0	2,4
1989	1989–93	3,4	2,3	.	2,6	1,8
1990	1990–94	3,1	1,8	.	2,7	1,5
1991	1991–95	2,8	1,7	.	2,9	1,5
1992	1992–96	2,1	1,8	.	2,7	1,3
1993	1993–97	1,8	1,8	.	2,1	1,3
1994	1994–98	2,7	2,6	.	1,3	1,3
1995	1995–99	3,0	2,6	.	1,3	1,7
1996	1996–00	2,3	1,6	.	1,6	1,8
1997	1997–01	2,1	1,9	.	1,9	1,6
1998	1998–02	2,5	2,1	.	2,1	1,6
1999	1999–03	2,4	2,0	2,4	2,2	1,4
2000	2000–04	3,0	2,4	2,6	2,3	1,3
2001	2001–05	2,7	1,9	2,4	2,3	1,1
MF[a]		1,12	0,49		0,47	
MAF[b]		1,12	0,54		0,73	
RMSE[c]		1,20	0,63		0,84	

Quelle: Ministerio dell'Economia e delle Finanze, OECD, eigene Berechnungen.
a Mittlerer Prognosefehler.
b Mittlerer absoluter Fehler.
c Root Mean Squared Error.

Das Produktionspotential schätzt die italienische Regierung mithilfe des Produktionsfunktions-Ansatzes der Europäischen Kommission. Die Potentialschätzung und der darauf basierende Output Gap werden sowohl im DPEF als auch im aktualisierten Stabilitätsprogramm präsentiert. Die Methode beruht auf einer Cobb-Douglas Produktionsfunktion[56], bei der das Produktionspotential abhängig ist vom Kapitalstock des Unternehmenssektors, dem potentiellen Arbeitsangebot ermittelt auf Basis einer NAIRU-Schätzung, der Bevölkerung im erwerbfähigen Alter und dem Trend der Beschäftigungsquote sowie einem Maß für den Trend der totalen Faktorproduktivität.

Die Prognosen der italienischen Regierung (Tabelle 13) erwiesen sich in jedem Fall als zu optimistisch. Zwar zeigte das Finanzministerium mit seinen Prognosen durchaus Veränderung in der Dynamik des Wirt-

56 Der Ansatz ist ausführlich dargestellt in Denis, McMorrow und Röger (2002).

4. Mittelfristige
Wachstums-
prognosen im
internationalen
Vergleich

Schaubild 16

Mittelfristprognose und realisiertes BIP-Wachstum sowie Prognosefehler – Italien

Prognosezeitraum 1986-90 bis 2001-05

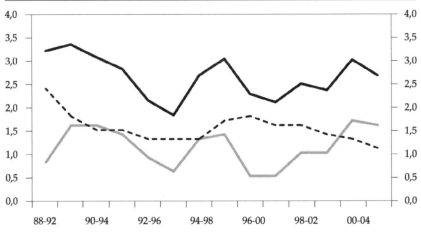

Quelle: Prometeia, OECD, eigene Berechnungen.

schaftswachstums auf. So gingen die prognostizierten Wachstumsraten bis Mitte der neunziger Jahre zurück und beschleunigten sich anschließend wieder, eine Entwicklung, die auch tatsächlich zu beobachten war (Schaubild 16). Das Niveau des Produktionsanstiegs wurde jedoch ausnahmslos deutlich überschätzt. Besonders stark überhöht fiel die Prognose in den letzten Jahren aus, als eine Beschleunigung des mittelfristigen Wachstums prognostiziert wurde, während es sich tatsächlich erheblich verlangsamte. Diese Entwicklung steht möglicherweise damit in Zusammenhang, dass im Rahmen des Stabilitäts- und Wachstumspakts eine deutliche Verbesserung der Staatsfinanzen angestrebt wurde. Um den finanzpolitischen Konsolidierungsbedarf zu begrenzen, gab es starke Anreize, den Abbau der Haushaltsdefizite in der Projektion durch eine dynamische Entwicklung der Realwirtschaft zu stützen. Wesentlich ist aber wohl auch, dass die Verlangsamung des Wachstumstrends in Italien – insbesondere vor dem Hintergrund der Internet-Revolution – gegen Ende der neunziger Jahre und zu Beginn des laufenden Jahrzehnts schwer zu prognostizieren war.

Hierfür spricht, dass das Wirtschaftswachstum in Italien auch in den Referenzprognosen systematisch überschätzt wurde, wenn auch in etwas geringerem Maße (Schaubild 17). Auch in einer Prognose, die auf der

Schaubild 17

**Mittelfristprognosen für Italien
im Vergleich**

Prognosezeitraum 1986-90 bis 2001-05

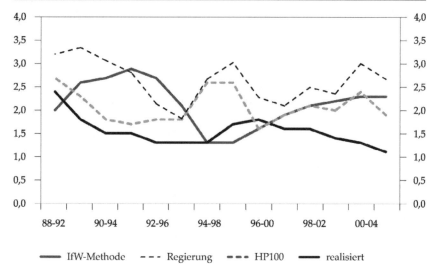

Quelle: CPB, OECD, eigene Berechnungen.

Potentialschätzung mittels HP-Filters beruht, ergibt sich für die vergangenen 10 Jahre, wesentlich bedingt auch durch einen nach Schätzungen der OECD hohen negativen Output Gap, eine Beschleunigung des mittelfristigen Wachstums. Die Verwendung der IfW-Methode basierend auf einem Growth-Accounting-Ansatz führt für die jüngere Vergangenheit ebenso nicht zu besseren Ergebnissen. Bis in die Mitte der neunziger Jahre hinein ist die Überschätzung der tatsächlichen Entwicklung sogar noch deutlich ausgeprägter als beim HP-Filter und ähnlich hoch wie bei der Regierungsprognose.

4.5   Niederlande: CPB

Die mittelfristigen gesamtwirtschaftlichen Projektionen für die niederländische Regierung werden vom CPB (Netherlands Bureau for Economic Policy Analysis, ehemals Centraal Planbureau) erstellt, das rechtlich ein Teil des Finanzministeriums ist. Sie werden in Form von Szenarien zwar regelmäßig, aber in größeren Abständen von zwei bis vier Jahren erarbeitet. Der Prognosezeitraum umfasst in der Regel vier Jahre. Der

Zeitpunkt der Erstellung mittelfristiger Prognosen hängt eng mit den Terminen für die Parlamentswahlen zusammen, stellt doch die Analyse von Wahlprogrammen und Koalitionsvereinbarungen eine wichtige Anwendung der Mittelfristprojektion dar (CPB 2004). Grundsätzlich erfolgt die Mittelfristprojektion vor den Wahlen und umfasst die kommende Legislaturperiode, d.h. einen Zeitraum von vier Jahren. Gelegentlich erfolgte eine Aktualisierung nach Ablauf von zwei Jahren. Die Mittelfristprojektion aus dem Dezember 2001 (für die Jahre 2003 bis 2006) wurde im Mai 2002 und im Dezember 2002 unter dem Einfluss politischer Ereignisse aktualisiert.

Die Hauptaufgabe der Mittelfristprojektionen ist die Bereitstellung einer Baseline, gegenüber der die Auswirkungen von Politikmaßnahmen abgeschätzt werden können. Darüber hinaus spielen sie eine Rolle für die Stabilitätsprogramme, die die niederländische Regierung im Rahmen der EWU jährlich vorzulegen hat. Während das CPB bei der Abfassung der Stabilitätsprogramme nicht direkt beteiligt ist, verwendet die Regierung die Wachstumsraten aus den Projektionen für die Verlängerung der Kurzfristprognose (Central Economic Plan), die ebenfalls vom CPB erstellt wird.

Zentrales Element der Mittelfristprognose ist eine Schätzung des Produktionspotentials, die auf der Basis einer Produktionsfunktion erfolgt (Don 2001, Draper et al. 2001). Bestimmend für das Produktionspotential sind die Entwicklung des Arbeitsangebots und die mittelfristige (»strukturelle«) Entwicklung der Arbeitsproduktivität. Bei der Schätzung des Arbeitsangebots werden systematische Veränderungen der Partizipationsrate und der Struktur des Erwerbspersonenpotentials hinsichtlich Alter und Geschlecht berücksichtigt. Die strukturelle Arbeitsproduktivität wird durch arbeitssparenden technischen Fortschritt getrieben sowie Veränderungen der Kapitalintensität. Die strukturelle Arbeitslosigkeit wird über einen NAIRU-Ansatz geschätzt.

In der Regel weicht die tatsächliche Produktion vom geschätzten Produktionspotential ab, d.h. es existiert eine gesamtwirtschaftliche Unter- oder Überauslastung (Output Gap). Dieser konjunkturelle Faktor beeinflusst die Erwartung für das Wachstum im Projektionszeitraum, denn es wird angenommen, dass am Ende der betrachteten Periode der Output Gap verschwunden ist. Entsprechend erreicht die Arbeitslosigkeit am Ende des Projektionszeitraums ihr Gleichgewichtsniveau und der Kapitalstock entspricht dem, der mit einem konstanten Anteil des Faktors Arbeit an der Wertschöpfung im Unternehmenssektor kompatibel ist. Die Annahmen hinsichtlich Potentialwachstum sowie außenwirtschaftlicher

Einflüsse, die für die Mittelfristprognose exogen vorgegeben werden, werden in einer günstigen und in einer ungünstigen Variante berechnet.

Wichtigstes Instrument bei der detaillierten Ausarbeitung der Mittelfristprojektion sowie für die auf der Basisprojektion aufsetzenden Politiksimulationen ist das makroökonometrische Modell JADE (Joint Analysis of Dynamics and Equilibrium). Das Modell ist Teil einer Familie von vier makroökonometrischen Modellen zur Analyse wirtschaftspolitischer Fragen (zu denen auch die Prognose gehört). Sie unterscheiden sich hinsichtlich der Methodologie. Der Disaggregationsgrad entspricht dem unterschiedlichen Anwendungsschwerpunkt[57]. JADE soll kurz- und mittelfristige Dynamik mit einer Analyse des langfristigen Gleichgewichts verbinden. Es wird außer zur Erstellung der mittelfristigen Prognosen vor allem zur Politikfolgenabschätzung, insbesondere bei der Analyse von Parteiprogrammen verwendet. Es erlaubt zum einen Aussagen über die langfristigen Wohlfahrtswirkungen einer Politik, zum anderen aber auch die Analyse der Entwicklung auf dem Weg zu einem neuen Gleichgewicht, die möglicherweise mit gesamtwirtschaftlichen Kosten verbunden ist und erklären hilft, warum langfristig vorteilhafte Reformen oft politisch nicht durchsetzbar sind. Besonderes Augenmerk ist auf die Modellierung des Arbeitsmarktes gelegt; es wird zwischen verschieden Qualifikationsniveaus der Arbeiter unterschieden. Die Angebotsseite ist in sechs Sektoren untergliedert; die Wertschöpfung wird modelliert durch CES-Kostenfunktionen, in die Arbeit und Kapital als Inputs eingehen. Die Wertschöpfung bestimmt die Faktornachfrage. Die über die Sektoren aggregierte Nachfrage nach Arbeit der verschiedenen Qualitäten trifft auf das jeweilige Arbeitangebot, welches von demographischen Faktoren und Ausbildung, der Arbeitslosenquote (als Proxy für die stille Reserve) und dem realen Nettolohnsatz bestimmt ist.

Die Mittelfristprognose enthält eine ausführliche Analyse der Aussichten für die Staatsfinanzen. Diese basiert auf der Annahme unveränderter Politik und dem ungünstigen Szenario für das Wirtschaftswachstum. Im Ergebnis wird deutlich, welcher Spielraum für expansive fiskalpolitische Maßnahmen besteht, bzw. in welchem Maße Konsolidierung zur Erreichung gegebener haushaltspolitischer Ziele erforderlich ist.

Mittelfristprojektionen des CPB liegen vor für die Jahre 1995 bis 1998 (veröffentlicht März 1993), 1997 bis 2000 (April 1996), 1999 bis 2002 (November 1997) und 2003 bis 2006 (Dezember 2001). In der aktualisierten Fassung vom Dezember 2002 wurde der Prognosehorizont um ein Jahr

---

57 Für eine komprimierte Darstellung vgl. DeBroer, de Mooij und Okker (1998).

Tabelle 14

Niederlande: Mittelfristprognosen für das reale BIP im Vergleich
Prognosezeitraum 1995-98 bis 2003-06

Jahr der Prognose	Prognosezeitraum	CPB		HP 100	OECD	Realisiert
		hoch	niedrig			
1993	1995–98	3,0	1,8	2,8	.	3,1
1996	1997–00	3,0	2,0	3,2	.	3,6
1997	1997–02	3,25	2,0	2,7	.	2,5
2001	2003–06	3,0	2,5	1,6	2,0	0,6[a]
MF[b]		0,6	-0,4	0,5		
MAF[c]		0,9	-1,3	0,9		

Quelle: CPB, OECD, eigene Berechnungen.
a Unterstellt ist ein Anstieg des realen BIP in den Jahren 2005 und 2006 um 0,5 bzw.
1,7 %, entsprechend den Prognosen der OECD (2005).
b Mittlerer Fehler.
c Mittlerer absoluter Fehler.

Schaubild 18

**Mittelfristprognosen für die Niederlande
im Vergleich**

Prognosezeitraum 1995-98 bis 2003-06

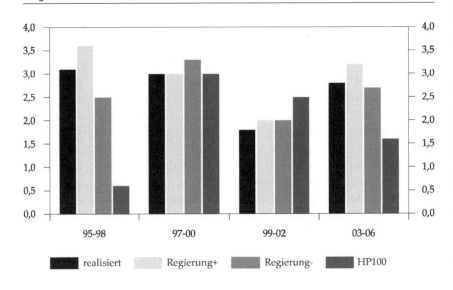

Quelle: CPB, OECD, eigene Berechnungen.

Schaubild 19

**Prognosefehler der Mittelfristprognose für die Niederlande
im Vergleich**

Prognosezeitraum 1995-98 bis 2003-06

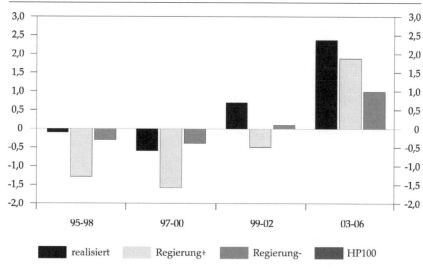

Quelle: CPB, OECD, eigene Berechnungen.

erweitert. Ein Vergleich der prognostizierten Werte für das reale Bruttoinlandsprodukt mit den realisierten Werten zeigt, dass die tatsächliche
Entwicklung in den neunziger Jahren spürbar unterschätzt wurde (Tabelle 14, Schaubild 18). Der Anstieg des realen Bruttoinlandsprodukts
war in der Realität merklich stärker, als selbst im günstigen Szenario erwartet worden war. Im Gegensatz dazu wurde die mittelfristige Entwicklung seit dem Jahr 2000 erheblich überschätzt. Während die Projektion im günstigen Szenario ein mehr oder weniger unverändertes Wachstum von jahresdurchschnittlich 3 % vorsah, kam es tatsächlich zu einem
Einbruch auf eine Rate von nur noch 0,6 %. Diese Entwicklung kam für
die Prognostiker offenbar überraschend, wurde doch die Wachstumsrate
für einen ungünstigen Verlauf im Vergleich zum vorherigen Prognosezeitraum (1997 bis 2002) sogar erhöht.

Eine Orientierung an einer HP-Filter-basierten Prognose hätte den
Prognosefehler im Fall der Niederlande deutlich vermindert (Schaubild 19). Für die Jahre des starken Wachstums in den neunzigern sind die
mit dieser Methode erzeugten Prognosen ähnlich hoch wie die im günstigen Szenario des CPB. Für den Zeitraum 2001 bis 2006 prognostiziert das

4. Mittelfristige
Wachstums-
prognosen im
internationalen
Vergleich

HP-basierte Verfahren eine deutliche Abschwächung der Wachstumsdynamik. Dies liegt weniger an einer schwächeren Einschätzung des Potentialwachstums der niederländischen Wirtschaft, sondern im Wesentlichen daran, dass für das Jahr, das dem Prognosezeitraum vorhergeht (2000), ein deutlich positiver Output-Gap eingeht. Dieser wirkt in der (fiktiven) Prognose auf einen Anstieg des Bruttoinlandsprodukts hin, der unter dem Potentialwachstum liegt, weil die Methode ein Schließen des Output Gaps im Prognosezeitraum unterstellt. Auch die Projektion der OECD, die ebenfalls unterstellt, dass die gesamtwirtschaftlichen Kapazitäten am Ende des Prognosezeitraums normal ausgelastet sind, kommt für den Zeitraum 2001 bis 2006 auf eine gemessen an den Erwartungen des CPB geringe Wachstumsrate.

4.6 Irland: ESRI

Die irische Regierung legt keine Mittelfristprognosen im Sinne dieser Untersuchung vor, sondern lediglich Prognosen über einen Zeitraum von drei Jahren. Es werden aber in regelmäßigen Abständen vom Economic and Social Research Institute (ESRI) in Dublin Mittelfristprognosen vorgelegt, in der Regel im Abstand von zwei Jahren. Die jüngste Mittelfristprojektion datiert aus dem Jahr 2003, die erste aus dem Jahr 1986. Die Projektionen beziehen sich anders als in den übrigen betrachteten Ländern auf das Bruttosozialprodukt und nicht auf das Bruttoinlandsprodukt. Zwischen den Veränderungen dieser Größen gibt es in Irland wegen der großen Bedeutung der Zu- und Abflüsse von Faktoreinkommen nicht selten erhebliche Diskrepanzen.

Die Prognosen werden mithilfe eines makroökonometrischen Modells erarbeitet, das auf den mittelfristigen Horizont der Analyse zugeschnitten ist (Bergin et al. 2003: Appendix 1). Angesichts der ausgeprägten Offenheit der irischen Wirtschaft (die Exporte und Importe übersteigen jeweils deutlich das Bruttosozialprodukt) und der großen Bedeutung von ausländischen Direktinvestitionen für die Entwicklung des Sachkapitalstocks wird der handelbare Güter produzierende Sektor als Hauptmotor des Potentialwachstums betrachtet. Im Fall des verarbeitenden Gewerbes sind die Konjunktur im Ausland und die Entwicklung der irischen Wettbewerbsfähigkeit die wesentlichen Einflussfaktoren. Die preisliche Wettbewerbsfähigkeit auf den Weltmärkten fließt auch als Argument in die Lohnbildungsfunktion ein. Die Nachfrage nach Arbeit wird im Rahmen einer Produktionsfunktion abgeleitet. Das Arbeitsangebot wird von

Tabelle 15

Irland: Mittelfristprognosen für das reale BIP im Vergleich
Prognosezeitraum 1986-90 bis 2003-07

Jahr der Prognose	Prognosezeitraum	ESRI	HP 100	Realisiert
1986	1986–90	2,8	2,1	3,2
1988	1988–92	2,6	2,8	3,7
1989	1989–93	5,2	3,3	4,0
1991	1991–95	3,4	2,6	4,4
1994	1994–98	5,3	4,1	7,8
1997	1997–01	5,0	6,5	7,8
1999	1999–03	5,5	6,8	5,9
2001	2001–05	4,8	6,6	4,3
2003	2003–07	4,3	4,8	.
MF[a]		–0,81	–0,78	
MAF[b]		1,23	1,59	
RMSE[c]		1,51	1,85	

Quelle: ESRI, eigene Berechnungen.
a Mittlerer Prognosefehler.
b Mittlerer absoluter Fehler.
c Root Mean Squared Error.

einer Reihe von Faktoren beeinflusst, insbesondere der Bevölkerung im erwerbsfähigen Alter, der Erwerbsbeteiligung und der Migration, die jeweils durch eine Reihe von Beziehungen modelliert sind. Dabei liegt ein differenziertes demographisches Modell zugrunde. Die Erwerbsbeteiligung wird bestimmt durch Einflüsse wie die Wahrscheinlichkeit Arbeit zu finden, den Lohnsatz und soziologische Veränderungen, die sich langsam vollziehen. Ein wichtiges Element des Arbeitsangebots in Irland ist Migration. Sie hat traditionell eine große Bedeutung, zunächst als Ventil für überschüssige Arbeitskräfte, in jüngerer Zeit aber auch stark als Quelle zusätzlichen Arbeitsangebots. Dabei hat sich der Charakter der Migration in den letzten Jahren gewandelt. War die Zuwanderung aus dem Ausland bis vor einigen Jahren von rückkehrenden Iren dominiert, so treten in den letzten Jahren zunehmend Nicht-Iren in den irischen Arbeitsmarkt ein. In der Folge besteht Unsicherheit darüber, inwieweit die auf Basis der Erfahrungen der Vergangenheit geschätzten Beziehungen weiterhin gültig sind.

Die Prognosen des ESRI haben die tatsächliche Entwicklung im Beobachtungszeitraum deutlich unterschätzt, vor allem die sehr starke wirtschaftliche Expansion in der zweiten Hälfte der neunziger Jahre (Tabel-

4. Mittelfristige Wachstumsprognosen im internationalen Vergleich

Schaubild 20

Mittelfristprognosen und realisiertes BIP-Wachstum sowie Prognosefehler – Irland

Prognosezeitraum 1986-90 bis 2003-07

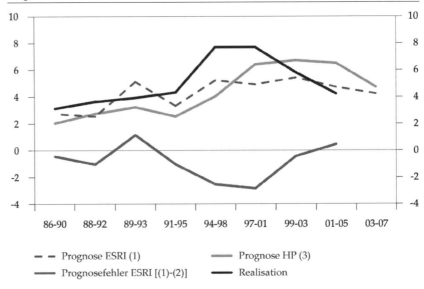

- - Prognose ESRI (1)   Prognose HP (3)

— Prognosefehler ESRI [(1)-(2)]   Realisation

Quelle: ESRI, eigene Berechnungen.

le 15). Die zum Vergleich herangezogene Prognose des mittelfristigen Wachstums auf Basis einer mithilfe eines HP-Filters generierten Potentialschätzung verbessert die Prognosegüte jedoch nicht. Die Entwicklung in der ersten Hälfte des Beobachtungszeitraums wird noch stärker unterschätzt (Schaubild 20). Auf das starke Wachstum des Produktionspotentials reagiert die Referenzprognose zwar deutlich; allerdings kommt es am Ende des Prognosezeitraums dann zu einer Überschätzung des tatsächlichen Wachstums. Prognosen der OECD, die zum Vergleich herangezogen werden könnten, liegen für das Bruttosozialprodukt nicht vor.

5. Vergleichende quantitative Auswertung

In diesem Abschnitt soll eine statistische Auswertung hinsichtlich der Prognosequalität erfolgen für solche Prognosen, für die eine hinreichend lange Zeitreihe vorliegt. Dies gilt für die Prognosen der Bundesregierung in Deutschland, die von CBO und Administration in den Vereinigten

Staaten, die des Schatzamts und des NIESR im Vereinigten Königreich sowie die Prognosen der italienischen Regierung. Zum Vergleich werden jeweils die selbst retrospektiv berechneten Referenzprognosen ausgewertet.

Prognosen können nach unterschiedlichen Kriterien beurteilt werden. Wichtig sind insbesondere Treffsicherheit, Effizienz und Unverzerrtheit. Eine eindeutige Beurteilung der Prognosegüte insgesamt ist im Fall, das zwei Prognosen unterschiedlichen Kriterien absolut besser genügen, nur möglich, wenn der Zweck der Prognose bekannt ist.

Der mittlere Fehler m der Prognosefehler gibt Auskunft über die Verzerrtheit einer Prognose. Eine gute Prognose sollte unverzerrt sein, d.h., im Durchschnitt weder überprognostizieren noch unterprognostizieren und daher einen Mittelwert von null besitzen. Um zu überprüfen, ob die Stichprobenmittelwerte möglicherweise nur zufällig von null abweichen, wird ein statistischer Test der Hypothese $m = 0$ durchgeführt. Dabei ist zu berücksichtigen, dass es sich hier um 5-Jahres-Prognosen handelt, die sich aufgrund überlappender Prognosezeiträume aufeinander folgender Prognosen durch eine spezifische Struktur der Prognosefehler auszeichnen. Dabei handelt es sich um einen sogenannten Moving-Average-Prozess der Ordnung 4, kurz MA(4). Bei der Durchführung eines statistischen Tests wird diese MA(4)-Struktur berücksichtigt, um die Schätzungenauigkeit adequat wiederzugeben.[58]

Neben dem Mittelwert ist auch die Streuung der Prognosefehler von Interesse. So ist eine unverzerrte Prognose mit hoher Streuung nicht unbedingt einer verzerrten Prognose mit geringer Streuung vorzuziehen. Als Maß der Streuung verwenden wir die Standardabweichung der Prognosefehler. Für viele Zwecke, insbesondere im Zusammenhang der in dieser Studie untersuchten Fragestellung, ist nicht die Standardabweichung der Prognosefehler (von ihrem eigenen Mittel), sondern die Streuung um den zu prognostizierenden Zielwert von Interesse. Ein Prognosemaß, das diese Frage beantwortet, ist die Wurzel aus dem mittleren quadratischen Prognosefehler (Root Mean Squared Error, RMSE).

Bei der Verwendung der Standardabweichung oder des RMSE als Streuungsmaß werden große Prognosefehler durch die Quadrierung besonders stark gewichtet. So kann das Ergebnis durch einige wenige Ausreißer geprägt werden. Dies kann gerade sinnvoll sein, muss es aber nicht, insbesondere wenn von mehr oder weniger linearen Kosten einer

---

[58] Technisch wird dies durch eine nichtparametrische Varianzschätzung unter Verwendung von Bartlett-Gewichten mit der Laglänge 4 implementiert.

Zielverfehlung ausgegangen werden kann. Daher wird der mittlere absolute Fehler (MAF) als alternatives Maß berücksichtigt.

Schließlich ist die Effizienz der Prognosen von Interesse. Damit wird die Eigenschaft einer Prognose bezeichnet, möglichst alle zum Prognosezeitpunkt verfügbaren Informationen in die Prognose einfließen zu lassen. Dann sollte der Prognosefehler mit diesen Informationen unkorreliert sein. Als Minimalbedingung sollte der Prognosefehler nicht durch die Prognose selbst vorhersagbar sein. Um dies zu überprüfen, wird der Prognosefehler auf eine Konstante und die Prognose regressiert (Mincer-Zarnowitz-Regression). Die Effizienzhypothese verlangt nun, dass die Parameter sowohl der Konstanten als auch der Prognose gerade null sind. Dies lässt sich mit einem statistischen Test überprüfen, der wiederum die MA(4)-Struktur der Prognosefehler berücksichtigt. Berichtet werden sowohl die t-Tests für die einzelnen Parameter als auch die F-Tests für die gemeinsame Hypothese, dass beide Parameter null sind.

In Tabelle 16 sind die statistischen Gütemaße für die Prognosen des Mittelfristwachstums in *Deutschland* zusammengestellt. Berücksichtigt sind die Fünfjahresprognosen der Bundesregierung und als Referenzprognosen die auf der Basis der Sachverständigenratspotentialschätzung berechnete Wachstumsprognose, die mithilfe einer auf dem Hodrick-Prescott-Filter basierenden Potentialschätzung gewonnene Prognose und die Prognose, die unter Verwendung eines Growth Accounting Ansatzes ermittelt wurde (IfW-Methode).[59] Zu berücksichtigen ist bei der Bewertung, dass zwar die zum Vergleich mit der Regierungsprognose herangezogenen (fiktiven) Prognosen auf eine Weise erstellt wurden, die der Real-Time-Problematik Rechnung tragen soll, indem nur Daten aus Jahren berücksichtigt wurden, für die zum Zeitpunkt der Erstellung auch Daten vorhanden gewesen wären.[60] Ein echter Real-Time-Datensatz liegt aber lediglich für die Reihe des realen Bruttoinlandsprodukts vor. Für die Datenreihen, die dem Growth-Accounting-Ansatz zu Grunde war eine Erstellung aus Gründen der Datenverfügbarkeit nicht möglich. Diese Prognose ist also mit den Ex-ante-Prognosen der Bundesregierung nur eingeschränkt vergleichbar. Die durch dieses Problem verursachte Verzerrung der Ergebnisse dürfte allerdings die Resultate nicht qualitativ verändern, da die Datenunsicherheit durch nach-

---

59 Das Vorgehen bei der Generierung der Referenzprognosen ist in Abschnitt 3 dargestellt.
60 Für die Prognose auf Basis des SVR-Potentials gilt dies allerdings nur mit der in Abschnitt 3.4 diskutierten Einschränkung, dass für die letzten drei Datenpunkte nicht auf eine Echtzeitpotentialschätzung zurückgegriffen werden konnte.

Tabelle 16

Statistische Gütemaße für mittelfristige Prognosen des realen Bruttoinlandsprodukts – Deutschland

	Bundes-regierung	Mit SVR-Potential	Hodrick-Prescott (100)-Filter	IfW-Methode
Mittlerer Fehler (MF)	0,57*	0,50***	0,44*	0,20
(*t*-Wert für H0: MF=0)	(1,89)	(3,25)	(1,95)	(0,44)
Standardabweichung (STDABW)	0,97	0,62	0,74	1,33
RMSE um 0	1,10	0,78	0,84	1,31
Mittlerer absoluter Fehler (MAF)	0,94	0,62	0,78	1,14
Mincer-Zarnowitz-Regression				
Konstante	–2,24*	–0,95**	0,19**	–3,64***
(*t*-Wert für H0: K=0)	(–2,00)	(–0,73)	(0,22)	(–5,14)
Prognose	1,11***	0,68**	0,10*	1,78***
(*t*-Wert für H0: P=0)	(3,17)	(1,22)	(0,33)	(6,75)
F-Test beide=0	18,54***	11,63***	2,22**	29,33***
Nachrichtlich:				
Stichprobenumfang	16	16	16	16

Quelle: Eigene Berechnungen.
Anmerkung: *, **, *** kennzeichnen Ablehnung der Nullhypothese bei einer Irrtums-wahrscheinlichkeit von weniger als 10 %, 5 % bzw. 1 %.

trägliche Revisionen nur einen geringen Teil der Real-Time-Problematik ausmacht.

Die Prognosen der Bundesregierung, nach SVR und nach HP-Filter sind alle nicht unverzerrt. Der mittlere Fehler ist mit einer Irrtumswahrscheinlichkeit von weniger als 10 % (SVR: 1 %) von null verschieden. Das Wirtschaftswachstum wird in allen Fällen systematisch überschätzt, am stärksten von der Bundesregierung. Lediglich für die Prognose nach IfW-Methode kann die Nullhypothese, dass der Prognosefehler im Mittel null beträgt, nicht verworfen werden.[61] Dies geht freilich mit einer starken Streuung der Prognose einher; nach allen Streuungsmaßen schneidet diese Referenzprognose am schlechtesten ab; die Prognose der Bundesregierung streut stärker als die Referenzprognosen nach SVR und HP-Methodik. Von Effizienz der Prognosen kann in keinem Fall gesprochen werden. Die Mincer-Zarnowitz-Regression ergibt, dass sowohl für Konstante als auch für den Koeffizienten der Prognose die Nullhypothe-

61 Es ist hier auf die geringe Stichprobengröße hinzuweisen, die dazu führt, dass die Evidenz sehr stark sein muss, um die Nullhypothese abzulehnen.

5. Vergleichende quantitative Auswertung

Tabelle 17

Statistische Gütemaße für mittelfristige Prognosen des realen Bruttoinlandsprodukts – Vereinigte Staaten

	Admini-stration	CBO	Hodrick-Prescott (100)-Filter	IfW-Methode
Mittlerer Fehler (MF)	0,08	–0,24	–0,19	0,04
(*t*-Wert für H0: MF=0)	(–0,69)	(0,18)	(–0,55)	(0,11)
Standardabweichung (STDABW)	0,99	0,85	0,86	0,99
RMSE um 0	0,96	0,86	0,86	0,96
Mittlerer absoluter Fehler (MAF)	0,86	0,73	0,73	0,82
Mincer-Zarnowitz-Regression				
Konstante	–4,59***	–3,46**	–3,50**	–4,58***
(*t*-Wert für H0: K=0)	(–5,82)	(–2,50)	(–2,67)	(–5,64)
Prognose	1,65***	1,28**	1,29**	1,65***
(*t*-Wert für H0: P=0)	(5,38)	(2,76)	(2,72)	(5,54)
F-Test beide=0	17,25***	4,78**	3,70*	16,13***
Nachrichtlich:				
Stichprobenumfang	16	16	16	16

Quelle: Eigene Berechnungen.
Anmerkung: *, **, *** kennzeichnen Ablehnung der Nullhypothese bei einer Irrtums-wahrscheinlichkeit von weniger als 10 %, 5 % bzw. 1 %.

se auf zumeist sehr hohem Wahrscheinlichkeitsniveau abgelehnt werden muss.

Ein Vergleich der Mittelfristprognosen für die *Vereinigten Staaten* (Tabelle 17) zeigt, dass sie generell als unverzerrt bezeichnet werden können. Der Mittelwert der Prognosefehler weicht nach allen Verfahren nicht signifikant von null ab. Die Streuung ist für alle Methoden ähnlich groß; die Prognose des CBO und die HP-Prognose schneiden nach diesem Kriterium geringfügig besser ab als die Prognose der Administration und die nach IfW-Methode. Allerdings enthält die Prognose Informationen über die Prognosefehler. Keine der Prognosen ist nach den Ergebnissen der Mincer-Zarnowitz-Regression als effizient zu beurteilen.

Die Prognosen für das *Vereinigte Königreich* können als effizient bezeichnet werden (Tabelle 18). Der mittlere Fehler ist weder bei den Prognosen der Regierung und des NIESR noch bei denen der Referenzmethoden signifikant von null verschieden. Die durchschnittliche Abweichung vom tatsächlichen Wachstum ist im Fall der Regierungsprognose am größten. Auch wird das tatsächliche Wachstum im Durchschnitt überschätzt, während das Wachstum vom unabhängigen NIESR im Mittel geringfügig unterschätzt wird. Dies stützt die Hypothese, dass es bei

Tabelle 18

Statistische Gütemaße für mittelfristige Prognosen des realen Bruttoinlandsprodukts – Vereinigtes Königreich

	Regierung	NIESR	Hodrick-Presott (100)-Filter	IfW-Methode
Mittlerer Fehler (MF)	0,35	–0,06	–0,08	0,19
(t-Wert für H0: MF=0)	(0,76)	(–0,17)	(–0,35)	(0,40)
Standardabweichung (STDABW)	1,47	1,67	0,76	1,86
RMSE um 0	1,20	1,30	0,59	1,47
Mittlerer absoluter Fehler (MAF)	0,90	0,85	0,49	0,98
Mincer-Zarnowitz-Regression				
Konstante	0,75	–0,04	1,38***	–2,26*
(t-Wert für H0: K=0)	(0,28)	(–0,04)	(5,35)	(–1,97)
Prognose	–0,16	0,09	–0,70***	1,04**
(t-Wert für H0: P=0)	(–0,18)	(0,26)	(-5,45)	(2,53)
F-Test beide=0	0,59	0,22	15,15***	3,45*
Nachrichtlich:				
Stichprobenumfang	16	14	16	16

Quelle: Eigene Berechnungen.
Anmerkung: *, **, *** kennzeichnen Ablehnung der Nullhypothese bei einer Irrtumswahrscheinlichkeit von weniger als 10 %, 5 % bzw. 1 %.

Regierungen aus politischen Gründen einen optimistischen Bias gibt. Nach den Streuungsmaßen erweist sich die Referenzprognose am besten, die auf Basis einer mittels HP-Filter generierten Potentialprognose erstellt wurde. Sowohl Regierungs- als auch NIESR-Prognose können im Sinne von Mincer-Zarnowitz als effizient erachtet werden. Hingegen muss die Nullypothese, dass die Koeffizienten vor Konstante und Prognose null sind für die selbstgenerierten Referenzprognosen abgelehnt werden.

Hinsichtlich ihrer Unverzerrtheit schneiden alle betrachteten Mittelfristprognosen für das reale Bruttoinlandsprodukt in *Italien* schlecht ab. Die Abweichung des mittleren Fehlers von null ist in allen Fällen hoch signifikant (Tabelle 19). Am gravierendsten ist der Bias im Fall der Regierungsprognose. Das tatsächliche jahresdurchschnittliche Wachstum wurde im Mittel um mehr als 1 %-Punkt überschätzt. In keinem Jahr wurde die Regierung positiv überrascht; der mittlere absolute Fehler entspricht dem mittleren Fehler. Nach den Streuungsmaßen ist die mittels HP-Filter generierte Prognose vorzuziehen. Die Ergebnisse der Mincer-Zarnowitz-Regression sind gemischt. Hier kann die Nullhypothese,

5. Vergleichende quantitative Auswertung

Tabelle 19

Statistische Gütemaße für mittelfristige Prognosen des realen Bruttoinlandsprodukts – Italien

	Regierungs-prognose	Hodrick-Pres-cott(100)-Filter	IfW-Methode
Mittlerer Fehler (MF)	1,12***	0,49***	0,47**
(*t*-Wert für H0: MF=0)	(9,64)	(5,12)	(2,27)
Standardabweichung (STDABW)	0,44	0,41	0,72
RMSE um 0	1,20	0,63	0,84
Mittlerer absoluter Fehler (MAF)	1,12	0,54	0,73
Mincer-Zarnowitz-Regression			
Konstante	–0,69	0,11	–1,79***
(*t*-Wert für H0: K=0)	(–1,55)	(0,18)	(–5,93)
Prognose	0,69***	0,17	1,05***
(*t*-Wert für H0: P=0)	(3,78)	(0,54)	(7,91)
F-Test beide=0	91,06***	16,57***	32,02***
Nachrichtlich:			
Stichprobenumfang	14	16	16

Quelle: Eigene Berechnungen.
Anmerkung: *, **, *** kennzeichnen Ablehnung der Nullhypothese bei einer Irrtumswahrscheinlichkeit von weniger als 10 %, 5 % bzw. 1 %.

dass die Koeffizienten null sind, im Fall der HP-Filter-Prognose (und für die Konstante im Fall der Regierungsprognose) nicht abgelehnt werden.

Will man die Prognosen für verschieden Länder miteinander vergleichen, steht man vor dem Problem, dass Zeitreihen mit hoher Varianz typischerweise schlechter zu prognostizieren sind als solche mit geringer Varianz. Um diesem Umstand Rechnung zu tragen, kann ein standardisiertes Streuungsmaß verwendet werden, bei dem die Streuung der Prognosefehler durch die Streuung der Zielreihe dividiert wird. Dazu kann entweder die Standardabweichung der Prognosefehler durch die Standardabweichung der Zielreihe dividiert werden (normierte Standardabweichung) oder der mittlere absolute Fehler der Prognosefehler durch den mittleren absoluten Fehler der Zielreihe (normierter mittlerer absoluter Fehler).

Beide Verfahren liefern hier ungefähr die gleichen Resultate. Lediglich im Fall Italiens ergibt sich ein markanter Unterschied (Tabelle 20). Gemessen an der normierten Standardabweichung erscheint die Regierungsprognose relativ gut, d.h. das Profil der tatsächlichen Entwicklung wurde vergleichsweise gut prognostiziert; die Prognose war in jedem Jahr ähnlich gut. Allerdings lagen die prognostizierten Wachstumsraten

Tabelle 20

Statistische Gütemaße für mittelfristige Prognosen des realen Bruttoinlandsprodukts im internationalen Vergleich

	Normierte Standard-abweichung	Normierter mittlerer absoluter Fehler
Deutschland		
Bundesregierung	1,21	1,40
Sachverständigenrat	0,77	0,93
HP 100	0,92	1,16
IfW-Methode	1,66	1,70
Vereinigte Staaten		
Administration	1,23	1,29
CBO	1,05	1,09
HP 100	1,07	1,08
IfW-Methode	1,23	1,22
Vereinigtes Königreich		
Regierung	1,47	1,34
NIESR	1,67	1,26
HP 100	0,76	0,74
IfW-Methode	1,86	1,46
Italien		
Regierung	0,54	1,67
HP 100	0,51	0,80
IfW-Methode	0,89	1,08

Quelle: Eigene Berechnungen.

in der Regel weit vom tatsächlichen Wert entfernt, so dass der normierte absolute Fehler den im gesamten Vergleich höchsten Wert erreicht. Die Prognose der deutschen Bundesregierung schneidet im Gesamtvergleich eher schlecht ab. Eine vergleichsweise geringe Streuung wird in der Regel erzielt, wenn zur Prognose ein mittels HP-Filter geschätztes Produktionspotential verwendet wird. Der normierte absolute Fehler, das Maß für die Prognosegüte im Sinne der geringsten (absoluten) Abweichung vom tatsächlichen Wert, ist für nahezu alle Länder bei dieser Methode am kleinsten. Einzige Ausnahme ist Deutschland, wo eine Prognose, die die Potentialschätzung des Sachverständigenrats zur Prognose des mittelfristigen Wachstums verwendet, bessere Ergebnisse liefert[62].

---

62 Hier muss allerdings einschränkend angemerkt werden, das der Stützzeitraum im Fall der SVR-Prognose geringer ist und insbesondere die Jahre 1986 bis 1988 nicht zur Verfügung stehen, in denen der Prognosefehler bei den anderen Prognosen relativ groß war.

5. Vergleichende
quantitative
Auswertung

6. Abschließende Bemerkungen und wirtschaftspolitische Schlussfolgerungen

Projektionen gesamtwirtschaftlicher Größen über die mittlere Frist – darunter wird hier ein Zeithorizont von etwa fünf Jahren verstanden – sind als Entscheidungshilfe für die Wirtschafts- und Finanzpolitik von großer Bedeutung. Eine zentrale Größe bei der Erstellung mittelfristiger Projektionen ist das Produktionspotential, welches das Gleichgewichtsniveau der gesamtwirtschaftlichen Produktion beschreibt. Die Ergebnisse in der empirischen Literatur lassen den Schluss zu, dass eine Trennung von Trend und Zyklus für analytische Zwecke empirisch abgesichert ist. Da über die konjunkturelle Dynamik der Wirtschaft über einen Zeitraum von mehr als zwei Jahren hinweg kaum zuverlässige Aussagen gemacht werden können, konvergiert die gesamtwirtschaftliche Produktion im Rahmen von mittelfristigen Projektionen letztlich zum Produktionspotential, wenn auch nicht immer bereits vollständig innerhalb des hier betrachteten Zeitraums von fünf Jahren.

Bei der Prognose wirtschaftlicher Entwicklungen kann unterschieden werden zwischen Modellprognosen, die sich eines häufig sehr umfangreichen strukturellen makroökonomischen Modells bedienen, einerseits und dem so genannten iterativ-analytischen Verfahren, das weniger formalisiert ist, andererseits. Die Unterschiede sind freilich graduell, da im iterativ-analytischen Verfahren auch ökonometrische Modelle zur Fundierung der Prognose eingesetzt werden. Häufig werden auch die Ergebnisse große struktureller Modelle berücksichtigt, gegebenenfalls sogar mehrerer verschiedener. Die Vorteile des iterativ-analytischen Verfahrens verlieren mit zunehmender Länge des Zeithorizonts an Bedeutung, vor allem weil Faktoren, welche die kurzfristige Dynamik treiben und in Modellen schlecht erfasst werden können, die Entwicklung in der mittleren Frist in der Regel nicht beeinflussen. Somit kommt der Vorteil der konzeptionellen Geschlossenheit und Konsistenz der strukturellen Makromodelle stärker zum Tragen. Der gewichtigste Vorteil, den Makromodelle im Vergleich mit weniger formalen Prognoseverfahren haben, liegt freilich in der Möglichkeit der konsistenten Simulation von unterschiedlichen Szenarien hinsichtlich exogener Entwicklungen, nicht zuletzt auf dem Feld der Wirtschaftspolitik. Als problematisch am iterativ-analytischen Ansatz kann die hohe Bedeutung subjektiver Einschätzungen angesehen werden, die ein Potential für politisch verzerrte Prognosen birgt. Aber auch hier sind die Unterschiede zwischen den methodischen Ansätzen geringer, als es den Anschein hat. Auch Modellprognosen sind das Produkt der Personen, die die Prognose erstellen, nicht des Modells an sich. Der Prognostiker beeinflusst die Ergebnisse des Modells auf vielfältige Weise; im Prinzip lässt sich mit einem strukturellen makroökonometrischen Modell (fast) jedes gewünschte Ergebnis erzielen

Untersucht wurden Mittelfristprognosen für das reale Bruttoinlandsprodukt bzw. das Bruttosozialprodukt in Deutschland, den Vereinigten Staaten, dem Vereinigten Königreich, Frankreich, Italien, den Niederlanden und Irland. Die verfügbaren Mittelfristprognosen von amtlichen Stellen und unabhängigen Forschungsinstituten wurden mit selbst erstellten Referenzprognosen verglichen, um zu prüfen, ob Verfahren, die einfach zu implementieren sind und die subjektive Komponente bei der Prognose verringern, zu ähnlich guten oder sogar besseren Prognosen führen. Dabei wurde zum einen die mittelfristige Entwicklung mit Hilfe einer Schätzung des Produktionspotentials prognostiziert, die auf dem Hodrick-Prescott-Filter basiert. Neben der Rate des Potentialwachstums geht bei der Prognose die aktuelle gesamtwirtschaftliche Kapazitätsauslastung ein, wobei angenommen wird, dass der Output Gap am Ende des Prognosezeitraums geschlossen ist. Für die großen unter den betrachteten Ländern wurde eine zweite Referenzprognose entwickelt, indem das Trendwachstum der Komponenten des Potentialwachstums in einem Growth-Accounting-Ansatz mittels eines HP-Filters ermittelt wurde. Eine solche Vorgehensweise ermöglicht es, Trendentwicklungen in den Komponenten zu berücksichtigen und verschiedene Szenarien zu berechnen. Für die Referenzprognose werden Prognosewerte für die Variablen berücksichtigt, die mittels autoregressiver Modelle generiert werden. Die Vergleichsprognosen wurden auf eine Weise generiert, dass so weit wie möglich die Real-Time-Problematik berücksichtigt ist. Es wurden grundsätzlich nur Daten aus Jahren verwendet, für die zum Zeitpunkt der (fiktiven) Prognoseerstellung auch Daten vorlagen.[63]

Die Ergebnisse für die Mittelfristprognosen im Ländervergleich zeigen zunächst, dass der Prognosefehler in der Regel groß ist, Veränderungen des Trendwachstums werden nach allen Methoden kaum antizipiert und auch nur unvollständig nachvollzogen. Der Prognosefehler hängt wesentlich davon ab, ob die zu prognostizierende wirtschaftliche Dynamik mittelfristig, d. h. im Fünfjahresdurchschnitt, stabil ist oder starken

---

[63] Ein Real-Time-Datensatz ist allerdings nur für das reale Bruttoinlandsprodukt erstellt werden. Bei der Methode nach dem Growth-Accounting-Ansatz des IfW fließen daher auch neuere Informationen über zwischenzeitlich erfolgte Revisionen der zugrunde liegenden historischen Datenreihen ein.

6. Abschließende
Bemerkungen und
wirtschaftspolitische
Schlussfolgerungen

Veränderungen unterliegt. Eine Prognose auf Basis des HP-Filters – unter Berücksichtung des aktuellen Output Gaps – führt zumeist zu besseren Prognoseresultaten. Die Prognose auf der Basis des Growth-Accounting-Ansatzes trägt hingegen in der Regel nicht zu einer verbesserten Vorhersage des tatsächlichen Wachstums bei. Zwar ist der mittlere Fehler im Allgemeinen deutlich geringer als bei den amtlichen Prognosen, doch führt der Prozess der Generierung von Zukunftswerten zur Ermittlung des Trends in den Komponenten dazu, dass das prognostizierte Wachstum relativ stark schwankt, ohne die tatsächlichen Fluktuationen der wirtschaftlichen Dynamik zu erklären; der mittlere absolute Fehler ist nicht selten deutlich höher als bei den amtlichen Prognosen. Es wäre allerdings zu prüfen, ob die individuelle Anpassung der AR-Prozesse bei den einzelnen Komponenten, wie sie bei der Erstellung der IfW-Potentialschätzung (Kamps, Meier und Oskamp 2004) erfolgte, oder eine stärker an absehbaren oder erwarteten Entwicklungen orientierte, sozusagen weniger »automatisierte« Generierung der Prognosewerte, die Prognosegüte dieses Ansatzes verbessern kann.

Die Auswahl der untersuchten Mittelfristprojektionen enthält sowohl Regierungsprognosen als auch Prognosen unabhängiger Institutionen. Die Regierungsprognosen werden im Allgemeinen (mindestens) einmal jährlich insbesondere im Zusammenhang mit der Budgetplanung erstellt, die Mittelfristprognosen der unabhängigen Institute werden hingegen in der Regel seltener veröffentlicht (Übersicht 6).

Hinsichtlich des methodischen Ansatzes kann unterschieden werden zwischen dem iterativ-analytischen Verfahren und modellbasierten Prognosen. Während die Regierungsprognosen in der Regel auf die erstere Methode zurückgreifen,[64] liegen den Prognosen der unabhängigen Forschungsinstitute große ökonometrische Modelle der Volkswirtschaft zu Grunde.

Das Vorherrschen des iterativ-analytischen Ansatzes bei den Regierungen ist zum einen durch den hohen Aufwand zu erklären, den die Erstellung und Pflege eines großen makroökonometrischen Modells erfordert. Ein wichtiges Motiv ist aber wohl auch der Wunsch nach stärkeren Einflussmöglichkeiten auf das Ergebnis der Prognose. Für Regierungen ist die Mittelfristprojektion auch Dokument der gesamtwirtschaftlichen Wirkungen ihrer Politik, weshalb es einen starken Anreiz gibt, eine güns-

---

[64] Die italienische Regierung erstellt nach den vorliegenden Informationen ihre Mittelfristprognose mit einem makroökonometrischen Modell; allerdings ist über das genaue Verfahren der Prognoseerstellung nichts bekannt.

Studie des
Instituts für
Weltwirtschaft

Übersicht 6

Mittelfristprognosen im internationalen Vergleich – Übersicht

	Periodizität	Methodischer Ansatz	Regierungs-unabhängig-keit	Optimistischer Bias
Deutschland				
Regierung	einmal im Jahr	iterativ-analytisch	nein	ja
Vereinigte Staaten				
Administration	zweimal im Jahr	iterativ-analytisch	nein	gering
CBO	zweimal im Jahr	iterativ-analytisch	bedingt	nein
Vereinigtes Königreich				
Regierung	einmal im Jahr	iterativ-analytisch	nein	gering
NIESR	einmal im Jahr	modellbasiert	ja	nein
Frankreich				
Regierung	einmal im Jahr	iterativ-analytisch	nein	ja
OFCE	unregelmäßig	modellbasiert	ja	gering
Italien				
Regierung	einmal im Jahr	modellbasiert (?)	nein	ja
Niederlande				
CPB	unregelmäßig	modellbasiert	ja	nein
Irland				
ESRI	alle zwei Jahre	modellbasiert	ja	nein

Quelle: Eigene Zusammenstellung.

tige Prognose zu erstellen. Dies führt dazu, dass erwartet werden kann, dass Regierungsprognosen einen optimistischen Bias haben. Die Analyse der in dieser Studie untersuchten Mittelfristprognosen bestätigt diese Hypothese. Vor allem in Deutschland, Frankreich und Spanien wird die mittelfristige Wirtschaftsentwicklung stark überschätzt. Dies liegt zwar zum Teil daran, dass das Trendwachstum in diesen Ländern im Untersuchungszeitraum eine deutlich fallende Tendenz hat. Dieser »Trend im Trend« wird von allen Projektionen, auch den von unabhängigen Institutionen und den selbst berechneten Referenzprognosen nur unzureichend erfasst. Das Ausmaß der Überschätzung der tatsächlichen Entwicklung

6. Abschließende Bemerkungen und wirtschaftspolitische Schlussfolgerungen

ist aber in den Regierungsprognosen deutlich größer. Auch in den Ländern, in denen die mittelfristige Produktionsentwicklung über den gesamten Zeitraum keinen ausgeprägten Trend hat, z. B. weil sich Phasen der Akzeleration im Wachstum und Phasen der Verlangsamung wie in den Vereinigten Staaten und im Vereinigten Königreich die Waage gehalten haben, lässt sich feststellen, dass die Regierungsprognosen tendenziell optimistischer sind als die unabhängiger Institutionen[65] oder die der Referenzprognosen. Das Ergebnis wird dadurch gestützt, dass die tatsächliche wirtschaftliche Entwicklung von den regierungsunhabhängigen Prognosen in Irland und in den Niederlanden im Mittel nicht überschätzt wird.[66]

Soll die Mittelfristprognose eine möglichst realistische Grundlage für die Einschätzung der wirtschaftlichen Aussichten im Allgemeinen und der finanziellen Implikationen für den Staat im Besonderen bilden, so ist es angesichts dieser Evidenz zweckmäßig, die Erstellung der Mittelfristprojektion dem direkten Einfluss der Regierung zu entziehen. Mindestens sollten in der Arbeitsgruppe, die die Mittelfristprojektion erstellt, unabhängige Institutionen vertreten sein. In den Vereinigten Staaten ist beispielsweise der Council of Economic Advisors an der Erstellung der Regierungsprognose beteiligt. Dieser ist zwar organisatorisch dem Weißen Haus zugeordnet, das wissenschaftliche Renommee seiner Mitglieder erfordert aber ein Mindestmaß an Unabhängigkeit gegenüber dem Präsidenten. In Deutschland böte es sich z. B. an, die Aufgabe der Erstellung einer Mittelfristprognose dem Sachverständigenrat zur Begutachtung der gesamtwirtschaftlichen Entwicklung zu übertragen; die von dieser Institution vorgelegte Potentialschätzung ist nach den Ergebnissen in dieser Studie eine Basis für eine Mittelfristprognose, von der aus sich die Prognosequalität verbessern ließe. Alternativ wäre eine Ausschreibung einer Mittelfristprojektion zur Vergabe an unabhängige Forschungsinstitute denkbar.

In einigen Ländern, so in Frankreich und in den Niederlanden werden unterschiedliche Szenarien der mittelfristigen Entwicklung publiziert. Eine solche Vorgehensweise ist geeignet, die Unsicherheit bezüglich der zukünftigen Entwicklung zum Ausdruck zu bringen. Es zeigt sich allerdings, dass auch die Spanne zwischen vorsichtigem und optimistischem

---

65 Das CBO in den Vereinigten Staaten ist als Organ de Parlaments zwar starken Einflüssen von Regierungsseite ausgesetzt, hat aber einen erheblichen Grad an Unabhängigkeit.
66 Für die Niederlande gilt dies, wenn der Durchschnitt der Prognosen im optimistischen und im pessimistischen Szenario zugrunde gelegt wird.

Studie des
Instituts für
Weltwirtschaft

Szenario in der Realität die Fluktuationen im mittelfristigen Wachstum nicht abdeckt. Die französische Regierung deutet an, welches der Szenarien sie für wahrscheinlicher hält. Bei diesem Ansatz besteht allerdings die Gefahr, dass beide Szenarien als günstig angesehen werden müssen, dass neben einem optimistischen Szenario ein »Wunschszenario« publiziert wird. Sinnvoller wäre es wohl, die Szenarien symmetrisch zu wählen, so dass der Mittelwert als Maß für die wahrscheinlichste Entwicklung genommen werden kann. Für die Zwecke der Budgetplanung wäre im Sinne haushälterischer Vorsicht der ungünstige Verlauf anzunehmen. Eine alternative Möglichkeit, die Wahrscheinlichkeit negativer Überraschungen zu verringern, besteht darin, wie etwa vom Schatzamt im Vereinigten Königreich praktiziert, einen Abschlag auf die prognostizierte Entwicklung vorzunehmen.

Dritter Teil:
Studie des ZEW Mannheim

von Michael Schröder, Marcus Kappler
und Andreas Schrimpf[1]

1. Einleitung

Das Ziel der Studie ist es, einen internationalen vergleichenden Überblick über Verfahren der mittelfristigen gesamtwirtschaftlichen Projektionen zu geben. Der Schwerpunkt liegt auf Methoden, die von Regierungsstellen in besonders relevanten OECD-Ländern sowie von ausgewählten internationalen und supranationalen Organisationen verwendet werden.

Die Studie konzentriert sich auf die folgenden Aufgaben:
- Modellüberblick: Darstellung der wichtigsten Eigenschaften der einzelnen Modelle und Methoden.
- Methodenbewertung: Einschätzung der Eignung für die Erstellung mittelfristiger Projektionen gesamtwirtschaftlicher Größen. Hierbei wird ein Schwerpunkt auf die ökonometrische Modellbildung sowie insbesondere die Bewertung der Prognosegüte gelegt.
- Entwicklung von Empfehlungen für die Durchführung von mittelfristigen Projektionen.

Im Rahmen des Projektes ist es sinnvoll, eine Fokussierung auf einige wenige gesamtwirtschaftliche Größen vorzunehmen. Im Mittelpunkt der Studie steht das Bruttoinlandsprodukt (BIP), wobei – soweit möglich – eine weitere Differenzierung nach der Entstehungs-, Verwendungs- und Verteilungsseite des BIP vorgenommen wird. für Großbritannien und USA werden auch Prognosen des nominalen BIP betrachtet. Hinzu kommen in einigen Ländern (z.B. Frankreich und USA) auch Prognosen der Inflationsrate.

Der »mittelfristige« Zeithorizont bedeutet, dass vor allem Projektionen mit einem Prognosehorizont von mehr als 1,5 Jahren betrachtet wer-

---

1 Alle drei Autoren: Zentrum für Europäische Wirtschaftsforschung (ZEW), Mannheim. Das Projektteam bestand außerdem aus Daniel Gros, Ph.D., und Jorgen Mortenson, beide Center for European Policy Studies (CEPS), Brüssel.

den. In der Regel beziehen sich die mittelfristigen Projektionen auf einen zukünftigen Zeitraum von 3 bis 5 Jahren. Dieser Prognosehorizont grenzt sich ab von dem kurzfristigen Zeitraum von bis zu 1,5 Jahren, der üblicherweise im Rahmen von Konjunkturprognosen verwendet wird.

Für die ausgewählten Länder (Deutschland, Frankreich, Großbritannien, Italien, Niederlande, USA) wird untersucht, welche Methoden von Regierungsstellen für die Erstellung von mittelfristigen gesamtwirtschaftlichen Projektionen verwendet werden. Ebenso werden die Methoden und Modelle einiger besonders wichtiger internationaler und supranationaler Institutionen (EU Kommission, IWF, OECD) in das Projekt einbezogen.

Der Schwerpunkt des Projektes liegt auf denjenigen Fragestellungen, die sich mit der Beurteilung der ökonometrischen Vorgehensweise und insbesondere der Überprüfung der Prognosegüte befassen.

Der Endbericht gliedert sich – nach der Einleitung – in drei Kapitel: In Kapitel 2 werden die Projektionsmethoden der ausgewählten Länder und Institutionen dargestellt, Kapitel 3 widmet sich der empirischen Analyse und Bewertung der Prognosegüte und im abschließenden vierten Kapitel werden unsere Schlussfolgerungen und Empfehlungen dargestellt.

2. Beschreibung der Projektionsmethoden in ausgewählten Ländern und internationalen Organisationen

In diesem Kapitel wird für ausgewählte Länder untersucht, welche Methoden von Regierungsstellen sowie internationalen und supranationalen Institutionen für die Erstellung von gesamtwirtschaftlichen Projektionen verwendet werden. Konkret handelt es sich um Deutschland, Frankreich, Großbritannien, Italien, die Niederlande und USA. Außerdem werden die EU Kommission, der Internationale Währungsfonds (IWF) sowie die OECD in die Untersuchung einbezogen.

Die verwendeten Methoden und Modelle werden für jedes Land dargestellt und bewertet. Eine wesentliche Aufgabe unseres Projektes besteht in der Bewertung der Prognosegüte und die darauf aufbauende Beurteilung der Prognoseverfahren.

Ziel ist eine vergleichende Darstellung der verwendeten Methoden und Modelle nach einheitlichen Kriterien. Die wichtigsten dieser Kriterien sind:

Studie des
Zentrums für
Europäische
Wirtschaftsforschung

- Zielvariablen
- Prognosehorizont. Hier wird insbesondere berücksichtigt, ob für verschiedene Prognosehorizonte (kurz- vs. mittelfristige Prognose) unterschiedliche Modellvarianten herangezogen werden
- Verknüpfung von Projektionen, die auf Basis verschiedener Modelle für unterschiedliche Prognosehorizonte erstellt werden
- Art des Modells (z.B. reines Zeitreihenmodell, simultanes Mehrgleichungsmodell, intuitive Verfahren, gemischte Verfahren, Simulationsmodell, …)
- Art und Anzahl der erklärenden Variablen, die für die Prognose herangezogen werden sowie deren Lagstrukturen innerhalb des Modells
- Ökonometrische Schätzverfahren und verwendete Ökonometrie-Software
- Ressourceneinsatz für Modellentwicklung und die laufende Durchführung der Prognosen (z.B. Größe der Abteilung, Qualifikation der Mitarbeiter etc.)

Außerdem wird – soweit möglich – die organisatorische Durchführung der Prognosen analysiert. Dabei wird insbesondere untersucht,
- welche Institution für die Durchführung der Prognosen hauptverantwortlich ist,
- wie hoch der Grad an Autonomie ist, den diese Institution aufweist,
- welche verschiedenen Stellen (Regierungsstellen, private und öffentliche Institutionen, etc.) insgesamt in die Erstellung der Prognosen eingebunden sind und wie der Meinungsbildungsprozess abläuft.

Übersicht 7 gibt einen Überblick zu den wichtigsten Eigenschaften der Verfahren, die für mittelfristige gesamtwirtschaftliche Projektionen verwendet werden.

2.1 Nationalstaaten

2.1.1 Deutschland
2.1.1.1 Institutionen

Im Folgenden werden die Methoden mittelfristiger gesamtwirtschaftlicher Projektionen der Bundesregierung näher erläutert. Da der Schwerpunkt des Berichts auf einer Darstellung der Methoden und Techniken liegt, die in anderen Industrieländern eingesetzt werden, wird das Vorgehen der Bundesregierung nur kurz beschrieben.

Übersicht 7

Tabellarischer Überblick zu den mittelfristigen gesamtwirtschaftlichen Projektionen

Institutionen	Organisation des Prognoseprozesses						Sonstiges
	Verwendete Modelle	Verknüpfung kurze und mittlere Frist	Methoden zur Bestimmung des Potenzialwachstums	Unabhängigkeit, rechtlicher Status	Analytisch-iteratives Vorgehen	Organisatorisches	
D Bundesregierung	k.a.	Aktuelle Konjunkturprognosen werden über mittleren Prognosehorizont verlängert	Produktionsfunktionsansatz / Statistische Verfahren	Bundesregierung trägt Verantwortung, Verpflichtung der Berichterstattung gegenüber der EU-Kommission.	Wird im Rahmen einer Kreislaufrechnung eingesetzt	Bearbeitet im Bundesministerium für Wirtschaft.	k.a.
F DGTPE (Direction de la Prévision); Teil des MINEFI (Ministère de l'Économie, des Finances et de l'industrie)	Makroökonometrisches Modell MESANGE, theoriegestützt, ca. 40 ökonomische Gleichungen. Für kurze und mittlere Sicht. / Univariate Modelle für Abschätzung der Daten am aktuellen Rand	Gleichungen von MESANGE in Fehlerkorrekturform (kurzfristige Dynamik und Lang-Frist-Beziehung)	Produktionsfunktionsansatz zur Abschätzung von Produktionspotenzial und Output Gap / Alternativszenarien	DGTPE ist Teil des franz. Wirtschafts- und Finanzministeriums	Abgleich / Expertenrunden. Add-on Faktoren	Ökonometrie-Software: TROLL.	k.a.
GB HMT (Her Majesty's Treasury)	Simultanes Mehrgleichungsmodell zur Erstellung von kurzfristigen Prognosen / Mittelfristige Projektionen basieren auf Annahmen, kein explizites Modell.	k.a.	Extrapolative Projektion mit Hilfe von Annahmen zu angebotsseitigen Determinanten	Projektionen werden im Finanzministerium erstellt. Annahmen zu mittelfristigen Projektionen werden vom »National Audit Office« überprüft.	k.a.		Konservatives Vorgehen: 0,25 % werden von den Wachstumsprojektionen abgezogen.
NIESR (National Institute of Economic and Social Research)	Theoriefundiertes, dynamisches, simultanes Mehrgleichungsmodell (NiGEM). Prognosehorizonte: 2 Jahre, teilweise auch 3 und 5 Jahre	k.a.	Kombination aus keynesianischem (kurze Frist) und neoklassischem Modell (lange Frist)	Unabhängig	»Fine Tuning«, bis Ergebnisse mit ökonomischen Vorüberlegungen übereinstimmen.	Ökonometrie-Software: MICROFIT,TSP Personaleinsatz: eine Mitarbeiterstelle (Vollzeitäquivalent) verteilt auf 3 Mitarbeiter.	k.a.

Tabellarischer Überblick zu den mittelfristigen gesamtwirtschaftlichen Projektionen

Institutionen	Organisation des Prognoseprozesses			Unabhängigkeit, rechtlicher Status	Analytisch-iteratives Vorgehen	Organisatorisches	Sonstiges
	Verwendete Modelle	Verknüpfung kurze und mittlere Frist	Methoden zur Bestimmung des Potenzialwachstums				
IT	Ministerium für Wirtschaft und Finanzen, speziell: Schatzamt	Teilweise Nutzung (verschiedener) Mehrgleichungsmodelle. Wichtigstes Modell ITEM: theoriegestützt, 34 ökonomische Gleichungen; Kurze und mittlere Sicht. Univariate Modelle für Abschätzung der Daten am aktuellen Rand	k.a.	Output wird durch neoklassischen Ansatz bestimmt. (Cobb-Douglas-Produktionsfunktion)	Projektionen werden im Ministerium erstellt. Abgleich mit Prognosen unabhängiger Institute zu Beginn des Projektionszeitraums	Kombination von modellgestützten Ergebnissen und Einschätzungen von Experten. Add-on Faktoren	Ökonometrie-Software: EVIEWS	Es werden auch regionale Projektionen durchgeführt
NL	CPB (Centraal Planbureau)	k.a.	k.a.	2 Szenarien erstellt mit dem mittelfristigen JADE-Modell (Szenarios nicht als Projektionen verstanden). Exogen: Annahmen zu NAIRU, TFP, Weltwirtschaft, Arbeitsangebot.	Projektionen werden als neutrale Grundlage verstanden. Aufgabe des Instituts sind unabhängige Analysen für die niederländische Wirtschaft	k.a.	k.a.	Pessimistisches Szenario wird für die Haushaltsberechnungen verwendet.
USA	Arbeitsgruppe («Troika») mit Mitarbeitern von President's Council of Economic Advisers (CEA) U.S. Treasury: Office of Macroeconomic Analysis Office of Management and Budget (OMB)	Simultanes Mehrgleichungsmodell zur Erstellung von kurzfristigen Prognosen (von kommerziellem Anbieter)	Langfristige Restriktionen werden für die kurzfristigen Projektionen auferlegt.	Wachstumsmodelle bzw. Growth accounting	Enge Verbindung zur Regierung. Veröffentlichung der Projektionen im »Economic Report of the President«	Feinabstimmungen finden statt; Experteneinschätzungen fließen ein.	k.a.	k.a.

2. Beschreibung der Projektionsmethoden

noch Übersicht 7

Tabellarischer Überblick zu den mittelfristigen gesamtwirtschaftlichen Projektionen

Institutionen		Organisation des Prognoseprozesses					Organisatorisches	Sonstiges
		Verwendete Modelle	Verknüpfung kurze und mittlere Frist	Methoden zur Bestimmung des Potenzialwachstums	Unabhängigkeit, rechtlicher Status	Analytisch-iteratives Vorgehen		
USA	Congressional Budget Office (CBO)	Bilanzierungsrahmen (ca. 400 Variablen) mit einigen ökonomischen Verhaltensgleichungen. Makromodell von kommerziellem Anbieter für Simulationsstudien	k.a.	Neo-klassisches Wachstumsmodell Trends in der Entwicklung des Faktors Arbeit sowie der TFP werden nach einer Variante des Okun'schen Gesetzes bestimmt.	CBO soll Kongress mit Informationen zum Haushalt versorgen. Bei der Gründung spielte stärkere Unabhängigkeit eine Rolle.	Vorschläge von Expertenrunden fließen in letztendliche Prognose ein.	Ökonometrie-Software: AREMOS	k.a.
EU	EU Kommission Directorate General for Economic and Financial Affairs (DG ECFIN)	Schätzung des potenziellen Outputs durch Projektionen mit Produktionsfunktionen	k.a.	Produktionsfunktionsansatz (Cobb-Douglas)	Einschätzung der Experten des DG ECFIN	k.a.	k.a.	Findet Verwendung im Rahmen des Stabilitäts- und Konvergenzprogrammes.
IWF	IWF	Kombination von ökonometrischen Modellen mit subjektiver ökonomischer Experteneinschätzung. Von Land zu Land unterschiedliches Vorgehen.	Annahme: Produktionslücke ist nach 5 Jahren geschlossen.	Solow-Wachstumsmodell	Unabhängige Einschätzung der IWF-Volkswirte	Konsens der beteiligten Experten in mehreren Diskussionsrunden (iterativer Prozess)	Ökonometrie-Software: GAUSS, RATS, MATLAB	Berücksichtigung auch von wirtschaftspolitischen Maßnahmen, die sehr wahrscheinlich sind.
OECD	OECD	Makroökonometrisches Mehrländermodell »Interlink«, ökonometrische Frühindikatorenmodelle für die kurze Sicht.	Kurzfristprognosen werden mit mittelfristigen Projektionen verknüpft, unterschiedliche Methoden für kurz und mittlere Sicht.	Produktionsfunktionsansatz (Cobb-Douglas)	Unabhängige Einschätzung der OECD-Volkswirte Letzte Verantwortung trägt Generalsekretär der OECD	Abgleich mit Länderexperten (Country-desks) Add-Faktoren	Ökonometrie-Software: u.a. TROLL, Excel	

2.1.1.2 Ökonometrische Modelle und Methoden

A. *Prognosehorizont*: Fünf Jahre.

B. *Zentrale Prognose-Variablen*: BIP (Entstehungs-, Verwendungs- und Verteilungsseite).

C. *Eingesetzte Modelltypen im Prognoseprozess*:

Die mittelfristigen Projektionen verlängern die aktuellen Konjunkturprognosen für das laufende und darauf folgende Jahr über den gesamten Projektionshorizont. Auf Basis einer vollständigen Kreislaufrechnung werden dann in einem iterativ-analytischen Verfahren alle Seiten des BIP (Verwendung, Entstehung, Verteilung, Umverteilung, etc.) analysiert und projiziert. Vor der Kreislaufrechnung wird die volkswirtschaftliche Angebotsseite dabei anhand von Schätzungen zum Produktionspotenzial abgebildet. Die Bundesregierung verwendet hierzu sowohl rein statistische Verfahren als auch theoriegestützte Produktionsfunktionsmethoden.[2] Eine zentrale Annahme über die Entwicklung des BIP ist die Schließung der Outputlücke über den Projektionszeitraum.

2.1.1.3 Organisation der Prognosen

Gesamtwirtschaftliche Projektionen der Bundesregierung werden regelmäßig im Rahmen des Finanzplans der Bundesregierung veröffentlicht. Die mittelfristigen Projektionen der Bundesregierung liefern dabei für die Haushalts- und Finanzplanungen der Gebietskörperschaften sowie der Sozialversicherungen wichtige makroökonomische Rahmenbedingungen. Darüber hinaus ist die Regierung der Bundesrepublik Deutschland gegenüber der EU-Kommission und den anderen Mitgliedsländern der Europäischen Wirtschafts- und Währungsunion verpflichtet, regelmäßig über die Einschätzungen zur wirtschaftlichen Entwicklung zu berichten und die Projektionen ihrer öffentlichen Gesamthaushalte darzulegen und zu begründen. Im nationalen Stabilitätsprogramm sind die Zahlenangaben zur Wirtschaftsentwicklung und zu den öffentlichen Haushalten für einen mittelfristigen Zeitraum in der Abgrenzung der Volkswirtschaftlichen Gesamtrechnung vorgeschrieben.[3]

---

2 Für eine Darstellung der Methode des Sachverständigenrats zur Abschätzung des Produktionspotentials sowie einer Übersicht über alternative Verfahren, vgl. Sachverständigenrat (2003).

3 Nachzulesen in: Bundesministerium der Finanzen (2004).

2.1.2 Frankreich
2.1.2.1 Institutionen

Offizielle Prognosen werden in Frankreich durch die folgenden Institutionen durchgeführt:

- INSEE (Institut National de la Statistique et des Études Économiques)
- DGTPE (Direction Générale du Trésor et de la Politique Économique)

Das DGTPE, das ein Direktorat des französischen Wirtschafts- und Finanzministeriums ist, hat unseren zugesandten Fragebogen beantwortet und uns historische Zeitreihen für die empirische Auswertung zur Verfügung gestellt.

Die Zusammenarbeit zwischen DGTPE und dem nationalen Statistikamt INSEE wird von unserem Ansprechpartner am DGTPE, Nicolas Carnot, wie folgt charakterisiert. INSEE publiziert lediglich sehr kurzfristige Prognosen, welche im vierteljährlich erscheinenden Heft »Notes de la Conjoncture« publiziert werden. Daher sind diese auch im Rahmen dieser Studie nicht weiter relevant. INSEE ist darüber hinaus weitgehend unabhängig, weshalb für die Regierung dessen Prognosen nicht bindend sind.

Außerdem werden makroökonomische Projektionen in Frankreich durch die folgenden Institutionen durchgeführt:

- REXECODE (Centre de Recherches pour l'Expansion de l'Economie et le Développement des Entreprises)
- OFCE (Observatoire Français des Conjonctures Économiques)

Um einen Vergleich zwischen unterschiedlichen Prognoseansätzen für Frankreich durchführen zu können, haben wir diese privaten Institute ebenfalls kontaktiert. Xavier Timbeau vom Institut OFCE hat uns eine Beantwortung des Fragebogens zukommen lassen. Außerdem haben wir historische Prognosen des OFCE von Guillaume Chevillon erhalten. Von REXECODE haben wir leider keine Informationen erhalten.

2.1.2.2 Ökonometrische Modelle und Methoden
2.1.2.2.1 DGTPE

Die folgende Darstellung bezieht sich im Wesentlichen auf die Angaben von Nicolas Carnot in der Antwort auf unseren Fragebogen bzw. auf die Publikation von Allard-Prigent et al. (2002).

A. *Prognosehorizont*:

Kurzfristige Prognosen berücksichtigen das laufende sowie das darauf folgende Jahr. Die Prognosen werden in der Regel auf Quartalsbasis erstellt, publiziert werden jedoch lediglich jährliche Resultate. Mittelfristige Prognosen haben einen Horizont von ca. fünf Jahren und werden erst seit 1999 erstellt.

B. *Zentrale Prognosevariablen*:
Im Rahmen der kurzfristigen Prognosen werden die folgenden zentralen Größen prognostiziert: reales und nominales BIP, Unterkomponenten der Angebots- und Nachfrageseite, sowie Konten institutioneller Sektoren (Haushalte, Unternehmen, externe Konten, öffentlicher Sektor). Mittelfristige Prognosen sind stärker aggregiert und beziehen sich im Wesentlichen auf das Wachstum des Produktionspotenzials.

C. *Eingesetzte Modelltypen im Prognoseprozess*:
Kurzfristige Prognosen und die Verknüpfung mit mittelfristigen Prognosen
Im Rahmen des Prognoseerstellungsprozesses in Frankreich kommen nach Angaben von Herrn Carnot verschiedene Methoden zum Einsatz. So stützt sich die Analyse der Lage am aktuellen Rand (aktuelles bzw. vorheriges Quartal, sofern nicht bekannt) im Wesentlichen auf Indikatoren. Zum einen können dies »harte« Indikatoren sein (z.B. Industrieproduktion oder monatliche Gesundheitsausgaben), zum anderen relativ »weiche« Indikatoren wie z.B. Umfragedaten zur Lagebeurteilung von Unternehmen oder Konsumenten. Es werden dabei so genannte »Brücken«-Modelle verwendet, um basierend auf den genannten Indikatoren die zeitnahe Entwicklung des BIP abzuschätzen. Dabei werden ggf. auch reine zeitreihenökonometrische Modelle eingesetzt, wenn die Information am aktuellen Rand knapp ist, oder um die Robustheit der Ergebnisse zu überprüfen.

Das DGTPE verwendet das makroökonometrische Modell MESANGE zur Erstellung seiner kurz- und mittelfristigen Projektionen.[4] Es ersetzt die bisher verwendeten Modelle METRIC und AMADEUS. Neben dem Zweck der Prognoseerstellung wurde es auch für die Analyse wirtschaftspolitischer Maßnahmen entwickelt. Das Modell umfasst ca. 500 Gleichungen, wobei 40 ökonometrische Gleichungen das Verhalten der Wirtschaftssubjekte hinsichtlich Konsum, Investition, Preisbildung, etc. abbilden. Es handelt sich um ein vierteljährliches Modell basierend auf VGR-Daten, die im Einklang mit dem ESVG 1995 ste-

---

4 Neben dem Makromodell werden zusätzlich kleinere Modelle für bestimmte Zwecke eingesetzt, z.B. ein Inflationsmodell, das zusätzlich zum bereits im Makromodell implementierten Phillips-Kurven-Ansatz verwendet wird.

hen.[5] Weiterhin kann MESANGE als ein »neo-keynesianisches« Modell eingestuft werden. Das kurzfristige Gleichgewicht ist durch das Nachfrageverhalten determiniert, wobei Preisrigiditäten sowie Anpassungskosten angenommen werden. Das langfristige Gleichgewicht orientiert sich dagegen an einem neoklassischen Wachstumsmodell. Zur Berücksichtigung der kurzfristigen Dynamik und der langfristigen Beziehungen werden für die ökonometrische Schätzung Fehlerkorrekturmodelle (VECM) verwendet. Die Modellparameter werden i.d.R. frei geschätzt, wobei in manchen speziellen Fällen Restriktionen auf die Langfristbeziehung auferlegt werden können. Dies geschieht aus Gründen der theoretischen Kohärenz bzw. zur Sicherstellung der Modellstabilität.

Die Verhaltensgleichungen des Modells beziehen sich im Wesentlichen auf Nachfragekomponenten, Lohn- und Preisbildung. Exogene Variablen sind unter anderem technischer Fortschritt, makroökonomische Politikmaßnahmen, Weltnachfrage, Wechselkurse und Ölpreis.

Die Annahmen zur weltwirtschaftlichen Lage basieren auf einer intern erstellten Prognose. Hierzu werden Prognosen des BIP und seiner Unterkomponenten für Frankreichs wesentliche Handelspartner erstellt. Ferner werden Prognosen für den Welthandel und Preise erstellt. Wechselkurse gehen als vollkommen exogene Größe in das Modell ein (Annahme konstanter Wechselkurse während der Prognoseperiode). Besonders hinsichtlich der Annahmen über die künftige Ölpreisentwicklung ergaben sich in der Vergangenheit nach Angaben von Herrn Carnot Schwierigkeiten. Typischerweise wird im Rahmen der Ölpreisprognosen nunmehr eine Stabilisierung des aktuellen Preises angenommen oder eine schrittweise Rückkehr zu einem langfristig erwarteten Preisniveau.

Das BIP wird als Summe der einzelnen Nachfragekomponenten modelliert. Die Konsumausgaben der Haushalte bzw. Investitionen für Wohnzwecke hängen vom realen verfügbaren Einkommen, dem Realzins sowie der Inflationsrate ab, während die Sparquote der Haushalte durch das langfristige Niveau des Realzinses bzw. der Inflationsrate bestimmt wird. Das Exportvolumen wiederum wird von der Auslandsnachfrage und vom realen Wechselkurs beeinflusst.

Die modellbasierten Prognosen werden, falls erforderlich, durch Verwendung von Zusatzinformationen auf vorsichtige Art und Weise angepasst. Die Anpassung durch so genannte »Add-on«-Faktoren basiert da-

---

5 Aktuell wird das Modell unter Verwendung neuer VGR-Daten mit Basis 2000 neu geschätzt. Für mehr Details zu den Spezifikationen der Gleichungen des Modells, vgl. Allard-Prigent et al. (2002).

Studie des
Zentrums für
Europäische
Wirtschaftsforschung

bei auf objektiver Quantifizierung, sodass durch die Behandlung der Faktoren die Kohärenz und Konsistenz der Prognosen sichergestellt ist.[6] Als ökonometrische Software wird Troll verwendet.

In der jüngsten Zeit ist man dazu übergegangen, bestimmte Alternativ-Szenarien zu veröffentlichen, um der dem Prognoseprozess inhärenten Unsicherheit Rechnung zu tragen. Daher werden in offiziellen Dokumenten nunmehr die wesentlichen Risiken thematisiert und einige Alternativ-Szenarien präsentiert. Mindestens eines davon basiert in der Regel auf pessimistischeren Annahmen und eines in der Regel auf optimistischeren Annahmen als das Haupt-Szenario.

Mittelfristige Projektionen (bis zu einem zeitlichen Horizont von ca. 5 Jahren) setzen auf den kurzfristigen Projektionen auf. Der hauptsächliche Fokus liegt auf der Abschätzung des potenziellen BIP und somit des potenziellen Wirtschaftswachstums bzw. der Produktionslücke. Zur Abschätzung des potenziellen Wachstums wird ein produktionsfunktionsbasierter Ansatz verwendet. Die Beiträge des Kapitalstocks, der Arbeit, der strukturellen Arbeitslosigkeit sowie der Totalen Faktorproduktivität gehen getrennt voneinander ein. Typischerweise wird angenommen, dass sich die Produktionslücke während des Prognosehorizontes schließt und sich dann die Volkswirtschaft auf dem potenziellen Wachstumspfad befindet. Auf ähnliche Weise werden langfristige Projektionen erstellt. Manchmal werden auch in diesem Rahmen Alternativ-Szenarien durchgespielt, die auf unterschiedlichen Annahmen beruhen (z.B. bezüglich der demographischen Entwicklung, Erwerbstätigkeit oder der Rate des technischen Fortschrittes).

2.1.2.2.2 OFCE

A. *Prognosehorizonte*:
Zwei Jahre; längerfristiger Horizont bei Projektionen für den französischen Senat.

B. *Zentrale Prognosevariablen*:
Reales BIP (nachfrageseitig), Preisniveau (angebotsseitig durch Produk-

---

6 Wie Fildes und Stekler (2002: 456) feststellen, ist diese Modellanpassung z.B. bei vermuteten Strukturbrüchen oder auch um neue Informationen außerhalb des Modells in die Prognosen einfließen zu lassen, heutzutage gängige Praxis im Prognoseerstellungsprozess. Prognosemethoden werden demnach selten in ihrer Reinform verwendet. Auch z.B. Hendry und Clements (2003) schlagen sog. »intercept corrections« (also die Veränderung der Modellkonstanten) vor, um erkannte Strukturbrüche bei den Prognosen zu berücksichtigen.

2. Beschreibung
der Projektions-
methoden

tionslücke, Arbeitslosigkeit), nominales BIP (Produkt aus realem BIP und Preisniveau) sowie weitere Variablen der VGR.

C. *Eingesetzte Modelltypen im Prognoseprozess*:
Das Makroökonomische Modell von OFCE heißt MOSAIQUE und ist ein theoriefundiertes, simultanes Mehrgleichungsmodell. Unterstützend werden auch rein zeitreihenökonometrische Modelle eingesetzt, insbesondere für kurzfristige Projektionen. Zahlreiche erklärende Variable werden im Rahmen der Prognose verwendet, darunter strukturelle Größen wie die demographische Entwicklung, internationale Zusammenhänge (Import / Nachfrage des Auslandes, Wechselkurse, ausländisches Preisniveau, Öl und Rohstoffpreise), Geldpolitik (Zinsen) sowie die Haushaltspolitik (Staatsausgaben, Steuersätze). Die Lag-Struktur der Variablen ist im Allgemeinen geringer als 8 Quartale, unterscheidet sich aber von Gleichung zu Gleichung. Für die Saisonbereinigung wird das X11-Verfahren verwendet. Als Software wird AREMOS, EViews sowie Troll eingesetzt.

2.1.2.3 Organisation der Prognosen
2.1.2.3.1 DGTPE
Die kurzfristigen offiziellen Prognosen der französischen Regierung werden zweimal jährlich publiziert. Die Prognosen im Frühling werden Ende März veröffentlicht (»Perspectives Économiques«), während die Prognosen im Herbst Ende September im Rahmen des »Rapport Économique, Social et Financier« veröffentlicht werden, der dem Haushaltsgesetz beigefügt ist. Zwischen diesen beiden Zeitpunkten ist es möglich, dass weitere Prognosen erstellt werden. Diese werden jedoch nur für interne Zwecke verwendet, sind weniger detailliert, und werden nicht veröffentlicht. Mittelfristige Prognosen werden einmal pro Jahr erstellt und im Rahmen des Berichts zum Stabilitätsprogramm abgegeben.

Die kurzfristigen Prognosen werden hauptsächlich durch das DGTPE in Zusammenarbeit mit anderen Direktoraten (z.B. Haushalts-Direktorat) des Wirtschafts- und Finanzministeriums MINEFI erstellt. Die Abteilung innerhalb des DGTPE, die mit den makroökonomischen Projektionen betraut ist, trägt die Bezeichnung »Ökonomischer Ausblick«. Die Mitarbeiter dieses Sub-Direktorats erstellen die Prognosen zusammen mit Mitarbeitern anderer Sub-Direktorate (z.B. aus dem Sub-Direktorat »Öffentliche Finanzen« bzw. »Sozialpolitik und Beschäftigung«).
Das Sub-Direktorat »Ökonomischer Ausblick« ist weiter untergliedert in eine Abteilung »Inländischer Ökonomischer Ausblick«, die den Progno-

Studie des
Zentrums für
Europäische
Wirtschaftsforschung

seerstellungsprozess koordiniert und für die Pflege des makroökonomischen Modells zuständig ist. Die Abteilung »Weltweiter Ökonomischer Ausblick« ist für die Prognosen der Weltwirtschaft zuständig. Die Abteilung »Kurzfristige Aussicht« untersucht primär die zeitnahen Entwicklungen und konzentriert sich auf die hochfrequente Datenanalyse. Wie Nicolas Carnot betont, haben die Prognosen die zentrale Funktion, dass die derzeitige ökonomische Situation (Trends, transitorische Dynamik) tiefgründig verstanden werden soll.

Ca. drei Monate vor der Veröffentlichung der Prognosen beginnen die jeweiligen großen Prognoseerstellungszyklen. Ungefähr zwei Monate werden benötigt, um die Prognose zu erstellen, zu diskutieren und zu verfeinern. Während der letzten Wochen des Prognoseerstellungszyklus werden die Prognosen präsentiert und mit den Entscheidungsträgern diskutiert. Im Rahmen eines üblichen Prognoseerstellungszyklus wird zunächst ein »Kick-Off«-Meeting durchgeführt, das den Ausgangspunkt für zentrale Annahmen (z.B. zur Ölpreisentwicklung) bildet und bei dem die wesentlichen zu untersuchenden Fragen festgelegt werden. Danach finden im Rahmen des Prozesses zwei weitere Prognoserunden mit internen Meetings statt, durch welche gewährleistet sein soll, dass die Prognosen konsistent sind und alle wichtigen Informationen berücksichtigt werden. Am Ende der zweiten Runde ist die erste Version der Prognose fertig gestellt und wird mit Mitgliedern der Regierung bzw. deren Beratern erörtert. Es wird nicht nur das Hauptszenario diskutiert, sondern auch eine Evaluation der wirtschaftspolitischen Maßnahmen sowie der zentralen Risiken des Szenarios durchgeführt.

Die Prognosen werden dann diskutiert und mit jenen anderer Institutionen verglichen. Dieser Prozess des Abgleichens findet ex-post basierend auf den fertig gestellten Prognosen statt, also nicht während des Prognoseerstellungsprozesses. Kurz vor dem Zeitpunkt der Veröffentlichung werden die Prognosen in zwei Gremien diskutiert. Dies geschieht im Rahmen der sog. »Groupe Technique«, an der Experten von Wirtschaftsforschungsinstituten sowie Vertreter der Privatwirtschaft teilnehmen, und außerdem in der sog. »Commission Économique de la Nation«, in der unter dem Vorsitz des zuständigen Ministers renommierte Ökonomen aus Frankreich und dem Ausland sowie Vertreter der Gesellschaft sich zu den Prognosen bzw. den entsprechenden Politikmaßnahmen austauschen. Im »Rapport Économique, Social et Financier« wird schließlich über die Ergebnisse dieses Abgleichs mit unabhängigen Institutionen berichtet.

2. Beschreibung
der Projektions-
methoden

2.1.2.3.2 OFCE

OFCE ist ein unabhängiges Wirtschaftsforschungsinstitut, das öffentlich finanziert wird. Es findet keine Kalibrierung bzw. »Fein-Abstimmung« statt, und die Regierung hat auch keine Möglichkeit der Einflussnahme auf die Prognosen. Die Prognosen werden innerhalb von sechs Wochen durch ein Team von zwölf Ökonomen erstellt. Das Jahresbudget für die Prognosen beträgt 300 000 Euro. Die Pflege der Modelle bzw. Methoden kostet jährlich 50 000 Euro, während die Publikationskosten ca. 20 000 Euro pro Jahr betragen.

2.1.3 Großbritannien
2.1.3.1 Institutionen

In den Erstellungsprozess makroökonomischer Projektionen sind in Großbritannien die folgenden Institutionen involviert:
– Her Majesty's Treasury (HMT; Finanzministerium, staatlich)
– National Institute of Economic and Social Research (NIESR; privat)
Beide Institutionen haben positiv auf unsere Anfrage reagiert und uns Informationen zur Erstellung makroökonomischer Projektionen in Großbritannien zukommen lassen. Ferner haben wir historische Prognosezeitreihen erhalten.

2.1.3.2 Ökonometrische Modelle und Methoden

Die folgende Darstellung des Prognoseerstellungsprozesses in Großbritannien bezieht sich auf die Informationen aus dem Rücklauf unserer Fragebögen.

2.1.3.2.1 HMT

A. *Prognosehorizonte*:
Bis zu zwei Jahre (kurze Frist), bis zu fünf Jahre (mittelfristige Projektion).

B. *Zentrale Prognosevariablen*:
Im Rahmen der mittelfristigen Projektionen werden im Wesentlichen fiskalische Größen prognostiziert, z.B. Haushaltsüberschuss/-defizit oder Nettoneuverschuldung. Weiterhin werden jedoch auch mittelfristige Prognosen für die Wachstumsrate des realen und nominalen BIP sowie für die Inflationsrate erstellt. Bei den kurzfristigen Projektionen ist das BIP inklusive seiner jeweiligen Ausgabenkomponenten die zentrale Prognosevariable.

Studie des
Zentrums für
Europäische
Wirtschaftsforschung

C. Eingesetzte Modelltypen im Prognoseprozess:
Abschätzung des Trendwachstums:
Für die mittelfristigen Projektionen, die im Wesentlichen für die Planung der öffentlichen Finanzen durchgeführt werden, wird gemäß unseren Informationen kein explizites makroökonometrisches Modell verwendet. Vielmehr werden Annahmen über die zeitliche Entwicklung zentraler ökonomischer Größen festgelegt. Es wird angenommen, dass sich das Wachstum des BIP dem Trend des Wirtschaftswachstums annähert. Die Abschätzung des Wachstumspotenzials der Ökonomie erfolgt laut Aussage des HMT konservativ. Zur Abschätzung des Trends werden im Wesentlichen angebotsseitige Faktoren verwendet (Output pro Stunde, durchschnittliche Arbeitszeit pro Person, Beschäftigungsniveau, Wachstum der erwerbsfähigen Bevölkerung). Alle drei Jahre werden die Annahmen, die den mittelfristigen Projektionen zu Grunde liegen, vom sog. »National Audit Office« (http://www.nao.org.uk) überprüft. Das NAO ist in seiner Stellung und seinen Funktionen dem deutschen Bundesrechnungshof vergleichbar und hat als zentrale Aufgabe, die Wirtschaftlichkeit der Regierungsarbeit zu überprüfen. Die Überprüfung des NAO bezieht sich z.B. auf folgende Annahmen: eine Einschätzung, in welcher Phase des Konjunkturzyklus sich die britische Volkswirtschaft befindet; Prognose des BIP-Trendwachstums; geplante Privatisierungsmaßnahmen der Regierung sowie Veränderungen der kurzfristigen Zinsen, der Arbeitslosigkeit und der Rohölpreise.

Die Vorgehensweise bei der Festlegung der angenommen Zeitpfade der oben genannten Größen ist wie folgt: für vergangene Konjunkturzyklen wird der Trend des Wirtschaftswachstums berechnet als die durchschnittliche Wachstumsrate zwischen den Zeitpunkten, bei denen angenommen wird, dass sich die Ökonomie auf ihrem Trendwachstumspfad befand. Bezüglich des aktuellen Konjunkturzyklus werden dann die angebotsseitigen Determinanten, ausgehend vom letzten Punkt auf dem Trendpfad, in die Zukunft projiziert. Die konservative Vorgehensweise des HMT äußert sich darin, dass die Wachstumsrate um 0,25 % niedriger angesetzt wird als durch die Projektion impliziert. Dadurch soll erreicht werden, dass die Verschuldung nicht allzu oft unterschätzt wird, so dass Steuererhöhungen bzw. Ausgabensenkungen in Zeiten schlechter Konjunktur vermieden werden können.

Für die Entwicklung des Verbraucherpreisindexes wird angenommen, dass dessen Wachstumsrate langfristig 2 % beträgt. Dies ist in Analogie zum Inflationsziel der Bank of England zu sehen. Zur Abschätzung

2. Beschreibung
der Projektions-
methoden

des Zeitpfades für das nominale BIP wird die Wachstumsrate des realen BIP mit dem angenommenen Wachstum des BIP-Deflators kombiniert.

Weitere ökonometrische Modelle:
Neben der gerade beschriebenen Vorgehensweise, die auf Experteneinschätzungen basiert, verwendet das HMT seit 1970 auch ein makroökonometrisches Modell. Aktuell enthält das Modell ca. 445 Gleichungen, wobei 40 davon ökonomische Zusammenhänge reflektieren. Die restlichen Gleichungen sind entweder Identitäten oder beschreiben exogene Variablen. Von der Größe her ist es vergleichbar mit dem Modell für Großbritannien vom NIESR und dem französischen MESANGE-Modell. Dieses Modell wird im Wesentlichen zur Erstellung der kurzfristigen Prognosen verwendet. Dabei gehen als exogene Größen Staatsausgaben und Staatseinnahmen sowie ein großer Teil der Handels- und Leistungsbilanz ein.

Das Modell ist in der kurzen Frist keynesianisch geprägt, d.h. das kurzfristige Gleichgewicht hängt von der Nachfrageseite ab, während es langfristig neoklassische Züge aufweist.[7] Die Gleichungen wurden in enger Zusammenarbeit mit dem NIESR spezifiziert. Das BIP wird mit Hilfe eines Ausgaben-Ansatzes prognostiziert. Sämtliche Unterkomponenten des BIP werden separat prognostiziert.

Die Spezifikationen für den privaten Konsum leiten sich theoretisch aus der sog. »Permanent Income Hypothesis« ab, wonach Individuen ihren Konsum gemäß ihrem gegenwärtigen realen verfügbaren Einkommen und gemäß ihrem gegenwärtigen und zukünftigen erwarteten realen Vermögen zu glätten versuchen. Langfristige Homogenität vom Grade 1 hinsichtlich des realen Arbeitseinkommens sowie des Vermögens wird angenommen. Kurzfristige dynamische Effekte werden durch das reale verfügbare Einkommen, kurzfristige Zinsen, reale Hypothekenzinsen sowie Arbeitslosigkeit modelliert. Dadurch sollen die Motive der Haushalte zum Vorsorge-Sparen erfasst werden. Dummy-Variablen werden eingesetzt, um die Effekte finanzieller Deregulierung sowie den Anstieg des Vorsorge-Sparens im Zuge der Rezession in Großbritannien zu Beginn der neunziger Jahre zu erfassen.

Für private Investitionen gibt es zwei Gleichungen, eine für private Unternehmen und eine andere für Investitionen der Haushalte in Immobilien. Die privaten Investitionen der Unternehmen werden dabei haupt-

---

7 Das Makromodell des HMT wird auch vom privaten Unternehmen ITEM zu Erstellung makroökonomischer Prognosen verwendet.

Studie des
Zentrums für
Europäische
Wirtschaftsforschung

sächlich vom Output sowie den relativen Faktorpreisen bestimmt. Ferner wird auch ein Effekt der Kapazitätsauslastung auf die privaten Investitionen modelliert. Schließlich wird für das langfristige Gleichgewicht Proportionalität zwischen dem Investition/Output-Verhältnis und Kapital/Output -Verhältnis unterstellt.

Darüber hinaus werden im makroökonometrischen Modell des HMT die Güterexporte (ohne Öl) durch den britischen Exporthandel und durch die relativen Preise bestimmt, während die Exporte von Dienstleistungen von der Welthandelsaktivität und von der preislichen Wettbewerbsfähigkeit abhängen. Die Verhaltensgleichung für Importe basiert auf einer Anteilsspezifikation, die den Anteil der Importe an der inländischen Absorption $(C + I + G)$ modelliert.

2.1.3.2.2 NIESR

A. *Prognosehorizonte*:
Generell zwei Jahre; außerdem für die Wachstumsraten wichtiger Größen (z.B. BIP, Durchschnittseinkommen, BIP-Deflator, Verbraucherpreisindex, Produktivität, Arbeitslosigkeit) Prognosen über drei sowie fünf Jahre (bei letzterem nur Durchschnitt).

B. *Zentrale Prognosevariablen*:
BIP (verwendungsseitig; methodisch einheitlich für nominales und reales BIP); alle Subkomponenten des BIP werden einzeln projiziert, Arbeitnehmervergütung (entstehungsseitig).

C. *Eingesetzte Modelltypen im Prognoseprozess*:
Das vom NIESR verwendete Modell ist ein theoriefundiertes, dynamisches, simultanes Mehrgleichungsmodell, dessen Gleichungen individuell oder in Panel-Ansätzen geschätzt werden. Es kommen lineare Kleinst-Quadrate-Methoden und nicht-lineare Kleinst-Quadrate-Methoden zum Einsatz. Wenn notwendig, werden auch Instrumenten-Variablen-Schätzer eingesetzt, um mögliche Verzerrungen auf Grund von Endogenitätsproblemen zu vermeiden. Die Gleichungen werden nicht quartalsweise neu geschätzt, sondern nur, falls Daten- oder Verhaltensänderungen dies erforderlich machen. Ebenso wie das HMT-Modell ist das NIESR-Modell in der kurzen Frist keynesianisch geprägt, während es langfristig neoklassische Züge aufweist. Dabei verlangsamen nominale Rigiditäten den Anpassungsprozess auf exogene Ereignisse, wodurch exogene Schocks tendenziell einen substanziellen Effekt auf reale Größen in der kurzen und mittleren Frist ausüben können. Das langfristige Gleichgewicht hin-

2. Beschreibung
der Projektions-
methoden

gegen wird angebotsseitig, im Wesentlichen durch technischen Fortschritt sowie das Bevölkerungswachstum, bestimmt.

Das Prognosemodell für Großbritannien ist Teil des sog. »National Institute Global Econometric Model« (NiGEM), das in unterschiedlicher Detailtreue alle OECD-Staaten sowie China, Russland, Slowenien, Estland, Litauen, Lettland, Taiwan, Hongkong und Brasilien umfasst. Der Rest der Welt ist in regionale Aggregate eingeteilt. Die Basisstruktur für die OECD-Staaten ist identisch, lediglich die zu schätzenden Parameter der Modelle unterscheiden sich. Das Modell für Großbritannien weist die größte Komplexität und die größte Anzahl an Variablen auf.

Im Folgenden wird kurz ein Überblick über wichtige Spezifikationen des Modells gegeben. Die Lag-Strukturen des Modells sind länderspezifisch, wobei sie für den Fall des britischen BIP folgende Aufteilung aufweisen:[8]

- *Privater Konsum*: Konsum der Vorperiode (–1), reales individuelles verfügbares Einkommen (0, –1), reales Nettovermögen (–1, –2), reales Wohnvermögen (–1, –2).
- *Staatskonsum und -Investitionen*: Altersabhängigkeitsquotient (Verhältnis der Bevölkerung im nichterwerbsfähigen Alter zur Gesamtbevölkerung; –1),
  Trend des BIP-Wachstums (–1), Staatskonsum und -Investitionen (–1).
- *Private Investitionen*:
  a) Wohninvestitionen: Wohninvestitionen (–1, –2, –3), reales verfügbares Einkommen (–1, –2, –3), langfristiger realer Zinssatz.
  b) Unternehmensinvestitionen: Unternehmensinvestitionen (–1), Kapazitätsauslastung (0), BIP (–1), langfristiger realer Zinssatz.
- *Exporte*: Exporte (–1), Preis der Nicht-Verbrauchsgüterexporte in Relation zu den Exportpreisen der Wettbewerber (0, –1), Preis der Exporte in Relation zu den inländischen Preisen der Importeure (–1), Größe des Exportabsatzmarktes (0, –1,–2).
- *Importe*: Importe (–1), reale Importpreise (0, –1), gesamter realer Endverbrauch (0, –1).

Bezüglich der Verwendung von Ökonometrie-Software lässt sich festhalten, dass vom NIESR die Programme MICROFIT sowie TSP verwendet werden.

8 Die Zahl in Klammern gibt an, um wie viele Perioden die erklärende Variable verzögert ist.

Studie des
Zentrums für
Europäische
Wirtschaftsforschung

D. *Vorgehensweise bei der Projektion:*

Zuerst werden alle Variablen anhand der neuesten Zeitreihendaten aktualisiert. Die Daten befinden sich sowohl in transformierter als auch in untransformierter Form. Im Allgemeinen werden bereits saisonbereinigte Daten vom nationalen Statistikamt (»National Statistical Office (ONS)«) verwendet. Daten von anderen Quellen werden vor dem Prognoseprozess mit Hilfe von Standardmethoden saisonbereinigt. Dabei kommt als Filter die X11-Methode zum Einsatz. Nach Zusammenstellung der Daten werden alle Variablen in einer Datei zusammengefasst, die mit Hilfe der NiGEM Software Programme bearbeitet werden kann. Sie enthält historische Daten, beginnend im ersten Quartal 1991, und nach Durchführung der Projektion Daten bis zum ersten Quartal 2030. Insgesamt ergeben sich so 205 spezifische Variablen für Großbritannien. Eine separate Bearbeitungsdatei wiederum stellt alle Annahmen dar, die in das Modell einfließen.

Weiterhin werden Annahmen bezüglich der Zinsen getroffen, wobei kurzfristige Zinssätze im Einklang mit der Zinsstrukturkurve stehen (Erwartungshypothese). Die Annahmen zu den langfristigen Zinsen werden so gewählt, dass sie approximativ dem Zehn-Jahres-Durchschnitt der projizierten kurzfristigen Zinsen entsprechen. Darüber hinaus werden die Wechselkurse gewöhnlich für die ersten drei Quartale auf Basis der letzten Beobachtung festgesetzt. Für die Zeitpunkte danach orientiert sich der Zeitpfad der Wechselkurse an der Zinsparität. Andere exogene Größen der Projektion sind außerdem kurzfristige Projektionen der Verbrauchsgüterpreise und Veränderungen der staatlichen Wirtschaftspolitik, z.B. geplante Steuererhöhungen oder Ausgabenkürzungen. Der Rest der Projektion wird durch die endogenen Modellgleichungen ermittelt, wobei den beteiligten Personen ein Beurteilungsspielraum eingeräumt wird.

In einem nächsten Schritt wird überprüft, ob das Modell kontinuierlich eine Größe über- oder unterschätzt hat oder ob ein unerklärter Trend in den vergangenen Prognosefehlern existiert. Sollte dies der Fall sein, so werden weitere Anpassungen bei den Modellergebnissen unter Verwendung der Residuen vorgenommen. Dadurch wird dem durchschnittlichen Prognosefehler über die unterschiedlichen Perioden Rechnung getragen.

Der Prognose-Prozess ist also mit einer iterativen »Feinabstimmung« verbunden. Während dieser Anpassungen wird das Modell wiederholt verwendet um Vorhersagen zu erstellen, solange bis die Ergebnisse im Einklang mit den Konjunkturaussichten des Prognoseerstellers stehen.

2. Beschreibung
der Projektions-
methoden

Ferner ergibt sich in der Regel die Notwendigkeit, dass weitere Anpassungen durchgeführt werden müssen, da die Interaktion zwischen den einzelnen Ländern des globalen Modells nun einen signifikanten Einfluss auf das Prognoseergebnis ausübt. Zusätzliche Anpassungen sind in diesem Kontext erforderlich, bis der Gesamtüberblick aus ökonomischer Perspektive sinnvoll erscheint.

2.1.3.3 Organisation der Prognosen
2.1.3.3.1 HMT

Die makroökonomischen und fiskalischen Projektionen des HMT werden im Haushalts- bzw. im vorläufigen Haushaltsbericht (Budget and Pre-Budget Report) veröffentlicht. Dies geschieht in der Regel an zwei Terminen im Jahr (März bzw. November).

2.1.3.3.2 NIESR

Die Projektionen werden vierteljährlich im institutseigenen »Review« veröffentlicht. Sie werden von drei Mitarbeitern erstellt, die pro Quartal einen Monat Vollzeit beschäftigt werden. Dies entspricht somit in etwa der Jahresarbeitszeit eines Vollzeitmitarbeiters. Zwei von ihnen besitzen einen Master-Abschluss, wobei einer Berufserfahrung im Prognosebereich von über 2 ½ Jahren aufweist. Der dritte Mitarbeiter hat einen Bachelor-Abschluss und arbeitet seit zwei Jahren im Prognosebereich. Alle zusammen sind Teil eines achtköpfigen Teams, das die weltweiten Projektionen erstellt, wobei jedes Teammitglied für bestimmte Länder zuständig ist.

2.1.4 Italien
2.1.4.1 Institutionen

In Italien werden offizielle mittelfristige Projektionen durch das Ministerium für Wirtschaft und Finanzen (Ministero dell'Economia e delle Finanze) erstellt. Innerhalb des Ministeriums ist hauptsächlich das Schatzamt (Tesoro) für die Prognoseerstellung zuständig. Frau Antonella Crescenzi vom Schatzamt hat uns eine Beantwortung des Fragebogens und eine Zusammenstellung über den Prognoseerstellungsprozess zukommen lassen. Leider war es nicht möglich Daten vom Wirtschafts- und Finanzministerium für empirische Auswertungszwecke zu erhalten. Die im empirischen Teil dieser Studie aufgeführten Tabellen basieren daher auf verschiedenen Dokumenten, die auf der Internetseite des Ministeriums veröffentlicht sind.

Daneben existieren auch drei nicht-offizielle Einrichtungen, welche ebenfalls mittelfristige Projektionen erstellen:
- CER
- Prometeia
- Ref.irs

Von diesen Instituten haben wir jedoch keine Informationen zu verwendeten Modellen oder historische Zeitreihen erhalten.

2.1.4.2 Ökonometrische Modelle und Methoden
Die folgende Beschreibung der Modelle und Methoden bezieht sich im Wesentlichen auf die Informationen von Frau Antonella Crescenzi.

A. *Prognosehorizonte*:
4 bis 5 Jahre (bei mittelfristigen Projektionen); das Modell kann jedoch auf Grund seiner langfristigen Eigenschaften auch Prognosen bis ins Jahr 2050 generieren.[9]

B. *Zentrale Prognose-Variablen*:
Weltwirtschaft (BIP der wichtigsten Industrieländer, Welthandel, Öl und Güterpreise, Wechselkurse).
Variablen der VGR (Volumen und Wert):
(1) Verwendung und Angebot von Gütern und Dienstleistungen: BIP, privater Konsum, Ausgaben der öffentlichen Hand, Investitionen, Vorratsbildung, Exporte, Importe.
(2) Wertschöpfung, Löhne, Arbeitskosten, Beschäftigung nach Sektoren, Handel mit EU und Nicht-EU Ländern, Leistungsbilanz, Arbeitsmarktvariablen (z.B. Arbeitslosenquote), öffentliche Finanzen, verfügbares Einkommen der Haushalte, gesamtwirtschaftliche Ersparnis.

Der Schwerpunkt der Prognosen liegt auf Italien. Dabei bilden Prognosen für große europäische bzw. internationale Volkswirtschaften einen exogenen Rahmen. Das internationale Szenario basiert auf Projektionen, die vom IWF, OECD bzw. der EU Kommission veröffentlicht werden. In manchen Fällen werden auch »Feedback«-Effekte zwischen der italieni-

---

9 Die Angaben der Unterpunkte A und B beziehen sich auf das makroökonometrische Modell ITEM. In der Abteilung „Ragionera Generale dello Stato" werden noch weitere Modelltypen für die Erstellung langfristiger Projektionen der öffentlichen Finanzen eingesetzt.

schen Volkswirtschaft und der Weltwirtschaft unter Verwendung des »Oxford Economic Forecasting«-Modells untersucht.

Die Schätzung der Gleichungen wird mit dem Kleinst-Quadrate Ansatz unter Verwendung des Software-Programms EViews durchgeführt. Es werden saisonbereinigte Daten verwendet.

C. *Eingesetzte Modelltypen im Prognoseprozess*:
Nach Angaben von Frau Crescenzi basieren die letztlich veröffentlichten Prognosen auf einer Vielzahl von Modellen, die in den einzelnen Abteilungen des Ministeriums für Wirtschaft und Finanzen unterhalten werden. Die Kohärenz und die Genauigkeit der Prognosen sollen durch ein komplexes System von Verfahren und durch die Interaktion aller Modelle, die in den einzelnen Abteilungen verwendet werden, sichergestellt werden. Es kann also davon ausgegangen werden, dass auch subjektive Elemente in diesem Rahmen eine wichtige Rolle für die Erstellung der letztlich veröffentlichten Zahlen spielen.

Das Schatzamt ist im Wesentlichen für die Projektionen des makroökonomischen Rahmes verantwortlich, während die Abteilung „Ragionera Generale dello Stato" Projektionen für die öffentlichen Finanzen erstellt. Dabei verwendet letztere Abteilung ein sehr detailliertes Modell, welches die öffentlichen Finanzen zu weiteren sektoralen Modellen (z.B. für Pensionen oder öffentliche Gesundheitsausgaben) verknüpft. Die Prognosen für die allgemeinen Staatseinnahmen basieren im Wesentlichen auf Annahmen der Abteilung Fiskalpolitik.

Die zentralen Modelle/Methoden, die im Prognoseprozess Verwendung finden, sind folgende: zum einen wird ein Modell eingesetzt, das auf den Einschätzungen von Experten (sog. JBM-Model) beruht. Des Weiteren werden auch mehrere ökonometrische Modelle verwendet: das wichtigste dieser Modelle ist ein makroökonometrisches Modell der italienischen Volkswirtschaft (ITEM). Außerdem kommt ein internationales ökonometrisches Modell zum Einsatz. Ferner existieren Modelle für Zinsausgaben und öffentliche Verschuldung.

Makroökonometrisches Modell
Das makroökonometrische Modell ITEM enthält 340 Variablen, wobei 116 exogen und 224 modellendogen sind. 34 Gleichungen sind durch ökonomische Theorie determiniert, während 190 Identitäten darstellen. Das Modell basiert auf Quartalsdaten.

Endogene Variablen sind insbesondere das BIP und seine angebotsseitigen bzw. nachfrageseitigen Determinanten. Endogen bestimmt wird

Studie des
Zentrums für
Europäische
Wirtschaftsforschung

weiter die Beschäftigung, Löhne, Preise, Einkommen der privaten Haushalte, Steuereinnahmen, öffentliche Verschuldung bzw. das Haushaltsdefizit. Außerdem wird der Außenbeitrag prognostiziert. Ein weiteres Merkmal des Modells ist, dass die zeitliche Entwicklung des finanziellen Vermögens und der Verbindlichkeiten institutioneller Sektoren modelliert wird.

Das Modell repräsentiert die Nachfrage- und die Angebotsseite der italienischen Ökonomie. Ein besonderes Charakteristikum des Modells ist dabei die zentrale Rolle, welche der Angebotsseite der Ökonomie zukommt. Bemerkenswert ist, dass das BIP direkt durch die Angebotsseite determiniert ist. Dabei wird die Wertschöpfung von Markt- und Nicht-Markt-Sektoren addiert, sowie indirekte Steuern und angerechnete Bankdienstleistungen berücksichtigt. Änderungen der Lagerbestände werden als Residuum bestimmt, das als Feedbackvariable fungiert und in der kurzen Frist die totale Faktorproduktivität (TFP) beeinflusst. Die Wertschöpfung der Markt-Sektoren wird im Rahmen eines Cobb-Douglas-Produktionsfunktionsansatz ermittelt, wobei konstante Skalenerträge unterstellt werden. Dementsprechend wird der Output (bzw. die Wertschöpfung) durch das Beschäftigungsniveau, den Kapitalstock sowie die totale Faktorproduktivität bestimmt.[10]

Weitere ökonometrische Modelle:
Brückenmodelle
Am aktuellen Rand (laufendes Quartal bzw. unmittelbares Folgequartal) werden Brückenmodelle eingesetzt (basierend auf Wirtschaftsklimaindikatoren bzw. aktuellen Daten zur Industrieproduktion und PKW-Neuzulassungen). Vergangene Prognosefehler werden sorgfältig analysiert. Demnach kann auch eine Residuen-Anpassung vorgenommen werden. Add-Faktoren werden in der Regel auf null gebracht innerhalb des ersten Jahres der Projektion.

JBM Model
Wie bereits erwähnt, basiert das italienische JBM-Modell auf Expertenmeinungen, die in einem organischen System der ökonomischen Analyse miteinander verflochten sind. Diese ökonomischen Analysen basieren auf logischen Modulen (eigene Modelle oder Modellblöcke).

---

10 In Kürze plant das Schatzamt eine Veröffentlichung, welche die wichtigen Modellgleichungen erläutert und auf Anfrage von Frau Crescenzi zur Verfügung gestellt werden kann.

2. Beschreibung
der Projektions-
methoden

Der größte Modellblock trägt den Namen »Verwendung und Angebot von Gütern und Dienstleistungen«. Ein weiteres wichtiges Modul ist der »Wertschöpfungsblock«. Andere Module sind »Internationale Variablen und Wechselkurse«, »Kosten und Preise«, »Handels und Leistungsbilanz«, »Arbeitsmarkt«, »Ressourcen und Ausgaben des Staates«, »Verfügbares Einkommen der privaten Haushalte und nationale Spartätigkeit«.

Insgesamt basiert das JBM auf gut 200 Variablen nationaler wie internationaler Art. Die Schätzungen sind folgendermaßen miteinander verknüpft:

(1) durch die Kohärenz einhergehend mit dem System der VGR (SEC95).
(2) Geeignete Beurteilungstechniken. Diese werden unterfüttert durch eine rationale Nutzung von Informationen zur Konjunktur, sowie Analysen des strukturellen Trends in der italienischen Ökonomie.
(3) Methoden zur wechselseitigen Kontrolle der Konsistenz (Cross-Check).

Regionale Prognosemodelle

Prognosen für Regionen werden durch die Abteilung »Politiche e sviluppo« erstellt. Hier werden zwei Modelle eingesetzt: einmal ein Modell, dass auf Experteneinschätzungen beruht (Quadro Macro Territoriale), sowie ein separates ökonometrisches Modell für den Mezzogiorno.

2.1.4.3   Organisation der Prognosen

Das Wirtschafts- und Finanzministerium ist in 5 Abteilungen untergliedert, welche alle in den Prognoseprozess involviert sind. Es existieren verschiedene Phasen im Prognoseerstellungsprozess. Ziel ist die schrittweise Konvergenz der modellbasierten Schätzungen der einzelnen Abteilungen zu einer kohärenten Prognose.

Zu Beginn des Prognoseerstellungsprozesses werden die Prognosen stets mit denjenigen der oben genannten nicht-offiziellen Institutionen abgeglichen. Diese Institutionen erstellen einen Bericht, der neben makroökonomischen Projektionen auch eine Strukturanalyse der italienischen Volkswirtschaft enthält.

Die mittelfristigen Projektionen in Italien beinhalten Abschätzungen wirtschaftspolitischer Maßnahmen, wie auch die Anpassungen der öffentlichen Haushalte. Die Prognosen werden daher in den Dokumenten veröffentlicht, welche sich mit Planung bzw. der Analyse und Entwicklung der ökonomischen und strukturellen Situation der ökonomischen Volkswirtschaft beschäftigen.

Das wichtigste Dokument ist das so genannte DPEF (Documento di Programmazione economico-finanziaria). Hierbei handelt es sich um ein Dokument, welches die wirtschaftspolitischen Richtlinien für die folgenden 4 Jahre beschreibt. Des Weiteren enthält es Projektionen makroökonomischer und fiskalischer Variablen. Dieses Dokument muss vom italienischen Parlament bewilligt werden. Ferner werden die Prognosen im Rahmen des Dokuments RPP (Relazione Previsionale e Programmatica) veröffentlicht. Dieses wird dem Haushaltsgesetzentwurf beigefügt und enthält eine Beschreibung des makroökonomischen Rahmens für die folgenden 4 Jahre.

2.1.5 Niederlande
2.1.5.1 Institutionen
Offizielle Prognosen in den Niederlanden werden vom »Centraal Planbureau (CPB)« durchgeführt. Die Informationen über die Niederlande wurden von unserem Kooperationspartner Jorgen Mortensen vom »Centre for European Policy Studies (CEPS)« zur Verfügung gestellt.

2.1.5.2 Ökonometrische Modelle und Methoden
Der Hauptzweck der mittelfristigen Projektionen besteht darin, eine Grundlage für die Einschätzung der Wirkung wirtschaftspolitischer Maßnahmen in der mittleren Frist zu schaffen. Hierbei ist insbesondere eine detaillierte Abschätzung des Spielraums der Haushaltspolitik von Bedeutung. Deshalb werden die Projektionen in Form zweier Szenarien dargestellt, und zwar ein positives und negatives Szenario. Richtwert für die mittelfristige Haushaltspolitik ist das negative Szenario. Methodisch ist anzumerken, dass die Szenarien ohne endogene wirtschaftspolitische Reaktionen konstruiert sind, da die Projektionen lediglich eine neutrale Grundlage bieten sollen.

A.*Prognosehorizont*: Vier Jahre.

B.*Zentrale Prognosevariablen*:
BIP, Verbraucherpreis-Index, Beschäftigung, Arbeitslosigkeit, Haushaltsdefizit sowie Staatsverschuldung.

C.*Eingesetzte Modelltypen im Prognoseprozess*:
Die mittelfristigen Projektionen werden in drei Stufen ermittelt:

I. Analyse des internationalen Umfelds, welches in den folgenden Stufen als exogen angenommen wird.

II. Analyse der Hauptbestimmungsgrößen für das Wachstum des BIP:

– *Arbeitsangebot*: Berücksichtigt werden Veränderungen der Bevölkerung im erwerbsfähigen Alter sowie die Erwerbsquote. Ferner finden die Effekte arbeitspolitischer Maßnahmen Berücksichtigung.

– *Strukturelle Arbeitslosigkeit (NAIRU)*: Die Szenarien basieren auf der Schätzung einer »gleichgewichtigen« Arbeitslosenquote, im Wesentlichen basierend auf einer Schätzung der »NAIRU«.[11] Zu deren Bestimmung wird u.a. die Höhe des realen Zinssatzes sowie die Steuer- und Abgabenlast auf dem Faktor Arbeit herangezogen.

– *Arbeitsproduktivität*: Verwendung einer Produktionsfunktion mit konstanter Substitutionselastizität, die Schätzungen für den Einfluss folgender Größen auf die Arbeitsproduktivität liefert: Technischer Fortschritt (Totale Faktorproduktivität, TFP), Veränderungen der Arbeitsstunden sowie Veränderungen der Kapitalintensität (Quotient von Kapital und Arbeit).

Die genannten exogenen Größen sowie die Annahmen bezüglich der NAIRU, der Entwicklung der totalen Faktorproduktivität etc. dienen als Input für das mittelfristige makroökonometrische Modell (JADE-Modell). Es werden Projektionen für das potenzielle Wachstum und für die gegenwärtige Produktionslücke durchgeführt.

III. Bestimmung der Unsicherheitsgrenzen (Konfidenzintervalle) für jede der Komponenten der vorigen Stufe[12]. Diese bilden die Basis für die zwei Szenarien, welche mit dem JADE-Modell erstellt werden. Die Ergebnisgrößen des Modells werden in jährlichen Veränderungsraten angegeben. Das Modell wird so gesteuert, dass die anfängliche Produktionslücke über den vierjährigen Szenarienzeitraum verschwindet.

2.1.5.3 Organisation der Prognosen

Das Centraal Planbureau wurde bereits im Jahre 1945 gegründet. Sein erster Direktor war Jan Tinbergen, der im Jahre 1969 mit dem Nobelpreis für Wirtschaft ausgezeichnet wurde. Das CPB sieht seine Aufgaben darin, wissenschaftliche ökonomische Analysen zu erstellen, die sich durch

---

11 Zu den Problemen der Messung und Anwendung des Konzepts der NAIRU zur Erfassung der inflationsneutralen Arbeitslosigkeit vgl. z.B. Franz (2005).

12 Nach Ansicht des Nobelpreisträgers Clive Granger (1996: 460) ist die Angabe der Prognoseunsicherheit im Rahmen von Punktprognosen von zentraler Bedeutung für die Nützlichkeit der Prognosen und sollte daher auch adäquat kommuniziert werden.

Studie des
Zentrums für
Europäische
Wirtschaftsforschung

ihre Unabhängigkeit auszeichnen und die für politische Entscheidungsträger relevant sind.

Das CPB ist rechtlich verpflichtet, jährliche ökonomische Projektionen
zu publizieren. Die Erstellung von mittelfristigen Projektionen ist jedoch
nicht obligatorisch. Dennoch werden vom CPB auf regulärer Basis in Abständen von zwei bis vier Jahren die oben beschriebenen mittelfristigen
Projektionen veröffentlicht. Seit 1995 weisen sie die Szenarienform auf
und umfassen Vier-Jahres-Zeiträume. Der veröffentlichte Bericht enthält
nur die Vier-Jahres-Durchschnitte der relevantesten Variablen.

Die Entscheidung für die Verwendung des pessimistischen Szenarios
für die Haushaltsberechnungen ist im Wesentlichen eine pragmatische,
da es politisch vorteilhafter erscheint, wenn das tatsächliche Ergebnis positiv von der Prognose abweicht anstatt negativ.

2.1.6   USA
2.1.6.1   Institutionen

Offizielle gesamtwirtschaftliche Projektionen werden in den USA von
den folgenden Institutionen durchgeführt:
–   President's Council of Economic Advisers (CEA)
–   U.S. Treasury: Office of Macroeconomic Analysis
–   Office of Management and Budget (OMB)

Ein Arbeitsteam aus Mitarbeitern dieser Institutionen, das sich mit makroökonomischen Projektionen befasst, wird üblicherweise als »Troika«
bezeichnet und existiert seit ungefähr 40 Jahren. Dabei liegt die Feder-
führung bei der Erstellung der Projektionen für die US-Regierung beim
CEA.

Des Weiteren werden Projektionen durch die folgenden regierungsna-
hen Institutionen durchgeführt, die wir ebenfalls kontaktiert haben:
–   Congressional Budget Office (CBO)
–   U.S.-Notenbank (Federal Reserve)

John Peterson vom CBO hat unseren Fragebogen beantwortet und darüber hinaus umfangreiches Datenmaterial bereitgestellt. Diese Daten erlauben es uns für die USA unterschiedliche Ansätze miteinander zu vergleichen. Außerdem hat uns Michael Kiley (Chief Macroeconomic and
Quantitative Studies, Federal Reserve) Informationen zu den Methoden
der U.S.-Notenbank zugesandt. Da sich die (öffentlich verfügbaren) Projektionen der U.S.-Notenbank lediglich auf den kurzfristigen Zeithorizont beziehen, haben wir auf die ökonometrische Auswertung im Rahmen dieser Studie verzichtet.

2.1.6.2 Ökonometrische Modelle und Methoden
2.1.6.2.1 »Troika«

Die folgende Zusammenstellung bezieht sich auf den Artikel von Donihue und Kitchen (2000).

A. *Prognosehorizont*: Bis zu sechs Jahre.

B. *Zentrale Prognosevariablen*:
Wachstum des realen BIP, Inflationsrate (gemessen durch BIP Deflator und Verbraucherpreisindex), Arbeitslosigkeit, kurz- und langfristiger Zinssatz (Rendite dreimonatiger Treasury Bills bzw. zehnjähriger Treasury Notes). Des Weiteren werden u.a. die folgenden Variablen prognostiziert: Wachstumsrate der Arbeitsproduktivität, Lohninflation, Wachstumsrate der erwerbstätigen Bevölkerung etc. Ferner werden detaillierte Prognosen (ca. 100 weitere Variablen) erstellt, aufgegliedert in die einzelnen Sektoren der Ökonomie. Die Restriktion bei der Erstellung der detaillierten Prognosen ist, dass die Zeitpfade der zentralen Makrovariablen eingehalten werden. Die detaillierten Prognosen sind eher kurzfristig orientiert und dienen als Grundlage für die Haushaltsberechnungen des OMB und des Treasury.

C. *Eingesetzte Modelltypen im Prognoseprozess*:
Die eingesetzten Modelle sind von der Anwendung abhängig. Was die längere Prognosefrist betrifft, werden im Wesentlichen Wachstumsmodelle verwendet bzw. ein so genannter »Growth Accounting«-Ansatz zur Abschätzung des Wachstumspotentials.

Growth Accounting:
Growth Accounting ist zentral für die Erstellung der mittel- und langfristigen Projektionen der »Troika«. Nach der Abkehr vom (keynesianisch orientierten) Versuch der Prognose von Konjunkturwendepunkten liegt der Fokus nun verstärkt auf der (angebotsseitigen) Bestimmung des Wachstumspotentials der amerikanischen Ökonomie. Seit 1985 werden die Resultate des »Growth Accounting«, welche die Basis für die mittelfristigen Projektionen der Regierung sind, im jährlichen »Economic Report of the President« veröffentlicht.

Makroökonometrisches Modell:
Das Modell basiert auf dynamischen, simultanen Gleichungen und Bilanzidentitäten und wird im Wesentlichen zur Erstellung der

detaillierten Prognosen für den Haushalt verwendet. Es wurde nicht von der »Troika« selbst erstellt, sondern stammt von einem kommerziellen Anbieter (Laurence H. Meyer and Associates, Macroeconomic Advisers, LLC). Dieses Makro-Modell wird auch zur Analyse und Simulation verschiedener wirtschaftspolitischer Maßnahmen verwendet.[13]

Weitere ökonometrische Modelle:
Diese wurden im Gegensatz zum oben genanten großen Makromodell durch die Mitarbeiter der »Troika« erstellt. Darunter sind z.B. Phillips-kurven[14], »Taylor-rule«-[15] und Wachstumsmodelle zu verstehen. Sie dienen als Ergänzung zum oben genannten Modell.

2.1.6.2.2 CBO

A. *Prognosehorizont*:
Das CBO muss eine Haushaltsrichtlinie für die folgenden zehn Jahre bereitstellen, beginnend mit dem aktuellen Haushaltsjahr (das Haushaltsjahr für Projektionen, die in 2005 erstellt werden, ist 2006). Der Zehn-Jahres-Horizont ist notwendig, um die Haushaltswirkungen von Gesetzen genau einschätzen zu können.
Makroökonomische Projektionen des CBO berücksichtigen lediglich die zyklische Entwicklung der Konjunktur innerhalb der ersten beiden Jahre des Prognosehorizonts. Für das dritte bis zehnte Jahr werden im Wesentlichen Trends bzw. Durchschnitte (»durchschnittlicher« Konjunkturzyklus) aufgezeigt. Das mittelfristige reale BIP (drei bis zehn Jahre) wird so projiziert, dass es in die Schätzung des CBO für das potenzielle Wachstum des Outputs übergeht.

B. *Eingesetzte Modelltypen im Prognoseprozess*
Basismodell:
Das Basismodell des CBO ist im Wesentlichen ein Bilanzierungsrahmen

---

13 Dagegen beruhen beispielsweise die Prognosen der amerikanischen Notenbank (Federal Reserve) auf einem eigens entwickelten und gepflegten Makro-Modell.
14 Die Phillipskurve stellt einen negativen Zusammenhang zwischen der Veränderungsrate der Löhne und Arbeitslosigkeit (ursprüngliche Phillipskurve) bzw. zwischen Inflation und Arbeitslosigkeit (modifizierte Phillipskurve) dar, wobei unter dem Begriff Phillipskurve gewöhnlich die modifizierte Form verstanden wird.
15 Die »Taylor-rule«, entwickelt vom Stanford-Ökonomen John Taylor, ist eine Formel, mit deren Hilfe Empfehlungen gegeben werden können, wie eine Zentralbank bei wechselnden wirtschaftlichen Bedingungen die kurzfristigen Zinsen festlegen sollte, um sowohl ihr kurzfristiges Stabilisierungsziel als auch ihr langfristiges Inflationsziel zu erreichen.

mit einigen ökonomischen Verhaltensgleichungen. In der gesamtwirtschaftlichen Projektion des CBO werden über 400 Variablen prognostiziert, wovon jedoch nur ca. 20 veröffentlicht werden und ca. 100 intern genutzt werden. Die Variablen teilen sich folgendermaßen auf:

- Ca. 70 Variablen der Endnachfrage.
- 80 Variablen bezogen auf die Kapitalkosten, die zur Prognose von acht Kategorien von fixen Unternehmensinvestitionen dienen.
- Acht unterschiedliche Verbrauchspreisindex-Konzepte.
- Ca. 60 einkommensseitige Konzepte (Gewinne, Löhne und Gehälter, Einkommen-steueraufkommen, Unternehmenszinszahlungen, Abschreibungen, etc.).
- Diverse Zinssätze und andere Finanzmarkt-Variablen.
- Ca. 20 Arbeitsmarktzeitreihen (Lohnsätze, Beschäftigung, Erwerbsbevölkerung, etc.).

Weitere Modelle:
Das CBO unterhält kein eigenes traditionelles Makromodel für Simulationszwecke, wenngleich es kommerzielle Makromodelle für traditionelle Simulationsstudien verwendet (z.B. das Modell von Global Insight, das Modell der Economic Advisers oder das McKibbin-Sachs-Modell). Außerdem benutzt das CBO ein internes Lebenszyklus-Wachstumsmodell und ein Wachstumsmodell mit unbegrenztem Horizont für die Analyse der Effekte staatlicher wirtschaftspolitischer Maßnahmen.[16]

Abschätzung des Produktionspotenzials:
Zur Abschätzung des potenziellen BIP wird ein kleines neo-klassisches Wachstumsmodell verwendet.[17] Es wird im Rahmen dieses Modells angenommen, dass jede Lücke zwischen tatsächlichem und potenziellem BIP, die zum Ende des zweijährigen Prognosehorizonts verbleibt, innerhalb der darauf folgenden acht Jahre geschlossen wird.

Methodisch beruht das Wachstumsmodell für die Schätzung des potenziellen Outputs auf dem Solow-Wachstumsmodell. Nach diesem Modell ist das Wachstum des realen BIP abhängig von den Faktoren Arbeit (gemessen in Arbeitsstunden), Kapital (gemessen durch einen Index der Kapitalleistung aus dem Bestand an produktiven Anlagegütern) und

16 Vgl. CBO (2003, 2004c).
17 Der potenzielle Output wird vom CBO als eine Schätzung für das BIP bei Vollbeschäftigung und somit als Trend des BIP interpretiert. Damit ist keine Obergrenze im technischen Sinne gemeint, sondern der Wert des BIP, der zu keiner Veränderung bei der Inflation führt.

technischem Fortschritt (totale Faktorproduktivität). Trends in der ersten und letzten Komponente werden durch eine Variante des Okun'schen Gesetzes unter Verwendung eines Kleinst-Quadrate-Ansatzes geschätzt.[18] Als erklärende Variablen werden für beide Gleichungen dieselben Variablen verwendet (darunter insbesondere die Arbeitslosigkeitslücke), um die Effekte des Konjunkturzyklus zu erfassen. Darüber hinaus werden deterministische Zeittrends in die Gleichungen aufgenommen, so dass die Wachstumsrate der potenziellen Variablen einer konstanten Rate entspricht. Schließlich berechnet das CBO die potenziellen Niveaus an Arbeitsstunden und TFP gemäß den Prognosen auf Basis der geschätzten Parameter, wobei die Arbeitslosigkeitslücke Null gesetzt wird. Diese potenziellen Niveaus werden letztendlich mit dem Kapitaleinsatz kombiniert, um das Wachstumspotential des Outputs zu berechnen.

Als Software wird AREMOS verwendet, ein Ökonometrie- und Modellbildungs-Softwarepaket von *Global Insight*. Für spezielle Projekte und für die Erstellung von Publikationen wird jedoch eine Vielzahl von Softwarepaketen herangezogen.

2.1.6.2.3 Federal Reserve

A. *Prognosehorizont*:

1½ bis 2¼ Jahre (vorrangiger Horizont), Zehn-Jahres-Extrapolation der Basisprognose des FRB/US-Modells.

B. *Zentrale Prognosevariablen*:

Die wirtschaftliche Aktivität und das Preisniveau werden auf einem sehr detaillierten Niveau prognostiziert. Dabei sind die eingesetzten Daten nahezu immer saisonbereinigt. Auf der Ebene der volkswirtschaftlichen Gesamtrechung (VGR) werden alle wichtigen Komponenten des BIP berücksichtigt. So werden z.B. der Konsum und die Unternehmensinvestitionen in verschiedene Kategorien eingeteilt.

Zusätzlich zu den Projektionen auf der Ausgabenseite werden auch einkommensseitig Prognosen auf Ebene der VGR im Detail erstellt, wobei zwischen verschiedenen Komponenten des Inlandsprodukts differenziert wird. Weiterhin werden Staatsausgaben und -einnahmen sowie

---

18 Gemäß dem Okun'schen Gesetz besteht ein inverser Zusammenhang zwischen der Höhe der Produktionslücke (prozentuale Differenz zwischen BIP und potenziellem BIP) und der Höhe der Arbeitslosigkeitslücke (Differenz zwischen tatsächlicher und sog. natürlicher Arbeitslosenrate, die dann vorliegt, wenn sich der Arbeitsmarkt im Gleichgewicht befindet).

der Output getrennt nach Sektoren (z.B. Output von Haushalten oder Institutionen) projiziert.

C. *Eingesetzte Modelltypen im Prognoseprozess*:
Allgemeines Vorgehen:
Zu Beginn werden auf Basis der neuesten Daten die Entwicklungen in der unmittelbar folgenden Zeit eingeschätzt. Dabei werden insbesondere Daten berücksichtigt, die sich auf die ursprünglichen Bedingungen der vorangehenden Projektion beziehen. Diese Bewertung basiert teilweise auf kurzfristigen Indikatormodellen.

Darüber hinaus wird die Entwicklung von Variablen, die für die wirtschaftliche Aktivität und für das Preisniveau wichtig sind, für die mittlere Frist neu geschätzt. Dies sind u.a. Vermögenswerte und Zinssätze, der Wechselkurs, wichtige Aspekte der Fiskalpolitik und der Ölpreis. Der Einfluss dieser Größen wird sowohl für die Vereinigten Staaten als auch für die gesamte Welt gemessen. Dabei kommen einfach gehaltene Modelle basierend auf ökonomischer Theorie sowie Strukturmodelle zum Einsatz. Dabei wird ein subjektiver Bewertungsspielraum eingeräumt.

Die Projektion gibt den für am wahrscheinlichsten gehaltenen Pfad der wirtschaftlichen Aktivität wieder, der sich unter der Annahme einer bestimmten Geldpolitik einstellt. Wichtig ist hierbei hervorzuheben, dass diese von der für am wahrscheinlichsten gehaltenen Annahme abweichen kann, wenn dies von den politischen Entscheidungsträgern gewünscht wird. Während diese Abweichung in den letzten Jahren nicht allzu groß war, ist sie historisch doch deutlich belegt. Somit hat sich auch die Eignung, die bedingten Projektionen für unbedingte Einschätzungen der Prognosegüte zu verwenden, über die Zeit hin verändert.

Schließlich wird die Projektion durch alternative Simulationen ergänzt. In diesen werden Szenarien abgebildet, welche plausible, aber weniger wahrscheinlichere Größen für Angebot, Nachfrage, Vermögenswerte, etc. enthalten. Dadurch soll das Risiko von Prognoseabweichungen abgebildet werden. Dieses Risiko wird außerdem durch Statistiken über vergangene Prognosefehler sowie durch Konfidenzintervalle der Projektionen erfasst.

Für die Prognoseerstellung wird eine Reihe von Software-Paketen verwendet, z.B. FAME, Eviews, RATS, TROLL, Modelez und Matlab.

Allgemein ist festzuhalten, dass für die Projektionen eine Vielzahl von Modellen jeglicher Art verwendet wird (theoriefundierte Modelle, Zeitreihenverfahren, etc.). Ein wichtiger Bestandteil des Prognoseprozesses stellt das sog. »FRB/US-Modell« dar, ein großes makoökonometrisches

Modell, welches im Folgenden näher erläutert wird. Es ist jedoch zu betonen, dass alle folgenden Modelle einem Beurteilungsspielraum unterliegen und daher nicht als mechanische Prognoseerstellungsmethode aufgefasst werden können.

FRB / US-Modell:
Das FRB / US-Modell ist ein großes vierteljährliches Modell der U.S.-Volkswirtschaft mit ca. 30 stochastischen Verhaltens- und ca. 300 Identitätsgleichungen. Die meisten der wichtigsten Verhaltensgleichungen sind dabei aus formalen Spezifikationen von Optimierungsproblemen vorausschauender Haushalte, Unternehmen und Investoren abgeleitet. In anderen Modellbereichen, in denen Friktionen wie gestaffelte Verträge, Verhaltenspersistenz, etc. bedeutsam sind, ist die Ableitung von Verhaltensgleichungen jedoch komplizierter. Die Entscheidungsregeln des Modells nehmen die Form sparsam parametrisierter Fehlerkorrekturgleichungen an.

FRB / MCM-Modell:
Das MCM ist ein großes globales Modell mit ca. 1 400 Gleichungen. Die G7-Staaten werden dabei mit jeweils ca. 35 Verhaltens- und 100 Identitätsgleichungen beschrieben.

Weltmodell:
Das Weltmodell ist ein Hybridmodell, das die nicht-US-Sektoren des FRB/MCM mit den einheimischen Bereichen des FRB/US verbindet. Durch diese Verknüpfung werden die Stärken von jedem Ansatzes berücksichtigt. Bei der Simulation des Weltmodells können sowohl Modell- als auch VAR-basierte Erwartungen berücksichtigt werden.

Weitere vierteljährliche makroökonometrische Modelle:
Zusätzlich zu den großen Makromodellen verwendet das Federal Reserve auch andere Modelle, z.B. VAR-Modelle. Diese VAR-Modelle enthalten typischerweise nur drei oder vier Variablen, insbesondere einen Indikator für die Leistung des realen Sektors, für die Inflation und einen finanziellen Indikator. Weiterhin kommen auch Modelle kommerzieller Anbieter zum Einsatz.

2.1.6.3 Organisation der Prognosen
2.1.6.3.1 »Troika«

Der CEA wurde im Rahmen des *Employment Act* 1946 ins Leben gerufen:
»The employment Act of 1946 required publication of an economic report
setting forth among other things, '...current and foreseeable trends in the
levels of unemployment, production, purchasing power,...'« (Donihue,
Kitchen 2000: 231).

Offiziell existiert die »Troika« in ihrer derzeitigen Zusammensetzung
seit dem ersten Amtsjahr der Kennedy-Administration 1961. Zunächst
war der Fokus eher auf die Untersuchung der makroökonomischen Lage
aus der kurzfristigen Sicht gerichtet. Dies änderte sich jedoch mit dem
Congressional Budget Act von 1974. Seither sind auch Fünf-Jahres Projektionen vorgeschrieben bzw. die ökonomischen Annahmen, die den Projektionen zu Grunde liegen, sind detailliert im Economic Report of the
President zu beschreiben.

Gemäß dem Full *Employment and Balanced Growth Act* 1978 müssen
jährlich quantitative Zielvorgaben für ökonomische Größen gemacht
werden wie beispielsweise für Beschäftigung, reales Volkseinkommen,
Produktivität und Preisniveau etc. Dies ist aktuell angesichts des Paradigmenwechsels in der ökonomischen Theorie jedoch nicht mehr so bedeutsam. Neben der Diskussion und der Empfehlung wirtschaftspolitischer Maßnahmen besteht heute die Hauptaufgabe der »Troika« im Wesentlichen in der Erstellung makroökonomischer Projektionen.

Die letztendliche Prognose beruht nicht allein auf ökonometrischen
bzw. statistischen Modellen, sondern hängt auch stark von den Einschätzungen der an der Erstellung der Projektionen beteiligten Wissenschaft-
ler ab (iterativer Prozess). Daher sind die Projektionen stets zu einem gewissen Grad subjektiv und mit einer gewissen »Feinabstimmung« verbunden. Die Projektionen der Regierung werden zweimal im Jahr erstellt. Dabei beginnt der Prozess der Prognoseerstellung ca. 2 Monate vor
Veröffentlichung des Haushalts bzw. der Haushaltsrevision.

2.1.6.3.2 CBO

Das Congressional Budget Office wurde 1974 gegründet. Seine Kernauf-
gabe besteht darin, den Kongress mit detaillierten Haushaltsinformatio-
nen und Studien über den Einfluss von verschiedenen wirtschaftspolitischen Maßnahmen auf den Haushalt zu versorgen. Insbesondere die Unabhängigkeit der Haushaltsanalysen und die gesamtwirtschaftlichen
Projektionen spielten bei der Gründung eine entscheidende Rolle.

Die erste gesamtwirtschaftliche Prognose wurde im Jahr 1976 durchgeführt. Neben Zwei-Jahres- werden auch Fünf-Jahres-Projektionen erstellt, die zur Untersuchung der Genauigkeit von Vorhersagen von verschiedenen Variablen, die wichtig für die Haushaltsprognosen des CBO sind, verwendet werden.

Während das CBO bis zu den späten siebziger Jahren seine mittelfristigen Projektionen als Zielvorgaben charakterisierte, betrachtet es sie seither als Prognose des durchschnittlichen Wertes der jeweiligen Zielgrößen.

Das CBO veröffentlicht zwei makroökonomische Projektionen pro Jahr (Januar und August). Die Projektionen werden ca. 6 Wochen vor ihrer Veröffentlichung fertig gestellt, da sie als Grundlage für die Erstellung der Haushaltsgrößen dienen. Sie werden dann zeitgleich mit den Haushaltsvorschlägen der Regierung im »Economic and Budget Outlook« publiziert.

Der Erstellungszeitraum der Projektionen beträgt ca. zwei Monate. Zu Beginn werden ausgewählte Gebiete und Themen durch Mitarbeiter der Abteilung »Macroeconomic Analysis« untersucht, woraufhin diese Themen in mehreren Sitzungen und auch in einer Konferenz mit dem Direktor des CBO diskutiert werden. Bei diesen Sitzungen werden auch sog. Projektionsgruppen gebildet. In den ersten Phasen der Erstellung sind ca. 20 Ökonomen der Abteilung »Macroeconomic Analysis« beteiligt. Weiterhin tragen Analysen der Haushalts- und Steuerabteilungen zum Fiskalausblick bei, und andere Analysen des CBO werden als Grundlage für spezielle Themen, z.B. die Einschätzung der aktuellen Entwicklung auf den Ölmärkten, herangezogen.

Anschließend wird die Projektion an ein Gremium von ökonomischen Beratern gesandt und während einer eintägigen Sitzung noch einmal mit diesen besprochen. An dieser Sitzung nehmen auch Ökonomen aus Ausschüssen des Senats und des Kongress teil. Der Vorschlag der Gremiumsmitglieder sowie der Ökonomen der Ausschüsse wird dann dazu verwendet, die endgültige Projektion zu erstellen.

2.1.6.3.3 Federal Reserve

Mitarbeiter des Direktoriums präsentieren den übrigen Direktoriumsmitgliedern sowie dem »Federal Open Market Committee (FOMC)« vor jeder von dessen Sitzungen eine detaillierte Prognose der U.S.-Volkswirtschaft. Die Erstellung der Projektionen beginnt dabei einige Wochen vor der jeweiligen Sitzung des FOMC. Diese Prognose wird dann in einer Veröffentlichung namens »Greenbook« zusammengefasst.

Insgesamt sind bereichsübergreifend im Laufe des Jahres über 100 Ökonomen am Prognoseprozess beteiligt, die nahezu alle eine Promotion aufweisen können. Da jedoch jede am Prozess beteiligte Abteilung auch andere Aufgaben hat, kann der jährliche Mitteleinsatz nicht eindeutig zugeordnet werden.

2.2 Internationale und supranationale Organisationen

2.2.1 EU-Kommission
2.2.1.1 Institution

Die folgenden Ausführungen über die Methoden mittelfristiger gesamtwirtschaftlicher Projektionen der EU-Kommission beziehen sich auf einen Bericht von Jorgen Mortensen vom CEPS.

Allgemein lassen sich für die EU-Kommission zwei Verfahren darstellen. Zum einen werden im Rahmen des Stabilitäts- und Konvergenzprogrammes die Projektionen der Mitgliedsländer zu einer Gesamteinschätzung zusammengeführt. Hierbei werden mittelfristige makroökonomische sowie Einnahmen- und Ausgabenprojektionen für die öffentlichen Haushalte berücksichtigt, die von den zuständigen Ministerien der Länder bzw. den beauftragten Forschungsinstituten erstellt wurden. Auf Basis dieser Größen erfolgt eine Bewertung der Nachhaltigkeitsentwicklung der öffentlichen Haushalte sowie der Staatsverschuldung.

Zum anderen wird in regelmäßigen Abständen der potenzielle Output geschätzt. Dieser dient sowohl als Vergleichsmaßstab für die von den Mitgliedsländern eingereichten Prognosen als auch als Grundlage für eigene haushaltspolitische Prognosen. Die Ermittlung des Potenzialoutputs wird im Folgenden näher erläutert.

2.2.1.2 Ökonometrische Modelle und Methoden

A. *Prognosehorizont*: 3 Jahre.

B. *Zentrale Prognosevariable*: Potenzieller Output.

C. *Eingesetzte Modelltypen im Prognoseprozess*:
Zur Berechnung des potenziellen Outputs wird eine Cobb-Douglas-Produktionsfunktion verwendet, in der folgende Größen berücksichtigt werden:
- *NAIRU*: Schätzung der zyklisch angepassten strukturellen Arbeitslosigkeit (NAIRU). Hierbei kommt methodisch sowohl ein Phil-

lips-Kurven-Schema als auch ein Arbeitsmarktmodell mit einer Lohnsetzungsregel und einer Arbeitsnachfragegleichung zum Einsatz. Insbesondere wird gezeigt, wie sich die Phillips-Kurve durch beobachtbare und unbeobachtbare Schocks bei der Lohnregel und Arbeitsnachfragegleichung verschiebt.

Schätzungen werden für alle Länder der EU sowie für die USA gemacht, wodurch die Reaktionskoeffizienten innerhalb der EU und gegenüber den USA verglichen werden können.

- *Trendbeteiligungsrate*
- *Bevölkerung im erwerbsfähigen Alter*
- *Faktorproduktivitätstrend.*

Insbesondere wird bei dem Vorgehen auf Einfachheit, Transparenz und gleiche Behandlung aller Mitgliedsstaaten der EU geachtet. Eine umsichtige Einschätzung der vergangenen und zukünftigen Entwicklung des Potenzialwachstums ist außerdem von Bedeutung; dies heißt konkret, dass für den Projektionszweck realistische Annahmen bezüglich der zentralen Variablen der Produktionsfunktion getroffen werden. Abschließend wird der geschätzte potenzielle Output vor dem Hintergrund der Anforderungen des Stabilitäts- und Konvergenzprogrammes bewertet.

2.2.1.3 Organisation der Prognosen

Die Schätzungen des potenziellen Output für die Mitgliedsstaaten werden vom »Directorate General for Economic and Financial Affairs« (DG ECFIN) der EU-Kommission in der AMECO-Datenbank bereitgestellt.

2.2.2 Internationaler Währungsfonds (IWF)
2.2.2.1 Institution

Die hier wiedergegebenen Informationen wurden uns von den IWF-Experten Stephan Danninger (European Department, Washington) und Céline Allard (Economist, French Desk, Washington) übermittelt. Die Zeitreihen der mittelfristigen Prognosen hat uns Mahnaz Hemmati (WEO Department, Washington) zusammengestellt.

2.2.2.2 Ökonometrische Modelle und Methoden

A. *Prognosehorizonte*:

Kurzfristig (zwei Jahre, aktuell für 2005 und 2006, vierteljährliche Veröffentlichung), mittelfristig (bis fünf Jahre, aktuell für 2006 bis 2010, jährliche Veröffentlichung), langfristig (aktuell für 2010 bis 2050, jährliche Veröffentlichung).

B. *Zentrale Prognosevariablen:*

a) Kurze Frist: Reales und nominales BIP sowie deren Komponenten, Preisniveau, Beschäftigung, Arbeitslosigkeit, Löhne.

b) Mittlere Frist: Zentrale Prognose-Variablen der kurzen Frist sowie *zusätzlich* Staatsausgaben, Staatseinnahmen, Fiskalbilanz, Staatsverschuldung, Lohnstückkosten, potenzielles Wachstum, Kapitalstock, Zinssätze, Leistungsbilanz, Kapital- und Devisenbilanz.

c) Lange Frist: Reales und nominales BIP, Zinsen, Inflation, Beschäftigung, Staatseinnahmen, Staatsausgaben, Staatsdefizit, Staatsverschuldung.

C. *Eingesetzte Modelltypen im Prognoseprozess:*

Hintergrund:

Mittelfristige gesamtwirtschaftliche Projektionen werden zwei Mal im Jahr von der Forschungsabteilung des IWF innerhalb des Prognoserahmens des »World Economic Outlook (WEO)« erstellt. Aufbauend auf einer vorläufigen Prognose für die großen Volkswirtschaften werden weltweite Annahmen gebildet, welche einen ersten Ausblick bezüglich des weltweiten Wachstums, des Handels, des Ölpreises sowie der wichtigsten Wechselkurse liefern. Die für die jeweiligen Länder verantwortlichen Ökonomen reichen dann kurz- und mittelfristige gesamtwirtschaftliche Projektionen ein, die mit diesen Annahmen im Einklang stehen. Diese individuellen Prognosen werden anschließend aggregiert und auf Konsistenz geprüft, z.B. hinsichtlich der weltweiten Zahlungsbilanz. Dies führt zu einem sich wiederholenden Prozess der Annahmenrevision und Projektionen für die einzelnen Länder.

Als Prognosesoftware werden für die mittlere Frist GAUSS und RATS verwendet, während für die Kurzfristprognosen MATLAB und RATS benutzt werden.

Prognoseprozess:

Die makroökonomischen Prognosen werden erstellt, indem modellbasierte und extrapolative Projektionen in einem sich wiederholenden Prozess kombiniert werden. Dies bedeutet, dass die kurz- und mittelfristigen Prognosen sich an der Prognose für den langfristigen potenziellen Output orientieren. Die langfristige Projektion wird hierzu in einem kalibrierten Solow-Wachstumsmodell ermittelt. Dieses nimmt an, dass die Volkswirtschaft am Ende der mittleren Frist seine Produktionsmöglichkeiten voll ausschöpft (d.h. die Produktionslücke geschlossen ist) und sich somit auf dem potenziellen Wachstumspfad befindet.

Die kurzfristige Projektion wird durch einen indikatorbezogenen Prognoseansatz gesteuert, der vierteljährliche Wachstumsraten für bis zu drei Quartale im Voraus erstellt. Diese Informationen werden dann verwendet, um verschiedene Szenarien innerhalb eines Excel-basierten ökonomischen Bilanzierungsrahmens zu generieren. Anschließend werden diese Szenarien unter den Mitarbeitern des IWF diskutiert, bis ein Konsens über das wahrscheinlichste Szenario gefunden ist. Der Prozess für mittelfristige Projektionen ist ähnlich, jedoch ist hier die Annahme der Ausschöpfung des Produktionspotenzials zum Ende eben jener Frist zu beachten.

Des Weiteren lässt sich methodisch sagen, dass die Prognosen auf dem gegenwärtigen Stand der wirtschaftspolitischen Maßnahmen basieren. Maßnahmen, die in Zukunft mit hoher Wahrscheinlichkeit durchgeführt werden, werden jedoch auch berücksichtigt.

Organisatorisch betrachtet umfasst der Prognoseprozess des IWF einen Drei-Monats-Zyklus und weist den folgenden Ablauf auf, der oben bereits kurz skizziert wurde. In der ersten Phase bildet die Forschungsabteilung des IWF weltweite Annahmen, die im weiteren Verlauf mehrfach angepasst werden. In einer zweiten Phase bereiten der für die Länderprognose zuständige Ökonom sowie fünf weitere Experten die kurz-, mittel- und langfristigen Projektionen vor und bilden einen Konsens, um eine einheitliche Darstellung zu erhalten. Letztendlich werden in der dritten Phase des Prognoseprozesses in abteilungsinternen Sitzungen die Prognosen für die großen europäischen Länder diskutiert und verglichen. In der zweiten und dritten Phase findet dabei ein sich wiederholender Konsensfindungsprozess statt.

5-Jahresprognosen
Die Grundannahme besteht darin, dass bis zum Ende des Prognosehorizonts die Produktionslücke geschlossen ist und die Volkswirtschaft sich dann auf dem potenziellen Wachstumspfad befindet. Dafür werden die Wachstumsrate der totalen Faktorproduktivität, NAIRU sowie die Produktionslücke geschätzt. Im Allgemeinen erfolgt die Projektionserstellung auf quantitativer Basis. Unterstützend für die Datenbeschaffung sind nationale Forschungsinstitute.

2.2.3 OECD

2.2.3.1 Institution

Die folgenden Ausführungen über die gesamtwirtschaftlichen Projektionen der OECD stützen sich auf Informationen von Pete Richardson, Leiter der »Macroeconomic Analysis and Systems Management Division« des OECD Economics Department. Außerdem werden laufende Veröffentlichungen der OECD (insbesondere Aufsätze und Tabellen des OECD Economic Outlooks) sowie Hintergrundpapiere zum Projektionsprozess zu den eingesetzten Methoden und den verwendeten Daten berücksichtigt.

2.2.3.2 Ökonometrische Modelle und Methoden

A. *Prognosehorizonte*:
Kurzfristig (1 ½ Jahre für Dezember-Prognose und 2 ½ Jahre für Juni-Prognose), mittelfristig (5 bis 6 Jahre).

B. *Zentrale Prognosevariablen*:
Reales BIP, BIP-Deflator, Arbeitslosenquote, Leistungsbilanz.

C. *Eingesetzte Modelltypen im Prognoseprozess*
Erste Einschätzung der kurzfristigen gesamtwirtschaftlichen Entwicklung:
Der erste Schritt des Projektionsprozesses ist die Erfassung der gegenwärtigen konjunkturellen Lage der einzelnen OECD-Länder sowie der Weltwirtschaft insgesamt. Ein Werkzeug hierfür ist das von der OECD entwickelte Mehrländermodell »INTERLINK«, welches mit aktuellen Informationen zu wichtigen gesamtwirtschaftlichen Einflussfaktoren (Ölpreis, Wechselkurse, Zinssätze, etc.) zu Beginn der Projektionserstellung auf den neuesten Stand gebracht wird. Die Projektionen stützen sich auf eine Reihe von Annahmen über die Wirtschaftspolitik und andere wichtige exogene Variablen. Das INTERLINK-Modell ist ein makroökonomisches Strukturmodell, welches sowohl das gesamtwirtschaftliche Geschehen in den einzelnen Ländern über umfangreiche Gleichungssysteme als auch weltwirtschaftliche Verknüpfungen zwischen den Ländern konsistent abbildet. Die Ergebnisse dieser Aktualisierungen liefern erste Schätzungen über die weitere konjunkturelle Entwicklung. Unterstützt wird die erste Einschätzung der kurzfristigen gesamtwirtschaftlichen Entwicklung durch ein Prognosemodell für die drei bedeutendsten Wirtschaftsräume der OECD (USA, Eurozone und Japan).[19] Darüber hinaus

19 Vgl. Rae und Turner (2001).

werden neben dem INTERLINK-Modell, das auf strukturellen Verhaltensgleichungen der Wirtschaftsakteure basiert, für eine Länderauswahl flankierend auch zeitreihenökonometrische Verfahren eingesetzt. Diese bauen auf statistischen Vorlaufeigenschaften makroökonomischer Indikatoren auf.

Die Bedeutung von Indikatormodellen:
Methoden aus der Konjunkturprognose (Kurzfristbetrachtung) werden, wie oben beschrieben, zur Bestimmung der gegenwärtigen Position im Konjunkturzyklus eines Landes sowie für den unmittelbaren Ausblick auf Sicht der nächsten zwei Quartale eingesetzt.[20] Referenzgröße zur Bestimmung der aktuellen Lage im Konjunkturzyklus ist das Bruttoinlandsprodukt (BIP). Da aufgrund von Publikationsverzögerungen zum Zeitpunkt der Projektionserstellung noch keine offiziellen Statistiken der Mitgliedsländer zum BIP vorliegen, setzt die OECD hierfür indikatorengestützte ökonometrische Modelle ein, die zweierlei zum Ziel haben: zum einen das Schließen der Lücke zwischen der letzten verfügbaren Publikation der aktuellen BIP-Entwicklung und dem Zeitpunkt der Prognoseerstellung, zum anderen eine Verlängerung des letzten amtlichen BIP-Wertes um zwei weitere Quartale. Die Verlängerung der Referenzreihe ist erforderlich, um die gesamtwirtschaftliche Dynamik am aktuellen Datenrand zu erfassen und die gegenwärtige Lage im Konjunkturzyklus zu bestimmen. Die OECD verwendet dabei ökonometrische Zeitreihenmodelle (ARDL- und VAR-Modelle), die statistische Vorlaufeigenschaften von »harten« Daten (z.B. Industrieproduktion, Auftragseingänge, Einzelhandelsumsätzen, etc.) und »weichen« Indikatoren (Stimmungsindikatoren) zur Prognoseerstellung nutzen. Dieses Verfahren wird von der OECD allerdings nur für fünf große Länder (Deutschland, Frankreich, Großbritannien, Italien, USA) sowie die Euro-Zone eingesetzt.

Eine wesentliche Eigenschaft dieses Verfahrens ist die sukzessive Verarbeitung neuer Informationen über den Konjunkturzyklus. Sobald neue Werte der Frühindikatoren verfügbar sind, kann sowohl die Vorhersage zur BIP-Entwicklung des aktuellen Quartals als auch für die zwei folgenden Quartale zeitnah aktualisiert werden. Die für ein Land jeweils relevanten Indikatoren werden auf Basis von Modellselektionskriterien vorgenommen. Es ergibt sich hieraus, dass die am besten geeigneten Modelle für eine gegebene Auswahl an Indikatoren über die Länder und über

---

20 Die Vorgehensweise ist in Sédillot und Pain (2003) beschrieben.

2. Beschreibung
der Projektions-
methoden

die Zeit variieren, d.h., die verwendeten Modelle unterscheiden sich von Land zu Land und weisen je nach Prognosehorizont unterschiedliche Strukturen auf. Es werden außerdem landesspezifische Frühindikatoren (z.B. Nutzung der Vorlaufeigenschaften des ifo-Indikators für das deutsche Modell, Einsatz des PMI-Indikators für die USA) für die jeweiligen Ländermodelle verwendet. Eine Übersicht über die Struktur der Prognosemodelle der jeweiligen Länder sowie eine vollständige Liste der Frühindikatoren ist in Sédillot und Pain (2003) zu finden.

Add-factor Analyse:
In einem nächsten Schritt werden durch die sog. »Add-factor«-Analyse Prognosen, die aus den Strukturmodellen und den zeitreihenökonometrischen Ansätzen ermittelt wurden, mit den Prognosen, die von den »Country Desks« erstellt wurden, verglichen. Da die »Country Desks« unabhängig Prognosen erstellen, dient diese Abstimmung in erster Linie dazu, landesspezifisches Expertenwissen in den Projektionsprozess einfließen zu lassen. Große Diskrepanzen in der Einschätzung der wirtschaftlichen Entwicklungen führen zu einem Überdenken der in den Modellen getroffenen Annahmen. Da makroökonomische Strukturmodelle und zeitreihenökonometrische Prognosemodelle auf den Daten der Vergangenheit beruhen, dient die »Add-factor«-Analyse auch zur Prüfung der Konstanz und Stabilität der modellierten Zusammenhänge. Die OECD beschreibt diesen Prozess als »nicht-mechanischen« Vorgang. Es kann davon ausgegangen werden, dass hierbei vor allem subjektive Einschätzungen von Länderexperten einen starken Einfluss auf die Abstimmung der Projektionen Eingang finden. Nach Angaben der OECD wird die »Add-factor«-Analyse am intensivsten für die Abgleichung der Projektionen zum Außenhandel angewendet. Eine wichtige Nebenbedingung dieses Abgleichungsprozesses ist die Einhaltung der Konsistenz zu den getroffen globalen Rahmenbedingungen.

Mittelfristige Projektion / mittelfristiges Referenzszenario:
Auf Basis der drei vorangehenden Schritte werden die Konjunkturprognosen im Folgenden zu mittelfristigen Projektionen erweitert.[21] Das Verfahren zur Erstellung der mittelfristigen Referenzszenarien unterscheidet sich wesentlich von den Methoden, die in der Kurzfristprognose zum Einsatz kommen. Es ist hierzu allerdings konsistent, da es keine An-

---

[21] Die Durchführung des mittelfristigen Referenzszenarios wird z.B. in Downes, Drew und Ollivaud (2003) beschrieben.

nahmen der Kurzfristbetrachtung verletzt. Im Gegensatz zur kurzfristigen Analyse, bei welcher der Nachfrageseite ein besonders starkes Gewicht zukommt, ist für die mittelfristigen Projektionen eher die gesamtwirtschaftliche Angebotsseite und das Produktionspotenzial von Bedeutung. Darüber hinaus müssen zur Erstellung mittelfristiger Projektionen umfangreichere Annahmen über die zukünftige Entwicklung exogener Faktoren getroffen werden als bei der Konjunkturanalyse. Beispielsweise stehen für die Prognose der kurzfristigen Entwicklung des BIP Informationen aus Frühindikatoren (Geschäftsklimaindizes, Verbrauchervertrauen, Auftragseingänge, etc.) zur Verfügung, sodass die Vorgabe exogener Faktoren entbehrlich ist. Außerdem werden für die mittelfristigen Projektionen Annahmen über den Verlauf wichtiger Einflussgrößen (Energiepreise, Wechselkurs- und Zinsentwicklungen, Finanz- und Steuerpolitik, etc.) getroffen. Die mittelfristigen Projektionen können somit als bedingte Prognosen aufgefasst werden.

Die Herangehensweise der Mittelfristprojektionen abstrahiert dabei auch von zyklischen Schwankungen über den Projektionszeitraum. Es wird angenommen, dass die Entwicklung der gesamtwirtschaftlichen Produktion zu einer Schließung der Output-Lücke (Differenz zwischen tatsächlicher BIP-Entwicklung und Potenzialwert des BIP) auf mittelfristige Sicht führt, d.h. zum Ende des Prognosezeitraums ist per Annahme die projizierte BIP-Veränderung in Einklang mit der Veränderungsrate des Potenzialoutputs. Analog hierzu wird angenommen, dass sich die Lücke zwischen tatsächlicher Arbeitslosigkeit und der langfristigen (strukturellen) Arbeitslosigkeit schließt. Dem Konzept und der Messung des Potenzialoutputs sowie der langfristigen Arbeitslosigkeit kommt daher die zentrale Bedeutung bei der Erstellung der mittelfristigen Projektionen zu.

Die projizierte Veränderungsrate auf Sicht der nächsten fünf Jahre ist eine Kombination aus den zukünftigen Potenzialwachstumsraten und den Veränderungsraten, die aus dem Schließen der Angebotslücke herrühren. Die Entwicklung der einzelnen Komponenten des Potenzialoutput über den Projektionshorizont wird dabei durch Beratung mit den jeweiligen Länderexperten abgeschätzt.

Produktionsfunktionen-Methode zur Schätzung des Potenzialwachstums:
Seit Mitte der Neunzigerjahre wird der Potenzialoutput von der OECD mit Hilfe eines Produktionsfunktionenansatzes berechnet. Das Vorgehen ist in Giorno et al. (1995) detailliert beschrieben.

Ausgangspunkt dieser Methode ist eine Cobb-Douglas-Produktionsfunktion für den privaten Sektor (Bruttowertschöpfung ohne den öffentlichen Sektor) mit den Produktionsfaktoren Arbeit und Kapital.[22] Das Verfahren erfordert Kenntnis über folgende Variablen und Parameter, die entweder direkt (z.B. Beschäftigung) oder indirekt (Kapitalbestand) aus der Volkswirtschaftlichen Gesamtrechnung der jeweiligen OECD-Länder entnommen werden:[23]

- Bruttowertschöpfung des privaten Sektors
- Arbeitseinsatz im privaten Sektor
- Kapitaleinsatz im privaten Sektor
- Durchschnittliche Lohnquote

Mit diesen Informationen wird nun in einem ersten Schritt die so genannte Multifaktorproduktivität (MFP) als Differenz zwischen tatsächlicher und nach Wertschöpfungsanteilen gewichteter Summe von Einsatzfaktoren gebildet. Die funktionale Form der Cobb-Douglas-Produktionsfunktion bildet hierfür die Grundlage. Anschließend wird die MFP mit Hilfe des Hodrick-Prescott-Filters geglättet, um Potenzialwerte der MFP zu erhalten. Potenzialwerte für den Arbeitseinsatz (N) werden nach der Formel $N = EB^*(1 - NAWRU) - E\ddot{O}$ ermittelt, wobei

- EB die (geglättete) Erwerbsbevölkerung (Produkt aus Personen im erwerbsfähigen Alter und Trenderwerbsquote)
- $NAWRU$ die strukturelle (inflationsneutrale) Arbeitslosenquote
- $E\ddot{O}$ die Erwerbstätigen im öffentlichen Sektor

bezeichnen. Für die Abschätzung des gegenwärtigen Potenzialoutputs im privaten Sektor wird der tatsächliche Kapitalbestand vorgegeben. Um einen Potenzialwert für die Gesamtwirtschaft zu erhalten, wird zum Potenzialwert für den privaten Sektor die tatsächliche Bruttowertschöpfung des öffentlichen Sektors addiert. Dieses Vorgehen unterstellt, dass die tatsächliche Wertschöpfung des öffentlichen Sektors grundsätzlich seinem Potenzialwert entspricht.

Die skizzierte Vorgehensweise verdeutlicht, welche a priori Informationen erforderlich sind und welche Annahmen über den gesamtwirtschaftlichen Produktionsprozess getroffen werden müssen, um anhand

---

22 Mit Ausnahme von Japan, für das anstelle der Cobb-Douglas-Produktionsfunktion eine Produktionsfunktion mit konstanter Substitutionselastizität (CES) zur besseren Anpassung verwendet wird, vgl. Giorno et al. (1995: 12).

23 Damit die empirische Lohnquote zur Ermittlung der partiellen Faktorelastizitäten der Cobb-Douglas-Produktionsfunktion herangezogen werden kann, müssen zudem konstante Skalenerträge unterstellt werden, d.h. die partiellen Faktorelastizitäten müssen sich zu eins addieren (dies entspricht einer Homogenität vom Grad eins).

des Produktionsfunktionsverfahrens Projektionen berechnen zu können. Im Wesentlichen müssen Entwicklungspfade zum Arbeitseinsatz, zu den Kapitalinvestitionen sowie zur Produktivität vorgegeben werden, um Trendwerte dieser Größen über den gegenwärtigen Zeitpunkt fortschreiben zu können. Gemäß der Dokumentation der OECD wird dies auf Basis von Beratungen mit den zuständigen Länderexperten sowie Vertretern der jeweiligen Regierungsstellen vorgenommen. Die Projektionen haben nur Gültigkeit, so lange die Vorgaben auch der tatsächlichen Entwicklung der Einflussfaktoren entsprechen. Daraus folgt, dass die Projektionen nur in Zusammenhang mit den gesetzten Rahmenbedingungen zu interpretieren sind. Die unterstellten Rahmenbedingungen werden aus diesem Grund von der OECD zusätzlich zu den eigentlichen Projektionen ausgewiesen. Dabei werden sowohl konkrete quantitative Vorgaben (z.B. Beschäftigungswachstum = x %) als auch qualitative Annahmen gesetzt, die üblicherweise wie folgt lauten:

- Die Lücke zwischen tatsächlichem Output und Potenzialoutput wird bis zum Ende des Projektionshorizonts geschlossen.
- Die Arbeitslosenquote geht bis zum Ende des Projektionszeitraums zu ihrer strukturellen Quote (NAWRU) zurück.
- Güterpreise und Wechselkurse bleiben unverändert.
- Die Geldpolitik verfolgt ihr mittelfristiges Inflationsziel.
- Die Fiskalpolitik bleibt unverändert, d.h. das konjunkturbereinigte öffentliche Budget ändert sich entweder nicht oder hält sich an die Vorgaben des institutionellen Rahmens (Bsp. Maastricht-Defizitkriterium).

Der folgende Abschnitt erläutert noch einmal ausführlich die Konzepte NAIRU und NAWRU.

NAIRU-Konzept zur Erfassung der inflationsstabilen Arbeitslosigkeit:

Die NAIRU (Non-Accelerating Inflation Rate of Unemployment), welche oft auch als »strukturelle Arbeitslosenquote« oder »natürliche Arbeitslosenquote« bezeichnet wird, soll diejenige Arbeitslosenquote wiedergeben, bei der die Höhe der Inflationsrate in einer Volkswirtschaft konstant bleibt. Für die konjunkturelle Analyse liefert sie dabei Hinweise, in welchem Ausmaß eine positive konjunkturelle Entwicklung die bestehende Arbeitslosenquote reduziert, ohne höhere Preissteigerungsraten in Kauf nehmen zu müssen. Für die mittel- und langfristige Analyse gibt die NAIRU Aufschlüsse über den potenziellen Einsatz an Arbeitskräften, welcher inflationsneutral und in Abwesenheit exogener Angebotsschocks zu erhalten ist. Das NAIRU-Konzept, welches letztlich auf einem

Phillips-Kurven-Zusammenhang beruht, unterliegt allerdings einer Reihe von Einschränkungen.[24] Insbesondere der arbiträre Spielraum, der sich bei der empirischen Messung ergibt, mindert die Eignung als Diagnoseinstrument. Trotz dieser Einschränkungen werden Schätzungen der NAIRU oft als Analyseinstrument eingesetzt – wohl eher mangels alternativer Ansätze.

Für die mittelfristigen Projektionen der OECD dient die NAWRU (Non-Accelerating Wagerate of Unemployment) zur Abschätzung des inflationsstabilen potentiellen Arbeitseinsatzes. Die NAWRU unterscheidet sich von der NAIRU nur in der Wahl der betrachteten Preisentwicklungsgröße. Die OECD schätzt die NAWRU landesspezifisch und zeitvariabel mit Hilfe der Kalman-Filter-Methode.[25] Mit den ermittelten NAWRU-Werten und der Annahme, dass sich die tatsächliche Arbeitslosenquote über den betrachteten Projektionszeitraum hin zur NAWRU entwickelt, kann der potenzielle Arbeitseinsatz (N) anhand des Zusammenhangs $N = EB^*(1 - NAWRU)$ mit EB als Erwerbsbevölkerung geschätzt werden.

Eingesetzte Software:
Das Referenzszenario wird mit Hilfe eines mittelgroßen Modell- und Tabellenrahmens, der mit EXCEL und TROLL programmiert wurde, erstellt. Dieser Rahmen besteht aus Identitätsgleichungen, Annahmen sowie Gleichungen für die Zusammenhänge der Produktionsfunktion, der Inflation sowie dem internationalen Handel. Die wesentlichen Änderungen in der jüngsten Vergangenheit bezüglich der Methodik betreffen die Entwicklung eines zweckgebundenen integrierten Daten-Modell-Projektionssystems zur schnellen Erstellung halbautomatischer Ergebnisse. Die vorher eingesetzten Methoden waren dagegen ressourcenintensiver, da sie auf detaillierten Tabellenrahmen basierten.

2.2.3.3   Organisation der Prognosen

Die kurzfristigen Projektionen der OECD werden von einem Team mit mehr als 40 Mitarbeitern erstellt, einschließlich der für die jeweiligen Länder zuständigen OECD-Spezialisten. Diese wiederum arbeiten außerdem mit Spezialisten bestimmter Gebiete (Fiskal-, Geld-, Strukturpolitik, Makroökonomie) aus anderen Bereichen der Abteilung zusammen.

---

24 Vgl. z.B. Franz (2005) für eine Diskussion des NAIRU-Konzepts als wirtschaftspolitisches Analyseinstrument und zu den methodischen Schwierigkeiten ihrer Messung.
25 Vgl. Richardson et al. (2000).

Die mittelfristigen Projektionen werden hingegen von einem relativ kleinen Team von drei bis vier Volkswirten und Statistikern in Verbindung mit dem für die Kurzfristprognose zuständigen Team erstellt.

Die OECD veröffentlicht seit Mitte der neunziger Jahre im Anhang zum »General Assessment of the Macroeconomic Situation«-Kapitel des Economic Outlook einmal jährlich mittelfristige gesamtwirtschaftliche Projektionen, sog. mittelfristige Referenzszenarien, für ihre 30 Mitgliedsländer. Das OECD-Sekretariat arbeitet bei der Erstellung der kurzfristigen Prognosen und der mittelfristigen Projektionen eng mit wirtschaftspolitischen Entscheidungsträgern der jeweiligen Mitgliedsländer zusammen, ohne deren Einschätzungen und Vorschläge jedoch unreflektiert zu übernehmen. Letztendlich geben die veröffentlichten Prognosen und Analysen unabhängige Einschätzungen der OECD-Volkswirte wieder. Die Verantwortung für die Veröffentlichungen im *Economic Outlook* trägt der Generalsekretär der OECD.

3.   Empirische Bewertung der Prognosegüte

3.1   Wie erfolgreich können Zeitreihenmodelle sein?

Zur Bewertung der Qualität der mittelfristigen Projektionen ist es wichtig, einen Vergleichsmaßstab zu definieren. Üblicherweise werden hierzu alternative Prognosen verwendet, die mit Hilfe konkurrierender Modelle erstellt werden. Normalerweise handelt es sich dabei um reine Zeitreihenmodelle, die also ausschließlich Informationen über die zu prognostizierende Zeitreihe verwenden. Diese als Vergleichsmaßstab herangezogenen Zeitreihenmodelle enthalten damit auch keine weiteren Informationen über Zusammenhänge mit anderen Einflussgrößen oder vorlaufende Indikatoren, sondern nutzen nur die in der Zeitreihe selbst enthaltenen dynamischen Strukturen.

Univariate Zeitreihenmodelle sind für kurzfristige Prognosen z.B. des Bruttoinlandsproduktes (BIP) recht erfolgreich, da das BIP häufig eine einigermaßen stabile dynamische Zeitstruktur aufweist. Tabelle 21 zeigt die Autokorrelation des realen BIP der USA. Die US-Zeitreihe wurde verwendet, weil bei ihr eine sehr lange, bis 1947 zurückreichende Datenhistorie zur Verfügung steht. Tabelle 21 zeigt die Ergebnisse für Quartalsdaten (oberer Abschnitt) und diejenigen für Jahresdaten (unterer Ab-

Tabelle 21

Autokorrelation des realen Bruttoinlandsproduktes USA

	Autokorrelation	Q-Statistik
Quartalsdaten von 1947 Q1 bis 2005 Q1		
verwendet wird die Veränderungsrate zum Vorquartal		
1	0,333	26,00***
2	0,183	33,88***
3	−0,023	34,00***
4	−0,119	37,39***
5	−0,163	43,78***
6	−0,089	45,69***
7	−0,073	47,00***
8	−0,039	47,33***
9	0,055	48,08***
10	0,063	49,04***
11	0,021	49,15***
12	−0,147	54,50***
Jahresdaten von 1947 bis 2005		
verwendet wird die Veränderungsrate zum Vorjahr		
1	−0,006	0,00
2	−0,120	0,90
3	−0,185	3,07
4	0,013	3,08
5	0,024	3,11
6	−0,065	3,40
7	−0,022	3,43
8	−0,093	4,03

Bemerkungen: Nullhypothese des Ljung-Box Q-Tests: alle Autokorrelationskoeffizienten bis zum Lag Nr. i sind nicht signifikant von null verschieden. Signifikanzniveaus bei Ablehnung der Nullhypothese: * = 10 %, ** = 5 %, *** = 1 %.

schnitt) . In beiden Fällen wird die Veränderungsrate zur Vorperiode (ΔBIP_t) betrachtet, also $\Delta BIP_t = (BIP_t - BIP_{t-1})/BIP_{t-1}$.

Die Autokorrelation ist definiert als: $\rho_{t,t-1} = \text{cov}(X_t, X_{t-i})/\sigma_x^2$. Die Autokorrelation der Zeitreihe X für die Zeitpunkte t und $(t-i)$ ist also gleich der Kovarianz der entsprechenden Werte von X, dividiert durch die Varianz von X. Bei den obigen Berechnungen ist X gleich der Veränderungsrate des BIP zur Vorperiode (ΔBIP_t).

Die Werte für die Autokorrelation geben an, wie stark der Zusammenhang mit zurückliegenden Zeitpunkten ist. Die Autokorrelation kann Werte zwischen −1 und +1 annehmen. Je höher der Absolutbetrag der Autokorrelation ist, desto enger ist der Zusammenhang mit früheren Pe-

Studie des
Zentrums für
Europäische
Wirtschaftsforschung

rioden und desto besser lassen sich zukünftige BIP-Werte mit Hilfe der heute bekannten Datenhistorie prognostizieren.[26] Die Länge des möglichen Prognosehorizontes wird entscheidend dadurch bestimmt, wie stark die Einflüsse weit zurückliegender Perioden sind.

Spalte 2 gibt die Höhe der geschätzten Autokorrelationen an. Tabelle 21 (oberer Abschnitt) zeigt, dass bei Verwendung von Quartalsdaten eine ausgeprägte Autokorrelation erster Ordnung besteht: In diesem Fall hängen die Werte der Veränderungsrate des BIP für die Zeitpunkte (t) und $(t-1)$ besonders stark zusammen. Die Autokorrelation zum Vorquartal beträgt immerhin 0,333, also 33,3 %. Für längere Lags, also weiter zurück liegende Perioden, ist die Autokorrelation deutlich geringer. Die in Spalte 3 aufgeführte Teststatistik für den Ljung-Box Q-Test ist allerdings für alle Autokorrelationskoeffizienten von Lag 1 bis Lag 12 hoch signifikant, was allerdings vor allem an der starken Autokorrelation zum Lag 1 liegen dürfte.

Ein ganz anderes Bild ergibt sich bei Verwendung von Jahresdaten (Tabelle 21 unterer Abschnitt). In diesem Fall sind die Veränderungsraten zur Vorperiode nicht autokorreliert. Das bedeutet, dass es kaum möglich ist, zukünftige Werte der jährlichen Zeitreihe mit Hilfe der eigenen Historie zu prognostizieren.

Diese Ergebnisse führen zu der Schlussfolgerung, dass das US-amerikanische Bruttoinlandsprodukt mit einem reinen Zeitreihenmodell vermutlich nur für einige wenige Quartale in die Zukunft prognostiziert werden kann. Das folgende Prognoseexperiment bestätigt diese Vermutung. Für die Veränderungsraten des BIP auf Basis von Quartalsdaten wird ein reines Zeitreihenmodell des Typs ARIMA(1,1,1) geschätzt.

Das Modell hat diese Struktur: $\Delta BIP_t = \alpha + \beta_1 \Delta BIP_{t-1} + \varepsilon_t + \beta_2 \varepsilon_{t-1}$. Die Veränderung des BIP in Periode t hängt damit ab von der Veränderung in Periode $(t-1)$ (= Autokorrelation erster Ordnung) sowie dem Schätzfehler von Periode $(t-1)$ (= Moving Average-Komponente erster Ordnung).

Für beispielsweise den Zeitraum von 1990 Q1 bis 2005 Q1 ergeben sich die folgenden, jeweils signifikanten Schätzwerte (t-Werte in Klammern): $\alpha = 0.0026$ (1.88), $\beta_1 = 0.67$ (3.88), $\beta_2 = -0.39$ (−1.81). Der relativ hohe Wert von β_1 gibt an, dass eine heute auftretende Veränderungsrate des *BIP* von 1 % im nächsten Quartal durchschnittlich zu einer Veränderungsrate von 0,67 % führen wird. Ebenso kann die Moving Average-Komponente (β_2) zu einer Verbesserung der Prognose beitragen.

---

26 Dabei sollten jedoch auch stets die Stationaritätseigenschaften der entsprechenden Zeitreihe untersucht werden.

3. Empirische
Bewertung der
Prognosegüte

Tabelle 22

Bewertung der Prognosegüte: G = 1 – [MSE(Modell) / MSE(Durchschnitt)]
1957 bis 2005

Auswertungs- zeitraum	Prognosehorizont (in Quartalen)					
	1 Q.	2 Q.	3 Q.	4 Q.	5 Q.	6 Q.
1957 bis 2005	0,072	0,012	–0,007	–0,010	–0,011	–0,005
1975 bis 2005	0,095	0,027	0,000	–0,002	–0,003	–0,003
1990 bis 2005	0,140	0,091	0,005	0,002	–0,006	–0,007

xxx

Mit diesem ARIMA-Modell werden für die Zeiträume 1957 Q1 – 2005 Q1, 1975 Q1 bis 2005 Q1 sowie 1990 Q1 bis 2005 Q1 Prognosen der Veränderungsrate des BIP mit den Prognosehorizonten 1 bis 16 Quartale durchgeführt. Der Schätzzeitraum beginnt jeweils im ersten Quartal 1948.

Tabelle 22 gibt einen Überblick zur Prognosegüte in den einzelnen Auswertungszeiträumen, getrennt nach der Länge des Prognosehorizontes.

Dabei wird folgendes Bewertungsmaß verwendet (Galbraith 2003):

$$G = 1 - [MSE(Modell) / MSE(Durchschnitt)].$$

MSE bezeichnet den durchschnittlichen quadratischen Fehler (»Mean Squared Error«). Das Bewertungsmaß *G* stellt die Güte der Modellprognosen in Relation zu derjenigen Prognosegüte, die bei Verwendung des Mittelwertes von ΔBIP_t als Prognose erzielt werden kann. Das Maß *G* hat den Wert eins, wenn die Modellprognose immer exakt den tatsächlichen Wert der BIP-Veränderungsrate trifft. *G* ist gleich null, wenn die Modellprognosen genauso gut sind wie bei Verwendung des Durchschnittswertes, und *G* hat einen negativen Wert, wenn die Modellprognosen schlechter sind als die Prognose mit dem Durchschnittswert.

Wie Tabelle 22 zeigt, ist die Modellprognose nur für Prognosehorizonte von einem und zwei Quartalen positiv. Ab einem Horizont von drei Quartalen ist keine nennenswerte Prognosequalität mehr vorhanden, teilweise ist die Modellprognose sogar etwas schlechter als bei Anwendung des Durchschnittswertes.

Diese Ergebnisse bestätigen die vorhergehenden Vermutungen auf Basis der Autokorrelationsstrukturen: Für kurze Prognosehorizonte von ein bis zwei Quartalen können reine Zeitreihenmodelle einen Beitrag zur Vorhersage des BIP leisten, bei längeren Prognosehorizonten enthalten diese Modelle jedoch keine nutzbaren Informationen mehr.

Für die Erstellung und Bewertung von mittelfristigen Projektionen des Bruttoinlandsproduktes hat dies folgende Konsequenzen:

– Für die Bewertung der Prognosegüte ist der historische Durchschnitt der BIP-Veränderungsrate ein gut geeigneter Vergleichsmaßstab. Methodisch gesehen entspricht der historische Durchschnitt einer so genannten Random Walk mit Drift-Prognose für die Zielgröße.

– Reine Zeitreihenmodelle können in der Regel für mittelfristige Prognosehorizonte (ab etwa 1½ Jahren) keinen signifikanten Beitrag zur Verbesserung der Prognosen liefern. Die adäquate Berücksichtigung der stochastischen Eigenschaften der Zeitreihen kann allerdings die Prognosegüte eines strukturellen Modells, das weitere Einflussfaktoren zulässt, deutlich verbessern.

3.2   Methoden zur Bewertung der Prognosegüte

Die Bewertung der Prognosegüte ist ein wichtiges Kriterium für die Beurteilung der Eignung von Prognosemodellen. In der angewandten Ökonometrie wurden verschiedene Methoden und Kennziffern entwickelt, die eine umfassende Bewertung der Prognosegüte erlauben.[27] Im Folgenden werden die wichtigsten Bewertungsverfahren kurz beschrieben und erläutert.

Der *mittlere Fehler* (ME, »Mean Error«) gibt an, ob und in welchem Ausmaß die Prognosen nach oben oder unten verzerrt sind:

$$(61) \quad ME = \frac{1}{n} \sum_{t=1}^{n} (R_t - F_t).$$

Dabei bezeichnet R_t die Realisation zum Zeitpunkt t, F_t ist der für den Zeitpunkt t prognostizierte Wert, der z.B. 3 oder 5 Jahre zuvor abgegeben wurde und n bezeichnet die Anzahl der verfügbaren Prognosen.

Häufig wird anstelle von ME die folgende Regressionsschätzung durchgeführt:

$$(62) \quad e_t = \alpha + \eta_t,$$

---

27 Eine gute Übersicht zu den unterschiedlichen Verfahren, die für die Bewertung der Güte von Prognosen eingesetzt werden, findet sich z.B. in Fildes und Stekler (2002) sowie in Diebold/Lopez (1996).

wobei e_t gleich dem Prognosefehler ($R_t - F_t$) ist. Die Konstante α gibt die durchschnittliche Verzerrung der Prognose an. Bei einer unverzerrten Prognose sollte α gleich null sein. Eine systematische Überschätzung liegt vor, wenn α negative Werte annimmt, eine Unterschätzung entsprechend bei einem positiven Wert von α.

Für die Bewertung der *Genauigkeit der Prognosen* wird üblicherweise der *mittlere quadratische Fehler* (MSE, »Mean Squared Error« oder die Quadratwurzel dieser Maßzahl verwendet (RMSE, »Root Mean Squared Error«):

$$(63) \quad MSE = \frac{1}{n} \sum_{t=1}^{n} (R_t - F_t)^2$$

$$(64) \quad RMSE = \sqrt{\frac{1}{n} \sum_{t=1}^{n} (R_t - F_t)^2}.$$

Die Prognosefehler werden bei beiden Maßzahlen symmetrisch behandelt, d.h., Abweichung nach oben und unten werden gleich gewichtet. Zur besseren Vergleichbarkeit werden üblicherweise die RMSE verschiedener Prognosen zueinander ins Verhältnis gesetzt. Die resultierende Maßzahl wird *Theil's U* (Theil'scher Ungleichheitskoeffizient) genannt:

$$(65) \quad U = \frac{RMSE(Modell)}{RMSE(Alternativ - Modell)}.$$

Wenn U den Wert eins annimmt, dann ist die Prognosegenauigkeit beider Modelle gleich. Bei $U < 1$ ist die Modellprognose besser als diejenige des Alternativmodells, bei $U > 1$ gilt entsprechend die umgekehrte Aussage. Häufig wird als Alternativ-Prognose eine so genannte naive Prognose verwendet, die nur Informationen der zu prognostizierenden Zeitreihe enthält. Im Falle mittelfristiger BIP-Projektionen bietet es sich an, den zum Zeitpunkt der Prognoseerstellung bekannten historischen Mittelwert der Veränderungsraten des BIP als Alternativ-Modell zu verwenden. Je nach Beginn der Berechnungsperiode für den historischen Mittelwert können sich andere Werte für die »naive« Vergleichsprognose ergeben. Ein gutes Prognosemodell sollte in der Lage sein, eine deutlich höhere Prognosegenauigkeit zu erreichen.

Zur Überprüfung, inwieweit die Prognose mit der Realisation übereinstimmt, wird folgende Schätzung durchgeführt (»*Test auf Unverzerrtheit*«):

$$(66) \quad R_t = \alpha + \beta F_t + \eta_t.$$

Bei einer guten Prognose sollte gelten: $\alpha = 0$ und $\beta = 1$. In diesem Fall spricht man von einer unverzerrten Prognose. Außerdem zeigt das Bestimmtheitsmaß R^2 dieser Schätzung an, wie stark Prognosen und Realisationen zusammenhängen. Bei einer perfekten Prognose ist R^2 gleich eins, bei vollständigem Fehlen eines Zusammenhangs gleich null.

Mit so genannten *Effizienztests* wird untersucht, ob die Prognose durch Einbeziehung weiterer Informationen verbessert werden kann. Entsprechend zeigt das Ergebnis dieser Tests, ob bei der Erstellung der Prognosen die verfügbaren Informationen in ausreichendem Maße genutzt wurden. Da die Menge der möglichen zusätzlichen Informationen sehr groß sein kann, beschränken sich Effizienztests in der Regel auf die besonders nahe liegenden Faktoren. Dazu zählt die Überprüfung, ob der Prognosefehler eine zeitliche Struktur aufweist, die für eine Verbesserung der Prognosen genutzt werden kann (so genannte »*schwache Effizienz*«). Bei z.B. Ein-Schritt-Prognosen kann dazu die folgende Schätzung durchgeführt werden:

$$(67) \quad e_t = \alpha + \beta e_{t-1} + \eta_t.$$

In diesem Fall wird untersucht, ob der Prognosefehler eine autoregressive Struktur erster Ordnung aufweist. Weitere Zeitreiheneigenschaften (z.B. längere Lagstrukturen, Moving-Average-Komponenten) können bei diesem Test berücksichtigt werden. Wenn β signifikant ist, dann kann Gleichung (67) dazu verwendet werden, die Prognose zu verbessern. Entsprechend wäre das ursprüngliche Prognosemodell als nicht informationseffizient einzustufen.

Eine Variante dieses Tests besteht darin, bestimmte Faktoren zu berücksichtigen, die zum Zeitpunkt der Prognoseerstellung bekannt waren (so genannte »*starke Effizienz*«):

$$(68) \quad e_t = \alpha + \beta I_{t-1} + \eta_t.$$

Zur Überprüfung der Effizienz von mittelfristigen BIP-Prognosen bietet es sich an, vorlaufende Indikatoren (z.B. Stimmungsindikatoren, Auftragseingänge, inländische Zinsstruktur) und wichtige internationale Einflussgrößen (z.B. US-Konjunktur, Ölpreise, US-Zinsstruktur) zu verwenden.

Die Gleichungen (67) und (68) sind in dieser Form insbesondere für Ein-Schrittprognosen geeignet. Bei mittelfristigen Projektionen treten

3. Empirische
Bewertung der
Prognosegüte

dagegen häufig *überlappende Prognoseperioden* auf. Wenn zum Beispiel jedes Jahr eine Prognose für die durchschnittliche BIP-Entwicklung der nächsten 3 Jahre erstellt wird, dann weisen die Prognosehorizonte von zwei aufeinander folgenden Prognosen eine Überlappung von genau 2 Jahren auf. Die Residuen der Schätzgleichung für den Prognosefehler sind daher bei dieser Vorgehensweise autokorreliert, da die Realisationen erst in 3 Jahren bekannt sind und die Prognosen aufeinander folgender Jahre teilweise die gleiche Abweichung von der Realisation aufweisen. Bei einer jährlich durchgeführten Prognose mit 3-Jahreshorizont sollte dadurch eine Autokorrelation der Residuen für den Lag 1 und den Lag 2 per Konstruktion vorhanden sein. Dies ist bei der Schätzung, den Parametertests sowie der Interpretation der Ergebnisse entsprechend zu berücksichtigen, indem die entsprechenden Lags in die Schätzgleichung aufgenommen werden. Beim Beispiel der jährlich durchgeführten 3-Jahresprognose sollte anstelle von Gleichung (67) der folgende Schätzansatz verwendet werden:

$$(69) \quad e_t = \alpha + \beta e_{t-3} + \eta_t + \delta_1 \eta_{t-1} + \delta_2 \eta_{t-2}.$$

Die beiden Parameter δ_1 und δ_2 bilden die konstruktionsbedingte Autokorrelation der Residuen ab. Nur wenn in dieser Schätzgleichung der Parameter β signifikant ist liegt eine »echte« Autokorrelation vor, die zur Ablehnung der Effizienzannahme führt. Entsprechend muss auch Gleichung (68) modifiziert werden. Für das beschriebene Beispiel der 3-Jahresprognose ist folgende Schätzgleichung anwendbar:

$$(70) \quad e_t = \alpha + \beta I_{t-3} + \eta_t + \delta_1 \eta_{t-1} + \delta_2 \eta_{t-2}.$$

Ein signifikantes β bedeutet dann, dass eine zum Zeitpunkt der Prognoseabgabe verfügbare Information (I_{t-3}) nicht adäquat berücksichtigt wurde.

Wenn für ein Land Prognosen mit gleichem Prognosehorizont von mehreren verschiedenen Institutionen vorliegen, dann kann untersucht werden, ob eine dieser Prognosen den anderen systematisch überlegen ist oder ob möglicherweise eine Kombination der Prognosen sinnvoll sein kann. Hierzu wird ein so genannter *Encompassing-Test* durchgeführt (Chong und Hendry, 1986):

$$(71) \quad R_t = \alpha + \beta F_{1,t} + \delta F_{2,t} + \eta_t.$$

Studie des
Zentrums für
Europäische
Wirtschaftsforschung

Dabei sind F_1 und F_2 zwei konkurrierende Prognosen. Wenn z.B. Prognose F_1 dominiert, dann sollte im Idealfall gelten: $\beta = 1$ und $\delta = 0$. Wenn hingegen eine Kombination der beiden Prognosen sinnvoll ist, dann sollten beide Parameter positiv und signifikant sein. Ein negativer Wert zeigt an, dass die entsprechende Prognose ein Kontraindikator ist.

Die bisher dargestellten Bewertungsverfahren beziehen sich alle auf Punktprognosen. Für die Beurteilung der Prognosegüte und die daraus abgeleitete Brauchbarkeit eines Prognosemodells ist auch die *Güte der Richtungsprognose* häufig von großer Bedeutung. Da üblicherweise Punktprognosen vorliegen, werden diese in die Kategorien »steigen« und »fallen« eingeteilt und dadurch in Richtungsprognosen umgewandelt. Da allerdings die mittelfristige BIP-Entwicklung ebenso wie die BIP-Prognosen in der überwiegenden Anzahl der Jahre eine positive Veränderungsrate aufweist, dürfte eine Richtungsprognose, die sich an Abweichungen von der durchschnittlichen Wachstumsrate orientiert, besser geeignet sein. Dabei wird die Prognose z.B. in die Kategorie »steigen« eingeordnet, wenn die Punktprognose über dem historischen Mittelwert der BIP-Wachstumsrate liegt, der zum Zeitpunkt der Prognoseabgabe bekannt war. Dieser historische Mittelwert entspricht aber genau einer im Zusammenhang mit Theil's U (Gleichung (65)) angeführten Definition einer »naiven« Alternativprognose. Somit bietet eine auf diese Weise definierte Richtungsprognose die Möglichkeit, einen Vergleich der Prognosegüte mit derjenigen einer speziellen Alternativprognose durchzuführen.

Die Prognosegüte wird üblicherweise mit einem so genannten χ^2-Unabhängigkeitstest analysiert. Dieser Test untersucht, ob es einen systematischen Zusammenhang zwischen den Richtungsprognosen und den Realisationen gibt (Diebold und Lopez, 1996). Der χ^2-Unabhängigkeitstest baut auf der folgenden Kontingenztabelle auf:

	Tatsächliche Veränderung		Randsummen
	»steigen«	»fallen«	
Prognose »steigen«	N_{11}	N_{12}	$N_{1.}$
Prognose »fallen«	N_{21}	N_{22}	$N_{2.}$
Randsummen	$N_{.1}$	$N_{.2}$	N (= Gesamtsumme)

Die Teststatistik C ist folgendermaßen definiert:

$$(72) \quad C = \sum_{i,j=1}^{2} \frac{(N_{ij} - E_{ij})^2}{E_{ij}} \text{ mit } E_{ij} = N_{i.} N_{.j} / N.$$

3. Empirische
Bewertung der
Prognosegüte

C ist asymptotisch χ^2-verteilt mit einem Freiheitsgrad. Wenn C signifikant von null abweicht, dann besteht eine systematische Beziehung zwischen den Realisationen und den Richtungsprognosen. Die Relation $(N_{11} + N_{22})/N$ gibt die Trefferquote an, also die Anzahl der korrekten Prognosen im Verhältnis zur Gesamtzahl der abgegebenen Prognosen.

Exkurs 1: Berechnung der »naiven« Vergleichsprognose

Für die in den folgenden Kapiteln durchgeführte Berechnung der Prognosegüte werden so genannte »naive« Vergleichsprognosen herangezogen. Diese Vergleichsprognosen werden insbesondere für die Berechnung von Theil's U sowie die Durchführung der Encompassing-Tests verwendet.

Üblicherweise wird als »naive« Vergleichsprognose ein Durchschnitt der historischen Wachstumsraten der Zielgröße verwendet. Diese historischen Wachstumsraten müssen zum Zeitpunkt der Prognoseerstellung bekannt gewesen sein, damit keine Information, die eigentlich erst später verfügbar gewesen wäre, die Prognosegüte der »naiven« Vergleichsprognosen künstlich verbessern kann.

Für die konkrete Berechnung der »naiven« Vergleichsprognosen gibt es keine ganz verbindliche Vorgehensweise. Der Durchschnittswert der historischen Wachstumsraten könnte beispielsweise alle bekannten Werte der Zielgröße einbeziehen oder auch nur einen Teil davon wie z.B. die letzten 5 oder 10 Jahre. Im Rahmen unserer Studie verwenden wir als »naive« Vergleichsprognose ausschließlich den jeweils *letzten bekannten Wert* der Wachstumsrate. Der Grund dafür liegt darin, dass uns für die meisten der untersuchten Länder nur eine recht kurze Historie der Realisationen auf Basis der so genannten »first announcements« (siehe Exkurs 2) zur Verfügung steht.

Ein Beispiel für die Berechnung der »naiven« Prognose: Für die Prognose der BIP-Entwicklung in Großbritannien auf Sicht von drei Jahren wird die zum Zeitpunkt der Prognoseabgabe bekannte Entwicklung des BIP der vorangegangenen drei Jahre verwendet. Die »naive« 3-Jahresprognose für den Zeitraum 1995 bis 1997 ist somit gleich der durchschnittlichen Wachstumsrate der Jahre 1992 bis 1994.

Exkurs 2: Welche Realisationen sollen verwendet werden: »First announcements« oder revidierte Zahlen?

Bei der Ermittlung der Prognosegüte z.B. des realen BIP werden die Prognosen mit den Realisationen verglichen. Als Realisationen stehen üblicherweise die folgenden zwei Werte zur Verfügung: die so genannten »first announcements« sowie die endgültigen revidierten Werte.

Bei den »first announcements« handelt es sich um diejenigen Werte, die bei der ersten Bekanntgabe z.B. des realen BIP der Öffentlichkeit vorgestellt wurden. Diese Werte haben den Vorteil, dass sie mit der gleichen Methodik erstellt sind, die auch den Prognosen zugrunde liegt. Allerdings besteht der Nachteil, dass es sich nicht um die endgültigen Werte handelt. Zumeist handelt es sich bei diesen selbst um Prognosen bzw. um Hochrechnungen der statistischen Ämter.

Bei Verwendung der endgültigen revidierten Werte besteht dagegen die Gefahr, dass sich im Laufe der Zeit die Methodik zur Erstellung oder Bereinigung der Daten geändert hat. Solche Änderungen konnten bei Prognoseerstellung nicht bekannt sein und können dadurch die Bewertung der Prognosegüte verfälschen.

Wie Fildes und Stekler (2002: 437) betonen, sind die »first-announcements«, insbesondere für die Akteure an den Finanzmärkten von zentraler Bedeutung, da überraschende Änderungen von Erwartungen bezüglich der jeweiligen Variablen nach der Theorie effizienter Märkte unmittelbar Eingang in die Wertpapierpreise finden. Dagegen sollte für politische Entscheidungsträger, so Fildes und Stekler (2002), letztlich das entscheidend sein, was tatsächlich in der Volkswirtschaft geschieht, was für die Verwendung der revidierten Werte spricht.

Ideal wäre es, wenn für die Bewertung der Prognosen die endgültigen revidierten Werte als Realisationen verwendet würden. Sie sollten aber auf Basis der gleichen Methodik erstellt worden sein, die bei der Prognoseerstellung zugrunde gelegt wurde. Unseres Wissens sind diese idealen Vergleichswerte jedoch nicht in gängigen Datenbanken verfügbar. Sie müssten für jeden Vergleich aus den historischen Daten konstruiert werden. Analysen der Prognosegüte werden daher in der Regel praktischerweise entweder die »first announcement«-Daten oder die endgültigen revidierten Werte verwenden. Eine Ausnahme bilden nur Frankreich und die Vereinigten Staaten, für die wir die Prognosevergleiche mit diesen optimalen Realisationen durchführen konnten.

Schaubild 21 gibt die 3-Jahreswachstumsrate des realen Bruttoinlandsproduktes Großbritanniens wieder und zeigt beispielhaft die Unterschiede, die zwischen »first announcement«-Daten und revidiertem BIP bestehen. Wie zu erkennen ist, verlaufen beide Zeitreihen sehr ähnlich. Die Differenz zwischen den beiden Zeitreihen ist in der Regel kleiner als 0,25 %-Punkte. Nur in zwei Jahren trat eine relativ hohe Abweichung von -0,93 bzw. 0,75 %-Punkten auf. Die durchschnittliche Differenz ist allerdings fast null und betrug zwischen 1987 und 2004 nur 0,027 %.

Vergleich der 3-Jahreswachstumsrate des realen Bruttoinlandsproduktes von Großbritannien: Revidierte endgültige Werte versus „First Announcement"
1987 bis 2004

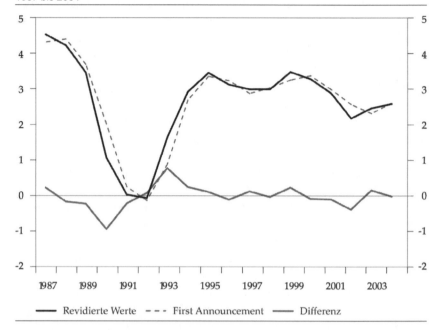

— Revidierte Werte – – – First Announcement — Differenz

Bei der Analyse der Prognosen für Großbritannien wird sowohl für das reale als auch das nominale BIP untersucht, ob es für die praktische Bewertung der Prognosegüte eine Rolle spielt, welche der beiden alternativen Realisationen verwendet wird.

3.3 Auswertung der Prognosen
3.3.1 Nationalstaaten

Übersicht 8 liefert einen Überblick zu den Resultaten der empirischen Auswertung der mittelfristigen Projektionen in ausgewählten Ländern.

3.3.1.1 Deutschland

Im Folgenden werden die Projektionen der Bundesregierung den Realisationen gegenübergestellt und Teststatistiken zur Projektionsgüte berechnet. Die früheste Projektion wurde im Jahr 1967 erstellt und die letzte für diese Zwecke verfügbare Projektion datiert auf das Jahr 1999. Bis einschließlich 1990 beziehen sich die Projektionen auf die Entwicklung in Westdeutschland, danach wird Deutschland betrachtet.

Übersicht 8

Tabellarischer Überblick zu den Resultaten der empirischen Auswertung der mittelfristigen gesamtwirtschaftlichen Projektionen in ausgewählten Ländern

Glossar:
- ME = Mean Error = durchschnittliche Fehlprognose. ME gibt die durchschnittliche Über- oder Unterschätzung der Zielgröße an. Eine Unterschätzung liegt bei einem positiven Vorzeichen, eine Überschätzung bei einem negativen Vorzeichen vor.
- RMSE = Root Mean Squared Error = Wurzel aus der durchschnittlichen *quadrierten* Fehlprognose. RMSE gibt an, wie stark die Prognosen von den Realisationen abweichen. Ein Wert von z.B. 1 bedeutet, dass die Prognosen im Durchschnitt um 1 Prozentpunkt nach oben oder unten von den Realisationen entfernt sind.
- Theil's U = Theil'scher Ungleichheitskoeffizient. Theil's U gibt an, ob die Prognosen im Durchschnitt in der Lage sind, eine »naive« Vergleichprognose zu übertreffen. Wenn U kleiner eins ist, dann sind die Prognosen besser als die Vergleichprognosen, wenn der Wert größer als eins ist, dann sind die Prognosen schlechter.
- Trefferquote = Anzahl der korrekten Richtungsprognosen in Relation zu den insgesamt abgegebenen Prognosen.

Die anderen Begriffe (Verzerrtheit, starke und schwache Effizienz, Encompassing, etc.) werden ausführlich in Kapitel 3.2 erläutert.

	Periode	Deskriptive Analyse	Unverzerrt-heit	Effizienz	Encompas-sing	Richtungs-prognosen (Trefferquote)
Deutschland/BMWI						
Reales BSP/BIP (5Jahre)	1972 bis 2004	ME: –0,9 RMSE: 1,33 Theil's U: 0,89 R^2: 12 %	Evidenz für Verzerrtheit	Keine Indizien für Verletzung schwacher Effizienz Starke Effizienz wird verworfen.	–	47,6 %
Nominales BSP/BIP (5 Jahre)	1972 bis 2004	ME: –0,67 RMSE: 0,97 Theil's U: 0,73 R^2: 35 %	Evidenz für Unverzerrtheit	Indizien für Verletzung schwacher Effizienz Starke Effizienz wird verworfen.	–	95,2 %
BIP-Deflator (5 Jahre)	1972 bis 2004	ME: 0,20 RMSE: 1,48 Theil's U: 0,80 R^2: 23 %	Evidenz für Unverzerrtheit	Indizien für Verletzung schwacher Effizienz Starke Effizienz wird verworfen	–	95,2 %
Großbritannien						
Reales BIP	HMT: 1987 bis 2004 (3 Jahre) 1988 bis 2004 (4 Jahre) NIESR: 1990 bis 2004 (3 Jahre)	HMT (3 Jahre): ME: 0,13 RMSE: 1,18 Theil's U: 0,77 R^2: 10 % (HMT 3 Jahre) 0 % (HMT 4 Jahre) 1 % (NIESR 3 Jahre) HMT (4 Jahre): ME: 0,07 RMSE: 1,05 Theil's U: 0,66 NIESR (3 Jahre): ME: 0,05 RMSE: 0,92 Theil's U: 0,60	Evidenz für Unverzerrtheit bei beiden Institutionen.	Keine Indizien für Verletzung schwacher Effizienz bei beiden Institutionen Starke Effizienz wird bei beiden Institutionen verworfen.	Leichte Evidenz für Dominanz der NIESR-Prognosen	HMT (3 Jahre): 70,6 % HMT (4 Jahre): 70,6 % NIESR (3 Jahre): 78,6 %

noch Übersicht 8

	Periode	Deskriptive Analyse	Unverzerrtheit	Effizienz	Encompassing	Richtungsprognosen (Trefferquote)
Nominales BIP	HMT: 1987 bis 2004 (3 Jahre) 1988 bis2004 (4 Jahre)	HMT (3 Jahre): ME: 0,41 RMSE: 1,66 Theil's U: 0,77 HMT (4 Jahre): ME: 0,61 RMSE: 1,71 Theil's U: 0,79	Beide Prognosen sind verzerrt. R^2: 15 % (HMT 3 Jahre) 18 % (HMT 4 Jahre)	Schwache Effizienz bei HMT (3 Jahre) verworfen Starke Effizienz wird bei beiden Prognosen verworfen.	–	HMT (3 Jahre): 100 % HMT (4 Jahre): 100 %
Frankreich						
Reales BNE/BIP (2 Jahre)	1976 bis 2000 (DGTPE) 1992 bis 2004 (OFCE)	DGTPE: ME: –0,17 RMSE: 0,82 Theil's U: 0,61 OFCE: ME: –0,55 RMSE: 1,17 Theil's U: 0,85	Evidenz für Unverzerrtheit bei Prognosen des DGTPE Leichte Evidenz für Verzerrungen der OFCE Prognosen R^2: 48,8 % (DGTPE) 15,2 % (OFCE)	Keine Indizien für Verletzung schwacher Effizienz Leichte Evidenz für starke Effizienz	Prognosen des DGTPE dominieren die Prognosen des OFCE.	DGTPE: 72,7 % OFCE: 58,3 % C-Statistik signifikant bei DGTPE
Inflation (2 Jahre)	1976 bis 2000 (DGTPE) 1992 bis 2004 (OFCE)	DGTPE: ME: 0,26 RMSE: 0,63 Theil's U: 0,33 OFCE: ME: 0,08 RMSE: 0,4 Theil's U: 0,62	Evidenz für Unverzerrtheit bei Prognosen des DGTPE Leichte Evidenz für Verzerrungen der OFCE Prognosen R^2: 98,2 % (DGTPE) 51,9 % (OFCE)	Evidenz gegen schwache Effizienz der Prognosen des DGTPE. Keine Evidenz gegen schwache Effizienz bei den OFCE-Prognosen Evidenz gegen starke Effizienz in beiden Fällen	Prognosen des DGTPE dominieren die Prognosen des OFCE.	DGTPE: 100,0 % OFCE: 100,0 %
USA						
Reales BNE/BIP (5 Jahre)	1976 bis 2000	Troika: ME: –0,26 RMSE: 1,22 Theil's U: 0,91 CBO: ME: 0,03 RMSE: 1,16 Theil's U: 0,87	Evidenz für Verzerrtheit bei beiden Institutionen R^2: 0,00 % (Troika) 0,01 % (CBO)	Keine Indizien für Verletzung schwacher Effizienz Starke Effizienz wird verworfen.	Keine Evidenz für Dominanz	Troika: 50,0 % CBO: 64,3 % C-Statistik nicht signifikant
Reales BNE/BIP (2 Jahre)	1976 bis 2002	Troika: ME: –0,15 RMSE: 1,34 Theil's U: 0,56 CBO: ME: 0,25 RMSE: 1,22 Theil's U: 0,51	Evidenz für Unverzerrtheit bei beiden Institutionen, etwas stärkere Evidenz für Unverzerrtheit der CBO-Prognosen R^2: 25,6 % (Troika) 38,3 % (CBO)	Keine Indizien für Verletzung schwacher Effizienz Starke Effizienz wird verworfen.	Prognosen des CBO dominieren diejenigen der Troika.	Troika: 66,7 % CBO: 74,1% C-Statistik lediglich bei CBO signifikant (1 % Niveau)

234

	Periode	Deskriptive Analyse	Unverzerrtheit	Effizienz	Encompassing	Richtungsprognosen (Trefferquote)
Nominales BNE/BIP (5Jahre)	1976 bis 2000	Troika: ME: –0,70 RMSE: 1,22 Theil's U: 0,71 CBO: ME: –0,71 RMSE: 1,32 Theil's U: 0,76	Leichte Evidenz gegen Unverzerrtheit bei beiden Institutionen R^2: [82,00 % (Troika) 83,01 % (CBO)] Nicht interpretierbar wg. Nichtstationarität	Keine Indizien für Verletzung schwacher Effizienz Starke Effizienz wird verworfen.	Evidenz für Dominanz der CBO-Prognosen über den Troika-Prognosen	Troika: 83,3 % CBO: 87,5 % C-Statistik signifikant (Troika: 10 % Niveau, CBO: 5 % Niveau)
Nominales BNE/BIP (2 Jahre)	1976 bis 2002	Troika: ME: –0.32 RMSE: 1,53 Theil's U: 0,78 CBO: ME: –0,23 RMSE: 1,50 Theil's U: 0,76	Evidenz für Unverzerrtheit bei beiden Institutionen. R^2: [68 % (Troika) 70 % (CBO)] Nicht interpretierbar wg. Nichtstationarität	Indiz für Verletzung schwacher Effizienz bei den Prognosen des CBO Starke Effizienz wird verworfen.	Leichte Evidenz für Dominanz der CBO-Prognosen über den Troika-Prognosen	Troika: 92,6 % CBO: 96,3 % C-Statistik signifikant (jeweils 1 % Niveau)
Inflation (2 Jahre)	1976 bis 2003	Troika: ME: 0,20 RMSE: 1,45 Theil's U: 0,61 CBO: ME: –0,03 RMSE: 1,47 Theil's U: 0,62	Evidenz für Unverzerrtheit bei beiden Institutionen R^2: 75,3 % (Troika) 73,6 % (CBO)	Keine Indizien für Verletzung schwacher Effizienz Starke Effizienz wird verworfen.	Evidenz für Dominanz der Troika-Prognosen über den CBO-Prognosen	Troika: 82,1 % CBO: 89,3% C-Statistik signifikant (jeweils 1 % Niveau)

Schaubild 22 vergleicht die tatsächlichen durchschnittlichen realen BIP-Veränderungsraten mit den Projektionen der Bundesregierung auf Sicht der nächsten fünf Jahre, wie sie in den jeweiligen Veröffentlichungen zum Finanzplan des Bundes ausgewiesen wurden. Amtliche Zahlen zur Volkswirtschaftlichen Gesamtrechnung werden üblicherweise mehrmals revidiert, so dass zur Überprüfung der Prognosegenauigkeit prinzipiell mehrere Werte zur Verfügung stehen. Aufgrund der zeitlichen Nähe zum Prognosezeitraum und weil die Auswirkungen statistischer Revisionen von den Prognostikern kaum präzise abzuschätzen sind, werden in Übereinstimmung mit der Literatur den Projektionen der Bundesregierung die vorläufigen Ergebnisse der Volkswirtschaftlichen Gesamtrechnungen des Statistischen Bundesamtes gegenübergestellt.

235

___

3. Empirische
Bewertung der
Prognosegüte

Vergleich der 5-Jahresprojektionen mit der Realisation für das reale BIP, bezogen auf das Endjahr des Projektionszeitraums

1972 bis 2004

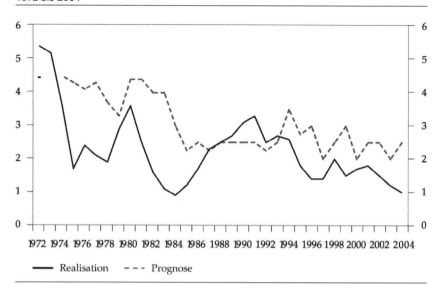

Realisation — — — Prognose

Auf der Abszisse des Schaubildes ist das entsprechende Endjahr der Projektion abgetragen. Augenscheinlich fällt eine generelle positive Niveauverschiebung der Projektionen zur BIP-Entwicklung auf, die auch in den nachfolgenden formalen statistischen Tests bestätigt wird. Bis auf die Sonderkonjunktur, ausgelöst durch die Deutsche Wiedervereinigung zu Beginn der neunziger Jahre, wurde der generelle Verlauf der tatsächlichen BIP-Veränderung von den Projektionen relativ gut erfasst, obwohl diese in der absoluten Höhe tendenziell zu optimistisch ausfielen.

Im Gegensatz zur BIP-Entwicklung ist bei den Projektionen zur Preisentwicklung – gemessen an der Veränderungsrate des BIP-Deflators – keine Niveauverzerrung erkennbar (Schaubild 23). Eine Ausnahme stellen die Projektionen ab Mitte der neunziger Jahre dar, für die eine tendenzielle Überschätzung der tatsächlichen Preisentwicklung zu konstatieren ist. Diese Überschätzung der Preisentwicklung dürfte auf die sehr zuversichtlichen Erwartungen bezüglich der realwirtschaftlichen Entwicklung zurückzuführen sein, die sich im Nachhinein nicht bestätigt hatten.

Tabelle 23 gibt einen Überblick über zusammenfassende Statistiken und Gütemaße wichtiger makroökonomischer Kennziffern. Es werden

Schaubild 23

Vergleich der 5-Jahresprognosen des BIP-Deflators mit der Realisation, bezogen auf das Endjahr des Projektionszeitraums

1972 bis 2004

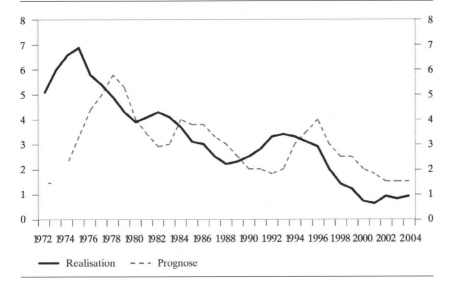

Tabelle 23

Vergleich der Prognosekennziffern

	MAE	RMSE	ME	Theil's U
Bruttoinlandsprodukt, real	1,09	1,33	−0,90***	0,89
Bruttoinlandsprodukt, nominal	1,69	0,97	−0,67	0,73
BIP-Deflator	1,12	1,48	0,20	0,80
Private Konsumausgaben, nominal	1,33	1,58	−0,43	0,61
Staatsverbrauch, nominal	1,39	2,26	0,30	2,41
Bruttoinvestitionen, nominal	3,82	4,32	−2,85***	0,92
Anlageinvestitionen, nominal	3,97	4,57	−2,96***	1,07
Beschäftigung	0,76	0,91	−0,34	0,93
Produktivität pro Beschäftigtem	0,74	0,97	−0,59***	−
Produktivität pro Stunde	0,76	1,00	−0,71***	−

Quellen: Projektionen: Finanzplan des Bundes, jeweiliger Jahrgang, Realisationen: Vorläufige Ergebnisse der Volkswirtschaftlichen Gesamtrechnungen des Statistisches Bundesamts, Berechnungsperiode: 1972 bis 2004, Fünfjahresprojektionen. H_0: $ME = 0$, ME ist signifikant von null verschieden mit folgendem Signifikanzniveau: * = 10 %, ** = 5 %, *** = 1 %.

3. Empirische
Bewertung der
Prognosegüte

hier durchweg die Abweichungen der Projektionen von den realisierten Werten betrachtet. Insgesamt liegen der Auswertung jeweils ca. 30 Beobachtungen für die Projektionen und die Realisationen zu Grunde, wobei die Projektionszeiträume überlappen. Beispielsweise werden im Jahr 1968 Projektionen für den Zeitraum 1968 bis 1972 angestellt. Im folgenden Jahr erstreckt sich der Zeitraum der neuen Projektionen über die Jahre 1969 bis 1973 usw. Dies hat insbesondere Auswirkungen auf die Autokorrelationsstruktur bestimmter Teststatistiken und muss dementsprechend berücksichtigt werden.

Der durchschnittliche absolute Prognosefehler (MAE) ist der Absolutbetrag der Differenz zwischen Projektion und Realisation. Die Wurzel des durchschnittlichen quadratischen Prognosefehlers (RMSE) ist ebenfalls ein Maß für die Abweichungen der Projektionen von den tatsächlichen Werten. Im Gegensatz zum durchschnittlichen absoluten Prognosefehler werden bei diesem Maß große Prognosefehler stärker gewichtet. Eine unverzerrte Prognose sollte einen durchschnittlichen Prognosefehler (ME) aufweisen, der nahezu Null ist. Um zu testen, ob der durchschnittliche Prognosefehler signifikant von Null verscheiden ist, werden die Prognosefehler auf eine Konstante regressiert. Wenn die Konstante in dieser Regression signifikant von Null verschieden ist, wird die Hypothese der Unverzerrtheit der Prognose verworfen.[28] Der Wert des durchschnittlichen Prognosefehlers signalisiert dann die Richtung der Verzerrung. Durch die überlappenden Projektionszeiträume weisen die Prognosefehler Autokorrelation auf. Diesem Umstand wurde durch Verwendung von autokorrelations- und heteroskedastiekonsistenten Standardfehlern bei der Schätzung Rechnung getragen. Die Ergebnisse des Hypothesentests ($H_0 : ME = 0$) zeigen, dass die Projektionen des realen BIP, der Brutto- und Anlageinvestitionen sowie der Produktivität als verzerrt zu betrachten sind. Die durchschnittlichen Fehler der verzerrten Projektionen (reales BIP, Investitionen und Produktivität) sind durchweg negativ. In der Vergangenheit waren die Projektionen dieser Aggregatgrößen folglich zu optimistisch.

Diese Ergebnisse werden von einem Test auf Unverzerrtheit gestützt, der auf einer expliziten Modellierung der Anpassung der Projektionen an die Realisationen basiert (Tabelle 24). Qualitativ liefern diese Varianten der Verzerrungstests die identischen Resultate wie die vorhergehende Analyse. Sie erlauben aber durch die Berechnung des adjustierten Bestimmtheitsmaßes R^2 einen tieferen Einblick in die Prognosegüte. Es

238

---

28 Vgl. Clements (2005: 7 ff.).

Tabelle 24

Test auf Unverzerrtheit

	α	β	F-Test	R^2
Bruttoinlandsprodukt, real	0,86 (1,16)	0,53 (1,77)*	0,00	0,12
Bruttoinlandsprodukt, nominal	0,45 (0,27)	0,82 (3,56)***	0,15	0,35
BIP-Deflator	0,95 (0,88)	0,75 (2,87)***	0,63	0,23
Private Konsumausgaben	–0,14 (–0,14)	0,95 (5,47)***	0,61	0,54
Staatsverbrauch	–0,49 (-0,65)	1,14 (5,47)***	0,79	0,68
Bruttoinvestitionen	–2,52 (–0,84)	0,96 (2,56)***	0,01	0,23
Anlageinvestitionen	–1,50 (–0,46)	0,80 (1,96)*	0,01	0,12
Beschäftigung	–0,36 (–1,20)	1,00 (2,51)**	0,35	0,15
Produktivität pro Beschäftigtem	0,33 (0,76)	0,66 (4,01)***	0,01	0,49
Produktivität pro Stunde	0,25 (0,48)	0,72 (4,37)***	0,00	0,57

Bemerkungen: Gleichung (66): $R_t = \alpha + \beta F_t + \eta_t$. t-Werte basierend auf robusten Standardfehlern in Klammern. In der Spalte F-Test ist der p-Wert des Test $H_0: \alpha = 0; \beta = 1$ aufgeführt. Parameter sind signifikant von null verschieden mit folgendem Signifikanzniveau: * = 10 %, ** = 5 %, *** = 1 %, Berechungsperiode: 1972 bis 2004, Fünfjahresprojektionen.

zeigt sich, dass die Anpassung der Projektionen an die tatsächlichern Werte für einige VGR-Kennziffern sehr gering ist. Bei den unverzerrten Projektionen sind insbesondere die Projektionen für das nominale BIP, den BIP-Deflator und die Beschäftigung nicht in der Lage, mehr als ein Drittel der Gesamtstreuung der Realisationen zu erklären. Eine gute Anpassung gelingt für die privaten Konsumausgaben und den Staatsverbrauch. Hier werden Bestimmtheitsmaße von 54 % und 68 % erreicht.

Auch wenn Prognosen unverzerrt sind, können sie dennoch sehr ungenau sein, d.h. die Prognosefehler können möglicherweise sehr stark streuen. Ohne den genauen datenerzeugenden Prozess der Zielgröße zu kennen, ist eine Bewertung der Streuung von beobachteten Prognosefehlern jedoch schwierig. Ein übliches Vorgehen ist deshalb, das Streuungsmaß RMSE der zu überprüfenden Prognose mit dem RMSE eines alternativen Modells zu vergleichen. Der Theil'sche Ungleichheitskoeffizient

Tabelle 25

Auswertung der Richtungsprognosen
1980 bis 2000; definiert als Abweichung von der naiven Prognose

	Trefferquote, in %	Teststatistik C
Reales BIP	47,6	0,13
Nominales BIP	95,2	k.A.
BIP-Deflator	95,2	k.A.

Bemerkung: Teststatistik ist signifikant von null verschieden mit folgendem Signifikanz-niveau: *= 10 %, ** = 5 %, *** = 1 %.

(Theil's U) ist das geeignete Maß für diesen Zweck. Er ist der Quotient aus dem RMSE des zu überprüfenden Modells und dem RMSE eines alternativen Modells.[29] Wenn der RMSE des zu überprüfenden Modells kleiner ist als der RMSE des alternativen Modells, nimmt Theil's U Werte an, die kleiner eins sind. Das zu überprüfende Modell wäre dann dem alternativen vorzuziehen.

Wir haben die volkswirtschaftlichen Projektionen der Bundesregierung einer Analyse in diesem Kontext unterzogen. Als alternatives Modell haben wir ein reines Zeitreihenmodell verwendet (Random Walk mit Drift).

Wie aus Tabelle 23 hervorgeht, sind die Projektionen für die Entwicklungen des nominalen und realen BIPs, des privaten Verbrauchs, der Bruttoinvestitionen, der Beschäftigung sowie der BIP-Preise den Prognosen eines Random Walk-Modells bezüglich der Fehlerstreuung überlegen. Die Theil's U-Werte sind für den betrachteten Projektionszeitraum von 1972 bis 2004 für diese Kennziffern deutlich unter eins. Im Gegensatz hierzu sind die die Theil's U-Werte für die Veränderungen des Staatsverbrauchs und der Anlageinvestitionen größer als eins. Eine Entscheidung auf Grundlage des Theils U-Kriteriums würde hier eindeutig zugunsten des Random Walks ausfallen.

Tabelle 25 enthält Angaben zur Richtungsgenauigkeit der Projektionen zum realen und nominalen BIP-Wachstum sowie zum BIP-Deflator. Hier wird überprüft, wie die Projektionen der Bundesregierung im Vergleich zu einer naiven Projektion abschneiden. Die Tabelle 25 zeigt, dass die Teststatistik für die Projektion der BIP-Entwicklung insignifikant ist. Mit anderen Worten: Die Projektionen liefern keine bessere Einschätzung über die Richtung der realen BIP-Entwicklung als ein naives Modell (unter Verwendung des historischen Mittelwerts als Projektion für die

240

29 Vgl. z.B. Schröder (2002).

Tabelle 26

Test auf schwache Effizienz
1974 bis 2004

	α	β_1	Signifikante MA-Terme (5% Niveau)
Reales BIP	−0,61 (−4,49)***	0,11 (0,72)	δ_1, δ_3
Nominales BIP	−1,32 (−3,46)***	−0,15 (−1,78)*	$\delta_1, \delta_2, \delta_3$
BIP-Deflator	−0,36 (−1,31)	−0,24 (−3,55)***	δ_1

Bemerkungen: Gleichung (67): $e_t = \alpha + \beta_1 e_{t-h} + \delta_1 \eta_{t-1} + ... + \delta_{h-1} \eta_{t-h+1} + \eta_{t-1}$. t-Werte in Klammern. Parameter sind signifikant von null verschieden mit folgendem Signifikanzniveau: * = 10 %, ** = 5 %, *** = 1 %, Berechungsperiode: 1974 bis 2004, Fünfjahresprojektionen.

nächsten fünf Jahre). Die Projektionen zum nominalen BIP und dem BIP-Deflator weisen eine sehr hohe Trefferquote auf, da es im Analysezeitraum von 1980 bis 2000 lediglich eine Fehleinschätzung über die Richtung der Entwicklung dieser Größen gab. Der χ^2-Unabhängigkeitstest ist formal nicht anwendbar, da die zugrunde liegende Kontingenztabelle mehrere Null-Elemente enthält, so dass der Nenner der Teststatistik gleich null und somit nicht definiert ist.

Tabelle 26 enthält die Schätzergebnisse zur schwachen Informationseffizienz. Für die Projektionen der Bundesregierung zur realen BIP-Entwicklung kann die Hypothese der schwachen Informationseffizienz nicht verworfen werden, da der geschätzte Koeffizient β_1 für die fünfte Verzögerung der Projektionsfehler nicht signifikant von Null verschieden ist. Für den BIP-Deflator und für die nominale BIP-Entwicklung wird die Hypothese der schwachen Informationseffizienz allerdings verworfen.[30] Für diese Größen kann die Präzision der Projektionen durch eine Berücksichtigung vergangener Projektionsfehler verbessert werden.

Die Tests auf starke Informationseffizienz unter Berücksichtigung der konstruktionsbedingten Autokorrelationsstruktur der Projektionsfehler zeigen, dass exogene Variablen teilweise einen Informationsgehalt für die Projektionsfehler aufzeigen. Speziell für den Welthandel kann eine

---

30 Eine alternative Erklärung für dieses Ergebnis ist die hohe Persistenz der Inflationsraten, die zu einer ausgeprägten Autokorrelationsstruktur der Zeitreihe führt, vgl. Fritsche (2005). Für den hier analysierten Zeitraum verwerfen statistische Tests allerdings die Hypothese der Instationarität des BIP-Deflators.

3. Empirische
Bewertung der
Prognosegüte

Schaubild 24

**Projektionsfehler (Abweichungen der tatsächlichen Werte von den
Fünfjahresprojektionen der Bundesregierung zur realen BIP-Entwicklung)**

1972 bis 2004

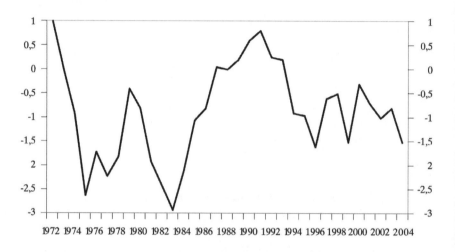

Korrelation der vergangen Werte für alle drei Kennziffern (nominales
und reales BIP sowie BIP-Deflator) festgestellt werden. Für die Projektionen zur BIP-Entwicklung, sowohl in nominaler als auch realer Rechnung, liefert die fünfjährige Verzögerung der BIP-Veränderung aller
OECD-Länder signifikanten Informationsgehalt bezüglich der Prognosefehler.

Insgesamt kann auf Grundlage der Tests zur Informationseffizienz der
mittelfristigen Projektionen der Bundesregierung abgeleitet werden,
dass entweder durch eine Beachtung vergangener Projektionsfehler oder
eine Erweiterung der im Projektionsprozess verwendeten Menge an exogenen Informationen vereinzelt die Genauigkeit der Vorhersagen verbessert werden kann.

Schaubild 24 stellt die Projektionsfehler der mittelfristigen realen
BIP-Entwicklung der Bundesregierung im Zeitablauf dar. Wenn systematische Unterschiede in den Projektionsfehlern im Zeitverlauf feststell-
bar wären, könnten diese möglicherweise auf unterschiedliche Ausrich-
tungen der Wirtschaftspolitik zurückzuführen sein. Bis Mitte der siebziger Jahre herrschte beispielsweise die Vorstellung vor, dass die Entwicklung der Gesamtwirtschaft erfolgreich nachfragepolitisch gesteuert wer-

Tabelle 27

Kennziffern der Projektionsgüte für das reale BIP
verschiedene Zeiträumen

Zeitraum	ME	RMSE
1972 bis 1980	–1,04	0,99
1981 bis 1989	–1,21	0,76
1990 bis 1994	0,19	0,62
1995 bis 2004	–0,95	1,04

den kann. Die Herbeiführung einer bestimmten gesamtwirtschaftlichen Entwicklung könnte eventuell in dieser Zeit zielgenauer möglich gewesen sein, da in der wirtschaftspolitischen Steuerung andere Instrumente als in der nachfolgenden angebotsorientierten Phase eingesetzt wurden. Strukturbrüche in den Prognosefehlern wären dann möglicherweise auf wirtschaftspolitische Paradigmenwechsel zurückzuführen.

Eine systematische Veränderung des Verlaufs der Projektionsfehler ist in Tabelle 25 allerdings nicht erkennbar. Abgesehen von den Geschehnissen im Zusammenhang mit der Deutschen Wiedervereinigung um die Jahre 1990 bis 1994, die der deutschen Wirtschaft eine Sonderkonjunktur beschert hatten und von den Prognostikern in ihrem Ausmaß unzureichend vorhergesehen wurde, liegen die Projektionen der Veränderungsraten des realen BIP durchgehend über den tatsächlichen Veränderungsraten. Eine Berechnung der Kennziffern Mean Error (ME) und Root Mean Squared Error (RMSE) für unterschiedliche Zeitpunkte belegt die tendenziellen Fehleinschätzungen mit konkreten Maßzahlen.

Wie in Tabelle 27 an den Werten zum ME zu entnehmen ist, haben die Projektionen die tatsächliche Entwicklung in allen Zeiträumen – bis auf den Zeitraum um die Wiedervereinigung – in einer nicht zu vernachlässigenden Größenordnung überschätzt. In allen Zeiträumen wurde die BIP-Entwicklung auf Sicht der nächsten fünf Jahre um ca. 1 %-Punkt überschätzt. Projektionsfehler können bei mittelfristigen Projektionen in aller Regel nicht auf Fehleinschätzungen in einzelnen Jahren zurückgeführt werden. Diese Projektionen haben eher den Charakter einer Potenzialwachstumsschätzung. Offensichtlich wird das angehende Potenzialwachstum der deutschen Wirtschaft regelmäßig zu optimistisch beurteilt. Dass diese Eigenschaft nicht nur bei den Projektionen der Bundesregierung festzustellen ist, geht aus einer Gegenüberstellung der Bundesregierungsprojektionen mit vergleichbaren Zahlen vom Internationalen Währungsfond für die neunziger Jahre hervor (Schaubild 25). Dieser Ver-

Schaubild 25

Vergleich der 5-Jahresprojektionen der Bundesregierung und des IWF mit der Realisation für das reale BIP, bezogen auf das Endjahr des Projektionszeitraums
1994 bis 2004

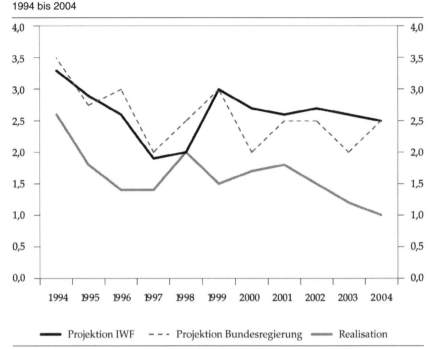

— Projektion IWF   - - - Projektion Bundesregierung   — Realisation

gleich stützt sich wegen der mangelnden Verfügbarkeit früherer IWF-Projektionen auf den Zeitraum 1994 bis 2004. Die Bundesregierungsprojektionen und die Währungsfondsprojektionen zeigen ein sehr ähnliches Verlaufsmuster.

Die Auswertungen der Eigenschaften der Projektionen der Bundesregierung im Rahmen des alljährlichen Finanzplans lassen einige interessante Rückschlüsse zu. Insbesondere die systematischen Verzerrungen für einige Aggregatgrößen sowie die mangelnde Informationseffizienz der Projektionen zur BIP- und Preisentwicklung können als aussichtsreiche Ansatzpunkte zur Verbesserung der Projektionen gesehen werden. Eine Verbreiterung der betrachteten Informationsmenge sowie eine stärkere Berücksichtigung vergangener Projektionsfehler könnten vereinzelt zur Präzision der Projektionen beitragen. Die Vergleiche der Prognosegüte mit einfachen Zeitreihenmodellen (Random Walks) haben aber auch gezeigt, dass diese die Güte der Bundesregierungsprojektionen zu den wichtigsten volkswirtschaftlichen Kenngrößen nicht übertreffen.

Studie des
Zentrums für
Europäische
Wirtschaftsforschung

Eine Auswertung der Güte der realen BIP-Projektion für die drei getrennten Zeiträume 1972 bis 1980, 1981 bis 1989 und 1995 bis 2004 hat erkennen lassen, dass der durchschnittliche Projektionsfehler kaum im Zeitverlauf variiert und mit einer Größenordnung von ca. 1 %-Punkt auch nicht unerheblich ist. Die Unsicherheit einer Prognose, gemessen z.B. über den mittleren quadratischen Prognosefehler, kann ab einem gewissen Prognosehorizont vermutlich kaum mehr verringert werden[31]. Systematische Verzerrungen, wie sie in der durchschnittlichen Abweichung der Projektionen von den realisierten Werten zum Ausdruck kommen, sollten allerdings über eine stärke Berücksichtigung vergangener Projektionsfehler grundsätzlich zu eliminieren sein.

3.3.1.2 Frankreich
3.3.1.2.1 Reales BIP

Mittelfristige Projektionen im eigentlichen Sinne (d.h. mit einem Prognosehorizont länger als 1,5 Jahre) werden in Frankreich durch das DGTPE erst seit dem Jahr 1999 durchgeführt. Auswertungen statistischer Natur von mittelfristigen Projektionen sind daher nicht möglich. Stattdessen haben wir basierend auf den uns zur Verfügung gestellten Informationen eine deskriptive Zusammenfassung erstellt.

Wie aus der Tabelle 28 ersichtlich ist, lag die Prognose für den Zeitraum 1999 bis 2002 ziemlich nahe bei der tatsächlich eingetretenen durchschnittlichen Wachstumsrate des realen BIP. Für die beiden Prognosehorizonte von 2000 bis 2003 und 2001 bis 2004 hingegen, war die Diskrepanz zwischen Prognose und Realisation deutlich größer. Die Pro-

Tabelle 28

Vergleich der 3-Jahres-Projektion mit der Realisation
1999 bis 2004

Jahr der Erstellung	1999	2000	2001	2002	2003	2004
Prognosezeitraum	1999 bis 2002	2000 bis 2003	2001 bis 2004	2002 bis 2005	2003 bis 2006	2004 bis 2006
Reales BIP[1]	2,53	2,93	2,45	2,18	1,80	2,5
Realisation	2,58	1,90	1,53	–	–	–

1 Berechnet auf Basis des Rapport Economique, Social et Financier (Anhang zum jeweiligen Haushaltsgesetz); sowie der Stabilitätsprogramme; konservatives Szenario.

---

31 Heilemann und Stekler (2003) beispielsweise argumentieren, dass der mittlere absolute Prognosefehler – ein ähnliches Streuungsmaß wie der mittlere quadratische Prognosefehler – für eine BIP-Prognose auf Sicht von 1,5 Jahren wie eine natürliche Konstante zu verstehen ist, welche die Grenzen der generellen Prognosefähigkeiten aufzeigt.

Schaubild 26

Vergleich der 2-Jahresprojektionen mit den Realisationen für das reale BIP
1976 bis 2002

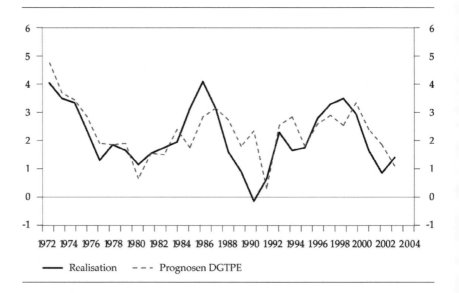

gnosefehler während dieser Perioden können wohl durch die exogenen Schocks des 11. September und des Abflauens des weltwirtschaftlichen Wachstums in diesem Zeitraum erklärt werden. Für die folgenden Prognosehorizonte kann leider keine Bewertung vorgenommen werden, da bisher noch keine Daten zu den Realisationen vorliegen.

Neben den Daten zu mittelfristigen Projektionen, hat uns das DGTPE auch einen weiteren Datensatz zu makroökonomischen Projektionen zur Verfügung gestellt, der bis zum Jahr 1976 zurückreicht. Ein Problem war, dass die zur Verfügung gestellten Projektionen gerade am unteren Rand der Definition mittelfristiger Projektionen liegen. Basierend auf Informationen bis zum 2. Quartal, werden im dritten Quartal des Jahres Projektionen für das laufende wie auch das folgende Jahr erstellt. Es handelt sich also um Projektionen, die gerade an der Grenze zu einem mittelfristigen Projektionshorizont angesiedelt sind.

Im Folgenden werden die 2-Jahresprojektionen des DGTPE für die Wachstumsraten des realen BIP und für die Inflation betrachtet. Ferner, werden die Projektionen des Wirtschaftsforschungsinstituts OFCE für die gleichen Prognosezielgrößen evaluiert.

Tabelle 29

Prognosekennziffern

	Berechnungs-periode	ME	RMSE	Theil's U
DGTPE 2 Jahre	1976 bis 2003	–0,17	0,82	0,61
OFCE 2 Jahre	1992 bis 2004	–0,55*	1,17	0,85

Bemerkung: Parameter sind signifikant von null verschieden mit folgendem Signifikanzniveau: * = 10 %, ** = 5 %, *** = 1 %.

Schaubild 26 stellt den Realisationen für das reale BIP die Prognosen des DGTPE gegenüber. Insgesamt gesehen sind die Prognosen in der Lage, den wirklichen Verlauf abzubilden. Auffällig ist weiterhin, dass die Prognosen den Realisationen »hinterherhinken«, d.h., eine Projektion im Jahr t passt sich sehr gut an die Realisation im Jahr $t-1$ an.

Tabelle 29 gibt wichtige Prognosekennziffern wieder. Dabei ist hervorzuheben, dass das DGTPE die wirtschaftliche Entwicklung in der Vergangenheit überschätzt hat. Ein systematischer Zusammenhang ist auf Grund der Insignifikanz des mittleren Prognosefehlers jedoch nicht festzustellen. Mit Hinblick auf Theil's U lässt sich folgern, dass die modellbasierte Projektion einer Random-Walk-Prognose, die nur die vergangene Entwicklung fortschreibt, deutlich überlegen ist, da die Kennzahl mit einem Wert von 0,61 deutlich unter 1 liegt.

Die Wachstumsprojektionen des OFCE haben im Zeitraum 1992 bis 2004 die Wirtschaftsentwicklung systematisch überschätzt (Signifikanz des durchschnittlichen Prognosefehlers auf dem 10 % Niveau). Die OFCE-Prognosen sind angesichts des Theil's U von 0,85 der naiven Prognose deutlich überlegen.

In Tabelle 30 werden die Ergebnisse eines Tests auf Unverzerrtheit der Prognosen abgebildet, welche bei einem linearen Zusammenhang ($\alpha = 0; \beta = 1$) zwischen Realisation und Projektion gegeben wäre. Die Prognosen des DGTPE können auf den ersten Blick als unverzerrt angesehen werden. Zum einen ist die Konstante nicht signifikant von Null verschieden, zum anderen liegt β in der Nähe von 1 und ist signifikant. Weiterhin sind die Prognosen in der Lage, knapp 49 % der Streuung der Wachstumsraten des realen BIP zu erklären. Zwar liegt bei den OFCE-Projektionen die Konstante höher bzw. der geschätzte Wert für β niedriger als bei den Prognosen des DGTPE, allerdings kann angesichts der geringeren Zahl an Beobachtungen die Nullhypothese ($\alpha = 0; \beta = 1$) auf dem 10 % Niveau (knapp) nicht verworfen werden.

Tabelle 30

Test auf Unverzerrtheit

	Berechnungs-periode	α	β	F-Test	R^2, in %
DGTPE 2 Jahre	1976 bis 2003	0,26 (1,13)	0,81 (11,86)***	0,02	48,88
OFCE2 Jahre	1992 bis 2004	0,67 (1,53)	0,50 (2,37)***	0,11	15,16

Bemerkungen: Gleichung (66): $R_t = \alpha + \beta F_t + \eta_t$. t-Werte basierend auf robusten Standardfehlern in Klammern. In der Spalte F-Test ist der p-Wert des Tests $H_0: \alpha = 0; \beta = 1$ aufgeführt. Parameter sind signifikant von null verschieden mit folgendem Signifikanzniveau: * = 10 %, ** = 5 %, *** = 1 %.

Tabelle 31

Test auf schwache Effizienz

	Berechnungs-periode	α	β_1	δ_1
DGTPE 2 Jahre	1978 bis 2003	−0,16 (−0,79)	0,02 (0,09)	0,24 (1,24)
OFCE 2 Jahre	1992 bis 2004	−0,54 (−1,42)	−0,29 (−1,02)	0,12 (0,32)

Bemerkungen: Gleichung (67): $e_t = \alpha + \beta_1 e_{t-2} + \delta_1 \eta_{t-1} + \eta_t$. t-Werte in Klammern. Parameter sind signifikant von null verschieden mit folgendem Signifikanzniveau: * = 10 %, ** = 5 %, *** = 1 %.

Als nächstes wird im Rahmen von Effizienztests untersucht, ob die Projektionen alle erforderlichen Informationen bei der Prognoseerstellung berücksichtigen. Tabelle 31 gibt die Ergebnisse des schwachen Effizienztests wieder. Es ist für beide Institutionen ersichtlich, dass alle Koeffizienten um null liegen und nicht signifikant von null verschieden sind. Somit ist es nicht möglich, aus vergangenen Prognosefehlern einen Aufschluss über künftige Prognosefehler zu gewinnen. Es ergeben sich keine Hinweise darauf, dass die Hypothese auf schwache Effizienz abzulehnen ist.

Für die Analyse auf starke Effizienz wurde getestet, ob eine zum Zeitpunkt der Prognoseabgabe bekannte Information zu einer Verbesserung der Prognosen beitragen kann. Als Faktoren wurden der Welthandel, realer effektiver Wechselkurs, Ölpreis, reales BIP der OECD-Staaten, kurz- sowie langfristige Zinsen untersucht. Während die übrigen Größen keinen Erklärungsgehalt für die Prognosefehler des DGTPE aufweisen, ist der Ölpreis auf dem 10 %-Niveau signifikant und damit in der Lage ist, die Prognosefehler zu erklären. Was die Prognosefehler des OFCE betrifft, ergibt sich, dass der verzögerte kurzfristige Zinssatz auf dem 10 %

Studie des
Zentrums für
Europäische
Wirtschaftsforschung

Tabelle 32

Encompassing-Test

	Berechnungs-periode	α	β	δ
DGTPE 2 Jahre = F1	1978 bis 2003	0,37	0,84	–0,09
Naive Prognose 2 Jahre = F2		(1,61)	(4,56)***	(–0,59)
DGTPE 2 Jahre = F1	1992 bis 2003	0,39	1,12	–0,40
OFCE 2 Jahre = F2		(1,16)	(2,83)**	(–1,53)
OFCE 2 Jahre = F1	1992 bis 2003	0,50	0,58	–0,04
Naive Prognose 2 Jahre = F2		(1,03)	(2,41)**	(–0,22)

Bemerkungen: Gleichung (71): $R_t = \alpha + \beta F_{1,t} + \delta F_{2,t} + \eta_t$. Dabei ist $F_{2,t}$ eine naive Prognose, die mit der Modellprognose $F_{1,t}$ verglichen wird. t-Werte basierend auf robusten Standardfehlern in Klammern. Parameter sind signifikant von null verschieden mit folgendem Signifikanzniveau: * = 10 %, ** = 5 %, *** = 1 %.

Tabelle 33

Auswertung der Richtungsprognosen

definiert als Abweichung von der naiven Prognose

	Zeitraum	Trefferquote, in %	Teststatistik C
DGTPE 2 Jahre	1982 bis 2003	72,7	5,51**
OFCE 2 Jahre	1992 bis 2003	58,3	0,68

Bemerkung: Teststatistik ist signifikant von null verschieden mit folgendem Signifikanzniveau: *= 10 %, ** = 5 %, *** = 1 %.

Niveau signifikant ist während sämtliche sonstigen Variablen insignifikant sind. Man kann dieses Ergebnis als vorsichtige Evidenz dahingehend interpretieren, dass die Wachstumsprojektionen der beiden Institutionen auch der starken Effizienz recht nahe kommen.

Tabelle 32 gibt die Resultate eines »Encompassing-Tests« wieder. Deutlich ist zu erkennen, dass die Projektionen des DGTPE die naive Prognose dominieren, da β in der Nähe von Eins liegt und hochgradig signifikant ist, während δ negativ und insignifikant ist. Wenn wir den Zeitraum von 1992 bis 2003 betrachten, in welchem sich die Projektionen der beiden Institutionen überlappen, ist festzustellen, dass die Wachstumsprognosen des DGTPE deutlich denjenigen des OFCE überlegen sind. Allerdings dominieren die Projektionen des OFCE wiederum die naive Prognose, wie in der letzten Zeile der Tabelle 31 ersichtlich ist.

Schließlich wird analysiert, ob die Projektionen die Richtung der wirtschaftlichen Entwicklung vorhersagen können. Tabelle 33 gibt hierüber

3. Empirische
Bewertung der
Prognosegüte

Aufschluss. Die Trefferquote von 72,7 % weist auf eine hohe Güte der Richtungsprognose hin. Weiterhin zeigt die Signifikanz der Teststatistik auf dem 5 %-Niveau, dass die Modellprognose der naiven Prognose überlegen ist. Dahingegen war die Treffergenauigkeit der OFCE Prognosen während des Untersuchungszeitraums 1992 bis 2003 mit knapp 60 % relativ bescheiden. Außerdem ist die C-Statistik in diesem Fall nicht signifikant.

3.3.1.2.2 Inflationsrate

Im Folgenden sollen die Projektionen des DGTPE und des OFCE zur Inflationsrate des Verbraucherpreisindex näher untersucht werden. Schaubild 27 stellt die 2-Jahresprognosen des DGTPE den Realisationen gegenüber. Während Ende der siebziger Jahre die tatsächliche Entwicklung fast regelmäßig unterschätzt wurde, weisen Realisation und Prognose ab Anfang der achtziger bis heute eine hohe Übereinstimmung auf. Dennoch ist auffällig, dass sich die Projektionen häufig unterhalb der tatsächlichen Inflationsrate befinden.

Schaubild 27

**Vergleich der 2-Jahresprognosen der Inflation
mit der Realisation**

1976 bis 2002

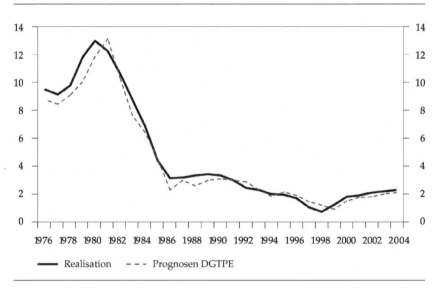

Studie des
Zentrums für
Europäische
Wirtschaftsforschung

Tabelle 34

Prognosekennziffern

	Berechnungs- periode	ME	RMSE	Theil's U
DGTPE	1978 bis 2003	0,26**	0,63	0,33
OFCE	1992 bis 2004	0,08	0,40	0,62

Bemerkung: Parameter sind signifikant von null verschieden mit folgendem Signifikanz-niveau: * = 10 %, ** = 5 %, *** = 1 %.

Tabelle 35

Test auf Unverzerrtheit

	Berechnungs- periode	α	β	F-Test	R^2, in %
DGTPE 2 Jahre	1976 bis 2003	0,04 (0,21)	1,06 (29,35)***	0,013	98,2
OFCE 2 Jahre	1992 bis 2004	0,62 (1,52)	0,67 (3,61)***	0,13	51,9

Bemerkungen: Gleichung (66): $R_t = \alpha + \beta F_t + \eta_t$. *t*-Werte basierend auf robusten Standardfehlern in Klammern. In der Spalte F-Test ist der p-Wert des Tests H_0: $\alpha = 0$; $\beta = 1$ aufgeführt. Parameter sind signifikant von null verschieden mit folgendem Signifikanz-niveau: * = 10 %, ** = 5 %, *** = 1 %.

Dieses Phänomen wird auch durch Berücksichtigung der in Tabelle 34 dargestellten Prognosekennziffern deutlich. Der mittlere Prognosefehler für die DGTPE Prognosen ist positiv und auf dem 5 %-Niveau signifikant von Null verschieden, d.h., dass die Prognosen die Entwicklung der Inflationsrate in der Vergangenheit systematisch unterschätzt haben. Das Modell ist jedoch der naiven Prognose deutlich überlegen, was an dem geringen Wert des Theil's U von 0,33 zu erkennen ist. Aus Tabelle 34 ist weiter ersichtlich, dass die Inflationsprognosen des OFCE während des Untersuchungszeitraums die Inflation leicht unterschätzten, allerdings ist der mittlere Prognosefehler nicht signifikant von null verschieden. Das Theil's U liegt deutlich unterhalb von eins, so dass Dominanz der OFCE Prognosen gegenüber der naiven Prognose gefolgert werden kann.

Tabelle 35 gibt den Test auf Unverzerrtheit wieder. Es kann festgestellt werden, dass die Prognosen dem ersten Anschein nach unverzerrt sind. Die Konstante ist bei den Prognosen des DGTPE nahe Null und insignifikant, während β nahe 1 liegt und hochgradig signifikant ist. Was die Inflationsprognosen des OFCE betrifft, so macht Tabelle 36 deutlich, dass die Ergebnisse des Tests zwar nicht so gut sind wie im Fall der DGTPE Prognosen. Auch hier ist die Konstante insignifikant, während der ge-

Tabelle 36

Test auf schwache Effizienz

	Berechnungs-periode	α	β_1	δ_1
DGTPE 2 Jahre	1978 bis 2003	0,30	–0,14	0,45
		(1,75)*	(–0,61)	(2,21)**
OFCE 2 Jahre	1992 bis 2004	0,16	0,17	0,28
		(0,94)	(0,47)	(0,73)

Bemerkungen: Gleichung (67): $e_t = \alpha + \beta_1 e_{t-2} + \delta_1 \eta_{t-1} + \eta_t$. t-Werte in Klammern. Parameter sind signifikant von null verschieden mit folgendem Signifikanzniveau: * = 10 %, ** = 5 %, *** = 1 %.

schätzte Wert für β hochgradig signifikant ist. Für beide Institutionen kann die Nullhypothese $\alpha = 0; \beta = 1$ auf dem 1 % Niveau nicht verworfen werden.

Beim Test auf schwache Effizienz ergibt sich ein ähnliches Bild. Im Falle beider Institutionen ist ersichtlich, dass keiner der verzögerten Prognosefehler signifikant von null verschieden ist. Es gibt folglich keinen Hinweis darauf, dass wesentliche Informationen bei der Prognosebildung ausgelassen werden.

Für die Analyse der starken Effizienz wurden ebenfalls als Faktoren der Welthandel, realer effektiver Wechselkurs, Ölpreis, reales BIP der OECD-Staaten sowie kurz- und langfristige Zinsen berücksichtigt. Hinsichtlich der Prognosen des DGTPE ergibt sich, dass die Informationen über den Ölpreis nicht hinreichend genug berücksichtigt wurden (Signifikanz auf dem 1 % Niveau). Im Falle der OFCE-Prognosen kann festgestellt werden, dass der verzögerte reale effektive Wechselkurs einen Erklärungsgehalt für die Inflationsprognosefehler aufweist (Signifikanz auf dem 1 % Niveau). Man kann aus diesen Tests schließen, dass die Hypothese der starken Effizienz im Falle der Inflationsprognosen abzulehnen ist.

Tabelle 37 fasst die Ergebnisse des »Encompassing-Tests« zusammen. Auch hier zeigt sich grundsätzlich das gleiche Bild wie bei den Wachstumsprojektionen: die Prognosen beider Institutionen sind in den jeweiligen Untersuchungsperioden der naiven Prognose deutlich überlegen. Untersucht man die Periode, in welcher sich die Prognosen der beiden Institutionen überlappen, so ist eindeutig eine Dominanz der Prognosen des DGTPE gegenüber denjenigen des OFCE festzustellen.

Diese Prognosegüte kommt auch bei Richtungsprognosen zum Ausdruck. Tabelle 38 verdeutlicht dies. In beiden Zeiträumen waren die Pro-

Studie des
Zentrums für
Europäische
Wirtschaftsforschung

Tabelle 37

Encompassing-Test

	Berechnungs-periode	α	β	δ
DGTPE 2 Jahre = F1	1978 bis 2003	0,00	1,01	0,05
Naive Prognose 2 Jahre = F2		(0,00)	(11,10)***	(0,87)
DGTPE 2 Jahre = F1	1992 bis 2003	0,24	0,83	0,02
OFCE 2 Jahre = F2		(0,63)	(4,45)***	(0,17)
DGTPE 2 Jahre = F1	1992 bis 2003	0,64	1,00	–0,30
Naive Prognose 2 Jahre = F2		(1,91)*	(2,68)**	(–1,03)

Bemerkungen: Gleichung (71): $R_t = \alpha + \beta F_{1,t} + \delta F_{2,t} + \eta_t$. t-Werte basierend auf robusten Standardfehlern in Klammern. Parameter sind signifikant von null verschieden mit folgendem Signifikanzniveau: * = 10 %, ** = 5 %, *** = 1 %.

Tabelle 38

Auswertung der Richtungsprognosen
definiert als Abweichung von der naiven Prognose

	Zeitraum	Trefferquote, in %	Teststatistik C
DGTPE 2 Jahre	1982 bis 2003	100	k.A.
OFCE 2 Jahre	1992 bis 2003	100	k.A.

Bemerkung: Teststatistik ist signifikant von null verschieden mit folgendem Signifikanzniveau: *= 10 %, ** = 5 %, *** = 1 %.

jektionen immer in der Lage, die Richtung korrekt vorherzusagen, was einer Trefferquote von 100 % entspricht.

Zusammenfassend lässt sich sagen, dass die Güte sowohl der Wachstums- als auch der Inflationsprognosen beider Institutionen durch die vorangegangen Tests bestätigt wird, wobei die Inflationsprognosen besonders überzeugend ausfallen. Für beide Zielgrößen konnten wir keine Evidenz gegen die Hypothese der schwachen Effizienz finden. Lediglich im Falle der Inflationsprognosen war die Hypothese der starken Effizienz abzulehnen. Insgesamt zeigte sich in unserer empirischen Analyse überwiegend ein Vorteil der Prognosen des DGTPE gegenüber denjenigen des OFCE-Forschungsinstituts.

3.3.1.3 Großbritannien

Für Großbritannien liegen uns mittelfristige Projektionen für das reale und nominale BIP für die Prognosehorizonte 3, 4 und 5 Jahre des britischen Finanzministeriums (Her Majesty's Treasury (HMT)) und des National Institute of Economic and Social Research (NIESR) vor. Allerdings sind die Zeitreihen der 4- und 5-Jahresprognosen von NIESR lückenhaft

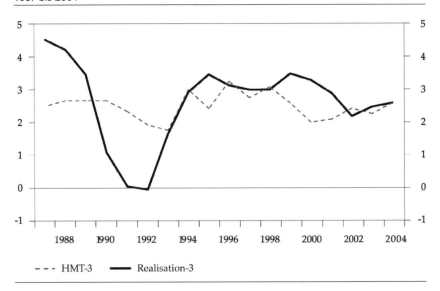

Schaubild 28

Vergleich der 3-Jahresprognosen des Finanzministeriums (HMT) mit den Realisationen (jeweils bezogen auf Fiskaljahre)

1987 bis 2004

- - - HMT-3   ▬▬▬ Realisation-3

und recht kurz. Daher werden im Folgenden nur die 3-, 4- und 5-Jahresprognosen des Finanzministeriums und die 3-Jahresprognosen von NIESR für das reale BIP analysiert. Für das nominale BIP liegen uns dagegen nur Prognosen des Finanzministeriums für die Prognosehorizonte von 3 und 4 Jahren zur Verfügung.

In Schaubild 28 werden die 3-Jahresprognosen des Finanzministeriums mit den Realisationen (revidierte endgültige Werte) verglichen. Die Prognosen beziehen sich jeweils auf die durchschnittliche Jahreswachstumsrate der nächsten 3 Jahre. Sie sind in der Grafik der jeweiligen Zielperiode zugeordnet und wurden tatsächlich drei Jahre vor dem angegebenen Datum abgegeben. Die Realisation gibt ebenfalls die durchschnittliche Jahreswachstumsrate der entsprechenden 3-Jahresperiode an.

Wie das Schaubild zeigt, sind die Prognosen deutlich weniger volatil als die Realisationen. Im Zeitraum bis 1992 lagen die Prognosen des Finanzministeriums zunächst weit unterhalb und dann weit oberhalb der tatsächlichen 3-Jahresentwicklung des BIP. Ab 1993 wird die Prognosegenauigkeit deutlich besser.

Die 3-Jahresprognosen des NIESR können dagegen mit den in Schaubild 28 abgebildeten Zeitreihen nur näherungsweise verglichen

Studie des
Zentrums für
Europäische
Wirtschaftsforschung

Tabelle 39

Vergleich der 3-Jahresprognosen mit den Realisationen des realen BIP
1985 bis 2002

HMT 3-Jahresprognosen				NIESR 3-Jahresprognosen			
Ziel-periode (Fiskal-jahr)	Prog-nosen-Abgabe	Prognose-wert, in %	Reali-sation, in %	Ziel-periode (Kalen-derjahr)	Prog-nosen-Abgabe	Prognose-wert, in %	Reali-sation, in %
1987-88	März 1985	2,5	4,54	1987			
1988-89	März 1986	2,67	4,24	1988			
1989-90	März 1987	2,67	3,47	1989			
1990-91	März 1988	2,67	1,06	1990	Mai 1987	1,93	1,62
1991-92	März 1989	2,33	0,02	1991	Mai 1988	2,23	–0,01
1992-93	März 1990	1,92	–0,07	1992	Mai 1989	–	–0,03
1993-94	März 1991	1,75	1,64	1993	Mai 1990	2,87	1,26
1994-95	März 1992	3	2,93	1994	Mai 1991	2,23	2,91
1995-96	März 1993	2,42	3,46	1995	Mai 1992	2,63	3,39
1996-97	Nov. 1994	3,25	3,13	1996	Mai 1993	2,53	3,30
1997-98	Nov. 1995	2,75	2,99	1997	Mai 1994	2,47	2,87
1998-99	Nov. 1996	3,08	2,99	1998	Mai 1995	3,33	3,14
1999-00	Juli 1997	2,58	3,49	1999	April 1996	2,77	3,22
2000-01	März 1998	2	3,29	2000	April 1997	2,50	3,30
2001-02	März 1999	2,08	2,89	2001	April 1998	2,20	2,88
2002-03	März 2000	2,42	2,18	2002	April 1999	1,90	2,44
2003-04	März 2001	2,25	2,47	2003	April 2000	2,47	2,40
2004-05	April 2002	2,58	2,59	2004	April 2001	2,63	2,63

werden, da die Zielperioden voneinander abweichen. Die Prognosen des Finanzministeriums (und die abgebildeten Realisationen) beziehen sich auf Fiskaljahre, die NIESR-Prognosen dagegen auf Kalenderjahre. Ein Fiskaljahr beginnt im 2. Quartal eines Jahres und endet mit dem 1. Quartal des Folgejahres. Fiskaljahre und Kalenderjahre weisen daher zwar einen großen Überlappungsbereich auf, sind aber nicht identisch. Entsprechend müssen die Realisationen und die »naiven« Vergleichsprognosen nach Kalender- und Fiskaljahren getrennt berechnet werden.

Tabelle 39 vergleicht die 3-Jahresprognosen des Finanzministeriums mit denjenigen des NIESR-Instituts. Da die Prognosen des NIESR auf Kalenderjahren und diejenigen des Finanzministeriums auf Fiskaljahren aufbauen, ist die passende Zuordnung der Zielperioden für einen fairen Vergleich sehr wichtig.

3. Empirische
Bewertung der
Prognosegüte

Tabelle 40

Vergleich der Prognosekennziffern für das reale BIP
Verwendung der revidierten endgültigen Realisationen

	Berechnungs-periode	ME	RMSE	Theil's U
HMT 3 Jahre	1987 bis 2004	0,13	1,18	0,77
NIESR 3 Jahre	1990 bis 2004 (1992 fehlt)	0,05	0,92	0,60
HMT 4 Jahre	1988 bis 2004	0,07	1,05	0,66
HMT 5 Jahre	1996 bis 2004	0,20	0,80	0,50

Bemerkung: Parameter sind signifikant von null verschieden mit folgendem Signifikanz-niveau: * = 10 %, ** = 5 %, *** = 1 %.

Ein Beispiel zur Interpretation der angegebenen Werte: Die Prognosen des Finanzministeriums für das Fiskaljahr 1990 bis 1991 in Höhe von 2,67 % wurden im März 1988 abgegeben und beziehen sich auf das durchschnittliche reale BIP-Wachstum vom 2. Quartal 1988 bis zum 1. Quartal 1991. Diese Prognose kann mit der Prognose des NIESR verglichen werden, die sich auf den Zeitraum vom 1. Quartal 1988 bis zum 4. Quartal 1990 bezieht. Allerdings wurde diese 3-Jahresprognose in Höhe von 1,93 % bereits im Mai 1987 abgegeben. Die beiden Realisationszeitreihen für den 3-Jahresdurchschnitt des realen BIP wurden von uns jeweils für die exakte Zielperiode des Finanzministeriums und des NIESR berechnet und unterscheiden sich daher voneinander.

Auffällig ist, dass im Falle des Finanzministeriums der Abgabezeitpunkt für die Prognosen stark variiert: Zunächst werden die Prognosen im März abgegeben, drei Monate lang im November, dann im Juli, schließlich wieder im März und in der letzten Periode im April. Diese zeitlichen Veränderungen in der Organisation des Prognoseprozesses erschweren die Bewertung der Prognosegüte, da sich entsprechend auch die Prognosehorizonte verändert haben.

Tabelle 40 gibt einen Überblick zu den wichtigsten Kennziffern der Prognosegüte für die 3-, 4- und 5-Jahresprognosen des Finanzministeriums sowie die 3-Jahresprognosen von NIESR. Die Berechnungen verwenden die in Kapitel 13.2 angegebenen Formeln und Schätzansätze.

Die durchschnittlichen Fehlprognosen (ME) sind alle sehr gering und nicht signifikant von null verschieden. Alle Prognosen weisen eine leichte Unterschätzung des tatsächlichen Wachstums auf (Anmerkung: positiver ME bedeutet eine Unterschätzung, negativer ME entsprechend eine Überschätzung). Die Prognosen weisen somit über den betrachteten

Zeitraum im Durchschnitt keine Verzerrung nach oben oder unten auf. Das Finanzministerium gibt allerdings offiziell an, dass sie ihre Prognosen um einen »Sicherheitsfaktor« von 0,25 %-Punkten vermindern. Tatsächlich sind die durchschnittlichen Prognosefehler für die 3- und 5-Jahresprognosen des Finanzministeriums auch relativ größer als diejenige des NIESR. Möglicherweise macht sich dabei die bei der Prognose berücksichtigte Sicherheitsmarge bemerkbar.

Der mittlere quadratische Fehler (RMSE) weist durchaus beachtliche Größenordnungen auf. So beträgt die durchschnittliche Abweichung der einzelnen 3-Jahresprognosen des Finanzministeriums 1,17 %-Punkte und ist damit fast halb so groß wie die in der entsprechenden Berechnungsperiode realisierte Wachstumsrate von 2,51 %.

Die Prognosekennziffern sind allerdings untereinander kaum vergleichbar, da sie sich auf unterschiedliche Prognosehorizonte und verschiedene Berechnungsperiode beziehen. Nützlich ist daher die Verwendung von Theil's U, bei dem die RMSE der einzelnen Prognosen zu demjenigen einer »naiven« Prognose in Relation gesetzt werden.

Eine relativ gute Prognose sollte ein Theil's U von kleiner als eins aufweisen. Dies ist für alle vier Prognosen auch der Fall. Im Vergleich der 3-Jahresprognosen scheint die NIESR-Prognose etwas besser zu sein, als diejenige des Finanzministeriums. Interessant ist, dass die Prognosen mit längerem Prognosehorizont relativ zur »naiven« Prognose gesehen immer besser werden. Die mittleren quadratischen Fehler (RMSE) sind bei Verwendung der »first announcement«-Daten unterscheiden sich praktisch kaum von denjenigen, die sich auf Grundlage der revidierten BIP-Werte ergeben.

Die Theil's U-Werte weisen jedoch bei allen vier Prognosen eine sehr deutliche Zunahme und damit eine Verschlechterung der relativen Pro-

Tabelle 41

Vergleich der Prognosekennziffern für das reale BIP
Verwendung der »first announcements«

	Berechnungs-periode	ME	RMSE	Theil's U
HMT 3 Jahre	1987 bis 2004	0,16	1,12	1,09
NIESR 3 Jahre	1990 bis 2004 (1992 fehlt)	0,07	1,00	1,06
HMT 4 Jahre	1988 bis 2004	0,11	1,05	1,04
HMT 5 Jahre	1996 bis 2004	0,17	0,83	0,86

Bemerkung: Parameter sind signifikant von null verschieden mit folgendem Signifikanzniveau: * = 10 %, ** = 5 %, *** = 1 %.

gnosegüte auf. In drei von vier Fällen liegt sogar ein Wert von größer als eins vor. In diesen Fällen dominiert also die »naive« Vergleichsprognose. Der Grund dafür ist, dass die »naiven« Vergleichsprognosen, die auf Basis der »first announcement«-Daten berechnet wurden, besser sind als bei Verwendung der revidierten Werte des BIP.

Aus diesen Ergebnissen kann somit nicht gefolgert werden, dass die Verwendung der revidierten endgültigen Realisationen zu einer Benachteiligung bei der Bewertung der Prognosegüte führt. Am Beispiel der oben beschriebenen Prognosen für das reale BIP von Großbritannien kann sogar eher der umgekehrte Schluss gezogen werden.

In Tabelle 42 werden schließlich die Prognosen für das nominale BIP von Großbritannien ausgewertet. Für das nominale BIP liegen jedoch lediglich Prognosen des Finanzministeriums für die Prognosehorizonte 3 und 4 Jahre vor.

Die mittleren quadratischen Fehler (RMSE) sind für das nominale BIP erwartungsgemäß deutlich höher als für das reale BIP: der Prognosefehler für das nominale BIP lässt sich in den Prognosefehler des realen BIP und den Prognosefehler des BIP-Deflators zerlegen. Daher ist die Varianz des Prognosefehlers für das nominale BIP gleich der Prognosefehler-Varianz des realen BIP zuzüglich derjenigen des BIP-Deflators. Außerdem muss die Kovarianz der beiden Prognosefehler (cov (reales BIP, BIP-Deflator)) addiert werden. Nur dieser dritte Term kann negativ sein. In der Regel wird die Kovarianz jedoch nahe bei null liegen und das Gesamtergebnis kaum beeinflussen. Im Vergleich mit den Theil's U-Werten für die realen BIP-Prognosen sind die nominalen BIP-Prognosen mit Prognosehorizont von 4 Jahren etwas schlechter.

Die durchschnittlichen Fehlprognosen (ME) sind für die 3- und 4-Jahresprognosen jeweils positiv und weisen damit auf eine leichte Unterschätzung der nominalen Wachstumsraten hin. Im Vergleich mit der durchschnittlichen Wachstumsrate des nominalen BIP von etwa 6,3 %

Tabelle 42

Vergleich der Prognosekennziffern für das nominale BIP
Verwendung der revidierten endgültigen Realisationen

	Berechnungs- periode	ME	RMSE	Theil's U
HMT 3 Jahre	1987 bis 2004	0,41	1,66	0,77
HMT 4 Jahre	1988 bis 2004	0,61	1,71	0,79

Bemerkung: Parameter sind signifikant von null verschieden mit folgendem Signifikanzniveau: * = 10 %, ** = 5 %, *** = 1 %.

Studie des
Zentrums für
Europäische
Wirtschaftsforschung

Tabelle 43

Test auf Unverzerrtheit für das reale und das nominale BIP
Realisation = revidierte endgültige BIP-Werte

	Berechnungs-periode	α	β	F-Test	R^2
Reales BIP					
HMT 3 Jahre	1987 bis 2004	0,41	1,22*	0,70	0,10
NIESR 3 Jahre	1990 bis 2004 (1992 fehlt)	0,64	0,76	0,91	0,01
HMT 4 Jahre	1988 bis 2004	1,26	0,54	0,67	0,00
Nominales BIP					
HMT 3 Jahre	1987 bis 2004	0,67	0,96	0,04**	0,15
HMT 4 Jahre	1988 bis 2004	2,72*	0,63*	0,00***	0,18

Bemerkungen: Gleichung (66): $R_t = \alpha + \beta F_t + \eta_t$. Alle Tests basierend auf robusten Standardfehlern. In der Spalte F-Test ist der p-Wert des Tests $H_0: \alpha = 0; \beta = 1$ aufgeführt. Parameter sind signifikant von null verschieden mit folgendem Signifikanz- niveau: * = 10 %, ** = 5 %, *** = 1 %.

pro Jahr sind jedoch sowohl ME als auch RMSE recht gering. Der mittlere quadratische Fehler (RMSE) beträgt »nur« etwas mehr als 25 % der durchschnittlichen Wachstumsrate des nominalen BIP, während er beim realen BIP ungefähr 50 % ausmachte.

Die Auswertungen der Prognosen unter Verwendung der »first announcements« für das nominale BIP unterscheiden sich kaum von denjenigen auf Basis der revidierten BIP-Werte und werden daher nicht ausgewiesen.

Die Tabelle 43 zeigt die Ergebnisse der Tests auf Unverzerrtheit (Gleichung (66); Kapitel 2.3.2) für das reale und das nominale BIP. Die Tests untersuchen, ob Prognose und Realisation in einem bestimmten linearen Zusammenhang stehen. Da für die 5-Jahresprognosen nur 9 Beobachtungen vorliegen, wird für diese Prognosen der Test nicht durchgeführt, da die Testergebnisse statistisch kaum interpretierbar wären.

In Bezug auf die 3- und 4-Jahresprognosen des Finanzministeriums für das reale BIP ergeben sich recht gute Ergebnisse: die Konstante ist nicht signifikant von null verschieden und der Steigungsparameter β ist positiv und nicht allzu weit von eins entfernt. Der F-Test für die gemeinsame Nullhypothese $\alpha = 0; \beta = 1$ wird in keinem der drei Fälle abgelehnt. Somit können alle drei Prognosen als unverzerrt angesehen werden. Bezüglich des nominalen BIP (Tabelle 41) scheinen die Prognosen hingegen verzerrt zu sein: der Test der gemeinsamen Nullhypothese wird in beiden Fällen klar abgelehnt. Günstig ist allerdings, dass der Steigungspara-

3. Empirische
Bewertung der
Prognosegüte

meter β in beiden Schätzungen ein positives Vorzeichen aufweist und nicht zu weit von eins entfernt ist.

Das sehr niedrige (adjustierte) Bestimmtheitsmaß R^2 zeigt außerdem an, dass die Prognosen in allen Fällen nur einen geringen Erklärungsgehalt aufweisen. Beim realen BIP weist nur die 3-Jahresprognose des Finanzministeriums ein einigermaßen akzeptables R^2 von 0,10 auf. Die NIESR-Prognose sowie die 4-Jahresprognose des HMT haben praktisch keinen Zusammenhang mit den Realisationen.

Die Werte für das R^2 sind für die Prognosen des nominalen BIP mit 0,15 und 0,18 etwas höher. Das nominale BIP scheint daher etwas besser prognostizierbar zu sein als das reale BIP.

Die Ergebnisse der Tests auf Unverzerrtheit lassen sich im Wesentlichen durch die relativ geringe Volatilität der Prognosen im Vergleich zu den tatsächlichen Veränderungen erklären. Der Durchschnittswert der Realisationen wird recht gut getroffen, daher ist der mittlere Prognosefehler (ME) auch in allen Fällen sehr gering und nie signifikant von null verschieden. Die Auswertung von Theil's U zeigt außerdem, dass die Prognosen relativ besser sind als »naive« Prognosen. Abgesehen davon werden die zeitlichen Veränderungen der Wachstumsraten des realen und nominalen BIP durch die Prognosen jedoch nur in geringem Umfang nachvollzogen.

Eine wichtige Frage für die Beurteilung von Prognosen ist, ob bei Abgabe der Prognosen alle zur Verfügung stehenden Informationen einbezogen wurden. Dies wird mit einem Test auf schwache Effizienz überprüft. Die einfachste Version davon (Gleichung (67), Kapitel 2.3.2) untersucht, ob frühere Prognosefehler einen Beitrag zur heutigen Prognose leisten können. Tabelle 44 gibt die entsprechenden Resultate dieser Tests wieder. Die 5-Jahres-Projektionen des HMT konnten angesichts des geringen Datenumfanges allerdings nicht ausgewertet werden.

Wie aus Tabelle 44 ersichtlich ist, sind alle drei Prognosen des realen BIP als (schwach) effizient anzusehen. Der für den Test entscheidende Parameter ist in keinem der drei Fälle signifikant von null verschieden. Dies bedeutet, dass der zum Zeitpunkt der Prognoseerstellung bekannte letzte Prognosefehler nicht zu einer Verbesserung der neuen Prognose verwendet werden kann.

Bezüglich des nominalen BIP (ebenfalls Tabelle 44) trifft diese Aussage nur für die 4-Jahresprognosen des Finanzministeriums zu. Bei den 3-Jahresprognosen ist hingegen der verzögerte Fehlerterm signifikant und die Prognosefehler weisen damit eine gewisse zeitliche Systematik auf, die zur Verbesserung der zukünftigen Prognosen genutzt werden kann.

Tabelle 44

Test auf schwache Effizienz für das reale und das nominale BIP
Realisation = revidierte endgültige BIP-Werte

	Berechnungs-periode	α	β	Signifikante MA-Terme (5 % Niveau)
Reales BIP				
HMT h=3	1987 bis 2004	0,08	–0,30	$\delta_1\delta_2$
NIESR h=3	1993 bis 2004 (1992 fehlt)	0,33***	0,02	δ_2
HMT h=4	1988 bis 2004	–0,01	0,007	$\delta_1\delta_2$
Nominales BIP				
HMT h=3	1987 bis 2004	–0,15	–0,57**	δ_1
HMT h=4	1988 bis 2004	0,26	–0,34	–

Bemerkungen: Gleichung (67): $e_t = \alpha + \beta_1 e_{t-h} + \delta_1\eta_{t-1}+...\delta_{h-1}\eta_{t-h+1} + \eta_{t-1}$. Parameter sind signifikant von null verschieden mit folgendem Signifikanzniveau: * = 10 %, ** = 5 %, *** = 1 %.

Eine weitere Möglichkeit der Prognoseevaluation ist der Test auf so genannten »starke Effizienz«. Als Variablen wurden dabei der Welthandel, der reale effektive Wechselkurs, der Ölpreis, das reale BIP der OECD-Staaten sowie die kurz- und langfristigen Zinsen berücksichtigt. Ausgewertet wurden für das reale BIP die 3- und 4-Jahres-Prognosen des HMT, sowie die 3-Jahres-Prognosen des NIESR Instituts; angesichts des geringen Stichprobenumfangs wurde auf eine Analyse der 5-Jahres-Prognosen des HMT verzichtet. Die Ergebnisse können folgendermaßen zusammengefasst werden: Der langfristige Zins war bei den 3- und 4-Jahresprognosen jeweils signifikant, der kurzfristige Zins und das reale BIP der OECD jedoch nur bei den 4-Jahresprognosen von HMT.

Die Prognosen des nominalen BIP scheinen in noch stärkerem Maße ineffizient zu sein: Alle verwendeten exogenen Variablen sind entweder bei den 3-Jahres- oder den 4-Jahresprognosen des Finanzministeriums (oder bei beiden) signifikant. Es gab allerdings keinen signifikanten Unterschied in den Ergebnissen, wenn anstelle der revidierten BIP-Zahlen die »first announcement«-Daten für den Vergleich verwendet wurden.

Dies bedeutet also, dass zum Zeitpunkt der Prognoseerstellung bekannte Informationen verwendet werden könnten, um die Prognosen zu verbessern. Anders ausgedrückt: die damals bekannten Informationen wurden nicht ausreichend bei der Prognoseerstellung berücksichtigt.

Mit so genannten Encompassing-Tests wird untersucht, ob eine Prognose einer anderen überlegen ist. Es kann z.B. getestet werden, ob die NIESR-Prognosen bei einem 3-Jahreshorizont generell den Prognosen

3. Empirische Bewertung der Prognosegüte

Tabelle 45

Test auf Encompassing für das reale und das nominale BIP
Realisation = revidierte endgültige BIP-Werte

	Berechnungs-periode	α	β	δ
Reales BIP				
HMT 3 Jahre = F1 Naive Prognose 3 Jahre = F2	1987 bis 2004	0,46	1,14	−0,29
HMT 3 Jahre = F1 NIESR 3 Jahre = F2	1990 bis 2004 (1992 fehlt)	−1,17	0,49	0,99
NIESR 3 Jahre = F1 Naive Prognose 3 Jahre = F2	1990 bis 2004 (1992 fehlt)	1,91	0,56	−0,30*
HMT 4 Jahre = F1 Naive Prognose 4 Jahre = F2	1988 bis 2004	3,60**	0,06	−0,47**
Nominales BIP				
HMT 3 Jahre = F1 Naive Prognose 3 Jahre = F2	1987 bis 2004	1,01	0,76	0,12
HMT 4 Jahre = F1 Naive Prognose 4 Jahre = F2	1988 bis 2004	3,19*	0,53	−0,007

Bemerkungen: Gleichung (71): $R_t = \alpha + \beta F_{1,t} + \delta F_{2,t} + \eta_t$. t-Tests basieren auf robusten Standardfehlern. Parameter sind signifikant von null verschieden mit folgendem Signifikanzniveau: * = 10 %, ** = 5 %, *** = 1 %.

des Finanzministeriums vorgezogen werden sollten. Das Testverfahren kann auch zu dem Ergebnis führen, dass eine Kombination beider Prognosen sinnvoll ist. Die in Tabelle 45 angegebenen Schätzungen und Tests für das reale und nominale BIP verwenden Gleichung (71) aus Kapitel 2.3.2.

Als erstes werden die 3-Jahresprognosen des Finanzministeriums mit denjenigen des NIESR-Instituts verglichen. Die Realisationszeitreihe R_t ist dabei an der Zielperiode der Prognosen des Finanzministeriums ausgerichtet. Die Schätzung gibt einen Hinweis darauf, dass die NIESR-Prognose leicht überlegen sein könnte: Der Koeffizient (δ) ist nahe bei eins, während derjenige der HMT-Prognosen (β) weiter von eins entfernt ist. Allerdings sind beide Koeffizienten nicht signifikant von null verschieden.

Die anderen Schätzergebnisse zeigen dagegen ein recht klares Bild beim Vergleich mit der naiven Prognose. In allen Fällen ist der Koeffizient der naiven Prognose (δ) entweder negativ oder nahe bei null, während β positiv ist. Alle untersuchten Prognosen scheinen damit der naiven Vergleichsprognose überlegen zu sein und zusätzliche Informationen über die zukünftige BIP-Entwicklung zu enthalten. Dies ist eine Bestätigung der Ergebnisse für Theil's U. Ein Schwachpunkt der Encompassing-Tests ist allerdings, dass fast alle der geschätzten Steigungsparameter (β, δ), nicht signifikant von null verschieden sind.

Zum Schluss der Analyse werden noch die Richtungsprognosen ausgewertet. Die Richtungsprognosen müssen zunächst aus den Punktprognosen abgeleitet werden. Eine sinnvolle Möglichkeit ist es, die Richtungsprognose in Relation zu demjenigen Wert des historischen Mittelwerts festzulegen, der bei Prognoseabgabe bekannt war: Die Kategorie »steigen« wird immer dann vergeben, wenn die Punktprognose über dem historischen Mittelwert liegt, »fallen« entsprechend bei Prognose einer Unterschreitung des Mittelwertes. Die Realisationen in den Kategorien »steigen« und »fallen« werden entsprechend zu dem bei Prognoseabgabe bekannten historischen Mittelwert festgelegt. Tabelle 46 zeigt die Auswertung der Richtungsprognosen.

Alle untersuchten Richtungsprognosen weisen hohe Trefferquoten zwischen 70 % und 100 % auf. Allerdings ergibt sich nur bei der NIESR-Prognose (reales BIP) eine signifikante Teststatistik. Dies bedeutet, dass die hohen Trefferquoten bei den Prognosen des Finanzministeriums (3- und 4-Jahresprognosen) auch auf Zufall beruhen könnten. In den drei Fällen, in denen die Teststatistik C nicht berechet werden kann, entspricht die Trefferquote sogar exakt derjenigen einer Zufallsprognose. Beispielsweise sind die Wachstumsraten des nominalen BIP zwischen 1987 und 2004 immer unterhalb des langfristigen Mittelwertes, so dass eine naive Prognose, die immer nur auf »fallen« gesetzt hätte, ebenfalls

Tabelle 46

Auswertung der Richtungsprognosen für das reale BIP
definiert als Abweichung von der naiven Prognose; Realisation = revidierte endgültige BIP-Werte

	Zeitraum	Trefferquote, in %	Teststatistik C
Reales BIP			
HMT 3 Jahre	1987 bis 2004	70,6	1,89
HMT 4 Jahre	1988 bis 2004	70,6	1,07
HMT 5 Jahre	1996 bis 2004	81,8	n.a.
NIESR 3 Jahre	1990 bis 2004 (1992 fehlt)	78,6	2,715*
Nominales BIP			
HMT 3 Jahre	1987 bis 2004	100	n.a.
HMT 4 Jahre	1988 bis 2004	100	n.a.

Bemerkung: Teststatistik ist signifikant von null verschieden mit folgendem Signifikanzniveau: * = 10 %, ** = 5 %, *** = 1 %, n.a. = not available.

eine Trefferquote von 100 % aufweisen würde. In diesem Fall wäre es sinnvoller, die Richtungsprognosen z.B. in Bezug auf die Höhe der Wachstumsrate der Periode vor der Prognoseerstellung zu definieren. Bei dieser Vorgehensweise würde z.B. die 5-Jahresprognose von HMT ebenfalls eine Trefferquote von 81,8 % aufweisen, die Teststatistik wäre allerdings hoch signifikant.

Zusammenfassend lässt sich feststellen, dass die mittelfristigen Projektionen sowohl des britischen Finanzministeriums als auch des NIESR-Instituts nützliche Informationen über das zukünftige Wachstum des realen und nominalen BIP enthalten. Bei den verschiedenen Tests haben sich jedoch auch einige Schwachstellen gezeigt. Insbesondere ist der (lineare) Zusammenhang zwischen Punktprognosen und den Realisationen recht gering ausgeprägt. Trotzdem sind alle 4 betrachteten Prognosen deutlich besser als naive Vergleichprognosen, die nur den historischen Mittelwert in die Zukunft fortschreiben. Besondere Schwachpunkte scheinen hinsichtlich der Effizienz der Informationsverarbeitung vorzuliegen: Die zum Zeitpunkt der Prognoseabgabe vorhandenen makroökonomischen Daten sind nicht ausreichend in den Prognosewerten repräsentiert. Dieser Schwachpunkt ist besonders bei den Prognosen des nominalen BIP ausgeprägt, die teilweise auch im Sinne der »schwachen Effizienz« Defizite aufweisen.

Hinsichtlich der Verwendung von »first announcement«-Daten oder endgültigen revidierten BIP-Werten beim Prognosevergleich haben die Analysen zu keinen klaren Ergebnissen geführt. Es kann daher nicht ausgesagt werden, dass die eine Vergleichsgröße generell zu besseren oder schlechteren Werten für die Prognosegüte führen würde als die andere.

Ein Vergleich der Prognosegüte zwischen den Prognosen für das reale und das nominale BIP zeigt kein einheitliches Bild: die Theil's U-Werte sind für das nominale BIP etwas schlechter, dagegen erklären die nominalen BIP-Prognosen einen etwas größeren Anteil der Realisationen (höheres R^2). Außer der oben erwähnten Informationsineffizienz sind die Prognosen für das nominale BIP auch als verzerrt anzusehen. Insgesamt lässt dies den Schluss zu, dass die Prognosen des realen BIP für Großbritannien in stärkerem Maße den Gütekriterien entsprechen als diejenigen für das nominale BIP.

Schließlich führt der direkte Vergleich der 3-Jahresprognosen von HMT und NIESR für das reale BIP zu dem Ergebnis, dass die NIESR-Prognosen vermutlich leicht überlegen sind. Darauf weisen die besseren Werte für Theil's U sowie die Resultate des Encompassing-Tests und die Auswertung der Richtungsprognosen hin.

3.3.1.4 Italien

Im Folgenden wird eine deskriptive Auswertung mittelfristiger Projektionen in Italien vorgenommen. Die in den nächsten Tabellen angegebenen Daten wurden auf Basis der Veröffentlichung des italienischen Schatzamtes »Documento di Programmazione« berechnet, welche auf der Homepage des italienischen Schatzamtes verfügbar ist. Angesichts des sehr geringen Datenumfanges, beschränken wir uns im Folgenden auf eine verbale Interpretation der italienischen Prognosen.

Wie Tabelle 47 deutlich macht, wurde in der Phase von 1997 bis 2004 die wirtschaftliche Entwicklung in Italien deutlich zu optimistisch durch das Schatzamt eingeschätzt. Während der Prognosefehler des realen BIP für den Zeitraum 1998 bis 2000 noch relativ gering war, war er in den Folgezeiträumen doch teilweise beträchtlich. Besonders im Zeitraum 2001 bis 2004 war die Diskrepanz sehr groß. Dies kann sicher zu einem gewissen Grad auf die exogenen Schocks (11. September, Abkühlung der weltwirtschaftlichen Konjunktur) zurückgeführt werden. Dennoch ist der Fehler mit mehr als 2 %-Punkten als sehr groß einzustufen.

Ein ähnliches Bild der optimistischen Fehleinschätzung zeigt sich bei der Inflationsrate. Wie aus der Tabelle ersichtlich ist, ist für den Zeitraum 1997 bis 2004 durchweg eine Unterschätzung der Inflation zu beobachten. Auch hier lagen die größten Fehler in der Zeit des schwierigen wirtschaftlichen Umfelds der Jahre 2000 bis 2004.

Tabelle 47

Vergleich der 3/4-Jahres-Projektion mit der Realisation
1997 bis 2005

Jahr der Erstellung	1997	1998	1999	2000	2001	2002	2003	2004	2005
Prognose-Zeitraum	1998 bis 2000	1999 bis 2001	2000 bis 2003	2001 bis 2004	2002 bis 2006	2003 bis 2006	2004 bis 2007	2005 bis 2008	2006 bis 2009
Reales BIP	2,40	2,83	2,63	3,05	3,12	2,95	2,35	2,23	1,63
Realisation	2,16	2,15	1,36	0,91	–	–	–	–	–
Inflation[1]	1,60	1,50	1,08	1,33	–	1,78	1,73	2,10	2,05
Realisation	2,07	2,19	2,59	2,50	–	–	–	–	–
Arbeitslosenquote	10,07	–	–	8,85	8,30	7,70	8,03	7,53	7,90
Realisation	10,81	10,07	9,08	8,55	–	–	–	–	–

Quelle: Berechnet auf Basis von jährlichen Veröffentlichungen des »Documento di Programmazione«: http://www.tesoro.it.
1 Berechnet auf Basis des Konsum-Deflators.

Über Fehleinschätzungen hinsichtlich der Arbeitslosenquote kann wenig ausgesagt werden, da nur für zwei Prognosezeiträume die projizierten Werte mit den Realisationen verglichen werden können. Festgestellt werden kann in Italien jedoch durchweg eine Reduktion der Arbeitslosigkeit von 1998 bis heute.

3.3.1.5 Niederlande

Wie bereits erwähnt, wird die Erstellung mittelfristiger Projektionen in den Niederlanden noch nicht sehr lange in der derzeitigen Form durch-

Tabelle 48

Vergleich der Szenarien mit der Realisation
1995 bis 2006

	1995/1998	1997/2000	1999/2002	2003/2006
	März 93[1]	April 96[2]	Nov. 97[3]	Dez. 01[4]
Reales BIP				
Pessimistisches Szenario	1,75	2	2	2,5
Optimistisches Szenario	3	3	3,25	3
Realisation[5]	3,3	3,8	2,2	0,9
Verbraucherpreisindex				
Pessimistisches Szenario	3	1,75	1,75	1,75
Optimistisches Szenario	3	2,25	2	2
Realisation	2,1	2,2	3,2	1,2
Beschäftigung				
Pessimistisches Szenario	0,5	0,5	0,75	0,75
Optimistisches Szenario	0,75	1,75	1,5	1
Realisation	2,4	2,7	1,4	-0,3
Arbeitslosigkeit (Niveau, % der erwerbsfähigen Bevölkerung)				
Pessimistisches Szenario	8,75	8,75	5,75	4,75
Optimistisches Szenario	7,5	6,75	4,75	4,75
Realisation	6,5	4,7	3,7	6,1
Haushaltsdefizit (% BIP)				
Pessimistisches Szenario	3,75	3,25	1,75	−1,2
Optimistisches Szenario	1,25	1,25	0	−1,8
Realisation	1,2	1,0	0,4	1,7
Schuldenstand (% BIP)				
Pessimistisches Szenario			68,4	36,0
Optimistisches Szenario			60,7	33,7
Realisation			54,8	NA

1 CPB März 1993, The Central Economic Plan (CEP) (in Niederländisch).
2 CPB April 1996, The Central Economic Plan (CEP) (in Niederländisch).
3 CPB November 1997, makroökonomischer Ausblick für die niederländische Ökonomie für die nächste Kabinett-Periode.
4 CPB Dezember 2001, Ökonomischer Ausblick 2003 bis 2006 (in Niederländisch), 2005, 2006 geschätzt. Das pessimistische Szenario wurde für die Periode 2004 bis 2007 angepasst.
5 Realisationen für die Periode 2003/2006 basisieren auf Schätzungen des CPB in April 2005, The Central Economic Plan (CEP) (in Niederländisch).

Studie des
Zentrums für
Europäische
Wirtschaftsforschung

geführt. Projektionen existieren lediglich für die folgenden vier Zeit-räume: 1995 bis 1998 (März 1993), 1997 bis 2000 (April 1996), 1999 bis 2002 (November 1997) and 2003 bis 2006 (Dezember 2001). Angesichts der dadurch bedingten geringen Datenbasis, kann im Folgenden nur eine deskriptive Analyse erfolgen. Eine vernünftige statistische Inferenz ist angesichts der geringen Anzahl an Beobachtungen nicht möglich.

In Tabelle 48 sind die prognostizierten Szenarien für einzelne Varia-blen den Realisationen gegenübergestellt. Wie aus der Tabelle ersichtlich ist, war die tatsächliche Entwicklung in den ersten Jahren stets besser als das prognostizierte pessimistische Szenario, welches, wie oben erwähnt, das Referenz-Szenario für die Projektion der Staatseinnahmen im Rah-men der Haushaltsberechnungen darstellt. In der letzten Periode (2003/2006) hingegen wurde die wirtschaftliche Entwicklung über-schätzt. Gemäß unserer Informationen hat die heute schon absehbare Fehleinschätzung für die letzte Periode bereits Ankündigungen zur Haushaltskonsolidierung durch die niederländische Regierung nach sich gezogen.

3.3.1.6   USA

Im Folgenden werden die Projektionen von CBO und Troika für unter-schiedliche Prognosehorizonte ausgewertet.[32] Wir untersuchen zunächst die 5- und 2-Jahres-Projektionen für das reale BIP bzw. BNE. Die gleichen Auswertungen werden anschließend durchgeführt für die 5- und 2-Jah-res-Projektionen für das nominale BIP bzw. BNE. Ferner werden die 2-Jahres-Projektionen für die Inflationsrate, basierend auf dem Ver-brauchsgüterpreisindex, betrachtet. Die uns verfügbaren Prognosen der Federal Reserve hatten lediglich einen kurzfristigen Horizont unterhalb von 2 Jahren, weswegen auf eine Auswertung verzichtet wurde.[33]

3.3.1.6.1 Reales BIP/BNE

Schaubild 29 zeigt die zeitliche Entwicklung der Prognosen der beiden Institutionen und stellt diesen die tatsächlich eingetreten Wachstumsra-ten des BIP/BNE gegenüber. Für die Berechnungen musste berücksich-tigt werden, dass die Institutionen im Jahr 1992 dazu übergingen, Pro-gnosen für das BIP an Stelle der bisherigen Prognosegröße BNE zu erstel-

---

32 Für eine Auswertung der 1-Jahres Prognosen von CBO und Troika für den Zeitraum, 1976-1987, sowie einen Vergleich mit den Prognosen privater Institutionen, vgl. Belon-gia (1988).
33 Für eine Analyse der kurzfristigen Prognosen der U.S. Notenbank, vgl. Joutz/Stekler (2000).

3. Empirische
Bewertung der
Prognosegüte

Schaubild 29

**Vergleich der 5-Jahresprojektionen mit der Realisation
für das reale BIP/BNE**

1976 bis 2002

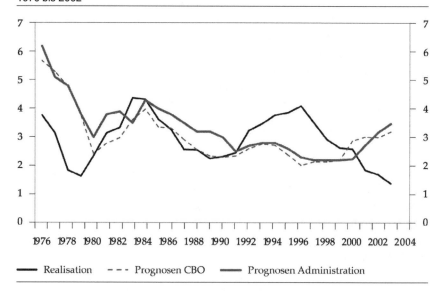

Realisation — — — Prognosen CBO ━━ Prognosen Administration

len. Auf Grund dieser Veränderung der Zielgröße im Zeitablauf war es erforderlich, die Realisationen für die beiden Zeitabschnitte auf Basis unterschiedlicher Zeitreihen zu berechnen. Entsprechende Zeitreihen, die uns vom CBO zur Verfügung gestellt wurden, tragen ferner der Tatsache unterschiedlicher BIP-Definitionen zum Zeitpunkt der Prognoseerstellung Rechnung.[34] Schaubild 29 verdeutlicht, dass während der Zeitperiode 1984 bis 1992 die Prognosen beider Institutionen der tatsächlich eingetretenen Entwicklung relativ nahe kamen. Dagegen wurde in der Zeit vor und nach dieser Periode die künftige Entwicklung von beiden Institutionen recht schlecht abgeschätzt. Ferner ist auffallend, dass bis auf die jüngere Zeit ab 1999-2000 die Prognosen der Troika dazu tendieren, optimistischer zu sein als die des CBO.

In Schaubild 30 werden die 2-Jahres-Prognosen der beiden Institutionen der tatsächlichen Entwicklung gegenübergestellt. Im Vergleich zur vorherigen Grafik ist auffallend, dass die Prognosefehler deutlich kleiner

---

34 Zur Problematik vgl. CBO (2004b). Ein weiteres Problem ist beispielsweise die Tatsache, dass bis zum Ende der siebziger Jahre die projizierten Größen als Zielvorgaben interpretiert wurden, während sie seither im Sinne von Prognosen verstanden werden.

Schaubild 30

**Vergleich der 2-Jahresprognosen
mit der Realisation**

1976 bis 2002

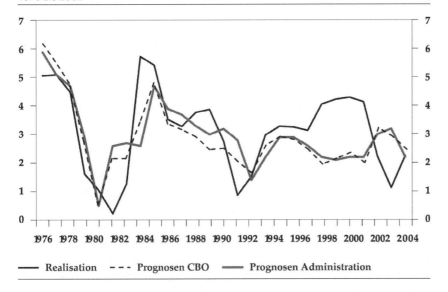

—— Realisation   – – – Prognosen CBO   —— Prognosen Administration

sind. Die größten Prognosefehler wurden in den neunziger Jahren während der Amtsperiode von Präsident Clinton gemacht. Der tatsächlich beobachtete Boom der amerikanischen Volkswirtschaft während dieser Periode wurde deutlich unterschätzt. Im Gegensatz zu den 5-Jahres Prognosen lässt sich kein eindeutiger »systematischer Optimismus« der Prognosen der Troika gegenüber den Prognosen des CBO feststellen. Lediglich im Zeitraum 1985 bis 1991 liegen die Prognosen der Regierung stets über denjenigen des CBO.

In Tabelle 49 sind wichtige Kennzahlen für die Prognosegüte zusammengefasst (zur Berechnung vgl. Kapitel 2.3.2). Die Prognosefehler wurden als Differenz zwischen Realisation und Prognosewert berechnet. Es fällt auf, dass in der Vergangenheit die 5-Jahres-Projektionen der Troika nach oben hin verzerrt waren, also dass die wirtschaftliche Entwicklung überschätzt wurde. Jedoch ist das arithmetische Mittel der Prognosefehler nicht signifikant von null verschieden. Dagegen ist bei den 5-Jahresprojektionen des CBO keine derartige Verzerrung nach oben oder unten zu beobachten. Was die 2-Jahres-Projektionen betrifft, haben sowohl CBO als auch Troika die tatsächliche Situation unterschätzt. Analog zu

3. Empirische
Bewertung der
Prognosegüte

Tabelle 49

Vergleich der Prognosekennziffern
1976 bis 2002

	Berechnungs-periode	ME	RMSE	Theil's U
Troika 5 Jahre	1976 bis 2000	–0,26	1,22	0,91
CBO 5 Jahre	1976 bis 2000	0,03	1,16	0,87
Troika 2 Jahre	1976 bis 2002	0,15	1,34	0,56
CBO 2 Jahre	1976 bis 2002	0,25	1,22	0,51

Bemerkung: Parameter sind signifikant von null verschieden mit folgendem Signifikanzniveau: * = 10 %, ** = 5 %, *** = 1 %.

den Resultaten für Großbritannien ist festzustellen, dass die Wurzel des mittleren quadratischen Fehlers (RMSE) relativ groß ist.[35] Die höchste durchschnittliche Abweichung (1,34 %) kann dabei für die 2-Jahres-Prognosen der Troika festgestellt werden.

Ein wichtiges Maß für die Prognosebeurteilung ist Theil's U, welches die Prognosegüte von Modell-basierten Prognosen in Relation zu derjenigen einer »naiven« Prognose setzt. Alle Werte von Theil's U sind kleiner als eins, d.h. die Prognosen der drei Institutionen sind solchen vorzuziehen, die lediglich die vergangene Entwicklung fortschreiben (Random-Walk Prognosen). Insgesamt ist festzuhalten, dass das CBO sowohl bei den 2-Jahres- als auch bei den 5-Jahres-Projektionen in dieser Hinsicht besser abschneidet als die Regierung.

In Tabelle 50 werden die Resultate unserer Tests auf Unverzerrtheit dargestellt. Gute Prognosen zeichnen sich insbesondere dadurch aus, dass die Realisation in einem linearen Zusammenhang zur Prognose steht ($\alpha = 0; \beta = 1$). Ferner kann das Bestimmtheitsmaß R^2 als Informationskriterium dafür verwendet werden, inwiefern die zeitliche Variation der Wachstumsraten der Prognosegröße durch die Prognosen erklärt werden kann. Auffallend sind die (sehr) schlechten Ergebnisse für 5-Jahres-Projektionen. Für beide Institutionen sind die Konstanten in der Regressionsgleichung hochgradig signifikant von null verschieden. Der geschätzte Wert für β ist nicht signifikant. Besonders auffallend ist das ex-

35 Der Nachteil beim mittleren Fehler liegt darin, dass dieser auch klein sein kann, obwohl die Überschätzungen und Unterschätzungen bedeutsam sind, sofern sich diese ausgleichen. Der Vorteil von RMSE besteht darin, dass diesem Effekt durch Quadrierung der Abweichung Rechnung getragen wird. Ferner gehen große Prognosefehler durch die Quadrierung mit großem Gewicht in die Kennzahl ein (»Penalty« für große Fehler).

Studie des
Zentrums für
Europäische
Wirtschaftsforschung

Tabelle 50

Test auf Unverzerrtheit
1976 bis 2002

	Berechnungs-periode	α	β	F-Test	R^2, in %
Troika 5 Jahre	1976 bis 2000	2,92 (5,26)***	0,05 (0,31)	0,00	0,00
CBO 5 Jahre	1976 bis 2000	2,88 (5,08)***	0,07 (0,35)	0,00	0,01
Troika 2 Jahre	1976 bis 2002	1,13 (1,60)	0,67 (4,26)	0,08	25,6
CBO 2 Jahre	1976 bis 2002	0,89 (1,24)	0,78 (4,24)***	0,50	38,3

Bemerkungen: Gleichung (66): $R_t = \alpha + \beta F_t + \eta_t$. t-Werte basierend auf robusten Standardfehlern in Klammern. In der Spalte F-Test ist der p-Wert des Tests $H_0{:}\alpha = 0; \beta = 1$ aufgeführt. Parameter sind signifikant von null verschieden mit folgendem Signifikanzniveau: * = 10 %, ** = 5 %, *** = 1 %.

trem niedrige R^2. Dieses Resultat lässt sich so interpretieren, dass die Varianz der Wachstumsraten des BIP/BNE durch die Prognosen nicht erklärt werden kann. Während die Prognosen den Mittelwert relativ gut zu treffen scheinen (Tabelle 49), versagen sie dabei, die Variation der Wachstumsraten über die Zeit zu erklären.[36]

Ein anderes Bild zeigt sich, wenn man die 2-Jahres-Prognosen betrachtet. Die Konstanten sind nicht signifikant von null verschieden und die geschätzten Werte für β liegen nahe bei eins. Das R^2 zeigt sich ebenfalls deutlich verbessert. Auch hier ist analog zu den obigen Resultaten festzustellen, dass die Prognosen des CBO denjenigen der Troika überlegen sind.

Im Rahmen von Effizienztests wird nun untersucht, ob die Projektionen alle erforderlichen Informationen bei der Prognoseerstellung berücksichtigen. Zuerst wird auf schwache Effizienz geprüft. Liegt diese vor, dann ist es nicht möglich, aus vergangenen Prognosefehlern einen Aufschluss über künftige Prognosefehler zu gewinnen. Die konstruktsbedingte serielle Korrelation in den Prognosefehlern muss dabei berücksichtigt werden (Kapitel 2.3.2).

---

36 Möglicherweise kann dies dadurch erklärt werden, dass bei mittelfristigem Horizont laut Angabe des CBO keine Zyklen berücksichtigt werden, d.h., es kein explizites Ziel darstellt, die Konjunkturdynamik über den mittelfristigen Horizont zu erfassen.

Tabelle 51

Test auf schwache Effizienz
1976 bis 2002

	Berechnungs-periode	α	β	Signifikante MA-Terme, 5 % Niveau
Troika h=5	1976 bis 2000	−0,47 (1,52)	0,04 (0,24)	δ_1, δ_2
CBO h=5	1976 bis 2000	−0,42 (−2,13)**	−0,08 (−0,70)	δ_1, δ_3
Troika h=2	1976 bis 2002	−0,23 (−0,52)	−0,14 (−0,51)	δ_1
CBO h=2	1976 bis 2002	−0,28 (−0,69)	0,05 (0,22)	δ_1

Bemerkungen: Gleichung (67): $e_t = \alpha + \beta_1 e_{t-h} + \delta_1 \eta_{t-1} + ... + \delta_{h-1}\eta_{t-h+1} + \eta_{t-1}$. t-Werte in Klammern. Parameter sind signifikant von null verschieden mit folgendem Signifikanzniveau: * = 10 %, ** = 5 %, *** = 1 %.

Wie aus Tabelle 51 deutlich wird, hat keiner der verzögerten Prognosefehler der einzelnen Institutionen einen signifikanten Erklärungsgehalt für den Prognosefehler zum Zeitpunkt t, nachdem für die konstruktionsbedingte MA-Struktur der Prognosefehler kontrolliert wurde. Es kann also keine empirische Evidenz gegen die Hypothese der schwachen Informationseffizienz gefunden werden.

Weiterhin wurden die Prognosen der Troika und des CBO auf starke Effizienz getestet. Als Faktoren wurden dabei der Welthandel, der reale effektive Wechselkurs, der Ölpreis, das reale BIP der OECD-Staaten sowie die kurz- und langfristigen Zinsen berücksichtigt. Für die 5-Jahresprojektionen von Troika und CBO lässt sich feststellen, dass die Hypothese der starken Effizienz abzulehnen ist. Während bei der ersten Institution der Wechselkurs und die kurzfristigen Zinsen in der Lage sind, die Prognose zu verbessern, ist dies für das CBO durch den Welthandel und den Wechselkurs möglich. Das gleiche Bild ergibt sich für die 2-Jahresprognosen der Institutionen. Auch bei diesen kann nicht auf starke Effizienz geschlossen werden, da der langfristige Zinssatz einen signifikanten Erklärungsgehalt für die Prognosefehler aufweist.

Nun wird im Rahmen des sog. »Encompassing-Test« untersucht, ob die Prognosen einer bestimmten Institution diejenigen der anderen dominieren. Möglicherweise kann sich auch herausstellen, dass Kombinationen von zwei Prognosen Einzelprognosen vorzuziehen sind. Für die 5-Jahres-Prognosen zeigt sich, dass keine Prognose die anderen domi-

Studie des
Zentrums für
Europäische
Wirtschaftsforschung

Tabelle 52

Encompassing-Test
1976 bis 2002

	Berechnungsperiode	α	β	δ
Troika 5 Jahre = F1	1976 bis 2000	5,67	-0,06	-0,78
Naive Prognose 5 Jahre = F2		(10,18)***	(-0,46)	(-8,59)***
Troika 5 Jahre = F1	1976 bis 2000	2,91	-0,06	0,13
CBO 5 Jahre = F2		(5,05)***	(-0,18)	(0,30)
CBO 5 Jahre = F1	1976 bis 2000	5,91	-0,11	-0,81
Naive Prognose 5 Jahre = F2		(9,48)***	(-0,73)	(-8,55)***
Troika 2 Jahre = F1	1976 bis 2002	1,67	0,64	-0,15
Naive Prognose 2 Jahre = F2		(1,88)*	(3,85)***	(-1,11)
Troika 2 Jahre = F1	1976 bis 2002	1,30	-1,03	1,70
CBO 2 Jahre = F2		(1,74)*	(-1,61)	(2,65)**
CBO 2 Jahre = F1	1976 bis 2002	1,10	0,76	-0,05
Naive Prognose 2 Jahre = F2		(1,22)	(3,95)***	(-0,42)

Bemerkungen: Gleichung (71): $R_t = \alpha + \beta F_{1,t} + \delta F_{2,t} + \eta_t$. t-Werte basierend auf robusten Standardfehlern in Klammern. Parameter sind signifikant von null verschieden mit folgendem Signifikanzniveau: * = 10 %, ** = 5 %, *** = 1 %.

niert. Dies ist in Analogie zu den schlechten Ergebnissen auf Unverzerrtheit zu sehen, da die Prognosen beider Institutionen offenbar nur schlecht die Variation der Wachstumsraten über die Zeit erklären können.

Vergleicht man die Prognosen der jeweiligen Institutionen mit denen aus der Random-Walk Prognose, dann zeigt sich, dass die naiven Prognosen negativ mit den Realisationen korrelieren: der geschätzte Parameter für δ ist signifikant von null verschieden und hat ein negatives Vorzeichen. Dies kann als empirische Evidenz dafür interpretiert werden, dass sowohl die 5-Jahres-Projektionen des CBO als auch der Troika den naiven Prognosen überlegen sind. Dies ist eine weitere Bestätigung der Ergebnisse von Theil's U.

Betrachtet man die 2-Jahres-Prognosen, so ist festzustellen, dass die Prognosen des CBO deutlich denjenigen der Troika überlegen sind. Der geschätzte Koeffizient δ (CBO) ist positiv signifikant auf dem 5 % Niveau. Dagegen ist β (Troika) negativ und nicht signifikant. Auch beim Vergleich der Prognosen mit der naiven Prognose, zeigt sich eine deutliche Überlegenheit der beiden Institutionen, analog zu den Resultaten für die 5-Jahres-Projektionen.

3. Empirische
Bewertung der
Prognosegüte

Tabelle 53

Auswertung der Richtungsprognosen
1976 bis 2003; definiert als Abweichung von der naiven Prognose

	Zeitraum	Trefferquote, in %	Teststatistik C
Troika 5 Jahre	1976 bis 2003	50,0	0,56
CBO 5 Jahre	1976 bis 2003	64,3	0,08
Troika 2 Jahre	1976 bis 2002	66,7	2,15
CBO 2 Jahre	1976 bis 2002	74,1	6,83***

Bemerkung: Teststatistik ist signifikant von null verschieden mit folgendem Signifikanzniveau: * = 10 %, ** = 5 %, *** = 1 %.

Abschließend untersuchen wir, inwiefern die Prognosen in der Lage sind, die Richtung der wirtschaftlichen Entwicklung vorherzusagen. Stets dann, wenn die Prognose höher liegt als der historische Mittelwert, welcher zum Prognosezeitpunkt bekannt war, wird die Kategorie »steigen« vergeben. Liegt diese darunter wird die Kategorie »fallen« vergeben. Analog dazu wird die tatsächliche Entwicklung mit dem historischen Mittelwert in Verbindung gesetzt, damit die Treffergenauigkeit der Prognosen überprüft werden kann. Die Ergebnisse sind in Tabelle 53 dargestellt. Die Trefferquoten des CBO sind für beide Prognosehorizonte stets besser als die der Troika. Es kann außerdem festgestellt werden, dass die Treffergenauigkeit zunimmt, wenn der Prognosehorizont fällt. Lediglich bei den 2-Jahres-Prognosen des CBO ist die Test-Statistik allerdings signifikant.

3.3.1.6.2 Nominales BIP/BNE

In Schaubild 31 werden die 5-Jahres-Projektionen für das nominale BNE bzw. BIP der beiden Institutionen CBO und Troika den Realisationen gegenübergestellt. Wie aus dem Schaubild ersichtlich wird, lagen bis 1992 die Prognosen der beiden Institutionen in der Regel oberhalb der tatsächlich eingetretenen Wachstumsraten. Die positive Entwicklung des nominalen Outputs nach 1992 hingegen, wurde durch beide Institutionen tendenziell unterschätzt.

Eine Übersicht zur zeitlichen Entwicklung der Fehler der zweijährigen Prognosen befindet sich in Schaubild 32. Wie hier ersichtlich ist, lässt sich im Gegensatz zu den 5-Jahres Prognosen, kein eindeutiger Zeitraum feststellen, in welchem die Wirtschaftsentwicklung systematisch unter- bzw. überschätzt wurde.

Studie des
Zentrums für
Europäische
Wirtschaftsforschung

Schaubild 31

**Vergleich der 5-Jahresprojektionen mit der Realisation
für das nominale BIP/BNE**

1976 bis 1998

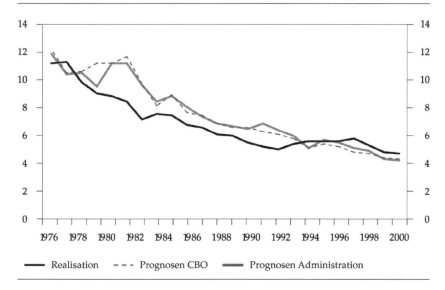

━━━ Realisation   - - - Prognosen CBO   ━━━ Prognosen Administration

Tabelle 54 enthält eine Zusammenstellung verschiedener Prognosekennziffern. Grundsätzlich haben beide Institutionen sowohl für den 2-Jah-
res- wie auch den 5-Jahres-Horizont die wirtschaftliche Entwicklung
überschätzt, wie durch den mittleren Fehler (ME) deutlich wird. Signifikant von null verschieden ist der Prognosefehler jedoch lediglich bei den
5-Jahres-Prognosen (Troika: 5 %, CBO: 10 %). Die Tabelle macht ferner

Tabelle 54

Vergleich der Prognosekennziffern
1976 bis 2002

	Berechnungs-periode	ME	RMSE	Theil's U
Troika 5 Jahre	1976 bis 2000	–0,70**	1,22	0,71
CBO 5 Jahre	1976 bis 2000	–0,71*	1,32	0,76
Troika 2 Jahre	1976 bis 2002	–0,32	1,53	0,78
CBO 2 Jahre	1976 bis 2002	–0,23	1,50	0,76

Bemerkung: Parameter sind signifikant von null verschieden mit folgendem Signifikanzniveau: * = 10 %, ** = 5 %, *** = 1 %.

3. Empirische
Bewertung der
Prognosegüte

Schaubild 32

**Vergleich der 2-Jahresprognosen
mit der Realisation**

1976 bis 2002

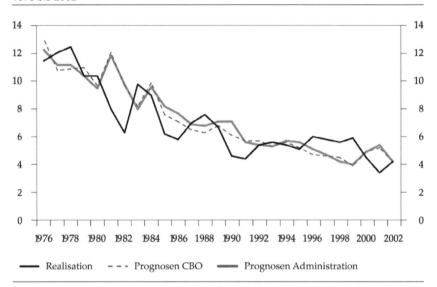

deutlich, dass sämtliche Projektionen der beiden Institutionen der naiven Prognose eindeutig überlegen sind (Theil's U kleiner als eins).

In Tabelle 55 sind die Ergebnisse des Tests auf Unverzerrtheit dargstellt. Durchweg kann man sagen, dass die Prognosen recht gut sind, was das Kriterium der Unverzerrtheit angeht. Lediglich im Fall der 5-Jahres-Prognosen des CBO ist die Konstante in der Regression signifikant von null verschieden. Ansonsten sind die geschätzten Werte für den β-Koeffizienten hochgradig signifikant und relativ nahe bei eins. Testet man die gemeinsame Hypothese ($\alpha = 0; \beta = 1$) im Rahmen eines F-Tests, kann festgestellt werden, dass die Evidenz für Unverzerrtheit bei 2-jährigem Prognosehorizont deutlich besser ist als bei 5-jährigem Prognosehorizont. Bei den 5-Jahres-Prognosen kann für beide Institutionen die Nullhypothese ($\alpha = 0; \beta = 1$) auf dem 5 % Niveau verworfen werden.

Bei Betrachtung der Zeitreihen in Schaubild 31 und 32 fällt auf, dass diese durch einen Trend gekennzeichnet sind. Aus diesem Grund haben wir exemplarisch für die 5-Jahres-Projektionen der Troika mit Hilfe des Einheitswurzeltests nach Dickey und Fuller (1979) die Stationaritätseigenschaften der jeweiligen Zeitreihen untersucht. Dabei konnte in beiden Fällen die Nullhypothese der Nicht-Stationarität nicht verworfen

Tabelle 55

Test auf Unverzerrtheit
1976 bis 2002

	Berechnungs-periode	α	β	F-Test	R^2
Troika 5 Jahre	1976 bis 2000	1,18 (1,45)	0,75 (6,11)***	0,03	0,82
CBO 5 Jahre	1976 bis 2000	1,60 (2,23)**	0,70 (6,25)***	0,01	0,83
Troika 2 Jahre	1976 bis 2002	0,98 (0,93)	0,82 (5,25)***	0,45	0,68
CBO 2 Jahre	1976 bis 2002	1,24 (1,34)	0,80 (5,65)***	0,37	0,70

Bemerkungen: Gleichung (66): $R_t = \alpha + \beta F_t + \eta_t$. t-Werte basierend auf robusten Standardfehlern in Klammern. In der Spalte F-Test ist der p-Wert des Tests H_0: $\alpha = 0; \beta = 1$ aufgeführt. Parameter sind signifikant von null verschieden mit folgendem Signifikanzniveau: * = 10 %, ** = 5 %, *** = 1 %.

werden.[37] Verwendet man nicht-stationäre Zeitreihen in konventionellen Regressionen, besteht, wie Granger und Newbold (1974) gezeigt haben, die Gefahr Scheinzusammenhänge zu finden (»Spurious Regression«). Aus diesem Grund bedarf die Behandlung nicht-stationärer Zeitreihen der besonderen Vorsicht. Im Rahmen des Ansatzes nach Engle und Granger (1987) wurde folglich untersucht, ob die Projektionen und Realisationen möglicherweise kointegriert sind. Im Rahmen dieses Verfahrens konnte die Nullhypothese, dass beide Zeitreihen nicht kointegriert sind, auf dem 5% Niveau verworfen werden. Im Falle der Kointegration ist der OLS-Schätzer demnach ein super-konsistenter Schätzer (Hamilton 1994: 582) und die geschätzten Koeffizienten, die in Tabelle 55 angegeben sind, sinnvoll interpretierbar. Das Bestimmtheitsmaß R^2 hat in diesem Fall jedoch keine vernünftige Aussagekraft.

Tabelle 56 enthält die Resultate des Tests auf schwache Effizienz. Demnach kann mit Ausnahme der 2-Jahres-Prognosen des CBO keine Evidenz gegen die Hypothese schwacher Effizienz gefunden werde. Im Falle der 2-Jahres-Prognosen des CBO jedoch ist der verzögerte Prognosefehler signifikant, was als Indiz gegen schwache Effizienz interpretiert werden kann.

Die Ergebnisse des Tests auf starke Effizienz können wie folgt zusammengefasst werden. Grundsätzlich findet sich deutliche Evidenz gegen

37 Angewandt wurde der erweiterte Dickey/Fuller-Test mit Lag-Wahl gemäß dem Schwartz-Kriterium.

3. Empirische Bewertung der Prognosegüte

Tabelle 56

Test auf schwache Effizienz
1976 bis 2002

	Berechnungs-periode	α	β_1	Signifikante MA-Terme, 5 % Niveau
Troika h=5	1976 bis 2000	−1,46 (−2,70)**	0,35 (1,10)	δ_1
CBO h=5	1976 bis 2000	−1,68 (−2,60)**	0,45 (1,20)	δ_1
Troika h=2	1976 bis 2002	−0,40 (−0,86)	−0,26 (−1,06)	δ_1
CBO h=2	1976 bis 2002	1,24 (1,34)	0,80 (5,65)***	δ_1

Bemerkungen: Gleichung (67): $e_t = \alpha + \beta_1 e_{t-h} + \delta_1 \eta_{t-1} + ... \delta_{h-1} \eta_{t-h+1} + \eta_{t-1}$. t-Werte in Klammern. Parameter sind signifikant von null verschieden mit folgendem Signifikanzniveau: * = 10 %, ** = 5 %, *** = 1 %.

die starke Effizienz der Projektionen der beiden Institutionen. Was die 5-Jahres-Projektionen der Troika betrifft, liefert der verzögerte Ölpreis einen statistisch signifikanten Beitrag (1 % Niveau) zur Erklärung der Prognosefehler. Bei den 5-Jahres-Projektionen des CBO ist der verzögerte Ölpreis (10 %) und langfristiger Zinssatz signifikant (5 %). Ähnlich ist das Bild für die 2-Jahres-Projektionen. Bei den Troika-Projektionen ist der verzögerte reale effektive Wechselkurs auf dem 5 % Niveau signifikant, während bei den Prognosen des CBO der verzögerte Ölpreis einen signifikanten Beitrag (auf dem 5 % Niveau) zur Erklärung der Prognosefehler leistet.

In Tabelle 57 sind die Ergebnisse des Encompassing-Tests für die Projektionen des nominalen BNE/BIP wiedergegeben. Wie aus der Tabelle deutlich wird, dominieren die 5-Jahres-Prognosen des CBO eindeutig diejenigen der Troika. Bei den 2-Jahres-Prognosen ist der Koeffizient für die Prognosen des CBO zwar deutlich höher als derjenige für die Troika, allerdings ist er nicht signifikant. Hier lässt sich also keine derartig eindeutige Aussage treffen. Tabelle 57 macht ferner deutlich, dass sämtliche modell-gestützten Prognosen deutlich der naiven Prognose vorzuziehen sind. Dies ist wiederum eine Bestätigung der obigen empirischen Ergebnisse bezüglich Theil's U.

Tabelle 58 enthält Aussagen darüber, ob es den Prognosen gelingt, die Richtung der künftigen Entwicklung vorherzusagen. Die Treffergenauigkeit ist insgesamt recht hoch. Ferner kann festgestellt werden, dass die

Tabelle 57

Encompassing-Test
1976 bis 2002

	Berechnungsperiode	α	β	δ
Troika 5 Jahre = F1	1976 bis 2000	1,65	1,04	–0,33
Naive Prognose 5 Jahre = F2		(2,21)**	(5,80)***	(–2,05)*
Troika 5 Jahre = F1	1976 bis 2000	1,46	0,20	0,52
CBO 5 Jahre = F2		(1,74)*	(0,62)	(2,11)**
CBO 5 Jahre = F1	1976 bis 2000	2,42	1,05	–0,44
Naive Prognose 5 Jahre = F2		(4,16)***	(7,43)***	(–3,58)***
Troika 2 Jahre = F1	1976 bis 2002	0,92	0,79	0,03
Naive Prognose 2 Jahre = F2		(0,84)	(3,36)***	(0,16)
Troika 2 Jahre = F1	1976 bis 2002	1,31	–0,15	0,94
CBO 2 Jahre = F2		(1,09)	(–0,20)	(1,46)
CBO 2 Jahre = F1	1976 bis 2002	1,12	0,75	0,06
Naive Prognose 2 Jahre = F2		(1,07)	(4,29)***	(0,32)

Bemerkungen: Gleichung (71): $R_t = \alpha + \beta F_{1,t} + \delta F_{2,t} + \eta_t$. t-Werte basierend auf robusten Standardfehlern in Klammern. Parameter sind signifikant von null verschieden mit folgendem Signifikanzniveau: * = 10 %, ** = 5 %, *** = 1 %.

Tabelle 58

Auswertung der Richtungsprognosen
1976 bis 2002; definiert als Abweichung von der naiven Prognose

	Zeitraum	Trefferquote, in %	Teststatistik C
Troika 5 Jahre	1976 bis 2003	83,3	11,2*
CBO 5 Jahre	1976 bis 2003	87,5	13,3**
Troika 2 Jahre	1976 bis 2002	92,6	19,33***
CBO 2 Jahre	1976 bis 2002	96,3	22,74***

Bemerkung: Teststatistik ist signifikant von null verschieden mit folgendem Signifikanzniveau: * = 10 %, ** = 5 %, *** = 1 %.

Treffergenauigkeit mit dem Prognosehorizont fällt. Für beide Prognosehorizonte sind die Projektionen des CBO denjenigen der der Troika überlegen. Die Signifikanz der C-Statistik belegt ferner die Überlegenheit der modellbasierten Prognosen gegenüber der naiven Prognose, die Richtung der künftigen Wirtschaftsentwicklung vorherzusagen.

3.3.1.6.3 Inflationsrate

Wir wenden uns nun den Prognosen der Inflationsrate zu. Hierzu stehen uns Daten für die 2-Jahres-Projektionen des CBO und der Troika zur Ver-

Schaubild 33

Vergleich der 2-Jahresprognosen der Inflation mit der Realisation
1976 bis 2002

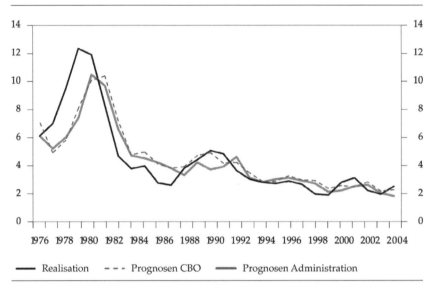

——— Realisation   – – – Prognosen CBO   ——— Prognosen Administration

fügung. In Schaubild 33 sind die Inflationsprognosen der Regierung bzw. des CBO ihren Realisationen gegenübergestellt. Wie aus der Grafik deutlich wird, wurde die Inflation bis zum Anfang der achtziger Jahre eher unterschätzt, dann bis Ende der achtziger eher überschätzt. Während die Inflationsprognosen bis zum Ende achtziger Jahre noch mit relativ großen Fehlern behaftet waren, ist die Prognoseungenauigkeit seither deutlich zurückgegangen.

Tabelle 59 gibt wichtige Prognosekennziffern an. Es wird deutlich, dass die Prognosen der Troika nach unten verzerrt waren, d.h. die Inflati-

Tabelle 59

Vergleich der Prognosekennziffern
1976 bis 2003

	Berechnungs-periode	ME	RMSE	Theil's U
Troika 2 Jahre	1976 bis 2003	0,20	1,45	0,61
CBO 2 Jahre	1976 bis 2003	–0,03	1,47	0,62

Bemerkung: Parameter sind signifikant von null verschieden mit folgendem Signifikanzniveau: * = 10 %, ** = 5 %, *** = 1 %.

Studie des
Zentrums für
Europäische
Wirtschaftsforschung

Tabelle 60

Test auf Unverzerrtheit
1976 bis 2003

	Berechnungs-periode	α	β	F-Test	R^2, in %
Troika 2 Jahre	1976 bis 2003	−0,39 (−0,85)	1,14 (6,79)***	0,69	75,3
CBO 2 Jahre	1976 bis 2003	−0,49 (−0,98)	1,10 (6,32)***	0,45	73,6

Bemerkungen: Gleichung (66): $R_t = \alpha + \beta F_t + \eta_t$. t-Werte basierend auf robusten Standardfehlern in Klammern. In der Spalte F-Test ist der p-Wert des Test $H0{:}\alpha = 0; \beta = 1$ aufgeführt. Parameter sind signifikant von null verschieden mit folgendem Signifikanzniveau: * = 10 %, ** = 5 %, *** = 1 %.

on unterschätzt wurde. Der mittlere Fehler ist jedoch nicht signifikant von null verschieden. Beim CBO liegt der durchschnittliche Fehler sehr nahe bei null. Die Wurzel des mittleren quadratischen Fehlers liegt bei beiden Institutionen in einem ähnlichen Bereich, ebenso ist Theil's U nahezu identisch. Sowohl die Inflationsprognosen der Troika wie auch des CBO sind der naiven Prognose deutlich überlegen, wie die Ergebnisse gemäß Theil's U nahe legen.

In Tabelle 60 sind die Ergebnisse der Tests auf Unverzerrtheit dargestellt. Es zeigt sich gegenüber den Prognosen für das Wirtschaftswachstum ein deutlich verbessertes Bild. Die Konstanten sind in keinem Fall signifikant. Außerdem sind die geschätzten Werte für β nahezu bei eins. ¾ und mehr der Varianz der Inflationsraten kann durch die Prognosen der Institutionen erklärt werden, wobei die Projektionen der Troika für den 2-Jahreszeitraum einen leichten Vorteil in dieser Hinsicht gegenüber denen des CBO aufweisen.

In Tabelle 61 sind die Ergebnisse des Tests auf schwache Effizienz abgebildet. Nach Kontrolle der konstruktionsbedingten seriellen Korrelation kann keine empirische Evidenz gegen die Hypothese der schwachen Informationseffizienz gefunden werden.

Außerdem wurden die Projektionen der Institutionen auf starke Effizienz getestet. Als Faktoren wurden dabei wieder der Welthandel, der reale effektive Wechselkurs, der Ölpreis, das reale BIP der OECD-Staaten sowie die kurz- und langfristigen Zinsen berücksichtigt. Es lässt sich feststellen, dass lediglich bei den Projektionen der Troika die Hypothese auf starke Effizienz nicht abgelehnt werden kann. Beim CBO haben jedoch die kurzfristigen Zinsen einen signifikanten Erklärungsgehalt für die Prognosefehler, wenngleich lediglich auf dem 10 % Signifikanzniveau.

3. Empirische
Bewertung der
Prognosegüte

Tabelle 61

Test auf schwache Effizienz
1976 bis 2003

	Berechnungs-periode	α	β_1	Signifikante MA-Terme, 5 % Niveau
Troika h=2	1976 bis 2003	−0,16 (−0,44)	0,12 (0,64)	δ_1
CBO h=2	1976 bis 2003	0,19 (0,54)	0,24 (1,20)	δ_1

Bemerkungen: Gleichung (67): $e_t = \alpha + \beta_1 e_{t-h} + \delta_1 \eta_{t-1} + ... + \delta_{h-1} \eta_{t-h+1} + \eta_{t-1}$. t-Werte basierend in Klammern. Parameter sind signifikant von null verschieden mit folgendem Signifikanzniveau: * = 10 %, ** = 5 %, *** = 1 %.

Tabelle 62

Encompassing-Test
1976 bis 2003

	Berechnungs-periode	α	β	δ
Troika 2 Jahre = F1 Naive Prognose 2 Jahre = F2	1976 bis 2003	−0,45 (−1,01)	1,61 (6,87)***	−0,40 (−2,36)**
Troika 2 Jahre = F1 CBO 2 Jahre = F2	1976 bis 2003	−0,42 (−0,82)	0,98 (1,34)	0,16 (0,22)
CBO 2 Jahre = F1 Naive Prognose 2 Jahre = F2	1976 bis 2003	−0,64 (−1,47)	1,59 (5,83)***	−0,42 (−1,90)*

Bemerkungen: Gleichung (71): t-Werte basierend auf robusten Standardfehlern in Klammern. Parameter sind signifikant von null verschieden mit folgendem Signifikanzniveau: * = 10%, ** = 5%, *** = 1%.

Tabelle 62 fasst die Ergebnisse aus den »Encompassing-Tests« zusammen. Die Inflationsprognosen der Institutionen sind, wie aus der Tabelle ersichtlich wird, den naiven Prognosen überlegen. Der geschätzte Wert für β ist in allen Fällen signifikant und positiv, während der geschätzte Wert für δ negativ ist. Dies ist wiederum eine Bestätigung der Ergebnisse des Theil's U. Beim Test, ob die Prognose einer Institution derjenigen der anderen überlegen ist, zeigt sich ebenfalls ein eindeutiges Bild. Der geschätzte Wert für β (Troika) liegt nahezu bei eins, während derjenige für δ (CBO) nahe bei null liegt, d.h. die Inflationsprognosen der Regierung sind hier eindeutig denjenigen der CBO vorzuziehen.

Was die Richtungsprognosen betrifft, zeichnen sich alle Institutionen durch eine hohe Trefferquote aus. Die Resultate dieser Tests sind in Ta-

Studie des
Zentrums für
Europäische
Wirtschaftsforschung

Tabelle 63

Auswertung der Richtungsprognosen
1976 bis 2003; definiert als Abweichung von der naiven Prognose

	Zeitraum	Trefferquote, in %	Teststatistik C
Troika 2 Jahre	1976 bis 2003	82,1	10,81***
CBO 2 Jahre	1976 bis 2003	89,3	16,77***

Bemerkung: Teststatistik ist signifikant von null verschieden mit folgendem Signifikanz-niveau: *= 10 %, ** = 5 %, *** = 1 %.

belle 63 angegeben. Dies wird durch die realisierten Werte der C-Statistik für Troika und CBO bestätigt, welche in beiden Fällen hochgradig signifikant sind. Bezüglich des Kriteriums der Treffergenauigkeit für die Richtung der künftigen Inflation sind die Inflationsprognosen des CBO für den 2-Jahreszeitraum denjenigen der Regierung überlegen.

Zusammenfassend kann festgestellt werden, dass sowohl die Inflationsprognosen als auch die Wachstumsprojektionen wichtige Informationen über die künftige Entwicklung in den USA liefern können. Unsere empirischen Untersuchungen zeigen, dass in allen Fällen die Modell-basierten Projektionen eindeutig sog. naiven Prognosen vorzuziehen sind. Es haben sich jedoch auch Schwächen gezeigt. Während die 5-Jahres-Projektionen zwar relativ gut in der Lage sind, die künftige Entwicklung im Durchschnitt vorherzusagen, gelingt es diesen nicht die Variation der Wachstumsraten über die Zeit befriedigend zu erklären. Bezüglich der Projektionen des realen BIP/BNE weisen die empirischen Resultate im Wesentlichen darauf hin, dass die Projektionen des CBO jenen der Regierung vorzuziehen sind. Bei den Inflationsprognosen dominieren die Inflationsprognosen der Regierung diejenigen des CBO, während die Richtungsabschätzung der CBO-Prognosen etwas besser als ist als diejenige der Troika-Prognosen.

3.3.2 Internationale und Supranationale Organisationen
3.3.2.1 Internationaler Währungsfonds

Die Zeitreihen für die mittelfristigen Prognosen hat uns Mahnaz Hemmati (WEO Department, Washington) zusammengestellt. Insgesamt umfasst die uns zur Verfügung gestellte Datenbank die 1- bis 5-Jahresprognosen für Deutschland, Frankreich, Großbritannien, Italien, Japan, sowie die Vereinigten Staaten, jeweils für den Zeitraum von 1993 bis 2004. Alle Prognosen beziehen sich auf das reale BIP.

Tabelle 64

Vergleich der Prognosekennziffern für die 3-, 4- und 5-Jahresprognosen des realen BIP
1994 bis 2004

	Berechnungs-periode	ME	RMSE	Theil's U
3-Jahresprognose				
Deutschland	1994 bis 2004	−1,23***	1,36	0,80
Frankreich	1993 bis 2004	−0,89	1,53	0,76
Großbritannien	1993 bis 2004	0,03	0,67	0,40
Italien	1993 bis 2004	−1,14***	1,36	1,09
Japan	1993 bis 2004	−1,68***	1,92	0,91
USA	1993 bis 2004	0,51	1,22	0,84
4-Jahresprognose				
Deutschland	1995 bis 2004	−1,22***	1,30	0,81
Frankreich	1994 bis 2004	−0,80	1,33	0,71
Großbritannien	1994 bis 2004	0,14**	0,42	0,28
Italien	1994 bis 2004	−1,07***	1,20	1,13
Japan	1994 bis 2004	−1,91***	2,00	1,00
USA	1994 bis 2004	0,64	1,12	0,83
5-Jahresprognose				
Deutschland	1996 bis 2004	−1,17***	1,20	0,82
Frankreich	1995 bis 2004	−0,70	1,16	0,66
Großbritannien	1995 bis 2004	0,18	0,37	0,26
Italien	1995 bis 2004	−1,01***	1,08	1,14
Japan	1995 bis 2004	−2,01***	2,09	1,09
USA	1995 bis 2004	0,78**	1,03	0,87

Bemerkung: Parameter sind signifikant von null verschieden mit folgendem Signifikanzniveau: * = 10 %, ** = 5 %, *** = 1 %.

In Tabelle 64 werden die wichtigsten Prognosekennziffern für die mittelfristigen Prognosen (Prognosehorizonte: 3 bis 5 Jahre) dargestellt. Als Realisationen dienen die revidierten endgültigen Werte des realen BIP.

Die Auswertung der IWF-Prognosen geschieht allerdings unter dem Vorbehalt, dass bei 9 bis 12 Beobachtungen statistisch fundierte Aussagen kaum möglich sind. Die Prognosekennziffern sollten nur für den spezifischen kurzen Zeitraum interpretiert werden, für den sie berechnet sind und können nicht als generelle Charakteristika der Prognosen verallgemeinert werden. Trotzdem sind gewisse vorsichtige Aussagen zu Unterschieden der Länderprognosen möglich.

Studie des
Zentrums für
Europäische
Wirtschaftsforschung

Die Auswertung der durchschnittlichen Prognosefehler (mean error, ME) zeigt, dass die Prognosen insbesondere für Deutschland, Italien und Japan systematisch falsch eingeschätzt werden. Da der durchschnittlichen Prognosefehler für diese drei Länder signifikant negativ ist, liegt eine Überschätzung des realen BIP-Wachstums vor. Auch in ökonomischer Hinsicht ist diese Überschätzung in Höhe von ein bis 2 %-Punkten beachtlich.

Die Werte der mittleren quadratischen Fehlprognosen (root mean squared error, RMSE) weist im Ländervergleich größere Unterschiede auf, die auf eine bessere oder schlechtere Prognostizierbarkeit des realen BIP hinweisen. Nach den RMSE-Werten zu urteilen scheint das Wachstum des realen BIP von Großbritannien relativ gesehen deutlich besser prognostizierbar zu sein als dasjenige der anderen Länder, während vor allem für Frankreich und Japan eine besonders schlechte Prognostizierbarkeit vorliegt.

Auch die Werte für Theil's U weisen große Unterschiede auf: so ist die Prognose für Großbritannien ganz besonders treffsicher, während bei Japan und Italien die »naive« Vergleichsprognose nicht übertroffen werden kann. Interessant ist auch, dass die Prognosen mit zunehmendem Prognosehorizont gemessen am RMSE etwas besser werden. Gemessen an Theil's U zeigt sich jedoch die erwartete (leichte) Verschlechterung, wenn der Prognosehorizont zunimmt.

Bei der durchschnittlichen Fehlprognose (ME) zeigt sich keine generelle Tendenz: für einige Länder wird der ME mit steigendem Prognosehorizont absolut kleiner (Deutschland, Frankreich, Italien), für die anderen drei Länder steigt der ME jedoch absolut an. Da die zur Verfügung stehenden IWF-Prognosezeitreihen recht kurz sind, ist es aus statistischen Überlegungen nicht sinnvoll, weitergehende Analysen wie z.B. Effizienztests und Tests auf Encompassing durchzuführen.

Ein Vergleich der Prognosen des IWF mit einzelnen Länderprognosen auf Basis der Prognosekennziffern ME und RMSE kann jedoch durchgeführt werden und ergibt interessante Ergebnisse. Der Vergleich wird für alle diejenigen Länder und Prognosehorizonte durchgeführt, für die auch Prognosen des IWF vorliegen. Die Prognosekennziffern werden unter Verwendung der revidierten endgültigen BIP-Realisationen durchgeführt, die der Bewertung der IWF-Prognosen zugrunde liegen (Tabelle 65).

Für Deutschland ergibt sich, dass die Prognosen des BMWI im angegebenen Zeitraum klar besser sind als diejenigen des IWF: die BMWI-Prognosen weisen sowohl eine geringere Verzerrung (ME) als

Tabelle 65

Vergleich der Prognosekennziffern des realen BIP für ausgewählte Länder und Prognosehorizonte
1996 bis 2004

	Berechnungsperiode	ME	RMSE
Deutschland			
Prognose des BMWI (5 Jahre)	1996 bis 2004	−0,82***	0,91
Großbritannien			
Prognose des HMT (3 Jahre)	1993 bis 2004	0,13	0,73
Prognose des NIESR (3 Jahre)	1993 bis 2004	0,10	0,93
Prognose des HMT (4 Jahre)	1994 bis 2004	0,16	0,78
USA			
Prognose des CBO (5 Jahre)	1995 bis 2003	0,78*	1,35
Prognose der TROIKA (5 Jahre)	1995 bis 2004	0,76	1,38

Bemerkung: Parameter sind signifikant von null verschieden mit folgendem Signifikanzniveau: * = 10 %, ** = 5 %, *** = 1 %.

auch einen kleineren Wert für den RMSE auf. Allerdings wird das Wachstum des realen BIP sowohl vom BMWI als auch vom IWF signifikant überschätzt. Im Falle von Großbritannien dominieren dagegen eindeutig die IWF-Prognosen vor den Prognosen von NIESR und des englischen Finanzministeriums, während die drei Prognosen für USA (CBO, Troika, IWF) qualitativ sehr ähnlich sind.

Es lässt sich daher nicht folgern, dass die Prognosen des IWF generell besser oder schlechter als die Landesprognosen sind. Der Vergleich zeigt vielmehr, dass sich für jedes der drei Länder – Deutschland, Großbritannien, USA – ein anderes Resultat ergibt. Aufgrund der nur sehr kurzen Zeitreihen für die IWF-Prognosen lassen sich diese Ergebnisse allerdings nicht verallgemeinern und sollten nur für die angegebenen Zeiträume interpretiert werden.

Eine Bewertung der mittelfristigen Prognosen des IWF bezüglich des realen BIP wird auch von Batista und Zalduendo (2004) durchgeführt.[38] Die Autoren kommen zu dem Ergebnis, dass die Prognosen des IWF für viele Regionen (insb. Länder mit mittlerem und nidreigem Pro-Kopf-Einkommen) erheblich verbessert werden könnten. Allerdings scheinen die IWF-Prognosen insbesondere für die in unserer Studie betrachteten hoch entwickelten Industrieländer sehr gut zu sein.

---

[38] Zur Bewertung kurzfristiger Prognosen des IWF siehe Musso und Phillips (2002) und Beach, Schavey und Isidro (1999).

3.3.2.2 OECD

Tabelle 66 vergleicht die OECD-Projektionen für Deutschland mit den realisierten Werten für vier unterschiedliche Prognosezeiträume.

Je nach Veröffentlichungsdatum deckt der Projektionshorizont dabei insgesamt 5,5 bis 6 Jahre ab. In Tabelle 66 ist nur die langfristige Komponente der jeweiligen Projektion dargestellt, die sich auf einen Zeitraum von vier Jahren erstreckt. Die realisierten Werte des realen BIP sind Durchschnitte der entsprechenden Zeiträume und entsprechen den publizierten Werten im Economic Outlook No 77. Die restlichen Projektionen beziehen sich auf die Werte im Endjahr der jeweiligen Projektion.

Tabelle 66

OECD-Projektionen und Realisationen für Deutschland
1997 bis 2004; in %

Prognosehorizont	1997/ 2000	1997/ 2000	1999/ 2003	2000/ 2003	2001/ 2004
Veröffentlichung	Dez 94	Jun 95	Dez 97	Jun 98	Jun 99
BIP (real)					
Projektion	3,1	3,1	2,7	2,7	2,5
Realisation	2,0	2,0	1,2	1,0	0,5
BIP-Deflator[1]					
Projektion	2,6	2,4	1,5	1,4	1,4
Realisation	−0,2	−0,2	1,1	1,1	0,7
Arbeitslosenquote[1,2]					
Projektion	7,9	8,0	9,6	9,7	9,2
Realisation	7,3	7,3	9,1	9,1	9,3
Leistungsbilanz[1,3]					
Projektion	−0,4	−1,1	1,5	1,0	0,6
Realisation	−1,8	−1,8	2,1	2,1	3,9
Langfristiger Zins[1]					
Projektion	6,9	6,6	5,7	5,5	5,0
Realisation	5,3	5,3	4,1	4,1	4,0
Finanzierungssaldo des Staates[1,2]					
Projektion	−1,5	−1,9	−0,8	−0,9	−1,1
Realisation	1,3	1,3	−3,8	−3,8	−3,6
Schuldenstand des Staates (Maastricht Kriterium)[1]					
Projektion	54,9	56,9	57,0		59,6
Realisation	60,2	60,2	64,1		66,3

Quellen: OECD Economic Outlook No. 56, No. 57, No. 61, No. 63 und No. 65.

1 Projektion und Realisation beziehen sich auf das Endjahr.
2 In % der Erwerbsbevölkerung.
3 In % des nominalen BIP.

Auffällig bei diesem Vergleich ist, dass die reale BIP-Entwicklung für Deutschland seit Beginn der Projektionserstellung systematisch überschätzt wird. Es wird grundsätzlich ein Potenzialwachstum vorausgesehen, welches die tatsächliche Entwicklung durchweg um mehr als 1 %-Punkt überschätzt. Dementsprechend wird der mittelfristige Finanzierungssaldo Deutschlands regelmäßig unterschätzt, da diese Projektionsgröße wesentlich von der erwarteten BIP-Entwicklung beeinflusst wird.

Bei der Einschätzung zum Arbeitsmarkt neigen die Projektionen allerdings zu Pessimismus. In den meisten Jahren wird die tatsächliche Entwicklung der Arbeitslosenquote nach ILO-Standard überschätzt. Auch für die restlichen volkswirtschaftlichen Kennziffern legt der Vergleich der Tabelle 66 tendenzielle Fehleinschätzungen zugrunde.

Der statistische Stützbereich ist allerdings zu eingeschränkt, um aus den Zahlen der Tabelle allgemeingültigere Aussagen über die Projektionseigenschaften zu treffen. In dem kurzen Beobachtungszeitraum wird höchstens ein vollständiger Konjunkturzyklus abgedeckt. Um zu haltbareren Aussagen über die Projektionseigenschaften zu gelangen, sollte zumindest ein statistischer Stützbereich vorliegen, der mehrere Konjunkturzyklen umfasst. Statistische Aussagen, beispielsweise zur Effizienz oder eventuellen Verzerrungen der Projektionen, sind auf Grundlage der mangelnden Datenbasis derzeit kaum verlässlich möglich.

Tabelle 67 und 68 vergleichen die mittelfristigen BIP-Projektionen der OECD mit den jeweiligen Realisationen für eine Reihe weiterer Staaten. Auch dieser Vergleich hat nur deskriptiven Charakter, da sich die Analyse lediglich auf fünf beobachtete Projektionen je Staat stützen kann. Entsprechend der Tabelle 66 folgt die Veröffentlichungsstruktur der Projektionen keinem konstanten Muster. Beispielsweise liegen für den Zeitraum 1997 bis 2000 für jedes Land zwei Projektionen vor, die sich in ihrer zugrunde liegenden Informationsmenge jedoch unterscheiden, da die erste Projektion im Dezember 1994 und die zweite im Juni 1995 veröffentlicht wurde. Im Jahr 1996 wurde kein mittelfristiges Referenzszenario veröffentlicht, so dass für den Zeitraum 1998 bis 2001 keine Projektionen vorliegen. Nach 1997 liegen Projektionen nur noch im Jahresrhythmus vor.

Mit Blick auf den Mittleren Prognosefehler fällt auf, dass die tatsächliche BIP-Entwicklung nicht nur für Deutschland, sondern auch für Italien und Japan deutlich überschätzt wurde. Im Gegensatz dazu wurde die Entwicklung in den USA mit einem durchschnittlichen Prognosefehler

Tabelle 67

OECD-Projektionen der realen BIP-Veränderungen und Realisationen
1994 bis 1999; in %

Horizont	Veröffentlicht	Projektion	Realisation	Projektion	Realisation
		Deutschland		Frankreich	
1997 bis 2000	Dez. 1994	3,1	2,0	2,8	3,2
1997 bis 2000	Juni 1995	3,1	2,0	2,9	3,2
1999 bis 2003	Dez. 1997	2,7	1,2	2,6	2,2
2000 bis 2003	Juni 1998	2,7	1,0	2,5	2,0
2001 bis 2004	Juni 1999	2,5	0,5	2,3	1,5
		USA		Großbritannien	
1997 bis 2000	Dez. 1994	2,2	4,2	2,9	3,3
1997 bis 2000	Juni 1995	2,3	4,2	2,8	3,3
1999 bis 2003	Dez. 1997	2,3	2,8	2,4	2,6
2000 bis 2003	Juni 1998	2,4	2,3	2,2	2,5
2001 bis 2004	Juni 1999	2,3	2,5	2,0	2,4
Mittlerer Projektionsfehler (ME)		0,9		0,3	
		Niederlande		Italien	
1997 bis 2000	Dez. 1994	2,5	3,9	2,6	2,2
1997 bis 2000	Juni 1995	2,6	3,9	3,0	2,2
1999 bis 2003	Dez. 1997	3,0	1,7	2,2	1,4
2000 bis 2003	Juni 1998	2,9	1,1	2,3	1,4
2001 bis 2004	Juni 1999	2,9	0,6	2,8	0,8
Mittlerer Projektionsfehler (ME)		−0,5		−1,0	
		Japan		Spanien	
1997 bis 2000	Dez. 1994	3,8	0,8	3,6	3,8
1997 bis 2000	Juni 1995	3,3	0,8	3,4	3,8
1999 bis 2003	Dez. 1997	2,6	0,7	3,0	3,0
2000 bis 2003	Juni 1998	2,4	1,0	3,3	2,8
2001 bis 2004	Juni 1999	2,3	1,0	3,2	2,5
Mittlerer Projektionsfehler (ME)		−2,0		−0,1	

Quellen: OECD Economic Outlook No. 56, No. 57, No. 62, No. 63 und No. 65, Realisationen sind arithmetische Mittel über die jeweiligen Zeiträume.

von ca. 1 %-Punkt unterschätzt. Die Einschätzungen zur gesamtwirtschaftlichen Entwicklung in Frankreich sind durchschnittlich um 0,2 %-Punkte von der tatsächlichen Entwicklung abgewichen. Für Großbritannien betrug der durchschnittliche Prognosefehler 0,3 %-Punkte, für die Niederlande −0,5 %-Punkte sowie für Spanien −0,1 %-Punkte. Die OECD-Projektionen haben speziell für Spanien die feste und stetige

Tabelle 68

OECD-Projektionen des BIP-Deflators und Realisationen
2000 bis 2004

Horizont	Veröffentlicht	Projektion	Realisation	Projektion	Realisation
		Deutschland		Frankreich	
2000	Dez. 1994	2,6	−0,2	2,1	0,7
2000	Juni 1995	2,4	−0,2	2,2	0,7
2003	Dez. 1997	1,5	1,1	1,5	1,5
2003	Juni 1998	1,4	1,1	1,5	1,5
2004	Juni 1999	1,4	0,7	1,5	1,8
Mittlerer Projektionsfehler (ME)		−1,4		−0,5	
		USA		Großbritannien	
2000	Dez. 1994	3,2	2,2	3,2	1,3
2000	Juni 1995	3,0	2,2	3,0	1,3
2003	Dez. 1997	2,6	1,8	2,2	3,2
2003	Juni 1998	2,2	1,8	2,6	3,2
2004	Juni 1999	2,3	2,1	2,4	2,2
Mittlerer Projektionsfehler (ME)		−0,6		−0,4	
		Niederlande		Italien	
2000	Dez. 1994	2,4	3,9	3,0	2,2
2000	Juni 1995	2,2	3,9	4,4	2,2
2003	Dez. 1997	2,1	3,0	1,7	2,9
2003	Juni 1998	1,8	3,0	1,7	2,9
2004	Juni 1999	1,9	1,2	1,5	2,6
Mittlerer Projektionsfehler (ME)		0,9		0,1	
		Japan		Spanien	
2000	Dez. 1994	0,4	−1,5	2,3	3,4
2000	Juni 1995	0,5	−1,5	2,1	3,4
2003	Dez. 1997	0,0	−1,5	2,2	3,1
2003	Juni 1998	−0,1	−1,5	2,2	3,1
2004	Juni 1999	−0,6	−1,2	2,0	3,1
Mittlerer Projektionsfehler (ME)		−1,5		1,1	

Quellen: OECD Economic Outlook No. 56, No. 57, No. 62, No. 63 und No. 65, Realisationen sind Endwerte.

Wirtschaftsentwicklung mit hoher Präzision vorhergesagt. Für den hier betrachteten Länderkreis stellt diese Projektionsgenauigkeit jedoch eine Ausnahme dar.

Tabelle 68 vergleicht die OECD-Projektionen zum BIP-Deflator mit den entsprechenden Realisationen zum Projektionsendpunkt. Für die Projektion der Preisentwicklung sind die getroffenen Annahmen über

Studie des
Zentrums für
Europäische
Wirtschaftsforschung

die Güterpreise und den Kurs der Geldpolitik bedeutungsvoll. Typischerweise wird angenommen, dass Güterpreise und effektive Wechselkurse auf mittlerer Sicht unverändert bleiben und die Geldpolitik ihr Inflationsziel verfolgt (z.B. OECD 1999: 32 f.; 1998: 18).

Die durchschnittlichen Projektionsfehler sind mit -1,4 %-Punkten für Deutschland und –1,5 %-Punkten für Japan besonders kennzeichnend. Für die deutschen Projektionen schlägt vor allem die Fehleinschätzung zur Entwicklung des BIP-Deflators im Jahr 2000 besonders ins Gewicht, da diese zweimal in die Berechnung des mittleren Projektionsfehlers eingeht. Die Projektionen für 2003 und 2004 waren um ca. 0,5 %-Punkte zu hoch angesetzt.

In Japan hingegen wurde das Ausmaß der deflationären Entwicklung über den gesamten Zeitraum erheblich unterschätzt. Einzelne Fehleinschätzungen verzerren hier nicht den mittleren Projektionsfehler. Ein analoger Befund gilt für die Niederlande und Spanien: Für diese Länder wurde generell eine Preisentwicklung erwartet, die im Durchschnitt um 1 %-Punkt zu gering angesetzt wurde. Bei den italienischen Projektionen der Preisentwicklung heben sich negative Projektionsfehler für das Jahr 2000 und positive Projektionsfehler für die folgenden Jahre auf, so dass der mittlere Projektionsfehler gering ausfällt. Allerdings sind auch für dieses Land grobe Abweichungen der OECD-Einschätzungen von der tatsächlichen Entwicklung zu konstatieren.

Besonders die ausgeprägten Projektionsfehler der BIP-Veränderungsraten für Deutschland, Japan, Italien und die USA werfen Fragen auf. Bei Deutschland, Italien und Japan handelt es sich um Länder, die im betrachteten Projektionszeitraum von 1997 bis 2004 eine im Vergleich zu den übrigen OECD-Ländern unterdurchschnittliche wirtschaftliche Entwicklung aufwiesen. Die USA hingegen hatten in diesem Zeitraum vergleichsweise starke Zuwachsraten des realen BIP vorzuweisen. Eine Beschleunigung oder ein Nachlassen der mittelfristigen wirtschaftlichen Dynamik wurde offensichtlich im Rahmen der mittelfristigen Referenzszenarien nicht erkannt.

Mögliche Erklärungen für diese Fehlleistung könnten auf die eingesetzte Methode und die getroffenen Annahmen zurückzuführen sein. Eine fundamentale Annahme der mittelfristigen Referenzszenarien ist, dass der Abstand zwischen tatsächlicher Entwicklung und der Potenzialentwicklung über den Projektionshorizont geschlossen wird. Die projizierten Veränderungsraten ergeben sich daher als Folge dieser Annahme: Ausgehend von der aktuellen BIP-Veränderung, die entweder über, unter oder einheitlich mit der Potenzialwachstumsrate verläuft, wird ein dynamischer Pfad beschrieben, der zum Schließen der Outputlücke führt. Wenn die aktuelle Entwicklung schwächer als die Potenzialrate ist, müssen die zukünftigen durchschnittlichen Veränderungsraten umso stärker ausfallen, damit die Outputlücke geschlossen werden kann. Für die mittelfristigen Projektionen kommt daher einer plausiblen Schätzung des zukünftigen Potenzialwachstums und der Annahme, über welchen Zeitraum die Outputlücke geschlossen wird, eine entscheidende Bedeutung zu. Eine Überschätzung des Potenzialwachstums führt ebenso wie ein zu enger Zeitraum, der für das Schließen der Outputlücke unterstellt wird, zu tendenziell positiv verzerrten Veränderungsraten. Dagegen führt ein Unterschätzen der potenziellen Entwicklung oder ein veranschlagter Zeitraum für die Angleichung der tatsächlichen an die potenzielle Entwicklung, der im Vergleich zur tatsächlich benötigten Zeit zu lang ist, zu negativen Abweichungen der projizierten BIP-Veränderungsraten. Da bei der Erstellung der mittelfristigen Referenzszenarien angenommen wird, dass aktuelle Ungleichgewichte bis zum Ende des Projektionshorizonts verschwinden, sind dieser Projektionstechnik inhärente Fehler kaum zu vermeiden.

4. Zusammenfassung und Empfehlungen für eine Verbesserung mittelfristiger gesamtwirtschaftlicher Projektionen in Deutschland

Im Rahmen dieser Studie werden Methoden zur Projektion der mittelfristigen gesamtwirtschaftlichen Entwicklung vorgestellt und analysiert.

Die Darstellung der Methoden bezieht sich auf sechs Länder (Deutschland, Frankreich, Großbritannien, Italien, Spanien und USA) und berücksichtigt sowohl Modelle, die von Regierungsstellen genutzt werden, als auch solche, die in privaten Forschungsinstituten angewandt werden. Darüber hinaus wird auch die Vorgehensweise der EU-Kommission, des Internationalen Währungsfonds (IWF) und der OECD bezüglich der Erstellung mittelfristiger Projektionen beschrieben.

Detaillierte und ausführliche Bewertungen der Prognosegüte konnten für Deutschland, Großbritannien und die USA durchgeführt werden, da für diese Länder relativ lange Zeitreihen für historische Prognosen vorliegen. Etwas weniger umfangreich sind die uns verfügbaren Zeitreihen zu den Prognosen des IWF und der OECD, so dass die Auswertungen weniger detailliert sind. Allerdings eignen sich die IWF- und OECD-Prognosen besonders gut für Ländervergleiche. Für Frankreich, Italien und

Studie des
Zentrums für
Europäische
Wirtschaftsforschung

die Niederlande konnte nur eine sehr eingeschränkte Analyse durchgeführt werden, da die Prognosezeitreihen nur wenige Beobachtungen umfassen.

Die gewählte Zielgröße für die Bewertung der Prognosen ist in der Mehrzahl der Fälle das reale Bruttoinlandsprodukt (BIP). Für die USA und Großbritannien konnten auch Prognosen des nominalen BIP untersucht werden. Inflationsprognosen wurden für Deutschland, Frankreich, Italien, die Niederlande sowie USA näher betrachtet.

Speziell für Großbritannien wurde außerdem überprüft, ob die Bewertung der Prognosegüte anhand der ersten veröffentlichten Zahlen (»first announcements«) zu deutlich anderen Resultaten führt als die Verwendung der revidierten endgültigen Werte. Es zeigte sich jedoch, dass die Ergebnisse auf Basis der »first announcements« entweder zu sehr ähnlichen oder teilweise sogar schlechteren Bewertungen der Prognosegüte führten.

Die Auswertungen der Prognosen führten generell zu dem Resultat, dass mittelfristige Projektionen in der Regel besser sind als »naive« Vergleichsprognosen. Angesichts eines mittelfristigen Prognosehorizontes von 2 bis 5 Jahren ist dies durchaus ein bemerkenswertes Resultat. Die meisten Prognosen weisen auch recht hohe Trefferquoten bezüglich der Richtungsänderung der Zielgröße auf. Daher scheinen die meisten der untersuchten mittelfristigen Projektionen ihren Zweck recht gut zu erfüllen.[39]

Es zeigte sich allerdings, dass die Prognosen häufig nur einen geringen Anteil der tatsächlichen Veränderungen z.B. des realen BIP vorhersagen. Die meisten Prognosen weisen eine wesentlich geringere Schwankungsbreite auf als die Realisationen. Dies hat zur Folge, dass zwar die durchschnittliche Entwicklung der Zielgrößen recht gut vorhergesagt wird, dagegen kaum die zeitlichen Veränderungen.

Die durchschnittlichen Prognosefehler sind zwar fast immer sehr gering, allerdings treten durchaus längere Perioden mit systematischen Über- oder Unterschätzungen der Zielgröße auf. So weisen beispielsweise die Prognosen für Deutschland seit etwa Mitte der siebziger bis Mitte der achtziger Jahre und dann wieder ab Mitte der neunziger Jahre eine lang andauernde Überschätzung des Wachstums auf, während das Wachstum in den USA in den neunziger Jahren über viele Jahre hinweg deutlich unterschätzt wurde.

---

[39] Dies ist analog zu den Resultaten in der Literatur zur Evaluation kurzfristiger Prognosen (z.B. Fildes, Stekler 2002: 458).

4. Zusammenfassung und Empfehlungen für eine Verbesserung mittelfristiger Projektionen

Die so genannte »starke Effizienz« wird bei den meisten der untersuchten Prognosen verworfen. Dies bedeutet, dass die zum Zeitpunkt der Prognoseerstellung bekannten Informationen (z.B. kurz- und langfristige Zinsen, weltwirtschaftliches Wachstum, Wechselkurse, Ölpreise) nicht in ausreichendem Maße in den Prognosen berücksichtigt wurden. Daher sollten entsprechende Verbesserungen der Prognosemodelle möglich sein.

Die so genannte »schwache Effizienz« musste hingegen bei kaum einer der Prognosen verworfen werden. Dies bedeutet, dass in den Prognosefehlern früherer Perioden kaum systematisch verwertbare Informationen für zukünftige Prognosen enthalten sind.

Es gibt weiterhin Anzeichen dafür, dass die von unabhängigen Instituten erstellten Prognosen denjenigen von Regierungsstellen leicht überlegen sind. Dies trifft zumindest bei Großbritannien für die Prognose des realen BIP und bei USA teilweise für das reale BIP (2 Jahresprognosen) sowie das nominale BIP zu.

Auf Basis unserer Analysen können wir einige Schlussfolgerungen ziehen, die generell für die Verbesserung von mittelfristigen gesamtwirtschaftlichen Prognosen verwertbar sind:

- *Lernen aus Fehlprognosen*: Die von uns untersuchten mittelfristigen gesamtwirtschaftlichen Prognosen können zwar in der Regel »naive« Vergleichsprognosen übertreffen, die Abweichungen von den tatsächlichen Werten sind allerdings trotzdem recht groß. Daher ist es sinnvoll, die Verfahren, die zur Prognoseerstellung verwendet werden, weiter zu verbessern. Ein erster Schritt dahin besteht in einer permanenten quantitativen und qualitativen Evaluation der Prognosen. Dies sollte insbesondere dazu führen, dass systematische Prognosefehler, also eine lang andauernde Über- oder Unterschätzung der tatsächlichen Entwicklungen, weiter reduziert werden.

- *Verwendung mehrerer Projektionsverfahren*: Es besteht generell die Gefahr, dass sich die Performance eines bislang guten Prognoseverfahrens in der Zukunft deutlich verschlechtert. Das Vertrauen auf ein einziges Verfahren kann dann leicht zu erheblichen Fehlprognosen führen. Daher ist es sinnvoll, verschiedene Ansätze heranzuziehen, um das Risiko schlechter werdender Prognosen zu diversifizieren.[40]

---

40 Die Verwendung einer Prognose, die sich als Durchschnitt aus mehreren verschiedenen Einzelprognosen berechnet, kann nicht nur zu einer Diversifikation des Risikos einer instabilen zukünftigen Prognosegüte führen, sondern auch die Prognosegüte insgesamt erhöhen. Eine Beispielrechnung unter Verwendung der 18-Monatsprognosen der vier

Auch die Kombination von quantitativen und qualitativen Methoden, also konkret von ökonometrischen Prognosemodellen und Experteneinschätzungen, ist empfehlenswert, da rein quantitative Modelle kaum in der Lage sind, Strukturbrüche zeitnah zu erfassen.

- *Vermeidung systematischer Fehlprognosen*: Alle Prognoseverfahren orientieren sich mehr oder weniger stark an den weiter zurückliegenden historischen Entwicklungen der Zielgrößen. In Perioden sich dauerhaft verändernder Wachstumstrends können dadurch zeitweise systematische Fehlprognosen auftreten. Durch die adäquate Berücksichtigung der jüngsten Fehlprognosen könnten solche strukturellen Veränderungen in den Prognosemodellen aufgefangen werden. Auch externe Eingriffe in die Prognosemodelle durch Experten mit Hilfe so genannter »Add-on«-Faktoren können Abhilfe schaffen.

- *Kritische Überprüfung von mittelfristigen Annahmen zur Veränderung der Outputlücke*: Systematische Fehlprognosen können auch durch die Annahme zustande kommen, dass sich die so genannte Outputlücke mittelfristig schließen wird. Die Outputlücke stellt die gegenwärtige Abweichung des BIP vom entsprechenden Produktionspotenzial dar. Die Annahme einer mittelfristigen Schließung der Outputlücke führt zu einer Überschätzung des zukünftigen Wachstums, wenn das tatsächliche BIP für lange Zeit unterhalb des Potenzials verläuft. Bei der Erstellung mittelfristiger Projektionen ist daher sehr genau zu prüfen, ob und in welchem Ausmaß von einem Schließen der Outputlücke ausgegangen werden soll.

- *Ermittlung der Unsicherheit von Prognosen*: In einigen Ländern (z.B. Frankreich und Niederlande) werden Prognosen auf Basis unterschiedlicher Szenarios durchgeführt. Die Verwendung unterschiedlicher Annahmen bezüglich wichtiger exogener Einflussgrößen (z.B. weltwirtschaftliche Entwicklung, Zinsen, Wechselkurse) und zukünftiger wirtschaftspolitischer Maßnahmen führt zu einem Spektrum möglicher Entwicklungen der Zielgröße. Anhand der Prognoseunterschiede zwischen relativ optimistischen und pessimistischen Szenarios wird die Unsicherheit, die in den Prognosen liegt, deutlicher hervorgehoben. Entsprechend werden die Sensitivitäten bezüg-

Wirtschaftsforschungsinstitute DIW, ifo, IfW und RWI für den Zeitraum 1984 bis 2004 zeigt, dass die durchschnittliche Prognose nur von den IfW-Prognosen übertroffen wird. Die IfW-Prognose war allerdings nur für das Jahr 1993 besonders treffsicher. Wenn man 1993 ausklammert sind alle vier Institutsprognosen der Durchschnittsprognose unterlegen.

4. Zusammenfassung und Empfehlungen für eine Verbesserung mittelfristiger Projektionen

lich der Annahmen, die hinter den Projektionen stehen, transparenter gemacht.

- *Verwendung konservativer Annahmen*: Die bewusste Verwendung relativ konservativer Annahmen bei der Prognoseerstellung führt dazu, dass eine Überschätzung des Wachstums seltener eintreten sollte. Das britische Finanzministerium beispielsweise subtrahiert 0,25 %-Punkte von der eigenen Wachstumsprognose, wenn es darum geht, die zukünftige Entwicklung des staatlichen Budgetdefizits abzuschätzen. Auf diese Weise werden zu optimistische Prognosen der Budgetentwicklung weniger häufig vorkommen. Allerdings ist die Verwendung besonders vorsichtiger Annahmen nur in speziellen Fällen, wie der Bestimmung staatlicher Einnahmen und Ausgaben, angebracht, da diese Vorgehensweise zu einer systematischen Fehleinschätzung des Wachstums führen sollte.
- *Umfassende Informationsverarbeitung*: Die praktisch bei allen Analysen gefundene Verletzung der »starken Effizienz« zeigt, dass die vorhandenen Informationen nicht adäquat für die Prognosen genutzt werden. Hier könnte sich die Entwicklung eines so genannten Faktormodells als nützlich erweisen. Bei Faktormodellen werden die umfangreichen Roh-Informationen zu einigen wenigen Faktoren verdichtet, die dann Eingang in Prognosemodelle finden. Dadurch kann auf effiziente Weise die Information von sehr vielen Einflussgrößen für die Prognosen nutzbar gemacht werden. Auf Faktormodellen basierende Prognosemodelle sind dabei als eine ernstzunehmende Alternative zu (simultanen) Mehrgleichungsmodellen anzusehen.
- *Delegation an unabhängige Institutionen*: Bei der Analyse der Prognosen für Großbritannien und USA zeigte sich eine leichte Dominanz derjenigen Prognosen, die von unabhängigen Institutionen erstellt wurden. Es ist daher empfehlenswert, mittelfristige Projektionen zusätzlich auch von unabhängigen Institutionen durchführen zu lassen, um mögliche Verzerrungen (z.B. zu optimistische Wachstumsannahmen), die durch Interessenkonflikte entstehen könnten, zu vermeiden. Ergänzend oder als Alternative könnte es auch sinnvoll sein, bestimmte besonders sensible Elemente von Modellen oder Projektionsverfahren von unabhängigen externen Institutionen »zertifizieren« zu lassen.

5.   Anhang

ZEW

Zentrum für Europäische
Wirtschaftsforschung GmbH

L 7, 1 • 68161 Mannheim
Postanschrift/Mailing address:
Postfach 103443
D-68034 Mannheim
Tel.: 0621/1235-01 (Zentrale)
Internet: http://www.zew.de/

Questionnaire

Project: Methods for Medium-Term Economic Forecasting

The aim of the project is to give an international overview of the methods used to forecast medium-term economic developments. Of particular interest are those methods and (econometric) models that are used for official forecasts by governments / administrations of the most important OECD countries and some international organisations. The study is financed by the German Ministry of Economics and Labour Affairs (BMWA, www.bmwa.bund.de).

The study will include the following components:

1.   Review of the most important international forecasting models/methods. This will include both the approach applied in the official medium-term forecasting in the most important OECD member states (France, UK, Italy, the Netherlands, Spain, Japan and the USA) and selected private and public bodies (research institutes and central banks) plus the EU, the ECB, IMF and the OECD.

2.   Synthesis and assessment of the different methods/models

3.   Assessment of the scope for adapting the different methods to the German satiation.

The term "methods" is very broadly defined and comprises both statistical and econometric models as well as heuristic procedures, but also combinations of different approaches which are used to forecast business cycles.

We are interested in all parts of how forecasts are made and then used:

-    data sampling and data manipulation,

-    statistical and econometric models,

-    use of heuristic forecasting approaches,

-    methods used to combine forecasts,

-    judgmental changes (or manipulations) of model-based forecasts,

-    official (and unofficial) use of the forecasts in government and administration,

-    official use of forecasts made by non-official bodies.

In addition, we also need <u>historical time series of forecasts</u> for the evaluation and comparison of the methods. We would be grateful if you were able to provide us with these data series.

We would much appreciate your assistance in the preparation of a note for your country covering these issues and focusing on the "official" forecasting, which, we understand, is not necessarily undertaken at the same hierarchical level in all countries. At this stage we would need an overview for each country in the form of a note of 2-4 pages, which gives the information requested above.

We look forward to your reaction to this with the hope that you will be able to assist us in this venture.

For further information please contact: Dr. Michael Schröder
Centrer for European Economic Research (ZEW), P.O. Box 103443, D-68034 Mannheim, Germany, Schroeder@zew.de, Tel. +49/621/1235-140, Fax: -223.

To evaluate the medium-term forecasting methods we need information on the following topics. It is also very helpful for us if you can only answer some of the questions listed below.

a) General questions:

- Which variables are forecasted? (e.g., nominal GDP, real GDP, sub-components of GDP (e.g. by expenditure: consumption, private investment, (net) exports, public expenditures; by income; by output)

- Are real and nominal GDP forecasted using different models?

- For which countries are forecasts generated? Are all models of the same type?

- What type of model is used? For example: pure time series model, simultaneous multi-equation model, heuristic approach, …

- Is the model based on economic theory? Or is the model instead purely empirical?

b) Questions concerning the statistical / econometric approach

- What is the forecast horizon? Are forecasts made for different forecast horizons? Are different models used for short-, medium- and long-term forecasts?

- What are the explanatory variables? What are the lag structures of these variables?

- Which method for seasonal adjustment is used and in which phase of the forecasting process is the seasonal adjustment done?

- Which method is used to estimate the model? (e.g., ordinary least squares, maximum likelihood,...)

- Which econometric software is used?

c) Questions on the organisation of the forecasting process

- Which research institute is conducting the forecasts? (Name, address)

- Which relationship exists between this research institute and the government? Is the research institute independent from the government or even part of the government?

- How many resources are needed for conducting the forecasts? How many people are working in the department that is responsible for the forecasts? What is the annual budget? What is the qualification of the staff?

- How is the ultimate forecast of the government constructed if more than one research institute is involved? For example:

  o Are forecasts of different research institutes combined by the government? Which weighting scheme is applied?
  o Do the research institutes agree on a common forecast? How is this "harmonized" forecast constructed from the individual forecasts?

- Does the government change the forecasts or are the original forecasts of the research institutes used?

- Which institutions (government, research institute, private consultant, …) are included in the process of forecasting before the publication (or internal use) of the final official figures? How is the exchange of views organised and how is the final result generated?

- Has the process of forecasting changed over time? If so, which parts of the process have changed? What were the reasons?

Thank you very much for your time!

Anhangtabelle

Datenquellen USA
1976 bis 2003; in %

Jahr	Prognosewert	Realisation	Jahr	Prognosewert	Realisation
Troika 5-Jahresprognosen reales BIP/BNE			CBO 5-Jahresprognosen reales BIP/BNE		
1976	6,2	3,8	1976	5,7	3,8
1977	5,1	3,2	1977	5,3	3,2
1978	4,8	1,8	1978	4,8	1,8
1979	3,8	1,6	1979	3,8	1,6
1980	3,0	2,3	1980	2,4	2,3
1981	3,8	3,2	1981	2,8	3,2
1982	3,9	3,3	1982	3,0	3,3
1983	3,5	4,4	1983	3,6	4,4
1984	4,3	4,3	1984	4,0	4,3
1985	4,0	3,6	1985	3,4	3,6
1986	3,8	3,3	1986	3,3	3,3
1987	3,5	2,6	1987	2,9	2,6
1988	3,2	2,6	1988	2,6	2,6
1989	3,2	2,3	1989	2,3	2,3
1990	3,0	2,3	1990	2,3	2,3
1991	2,5	2,5	1991	2,3	2,5
1992	2,7	3,2	1992	2,6	3,2
1993	2,8	3,5	1993	2,8	3,5
1994	2,8	3,8	1994	2,7	3,8
1995	2,6	3,9	1995	2,4	3,9
1996	2,3	4,1	1996	2,0	4,1
1997	2,2	3,5	1997	2,1	3,5
1998	2,2	2,9	1998	21	2,9
1999	2,2	2,6	1999	2,2	2,6
2000	2,2	2,6	2000	2,9	2,6
2001	2,7	1,9	2001	3,0	1,9
2002	3,2	1,7	2002	3,0	1,7
2003	3,5	1,4	2003	3,2	1,4

Studie des
Zentrums für
Europäische
Wirtschaftsforschung

noch: Anhangtabelle

Datenquellen USA
1976 bis 2003; in %

Jahr	Prognosewert	Realisation	Jahr	Prognosewert	Realisation
Troika 2-Jahresprognosen reales BIP/BNE			CBO 2-Jahresprognosen reales BIP/BNE		
1976	5,9	5,1	1976	6,2	5,1
1977	5,1	5,1	1977	5,5	5,1
1978	4,7	4,5	1978	4,8	4,5
1979	2,9	1,6	1979	2,8	1,6
1980	0,5	1,1	1980	0,6	1,1
1981	2,6	0,2	1981	2,2	0,2
1982	2,7	1,3	1982	2,2	1,3
1983	2,6	5,7	1983	3,4	5,7
1984	4,7	5,4	1984	4,8	5,4
1985	3,9	3,5	1985	3,4	3,5
1986	3,7	3,3	1986	3,2	3,3
1987	3,3	3,8	1987	2,9	3,8
1988	3,0	3,9	1988	2,5	3,9
1989	3,2	2,8	1989	2,5	2,8
1990	2,8	0,9	1990	2,1	0,9
1991	1,4	1,5	1991	1,7	1,5
1992	2,2	3,0	1992	2,6	3,0
1993	2,9	3,3	1993	2,9	3,3
1994	2,9	3,3	1994	2,8	3,3
1995	2,6	3,1	1995	2,5	3,1
1996	2,2	4,1	1996	2,0	4,1
1997	2,1	4,2	1997	2,2	4,2
1998	2,2	4,3	1998	2,4	4,3
1999	2,2	4,1	1999	2,0	4,1
2000	3,0	2,2	2000	3,2	2,2
2001	3,2	1,1	2001	2,9	1,1
2002	2,2	2,3	2002	2,5	2,3

noch: Anhangtabelle

Datenquellen USA
1976 bis 2003; in %

Jahr	Prognosewert	Realisation	Jahr	Prognosewert	Realisation
Troika 2-Jahresprognosen Inflation			CBO 2-Jahresprognosen Inflation		
1976	6,1	6,1	1976	7,1	6,1
1977	5,2	7,0	1977	4,9	7,0
1978	6,0	9,5	1978	5,8	9,5
1979	7,4	12,4	1979	8,1	12,4
1980	10,5	11,9	1980	10,1	11,9
1981	9,7	8,3	1981	10,4	8,3
1982	6,6	4,7	1982	7,2	4,7
1983	4,7	3,8	1983	4,8	3,8
1984	4,5	4,0	1984	5,0	4,0
1985	4,2	2,7	1985	4,1	2,7
1986	3,8	2,6	1986	3,8	2,6
1987	3,3	3,8	1987	3,9	3,8
1988	4,2	4,4	1988	4,7	4,4
1989	3,7	5,1	1989	4,9	5,1
1990	3,9	4,8	1990	4,2	4,8
1991	4,6	3,6	1991	4,2	3,6
1992	3,1	3,0	1992	3,5	3,0
1993	2,8	2,8	1993	2,9	2,8
1994	3,0	2,7	1994	2,9	2,7
1995	3,1	2,9	1995	3,3	2,9
1996	2,9	2,6	1996	3,0	2,6
1997	2,7	1,9	1997	2,9	1,9
1998	2,1	1,9	1998	2,4	1,9
1999	2,2	2,8	1999	2,6	2,8
2000	2,5	3,1	2000	2,5	3,1
2001	2,6	2,2	2001	2,8	2,2
2002	2,0	1,9	2002	2,2	1,9
2003	1,8	2,5	2003	2,3	2,5

Studie des
Zentrums für
Europäische
Wirtschaftsforschung

noch: Anhangtabelle

Datenquellen USA

1976 bis 2003; in %

Jahr	Prognosewert	Realisation	Jahr	Prognosewert	Realisation
Troika 5-Jahresprognosen nominales BIP/BNE			CBO 5-Jahresprognosen nominales BIP/BNE		
1976	12,0	11,3	1976	12,3	11,3
1977	10,5	11,4	1977	10,6	11,4
1978	10,6	9,9	1978	10,7	9,9
1979	9,6	9,1	1979	11,3	9,1
1980	11,3	8,9	1980	11,3	8,9
1981	11,3	8,5	1981	11,8	8,5
1982	9,7	7,2	1982	9,8	7,2
1983	8,5	7,6	1983	8,2	7,6
1984	8,9	7,5	1984	9,0	7,5
1985	8,1	6,8	1985	7,7	6,8
1986	7,4	6,6	1986	7,5	6,6
1987	6,9	6,1	1987	6,9	6,1
1988	6,7	6,0	1988	6,6	6,0
1989	6,5	5,5	1989	6,6	5,5
1990	6,9	5,2	1990	6,3	5,2
1991	6,4	5,0	1991	6,1	5,0
1992	6,0	5,4	1992	5,8	5,4
1993	5,1	5,6	1993	5,1	5,6
1994	5,7	5,6	1994	5,4	5,6
1995	5,5	5,6	1995	5,2	5,6
1996	5,1	5,8	1996	4,8	5,8
1997	4,9	5,3	1997	4,7	5,3
1998	4,3	4,8	1998	4,4	4,8
1999	4,2	4,7	1999	4,3	4,7

noch: Anhangtabelle

Datenquellen USA
1976 bis 2003; in %

Jahr	Prognosewert	Realisation	Jahr	Prognosewert	Realisation
Troika 2-Jahresprognosen nominales BIP/BNE			CBO 2-Jahresprognosen nominales BIP/BNE		
1976	12,3	11,5	1976	13,1	11,5
1977	11,2	12,1	1977	10,8	12,1
1978	11,2	12,5	1978	10,9	12,5
1979	10,4	10,4	1979	11,0	10,4
1980	9,5	10,4	1980	9,7	10,4
1981	11,9	8,0	1981	12,1	8,0
1982	9,8	6,3	1982	9,7	6,3
1983	8,0	9,8	1983	8,2	9,8
1984	9,6	9,0	1984	9,9	9,0
1985	8,2	6,2	1985	7,6	6,2
1986	7,7	5,8	1986	7,1	5,8
1987	6,9	7,0	1987	6,5	7,0
1988	6,8	7,6	1988	6,3	7,6
1989	7,1	6,7	1989	6,8	6,7
1990	7,1	4,6	1990	6,1	4,6
1991	5,6	4,4	1991	5,7	4,4
1992	5,4	5,4	1992	5,7	5,4
1993	5,3	5,6	1993	5,3	5,6
1994	5,7	5,4	1994	5,6	5,4
1995	5,6	5,1	1995	5,2	5,1
1996	5,1	6,0	1996	4,7	6,0
1997	4,7	5,8	1997	4,6	5,8
1998	4,2	5,6	1998	4,5	5,6
1999	4,0	5,9	1999	3,9	5,9
2000	4,9	4,5	2000	4,9	4,5
2001	5,4	3,4	2001	5,2	3,4
2002	4,2	4,2	2002	4,2	4,2

Quellen: Datensatz von John Peterson (CBO, USA) bzw. Congressional Budget Office (CBO) (2004b).

Studie des
Zentrums für
Europäische
Wirtschaftsforschung

Literaturverzeichnis

Allard-Prigent, C., C. Audenis, K. Berger, N. Carnot, S. Duchene und F. Pesin (2002), Présentation du modèle Mésange: Modèle Èconometrique de Simulation et d'Analyse Générale de l'Économie, Document de travail. Direction de la Prévision.

Alogoskoufis, G. und R. Smith (1991), On Error Corretion Models: Specification, Interpretation, Estimation. Journal of Economic Surveys 5: 97–126.

Angrist, J. D., G. W. Imbens und D. B. Rubin (1996), Identification of Causal Effect Using Instrumental Variables. Journal of the American Statistical Association 91: 444–455.

Artis, M. und M. Marcellino (2001), Fiscal Forecasting: The Track Record of the IMF, OECD und EC. Econometrics Journal 4: 20–36.

Assenmacher, W. (1998), Trend und Zyklus im Bruttoinlandsprodukt der Bundesrepublik Deutschland. Jahrbücher für Nationalökonomie und Statistik 217: 628–648.

Audenis, C., J. Deroyon und N. Fourcade (2002), The Impact of Information and Communication Technology Capital on Labour Productivity: A Complete Macro Economic Framework. INSEE, Malakoff.

Babineau, B. und N. Braun (2003), Forecasting output growth over the medium-term, Department of Finance Working Paper 03–08. Ontario.

Baghli, M., V. Brunhes-Lesage, O. De Bandt, H. Fraisse und J.-P. Villetelle (2004), Mascotte: Modèle d'Analyse et de Prévision de la Conjoncture Trimestrielle, Notes d'Études et de Recherche 106. Direction Générale des Études et des Relations Internationales, Paris.

Barabas, G. (2001), Eine makroökonomische Interpretation der VGR-Revision 1999 – Befunde mit dem RWI-Konjunkturmodell. In: R. Pohl und H. P. Galler (Hrsg.): Implikationen der Währungsunion für makroökonometrische Modelle Schriften des Instituts für Wirtschaftsforschung Halle 8: 97–112. Baden-Baden.

Barrell, R. und J. Sefton (1995), Output Gaps. Some Evidence from the UK, France and Germany. National Institute Economic Review 1: 65–73.

Batista, C. und J. Zalduendo (2004), Can the IWF's Medium-Term Growth Projections be Improved?, IWF Working Paper WP/04/203.

Baumgartner, J., E. Walterskirchen und A. Weber (2000), Günstige mittelfristige Wachstumsaussichten, aber anhaltende Budgetprobleme, WIFOMonatsberichte 1/2000: 41–46.

Baumgartner, J., F. Breuss und S. Kaniovski (2004), WIFO-Macromod – An Econometric Model of the Austrian Economy, WIFO-Working Papers 241/2004, Wien.

Baxter, M. und R.G. King (1999), Measuring Business Cycles: Approximate bandpass filters for economic time series. Review of Economics and Statistics, 81: 575–593.

Beach, W., A. Schavey und I. Isidro (1999), How Reliable are IWF Economic Forecasts?, Report of the Heritage Center for Data Analysis, Washington, D.C.

Beffy, P.-O., X. Bonnet, B. Monfort und M. Darracq-Paries (2003), MZE: un Modèle macroéconometrique pour la zone euro. Èconomie et Statistique 367.

Beffy, P.-O., X. Bonnet, M. Darracq-Pariès und B. Monfort (2003), MZE: A Small Macro-model for the Euro Area, Série des Documents de Travail de la Direction des Études et Synthèses Économiques G 2003/11. Institut National de la Statistique et des Études Économiques, Malakoff.

Belongia, M. (1988), Are Economic Forecasts by Government Agencies Biased? Accurate?. Review Federal Reserve Bank of St. Louis 70/6:15–23.

Bergin, A., J. Cullen, D. Duffy, J. Fitzgerald, I. Kearney und D. McCoy (2003), Medium-Term Review 2003–2010. Dublin.

Bergman, L. und O. Olsen (1992), Economic Modeling in the Nordic Countries. Amsterdam u.a.

Bjerkholt, O. und J. Rosted (1987), Macroeconomic Medium-Term Models in the Nordic Countries. Amsterdam u.a.

Bjerkholt (1998), Interaction between Model Builders and Policy Makers in the Norwegian Tradition. Economic Modelling 15: 317–339.

Blanchard, O. (1985), Debts, Deficits und Finite Horizons. Journal of Political Economy 93: 223–247.

Blanchard, O. und D. Quah (1989), The Dynamic Effects of Aggregate Demand and Supply Disturbances. American Economic Review 79: 655–673.

Blanchard, O. (1997), The medium run. Brookings Papers on Economic Activity: 89–158.

Boissay, F., und J.-P. Villetelle (2005), The French Block of the ESCB Multi-country Model. European Central Bank. Working Paper Series 456.

Boss, A., N. Jannsen, C.-P. Meier, F. Oskamp, B. Sander und J. Scheide (2005), Exportlastige Konjunkturerholung in Deutschland. Die Weltwirtschaft (3): 288–320.

Boss, A., J. Dovern, C.-P. Meier, F. Oskamp und J. Scheide (2007), Verbessertes Arbeitsmarktumfeld stützt Wachstum des Produktionspotentials in Deutschland. Kieler Diskussionsbeiträge 441/442. Institut für Weltwirtschaft Kiel.

Bossier, F., I. Bracke, P. Stockman und F. Vanhorebeek (2000), A description of the HERMES II model for Belgium. Federal Planning Bureau Working Papers 5–00.

Bossier, F., I. Bracke, S. Gilis und F. Vanhorebeek (2004), Une nouvelle version du modèle HERMES, Federaal Planning Bureau Working Papers 5–04.

Breitung, J. und S. Eickmeiner (2005), How synchronized are central and east European economies with the Euro Area? – Evidence from a structural factor model, Deutsche Bundesbank Discussion Paper 20/2005.

Bretin, E. (2004), La croissance potentielle de l'économie française de moyen-long terme, DPAE, Nr. 48, September. Verfügbar unter <http://www.mine-fi.gouv.fr>.

Bundesministerium der Finanzen (2004), Projektionen der mittelfristigen Wirtschaftsentwicklung für die Finanzplanungen der öffentlichen Haushalte und für die Meldungen zum Stabilitätsprogramm, Monatsbericht April.

Bundesministerium der Finanzen (Hrsg.) (2004), Deutsches Stabilitätsprogramm, Aktualisierung Dezember 2004. Berlin.

Cao, J.-G. und B. Robidoux (1998), The Canadian Economic and Fiscal Model 1996 Version, CEFM96 – Part 3: Empirical Specifications and Statistical Assessment, Department of Finance Canada Working Paper 98–07.

CBO (1997), An Economic Model for Long-run Budget Simulations. Washington D.C.

CBO (2001), CBO's Method for Estimating Potential Output: an Update. August 2001. Washington, D.C.

CBO (2003), Analyzing Tax Policy Changes Using a Stochastic OLG Model with Heterogeneous Households, Technical Paper Series, www.cbo.gov/ftpdocs/49xx/doc4918/2003-12.pdf.

CBO (2004), A Summary of Alternative Methods for Estimating Potential GDP. CBO Paper. Washington, D.C.

CBO (2004b), CBO's Economic Forecasting Record: An Evaluation of the Economic Forecasts CBO made from January 1976 through January 2002, www.cbo.gov.

CBO (2004c), Macroeconomic Impacts of Stylized Tax Cuts in an Intertemporal Computable General Equilibrium Model, Technical Paper Series, http://www.cbo.gov/ftpdocs/57xx/doc5741/2004-11.pdf.

CBO (2005a), Methods for Medium-term Forecasting: Congressional Budget Office. Mimeo. August. Washington, D.C.

CBO (2005b), What is Current-Law Economic Baseline. Economic and Budget Issue Brief. June. Washington, D.C.

Chagny, O. und J. Döpke (2001), Measures of the Output Gap in the Euro-Zone: An Empirical Assessment of Selected Methods, Kieler Arbeitspapiere 1053. Institut für Weltwirtschaft, Kiel.

Chagny, O., M. Lemoine und F. Pelgrine (2004), An Assessment of Multivariate Output Gap Estimates in the Euro Area, European Communities, http://epp.eurostat.cec.eu.int/cache/ITY_OFFPUB/KS-DT-04-010/EN/KS-DT-04- 010- EN.PDF.

Chirinko, R. S. (1993), Business Fixed Investment Spending: Modeling Strategies, Empirical Results and Policy Implications. Journal of Economic Literature 31: 1875–1911.

Chong, Y. und D. Hendry (1986), Econometric Evaluation of Linear Macro-Economic Models. Review of Economic Studies 53: 671–690.

Christiano, L. J. und T. J. Fitzgerald (2003), The Band Pass Filter. International Economic Review Vol. 44: 435–465.

Church, K., P. N. Smith und K. F. Wallis (1994), Econometric Evaluation of Consumers' Expenditure Equations. Oxford Review of Economic Policy 10: 71–85.

Clausen, J.-R., und C.-P. Meier (2005), Did the Bundesbank Follow a Taylor Rule?. Schweizerische Zeitschrift für Volkswirtschaft und Statistik 141 (2): 213–246.

Clements, M.P. und D.F. Hendry (1999), Forecasting Non-stationary Economic Time Series. Cambridge: MIT Press.

Clements, M.P. und D.F. Hendry (2003), Evaluating a Model by Forecast Performance, Discussion Paper.

Clements, M.P. (2005), Evaluating Econometric Forecasts of Economic and Financial Variables. Palgrave Texts in Econometrics, Palgrave MacMillan.

Cogley, T. und J. M. Nason (1995), Effects of the Hodrick-Prescott Filter on Trend and Difference Stationary Time Series: Implications for business cycle research. Journal of Economic Dynamics and Control 19 (1-2): 253–278.

Comin, D. und M. Gertler (2003), Medium term business cycle, NBER Working Paper 10003.

Commission of the European Communities (1993), HERMES, Harmonized Econometric Research for Modeling Economic Systems, North Holland, Amsterdam.

Commonwealth Treasury (1996), The Macroeconomics of the TRYM Model of the Australian Economy. CPN Printing, Canberra.

Cotis, J.-P., J. Elmeskov und A. Mourougane (2003), Estimates of Potential Output: Benefits and Pitfalls From a Policy Perspective, OECD, www.oecd.org/dataoecd/60/12/ 23527966.pdf.

CPB (2003), JADE: a model for the Joint Analysis of Dynamics and Equilibrium, CPB Document No. 30.

CPB (2004), Use of the Medium-term Outlook. Internet-Dokument. 27.07 2004. Abrufbar unter <http://www.cpb.nl/eng/econ/middellange_termijn/gebruik_van_de_MLT.html>.

Crowder, W. J., D. L. Hoffman und R. H. Rasche (1999), Identification, Long-Run Relations, and Fundamental Innovations in a Simple Cointegrated System. Review of Economics and Statistics 81: 109–121.

Davidson, J. E. H., D. F. Hendry, F. Srba und S. Yeo (1978), Econometric Modelling of the Aggregate Time-Series Relationship between Consumers' Expenditure and Income in the United Kingdom. Economic Journal 88: 661–692.

Davidson, R. und J. G. MacKinnon (1993), Estimation and Inference in Econometrics. Oxford University Press.

De Broer, P., R. de Mooij und R. Okker (1998), CPB Models and Their Uses. CPB Report (3): 17–21.

de Brouwer, G. (1998), Estimating Output Gaps, Research Discussion Paper 9809, Economic Research Department, Reserve Bank of Australia.

DeMasi, P. (1997), IMF estimates of Potential Output: Theory and practice. IMF Working Paper 97/177. Washington, D.C.

Denis, C., K. McMorrow und W. Röger (2002), Production function approach to calculating potential growth and output gaps – estimates for the EU Member States and the USA, Economic Paper No. 176.

Denis, C., D. Grenouilleau, K. McMorrow und W. Röger (2006), Calculating Potential Growth Rates and Output Gaps – A Revise Production Function Approach. EC paper 247. March.

DeSerres, A., B. Robidoux und B.-S- Wong (1998), The Canadian Economic and Fiscal Model 1996 Version, CEFM96 - Part 2. Dynamic Forecasting and Simulation Properties, Department of Finance Working Paper No. 98–06, Ottawa.

Deutsche Bundesbank (1995), Die Geldpolitik der Deutschen Bundesbank, Frankfurt am Main.

Deutsche Bundesbank (2000), Macro-Econometric Multi-Country Model: MEMMOD. Deutsche Bundesbank: Frankfurt a. M.

Deutsche Bundesbank (2003), Zur Entwicklung des Produktionspotenzials in Deutschland. Monatsbericht (März): 43–54.

Dickey, D. und Fuller, W. (1979), Distribution of the Estimators for Autoregressive Time Series with a Unit Root. Journal of the American Statstical Association 74: 427–431.

Diebold, F. und J. Lopez (1996), Forecast Evaluation and Combination. In: G. Maddala und C. Rao (Hrsg.), Handbook of Statistics 14: 241–268.

Diebold, F. X. und A. S. Senhadji (1996), The Uncertain Unit Root in Real GNP: Comment. American Economic Review 86: 1291–1298.

Diebold, F. (2001), Elements of Forecasting, South-Western, Cincinnati.

Doisy, S. (2001), La croissance potentielle de l'économie française: une évaluation. Document de travail, Direction de la Prévision, Ministère de l'économie et des finances, November. Verfügbar unter <http://www.minefi.gouv.fr>.

Don, F.J.H. (2001), Het Nederlands groeipotentieel op middellange termijn. (The Netherlands' Medium-Term Growth Potential). CPB Document No 1. März. Den Haag.

Don, H. (2004), How Econometric Models help Policy Makers: Theory and Practice, CPB Discussion Paper No. 27.

Donihue, M. R. (1993), Evaluating the Role Judgement Plays in Forecast Accuracy. Journal of Economic Forecasting 12 (2): 81–92.

Donihue, M. und J. Kitchen (2000), The Troika Process: Economic Models and Macroeconomic Policy in the USA. In: Empirical Models and Policy Making: Interaction and Institutions, Ed: Frank A.G. den Butter und Mary S. Morgan, Routledge Publishing 2000.

Döpke, J. (1993), Alternative Ansätze zur Schätzung des Produktionspotentials, Kieler Arbeitspapiere 591. Institut für Weltwirtschaft, Kiel.

Döpke, J, und C. Kamps (1999), Zum Einfluss von permanentem und transitorischem Einkommen auf den privaten Verbrauch in Deutschland. Die Weltwirtschaft (4): 441–462.

Döpke, J. (2000), Haben Konjunkturprognosen in Deutschland einen politischen Bias?. Schmollers Jahrbuch 120 (4): 587–620.

Downes, P., A. Drew und P. Ollivaud (2003), The OECD Medium-Term Reference Scenario: Economic Outlook No. 74. OECD Economics Department Working Papers No 372.

Draper, N., F. Huizinga und H. Kranendonk (2001), Potentiele Groei volgens de Productiefunctie Benadering (Potential growth calculated using the production function approach). CPB Memorandum. April. Den Haag.

Draper N., F. Huizinga und H. Kranendonk (2003), JADE: a model for the joint analysis of Dynamics and Equillibrium, CPB Document No.30, www.cpb.nl/nl/pub/document/30/doc30.pdf.

Dreger, C. und M. Marcellino (2003), A Macroeconometric Model for the Euro Economy, IWH Discussion Papers 181.

Econtech (1995), New Zealand Model NZM: A Report to the New Zealand Treasury, Wellington.

Eiteljörge, U. (2000), Der Außenhandel in makroökonometrischen Modellen, IWH Discussion Papers 115.

Engle, R. F. und C. W. J. Granger (1987), Cointegration ans Error Correction: Representation, Estimation and Testing. Econometrica 55: 251–276.

Ericsson, N. R., und J. S. Irons (1995), The Lucas-Critique in Practice: Theory Without Measurement. Federal Reserve International Finance Discussion Papers 506. Washington, D.C.

Estrella, A., und J. C. Fuhrer (1999), Are „Deep" Parameters Stable? The Lucas Critique as an Empirical Hypothesis, Federal Reserve Bank of Boston Working Paper 99/4. Boston, MA.

European Commission (2001), Eastern Enlargement of the EU: Economic Costs and Benefits for the EU Present Member States – The Case of Denmark, Study BUDG/B1/0001.

EZB (Europäische Zentralbank) (2000), Potenzialwachstum und Produktionslücke: Begriffsabgrenzung, Anwendungsbereiche und Schätzergebnisse. Monatsbericht. Oktober: 39–50. Frankfurt am Main.

Fagan, G., J. Henry und R. Mestre (2001), An Area-Wide Model (AWM) for the Euro Area, European Central Bank Working Paper 42.

Favero, C.A. (2001), Applied Econometrics, Oxford University Press.

Fildes, R. und H. Stekler (2002), The state of macroeconomic forecasting. Journal of Macroeconomics 24: 435–468.

Foertsch, T. (2004), Macroeconomic Impact of Stylized Tax Cuts in an Intertemporal Computable General Equilibrium Model, Congressional Budget Office Technical Paper Series 2004–11. August 2004. Washington, D.C.

Franz, W. (2005), Will the (German) NAIRU Please Stand Up?. German Economic Review 6 (2): May, 131–153.

Fritsche, U. (2005), Warum Konjunkturprognosen?, Wochenbericht des DIW, 22/2005: 361–369.

Fuhrer, J. C., und G. D. Rudebusch (2004), Estimating the Euler Equation for Output. Journal of Monetary Economics 51 (6): 1122–1153.

Galbraith, J. (2003), Content Horizons for Univariate Time-Series Forecasts, International Journal of Forecasting 19: 43–55.

Garratt, A., K. Lee, M. H. Pesaran und Y. Shin (2003), A long run structural macroeconometric model of the UK. The Economic Journal 113: 412–455.

Gebhardt, H. (2001), Methoden, Probleme und Ergebnisse der Steuerschätzung. RWI-Mitteilungen 52: 127–147.

Giersch, H. (1977), Allgemeine Wirtschaftspolitik. Wiesbaden.

Giorno, C., P. Richardson, D. Roseveare und P. vam den Noord (1995), Estimating Potential Output, Output Gaps and Structural Budget Balances, Economics Department Working Papers No. 152, OECD, Paris.

Giorno, C., P. Richardson, D. Roseveare und P. Van den Noord (1995), Potential Output, Output Gaps, and Structural budget Balances. OECD Economic Studies 24: 167–209.

Gordon, R. J. (2003), Exploding Productivity Growth: Context, Causes, and Implications. Brookings Papers on Economic Activity (2): 207–279.

Gottschalk, J. (2001), An Introduction into SVAR Methodology: Identification, Interpretation and Limitations of SVAR-Models, Kiel Working Paper 1072, Institut für Weltwirtschaft Kiel.

Granger, C.W.J. und P. Newbold (1974), Spurious Regressions in Econometrics. Journal of Econometrics 2: 111–120.

Granger, C.W.J. (1996), Can we improve the perceived quality of economic forecasts?. Journal of Applied Econometrics 11: 455–473.

Hamburg, B., M. Hoffmann und J. Keller (2005), Cunsumption, welth and business cycles: why is Germany different?, Deutsche Bundesbank Discussion Paper 16/2005. Frankfurt.

Hamilton, J. (1994), Time Series Analysis, Princeton: Princeton University Press.

Hansen, C. B. und J. Smidt (1992), Integration of real and monetary sectors in ADAM. In: L. Bergman and O. Olsen (eds.): Economic Modeling in the Nordic Countries. Amsterdam u.a.: 95–114.

Hansen, H., N.A. Dam und H.C. Olesen (2001), Modelling Private Consumption in ADAM, Statistics Denmark Discussion Paper.

Harrison, R., K. Nikolov, M. Quinn, G. Ramsay, A. Scott und R. Thomas (2005), The Bank of England Quarterly Model.

Harvey, A.C. und A. Jaeger (1993), Detrending, Stylized Facts and the Business Cycle. Journal of Applied Econometrics 8: 231–247.

Hassler, U. (2001), Wealth and Consumption: A Multicointegrated Model for the Unified Germany. Jahrbücher für Nationalökonomie und Statistik 221: 32-44.

Heilemann, U. und H.O. Stekler (2003), Has the Accuracy of German Macroeconomic Forecasts Improved?, Discussion Paper of the German Research Council's Research Centre 475, 31/03, Dortmund.

Hendry, D, F. (1995), Dynamic Econometrics. Oxford: Oxford University Press.

Hendry, D. und M. Clements (2003), Economic Forecasting: Some Lessons from recent Research. Economic Modelling 20: 301–329.

Heyer, E., und X. Timbeau (2002), Le chômage structurel à 5 %', Revue de l'OFCE, Januar. Paris.

HM Treasury (1994), Economic Forecasting in the Treasury, Government Economic Service Working Paper No. 121, London.

HM Treasury (1995), The New Treasury Model, Government Economic Service Working Paper No. 128, London.

HM Treasury (1997), Fiscal Policy: Lessons from the Last Economic Cycle. http://www.hm-treasury.gov.uk.

HM Treasury (1999), "Trend Growth – Prospects and Implications for Policy" http://www.hm-treasury.gov.uk./media/CB6/6D/trendgrowth99.pdf.

HM Treasury (2002), "Trend Growth – Recent Developments and Prospects" http://www.hm-treasury.gov.uk./media/D6678/ACF521.pdf.

HM Treasury (2002), Trend Growth: Recent Developments and Prospects, www.hm-treasury.gov.uk/media/D6678/ACF521.pdf.

HM Treasury (2005), "Evidence on the UK Economic Cycle" http://www.hm-treasury.   gov.uk./media/2E6/A5/economic_cycles190705.pdf#page=7.

Hodrick, R. J. und E. C. Prescott (1997), Postwar U.S. Business Cycles: An Empirical Investigation. Journal of Money, Credit and Banking 29: 1–16.

Hoffman, D. L. und R. H. Rasche (1996), Assessing forecast performance in a cointegrated system. Journal of Applied Econometrics 11: 495–517.

Huizinga, F. (1998), JADE – A Model for the Join Analysis of Dynamics and Equilibrium, CPB Report (3): 21–26.

Hujer, R., G. Bauer und H. Knepel (1985), The Sfb-3 Macroeconometric Model: Theoretical Aspects and First Simulation and Forecasting Results. In: B. Gahlen und M. Sailer (Hrsg.): Macroeconometric Modelling of the West German Economy. Berlin.

IMF (International Monetary Fund) (1999a), Growth Divergences in the United States, Europe, and Japan: Trend or Cyclical? World Economic Outlook. October. Washington, D.C.

IWF (2004), Policy Formulation, Analytical Frameworks, and Program Design, prepared by the Policy Development and Review Department, http://www.IWF.org/external/np/pdr/2004/eng/policy.pdf.

Jansen, C. L., P. Besseling und F. Huizinga (2001), Boekhoudkundige berekening budgettaire ruimte 2003-2006, CPB Document No.3, www.cpb.nl/nl/pub/document/3/doc3.pdf.

Jarret, P. und R. Torres (1987), A Revised Supply Block for the Major Seven Countries in INTERLINK, OECD Economics and Statistics Department Working Paper Nr. 41. Paris.

Joutz, F. und H.O. Stekler (2000), An evaluation of the predictions of the Federal Reserve. International Journal of Forecasting 16:17–38.

Kamps, C., C.-P. Meier und F. Oskamp (2004), Wachstum des Produktionspotentials in Deutschland bleibt schwach, Kieler Diskussionsbeiträge 414. Institut für Weltwirtschaft, Kiel.

Kopcke, R. W. und R. S. Brauman (2001), The Performance of Traditional Macroeconomic Models of Businesses' Investment Spending. Federal Reserve Bank of Boston New England Economic Review: 3–39.

Kormendi, R.C., und P.G. Meguire (1985), Macroeconomic Determinants of Growth. Journal of Monetary Economics 16 (2): 141–163.

Kranendonk, H. und J. Verbruggen (2002), De nieuwe consumptiefunctie van SAFE, CPB Memorandum.

Kydland, F. E. und E. C. Prescott (1996), The Computational Experiment: An Econometric Tool. Journal of Economic Perspectives 10: 69–85.

Leibfritz, W. unter Mitarbeit von B. Lehne, W. Meister und E. Langmantel (1999), Finanzpolitik und Konjunktur: Die automatischen Stabilisatoren in Deutschland. Ifo Schnelldienst 29: 14–22.

LeSage, J. P. (1990), A comparison of the forecasting ability of ECM and VAR models. Review of Economics and Statistics 72: 664–671.

Lin, J.-L. und R.S. Tsay (1996), Co-integration constraint and forecasting: an empirical examination. Journal of Applied Econometrics 11: 519–538.

Lindh, Th. (2004), Medium-term forecasts of potential GDP and inflation using age structure information. Journal of Forecasting 23: 19–49.

Lucas, R. (1976), Econometric Policy Evaluation: A Critique. In K. Brunner (Hrsg.), The Phillips Curve und Labor Markets. Amsterdam u.a: 19–46.

Massmann, M., J. Mitchell und M. Wale (2003), Business Cycles and Turning Points: A Survey of Statistical Techniques. National Institute Economic Review 183: January.

Mc Morrow, K. und W. Röger (2001), Potential Output: Measurement Methods, New Economy Influences and Scenarios for 2001–2010 – A Comparison of the EU15 and the US, Economic Papers 150, Directorate-General for Economic and Financial Affairs of the European Commission.

McCallum, B.T. und E. Nelson (1999), An Optimizing IS-LM Specification for Monetary Policy and Business Cycle Analysis. Journal of Money, Credit, and Banking 31 (3): 296–316.

Meier, C.-P. (2001), Trend und Zyklus im Bruttoinlandsprodukt der Bundesrepublik Deutschland. Eine Anmerkung. Jahrbücher für Nationalökonomie und Statistik 221: 168–178.

Metz, R. (2002), Trend, Zyklus und Zufall. Stuttgart.

Mills, T.C. (2003), Modelling Trends and Cycles in Economic Time Series. Houndsmills, New York.

Mitchell, P.R., J.E. Sault und K.F. Wallis (2000), Fiscal Policy Rules in Macroeconomic Models: Principles and Practice. Economic Modelling 17: 171–193.

Mohr, M. (2001), Ein disaggregierter Ansatz zur Berechnung konjunkturbereinigter Budgetsalden für Deutschland. Methoden und Ergebnisse, Volkswirtschaftliches Forschungszentrum Diskussionspapier 13/01, Deutsche Bundesbank.

Murray, C.J., und C.R. Nelson (2000), The Uncertain Trend in U.S. GDP. Journal of Monetary Economics 46: 79–95.

Musso, A. und S. Phillips (2002), Comparing Projections and Outcomes of IWF-Supported Programs. IWF Staff Papers 49: 22–48.

Nelson, C.R. und C.I. Plosser (1982), Trends and Random Walks in Macroecnonomic Time Series. Journal of Monetary Economics 10: 139–162.

Newey, W. und K. West (1987), A Simple Positive Semi-Definite Heterskedasticity and Autocorrelation Consistent Covariance Matrix. Econometrica 55: 703–708.

NIESR (2001), NiGEM-Introduction <http://www.niesr.ac.uk/models/nigem/nigem.htm>.

Nishiyama, S. (2003), Analyzing Tax Policy Changes Using a Stochastic OLG Model with Heterogeneous Households. Congressional Budget Office Technical Paper Series 2003-12. December 2003. Washington, D.C.

OECD (1994), Economic Outlook No. 56, December, Paris

OECD (1995), Economic Outlook No. 57, June, Paris

OECD (1997), Economic Outlook No. 62, December, Paris

OECD (1998), Economic Outlook No. 63, June, Paris

OECD (1999), Economic Outlook No. 65, December, Paris

OECD (2005), Economic Outlook No. 77, June, Paris

Okun, A. (1962), Potential GDP: Its Measurement and Significance. American Statistical Association, Proceedings of the Business and Economic Statistics Section: 98–103.

Orphanides, A. und S. Van Norden (2002), The Unreliability of Output-Gap Estimates in Real Time. The Review of Economics and Statistics 84 (4): 569–584.

Pagan, A. (2003), Report on modeling and forecasting at the Bank of England. http://www.bankofengland.co.uk/TH   publications/news/2003/paganreport.pdf

Pedersen, L.H. und M. Rasmussen (2000), Langsigtmultiplikatorer i ADAM og DREAM – en sammenlignende analyse, Statistics Denmark, Working Paper 2000:1, Kopenhagen.

Pedersen, T. M. (2001), The Hodrick-Prescott Filter, the Slutzky Effect, and the Distortionary Effect of Filters. Journal of Economic Dynamics and Control 25: 1081–1101.

Perron, P. (1989), The Great Crash, the Oil Price Shock, and the Unit Root Hypothesis. Econometrica 57: 1361–1401.

Pesaran, M. H., T. Schuermann und S. M. Weiner (2003), Modelling Regional Interdeendencies using a Global Error-Correcting Macroeconometric Model, University of Cambridge Discussion Paper.

Pike, T. und D. Savage (1998), Forecasting the Public Finances in the Treasury. Fiscal Studies 19: 49–62.

Powell, A.A. und C.M. Murphy (1997), Inside a Modern Macroeconometric Model. 2nd Ed. Berlin.

Proietti, T. (2002), Forecasting with Structural Time Series Models. In: M.P. Clements und D.F. Hendry (eds): A Companion to Economic Forecasting. Blackwell, Oxford: 105–132.

Raabe K.-H. (1968), Projektionen der mittelfristigen Wirtschaftsentwicklung in der Bundesrepublik Deutschland. Bundesministerium für Wirtschaft: Bonn.

Radowski, D. und W. Smolny (2002), Trade between Germany and the European Union after Unification: The Role of Quantity Constraints and relative Prices. In: R. Pohl and H. P. Galler (Hrsg.), Macroeconometric Modelling of the German Economy in the Framework of Euroland. Schriften des Instituts für Wirtschaftsforschung Halle 11: 106–123.

Rae, D und D. Turner (2001), A Small Global Forecasting Modell, Economics Department Working Papers No. 286, OECD, Paris.

Ratto, M., W. Röger, J. in't Veld und R. Girardi (2005), An estimated new Keynesian dynamic stochastic general equilibrium model of the Euro area, European Commission Economic Papers 220.

Reifschneider, D., D. Stockton und D. Wilcox (1997), Econometric Models and the Monetary Policy Process. Carnegie-Rochester Conference Series on Public Policy 47: 1–37.

Reimers H.-E. (2001), Schätzung einer deutschen Arbeitsnachfragefunktion unter besonderer Berücksichtigung von Strukturbrüchen bei saisonalen Zeitreihen. In: R. Pohl und H. P. Galler (Hrsg.), Implikationen der Währungsunion für makroökonometrische Modelle. Schriften des Instituts für Wirtschaftsforschung Halle 8: 127–144.

Richardson, P. (1987), Recent Developments in OECD's International Macroeconomic Model, OECD Department of Economics and Statistics Working Paper Nr. 46. Paris.

Richardson, P. (1998), The Structure and Simulation Properties of OECD's INTERLINK Model. OECD Economic Studies 10: 55–121. Verfügbar unter: www.oecd.org/dataoecd/ 26/61/31705400.pdf

Richardson, P., L. Boone, C. Giorno, M. Meacci, D. Rae und D. Turner (2000), The Concept, Policy Use and Measurement of Structural Unemployment: Estimating a Time Varying NAIRU Across 21 OECD Countries, Economics Department Working Papers No. 205, OECD, Paris.

Robidoux, B. und B.-S. Wong (1998), The Canadian Economic and Fiscal Model 1996 Version, CEFM96 - Part 1. Model Structure, Department of Finance Working Paper No. 98–05, Ottawa.

Literatur-
verzeichnis

Röger, W. und J. in't Veld (1997), QUEST II – A Multi Country Business Cycle and Growth Model. European Commission Economic Papers 505/97.

Rotemberg, J. J. (1998), A Method for Decomposing Time Series into Trend and CycleComponents, Mimeo, Harvard Business School.

Rudebusch, G.D. (1992), Trends and Random Walks in Macroeconomic Time Series: A Reexamination. American Economic Review 33: 661–680.

RWI (2003), Rückblick: Die Prognose 2002. RWI-Konjunkturberichte 54: 26f. Berlin.

Sachverständigenrat zur Begutachtung der gesamtwirtschaftlichen Entwicklung (2003), Jahresgutachten 2003/04 – Staatsfinanzen konsolidieren, Steuersystem reformieren.

Scheide, J. (1989), On Real and Monetary Causes for Business Cycles in West Germany. Schweizerische Zeitschrift für Nationalökonomie und Statistik 125: 583–595.

Schmidt, Ch.M. (1999), Knowing What Works: The Case for Rigorous Program Evaluation, IZA Discussion Paper No. 77. Bonn.

Schröder, M. (2002), Erstellung von Prognosemodellen. In: M. Schröder, Finanzmarkt-Ökonometrie, Stuttgart: 397-462.

Schumacher, C. (2002), Alternative Schätzansätze für das Produktionspotenzial im Euroraum. Baden-Baden.

Sédillot, F. und N. Pain (2003), Indicator Models of Real GDP Growth in Selected OECD Countries, Economic Department Working Papers No. 364, OECD, Paris.

Shivley, P.A. (2001), Trend-Stationary GNP: Evidence From a New Exact Most Powerful Invariant Unit Root Test. Journal of Applied Econometrics 16: 537–551.

Sims, C.A., J.H. Stock und M.W. Watson (1990), Inference in Linear Time Series Models with some Unit Roots. Econometrica 58: 113-144.

Smets, F. und R. Wouters (2003), An estimated dynamic stochastic general equilibrium model of the Euro area. Journal of the European Economic Association 1: 1123–1175.

Solow, R. M. (2000), Toward a Macroeconomics of the Medium Run. Journal of Economic Perspectives 14: 151–158.

Stadler, G.W. (1994), Real Business Cycles. Journal of Economic Literature 32: 1750–1783.

Sterdyniak, H. (2002), Les modèles ont-ils prévu la croissance du chômage ? mimeo.

Stiroh, K.J. (1998), Long-run growth projections and the aggregate production function: a survey of models used by the U.S. Government. Contemporary Economic Policy 16: 467–479.

Strauch, R., M. Hallerberg und J. von Hagen (2004), Budgetary Forecasts in Europe – The Track Record of Stability and Convergence Programmes, European Central Bank Working Paper 307.

Strauß, H. (2000), Eingleichungsmodelle zur Prognose des deutschen Außenhandels, Kieler Arbeitspapiere 987. Institut für Weltwirtschaft, Kiel.

Szeto, K. L. (2002), A Dynamic Computable General Equilibrium (CGE) Model of the New Zealand Economy, New Zealand Treasury Working Paper 02/07. Wellington.

Tichy, G. (1994), Konjunktur – Stilisierte Fakten, Theorie, Prognose. 2. Auflage, Berlin.

Tödter, K.-H., und L. von Tadden (2000), A Non-Parametric Framework for Potential Output in Germany, Deutsche Bundesbank, mimeo.

Wallis, K. F. (2004), Comparing Empirical Models of the Euro Economy, Paper submitted to the 2004 Econometric Society Australasien Meeting at Monash University, Melbourne.

Wallis, K.F., M.J. Andrews, P.G. Fisher, J.A. Longbottom und J.D. Whitley (1986), Models of the UK Economy: A Third Review by the ESRC Macroeconomic Modelling Bureau. Oxford University Press.

Wallis, K.F. und J.D. Whitley (1991), Sources of Error in Forecasts and Expectations: U. K. Economic Models, 1984–8. Journal of Forecasting 10: 231–253.

Weyerstraß, K. (2001), Methoden der Schätzung des gesamtwirtschaftlichen Produktionspotentials und der Produktionslücke, Diskussionspapier 142, Institut für Wirtschaftsforschung, Halle.

Whitley, J.D. (1992), Comparative properties of the Nordic models. In: L. Bergman and O. Olsen (eds.), Economic Modeling in the Nordic Countries. Amsterdam u.a.: 3–53.

Willmann, A. und A. Estrada (2002), The Spanish Block of the ESCB-Multi-Country Model, European Central Bank Working Paper 149.

Sachregister

319

320

Sachregister

321